"十三五"国家重点图书出版规划项目

《医学·教育康复系列》丛书

组织单位

华东师范大学中国言语听觉康复科学与 ICF 应用研究院
华东师范大学康复科学系听力与言语康复学专业
华东师范大学康复科学系教育康复学专业
中国教育技术协会教育康复专业委员会
中国残疾人康复协会语言障碍康复专业委员会
中国优生优育协会儿童脑潜能开发专业委员会

总主编

黄昭鸣

副总主编

杜晓新　孙喜斌　刘巧云

编写委员会

主任委员

黄昭鸣

副主任委员（按姓氏笔画排序）

王　刚　刘巧云　孙喜斌　杜　青　杜　勇　杜晓新
李晓捷　邱卓英　陈文华　徐　蕾　黄鹤年

执行主任委员

卢红云

委员（按姓氏笔画排序）

丁忠冰	万　萍	万　勤	王　刚	王勇丽	尹　岚
尹敏敏	卢红云	刘　杰	许文飞	孙　进	李　岩
李孝洁	杨　影	杨三华	杨闪闪	张　青	张　鹏
张志刚	张畅芯	张奕雯	张梓琴	张联驰	金河庚
周　静	周林灿	赵　航	胡金秀	高晓慧	曹建国
庾晓萌	宿淑华	彭　茜	葛胜男	谭模遥	

国家出版基金项目
NATIONAL PUBLICATION FOUNDATION

"十三五"国家重点图书出版规划项目

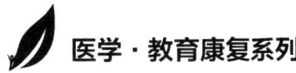

医学·教育康复系列

黄昭鸣　总主编
杜晓新　孙喜斌　刘巧云　副总主编

听障儿童教育康复的原理与方法

李岩　张联弛　刘巧云　编著

Principles and Methods of Education and
Rehabilitation for Children with Hearing Impairment

南京师范大学出版社
NANJING NORMAL UNIVERSITY PRESS

图书在版编目（CIP）数据

听障儿童教育康复的原理与方法 / 李岩，张联驰，刘巧云编著 . — 南京：南京师范大学出版社，2021.3
（医学·教育康复系列 / 黄昭鸣总主编）
ISBN 978-7-5651-4422-6

Ⅰ. ①听… Ⅱ. ①李… ②张… ③刘… Ⅲ. ①听力障碍—儿童—教育康复 Ⅳ. ① G762.2

中国版本图书馆 CIP 数据核字（2019）第 263257 号

丛 书 名	医学·教育康复系列
总 主 编	黄昭鸣
副总主编	杜晓新　孙喜斌　刘巧云
书　　名	听障儿童教育康复的原理与方法
作　　者	李　岩　张联驰　刘巧云
策划编辑	徐　蕾　彭　茜
责任编辑	刘娟娟　陈　晨
出版发行	南京师范大学出版社
地　　址	江苏省南京市玄武区后宰门西村 9 号（邮编：210016）
电　　话	（025）83598919（总编办）　83598412（营销部）　83373872（邮购部）
网　　址	http://press.njnu.edu.cn
电子信箱	nspzbb@njnu.edu.cn
照　　排	南京凯建文化发展有限公司
印　　刷	南京爱德印刷有限公司
开　　本	787 毫米 × 1092 毫米　1/16
印　　张	22
字　　数	522 千
版　　次	2021 年 3 月第 1 版　2021 年 3 月第 1 次印刷
书　　号	ISBN 978-7-5651-4422-6
定　　价	69.00 元

出 版 人　张志刚

南京师大版图书若有印装问题请与销售商调换
版权所有　侵犯必究

序

PREFACE

回顾我国言语听觉康复、教育康复行业从萌芽到发展的22年历程，作为一名亲历者，此时此刻，我不禁浮想联翩，感慨万千。曾记得，1996年11月，我应邀在美国出席美国言语语言听力协会（ASHA）会议并做主题报告，会后一位新华社驻外记者向我提问："黄博士，您在美国发明了Dr.Speech言语测量和治疗技术，确实帮助欧洲、巴西、中国香港及一些发展中国家和地区推进了'言语听觉康复'事业的发展，您是否能谈谈我们祖国——中国内地该专业的发展情况？"面对国内媒体人士的热切目光，我竟一时语塞。因为我很清楚，当时，言语听觉康复专业在内地尚处一片空白。没有专家，不代表没有患者；没有专业，不代表没有需要。在此后的数天内，该记者的提问一直在耳畔回响，令我辗转反侧，夜不能寐。

经反复思量，我做出了决定：立即回国，用我所学所长，担当起一个华人学子应有的责任。"明知山有虎，偏向虎山行"，哪管他前路漫漫、困难重重。我满怀一腔热忱，坚定报国的决心——穷毕生之力，为祖国言语听觉康复的学科建设，为障碍人群的言语康复、听觉康复、教育康复事业尽自己的一份绵薄之力。

如今，我回国效力已22载，近来，我时常突发奇想：如果能再遇到当年的那位记者，我一定会自豪地告诉他，中国内地的言语听觉康复、教育康复事业已今非昔比，正如雨后春笋般繁茂、茁壮地成长……

20多年的创业，历尽坎坷，饱尝艰辛。但我和我的团队始终怀着"科学有险阻，苦战能过关"的信念，携手奋进，在学科建设、人才培养、科学研究与社会服务、文化传承与创新等方面取得了众多骄人的成绩。2004年，华东师范大学在一级学科教育学下创建了"言语听觉科学专业"。2009年，成立了中国内地第一个言语听觉康复科学系，同年，建立了第一个言语听觉科学教育部重点实验室。2012年9月，教育部、中央编办等五部委联合下发《关于加强特殊教育教师队伍建设的意见》（教师〔2012〕12号），文件提出："加强特殊教育专业建设，拓宽专业领域，扩大培养规模，满足特殊教育事业发展需要。改革培养模式，积极支持高等师范院校与医学院校合作，促进学科交叉，培养具有复合型知识技能的特殊教育教师、康复类专业技术人才。"经教育部批准，2013年华东师范大学在全国率先成立"教育康复学专业"（教育学类，专业代码040110TK）。

2020年华东师范大学增设"听力与言语康复学专业"（医学类，专业代码101008T），这是华东师范大学开设的首个医学门类本科专业。听力与言语康复学专业旨在通过整合华东师范大学言语听觉科学、教育康复学、认知心理学、生命科学等学科领域的优质师资力量，建设高品质言语语言与听觉康复专业，培养适应我国当代言语语言听觉康复事业发展需要的，能为相关人群提供专业预防、评估、诊断、治疗与康复咨询服务的复合型应用人才，服务"健康中国"战略。

一门新学科的建立与发展，必然面临许多新挑战，这些挑战在理论和临床上都需要我们一起面对和攻克。据2011年全国人口普查数据显示，我国需要进行言语语言康复的人群高达3000多万。听力与言语康复专业立足言语听力障碍人群的实际需求，秉持"医工结合、智慧康复"的原则，紧跟国际健康理念的发展，以世界卫生组织提出的《国际疾病分类》（ICD）和《国际功能、残疾和健康分类》（ICF）理念为基础，构建听力与言语康复评估和治疗标准，为医院康复医学科及临床各科，诸如神经内科、耳鼻咽喉头颈外科、儿科、口腔科等伴随言语语言听力障碍的人群提供规范化的康复治疗服务。最令我感到自豪的是：2013年，我们研究团队申报的"言语听觉障碍儿童康复技术及其示范应用"科研成果，荣获上海市科学技术奖二等奖。

教育康复学专业是我国高等教育改革的产物，它不仅符合当前"健康中国"的发展思路，符合特殊教育实施"医教结合、综合康复"的改革思路，而且符合新形势下康复医学、特殊教育对人才培养的需求。专业的设置有助于发展医疗机构（特别是妇幼保健系统）的康复教育模式，更有助于发展教育机构（特别是学前融合教育机构）的康复治疗模式。2015年，我们研究团队申报的"基于残障儿童综合康复理论的康复云平台的开发与示范应用"科研成果，再次荣获上海市科学技术奖二等奖。

在新学科建设之初，我们就得到各级政府与广大同仁的大力支持。2013年，教育部中国教师发展基金会筹资680万元，资助听力与言语康复学和教育康复学专业建设。本丛书既是听力与言语康复学和教育康复学专业建设的标志性成果，也是华东师范大学、上海中医药大学等研究团队在20多年探索实践与循证研究基础上形成的原创性成果，该成果集学术性、规范性、实践性为一体。丛书编委会与南京师范大学出版社几经磋商，最终确定以"医学·教育康复"这一跨学科的新视野编撰本套丛书。作为"十三五"国家重点图书出版规划项目，本套丛书注重学术创新，体现了较高的学术水平，弥补了"医学·教育康复"领域研究和教学的不足。我相信，丛书的出版对于构建中国特色的"医学·教育康复"学科体系、学术体系、话语体系等具有重要价值。

全套丛书分为三大系列，共 22 分册。其中："理论基础系列"包括《教育康复学概论》《嗓音治疗学》《儿童构音治疗学》《运动性言语障碍评估与治疗》《儿童语言康复学》《儿童认知功能评估与康复训练》《情绪与行为障碍的干预》《儿童康复听力学》《儿童运动康复学》9 分册。该系列以对象群体的生理、病理及心理发展特点为理论基础，分别阐述其在言语、语言、认知、听觉、情绪、运动等功能领域的一般发展规律，系统介绍评估原理、内容、方法和实用的训练策略。

"标准、实验实训系列"为实践应用部分，包括《ICF 言语功能评估标准》《综合康复实验》《嗓音治疗实验实训》《儿童构音治疗实验实训》《运动性言语障碍治疗实验实训》《失语症治疗实验实训》《儿童语言治疗实验实训》《普通话儿童语言能力临床分级评估指导》《认知治疗实验实训》《情绪行为干预实验实训》10 分册。该系列从宏观上梳理残障群体教育康复中各环节的标准和实验实训问题，为教育工作者和学生的教学、实践提供详细方案，以期为"医学·教育康复"事业的发展拓清道路。该系列经世界卫生组织国际分类家族（WHO-FIC）中国合作中心下的中国言语听觉康复科学与 ICF 应用研究院授权，基于 ICF 框架，不仅在理念上而且在实践上都具有创新性。该系列实验实训内容是中国言语康复对标国际，携手全球同行共同发展的标志。

"儿童综合康复系列"为拓展部分，包括《智障儿童教育康复的原理与方法》《听障儿童教育康复的原理与方法》《孤独症儿童教育康复的原理与方法》3 分册。该系列选取最普遍、最典型、最具有教育康复潜力的三类残障儿童，根据其各自的特点，整合多项功能评估结果，运用多种策略和方法，对儿童实施协调、系统的干预，以帮助残障儿童实现综合康复的目标。各册以"医教结合、综合康复"理念为指导，注重原理与方法的创新，系统介绍各类残障儿童的特点，以综合的、融合的理念有机处理各功能板块之间的关系，最终系统制订个别化干预计划，并提供相关服务。

在丛书的编写过程中，我们始终秉承"言之有据、操之有物、行之有效"的学科理念，注重理论与实践相结合、康复与教育相结合、典型性与多样性相结合，注重学科分领域的互补性、交叉性、多元性与协同性，力求使丛书具备科学性、规范性、创新性、实操性。

本套丛书不仅可以作为"医学类"听力与言语康复学、康复治疗学等专业的教材，同时也可以作为"教育学类"教育康复学、特殊教育学等专业的教材；既可供听力与言语康复学、康复治疗学、教育康复学、特殊教育学、言语听觉康复技术等专业在读的专科生、本科生、研究生学习使用，也可作为医疗机构和康复机构的康复治疗师、康复医师、康复教师和护士的临床工作指南。本套丛书还可作为言语康复技能认证的参考书，包括构音 ICF-PCT 疗法认证、言语嗓音 ICF-RFT 疗法认证、孤独症儿童 ICF-ESL 疗法认证、失语症 ICF-SLI 疗法认证等。

  全体医疗康复和教育康复的同仁，让我们谨记："空谈无益，实干兴教。"希望大家携起手来，脚踏实地，求真务实，为中国康复医学、特殊教育的美好明天贡献力量！

博士（美国华盛顿大学）
华东师范大学中国言语听觉康复科学与 ICF 应用研究院院长
华东师范大学听力与言语康复学专业教授、博导
华东师范大学教育康复学专业教授、博导

2020 年 7 月 28 日

前言

FOREWORD

2016年8月，习近平总书记在全国卫生与健康大会上强调努力实现残疾人"人人享有康复服务"的目标。2017年发布的《第二期特殊教育提升计划（2017—2020年）》将"提高特殊教育质量"作为重点任务之一，而"促进医教结合，建立多部门合作机制，加强专业人员的配备与合作，提高残疾学生评估鉴定、入学安置、教育教学、康复训练的有效性"是提高特殊教育质量的重要措施。

时代的发展、科技的进步、电子耳蜗与助听设备的普及，让越来越多的听障儿童聆听声音成为可能，这也为我们的教育教学提出了新的挑战。如何在医教结合的背景下提高特殊教育的质量，如何在立德树人的同时让康复训练与教育教学有机融合，成为新时代新课标理念下听障儿童教育康复过程中需要解决的首要问题。

2018年，南京师范大学出版社决定以新的视野编撰《医学•教育康复系列》丛书，该套丛书的编写与出版已被列为国家"十三五"重点出版规划项目。《听障儿童教育康复的原理与方法》是其中一本。本书基于以上背景，从听障儿童教育康复的生理特点和心理特点入手，融合现代化的康复技术与理念，结合学前段和学龄段教育康复的不同目标、内容与要求，分别阐述学前听障儿童与学龄听障儿童教育康复过程中应遵循的理念与原则、如何评估及制定康复方案、方案实施的策略与方法。

本书共分七章，各章内容及撰写人员分别为：第一章，主要介绍了听力障碍、听障儿童的特征、听障儿童教育康复的历史沿革及听障儿童教育康复的现状与问题（陈梦秋、李岩、刘巧云）；第二章，以HSL理论与"1+X+Y"模式为核心，阐述理论的同时介绍以此为基础构建的学前、学龄低年级教育康复课程（李岩、崔宁、张联弛）；第三章与第四章相辅相成（孙振波、李岩），第三章是关于集体教育康复方案的制定与实施，第四章提供了丰富而详细的集体教育康复案例并进行了解析说明；而第五章和第六章介绍了个别化教育康复方案的制定与实施、案例设计与解析（孙振波、陈梦秋）；第七章从家庭康复概述、家长培训和家庭康复指导三个方面对听障儿童家庭康复进行了介绍（李岩、尹敏敏、张梓琴、李敏）。全书由李岩、张联弛、刘巧云审校、统稿。

作为一本针对听障儿童综合康复的专业书，本书的文字表述力求简洁易懂，并提供了丰富的案例以提高实用性。本书将高校教育康复理论与基层学校的实践案例紧密结合，具有以下三个鲜明特点：一是概念与理论基础论述清楚；二是模式与案例相结合，易学易懂；三是配有完整的教学资源包，包括康复方案、课堂录像、教学课件、评估表格等资料。

在本书的撰写与出版过程中，华东师范大学康复科学系杜晓新教授、黄昭鸣教授，中国教育技术协会教育康复专业委员会谢敬仁主委，中国残疾人联合会语言康复委员会孙喜斌主委，烟台市特殊教育学校徐东升校长，华东师范大学康复科学系卢红云博士、周红省老师在全程给予了有力指导。孙振波、陈梦秋、冯莎莎、黄辉、陈群、孙芳晓、吴建宏、王松娜、江婧、李春、李欣、刘爱霞、王淑萍、王林、王晓荣、魏倩、赵明明等诸位老师在本书编写过程中提供了宝贵案例。在成书过程中，陈梦秋、孙振波、李胜男、尹敏敏、李玉梅等老师对本书进行了认真校对，在此一并致谢。

由于作者学识有限，本书定有许多有待商榷之处，敬请各位专家与同行批评指正。随着"医学·教育康复"学科的发展，高校、基层学校、医院、康复机构等相关各方互联互动，携手并进。我们期望有更多的同行投入到学科建设与发展中来，书写教育康复的新篇章！

李岩

正高级教师、特级教师，烟台市特殊教育学校副校长

张联弛

正高级教师、特级教师，哈尔滨市教育研究院特殊教育学科教研员

刘巧云

副教授、博士生导师，华东师范大学教育学部康复科学系主任

2020 年 4 月 10 日

目 录

第一章　听障儿童教育康复概述　001

第一节　听力障碍的定义、分类及成因　003
一、听力障碍的定义及分类　003
二、听力障碍的成因　005

第二节　听障儿童的特征　008
一、听障儿童的言语语言特征　008
二、听障儿童的认知特征　015
三、听障儿童的情绪与行为特征　019

第三节　听障儿童教育康复的历史沿革　022
一、国外听障儿童教育康复的发展进程　022
二、我国听障儿童教育康复的发展进程　028
三、听障儿童教育康复的意义　032

第四节　听障儿童教育康复的现状与问题　034
一、听障儿童教育康复的现状　034
二、听障儿童教育康复存在的问题　042

第二章　听障儿童教育康复的理论与模式　043

第一节　听障儿童教育康复的 HSL 理论　045
一、HSL 理论的基本结构　045

047　二、HSL 理论的实质与内涵
049　三、HSL 理论中三大板块之间的辩证关系
051　**第二节　听障儿童教育康复的"1+X+Y"模式**
051　一、"1+X+Y"教育康复模式概述
054　二、"1+X+Y"教育康复模式的基本结构
057　三、"1+X+Y"教育康复模式中的辩证关系
059　四、"1+X+Y"教育康复模式的实施原则
067　**第三节　HSL 理论与"1+X+Y"模式下的教育康复课程**
067　一、听障教育康复课程的界定
072　二、学前教育康复活动设置
080　三、学龄教育康复课程设置

085　**第三章　集体教育康复方案的制定与实施**
087　**第一节　集体教育康复方案的制定**
087　一、集体教育康复概述
090　二、集体教育康复方案的制定方法
101　**第二节　集体教育康复方案的实施**
101　一、集体教育康复方案的实施要素
103　二、集体教育康复方案的实施原则
111　三、集体教育康复方案的实施流程
126　四、教育康复监控

129　**第四章　集体教育康复案例设计与解析**
131　**第一节　学前集体教育康复案例设计与解析**
131　一、诊疗档案实施案例
133　二、阶段方案实施案例
143　三、日方案实施课例

第二节　学龄集体教育康复案例设计与解析　　164
一、诊疗档案实施案例　　164
二、阶段方案实施案例　　167
三、日方案实施课例　　180

第五章　个别化教育康复方案的制定与实施　　229
第一节　个别化教育康复方案的制定　　231
一、个别化教育康复方案的概述　　231
二、个别化教育康复方案的制定　　233
第二节　个别化教育康复方案的实施　　237
一、个别化教育康复方案的实施要素　　237
二、个别化教育康复方案的实施原则　　239
三、个别化教育康复方案的实施流程　　240
四、教育康复监控　　243

第六章　个别化教育康复案例设计与解析　　245
第一节　学前个别化教育康复案例设计与解析　　247
一、诊疗档案实施案例　　247
二、阶段方案实施案例　　265
三、日方案实施课例　　268
第二节　学龄个别化教育康复案例设计与解析　　281
一、诊疗档案实施案例　　281
二、阶段方案实施案例　　285
三、日方案实施课例　　296

309	**第七章　听障儿童家庭康复**
311	**第一节　家庭康复概述**
311	一、家庭康复的理念、特点及可行性
315	二、家庭康复的原则
316	三、家庭康复的目标和内容
318	四、听障儿童家长应具备的基本素质
321	**第二节　家长培训**
321	一、团体培训
324	二、一对一培训
328	三、网络服务
329	**第三节　家庭康复指导**
329	一、建立个别化档案
330	二、制订家庭康复计划
330	三、实施家庭康复计划
332	四、监控家庭康复效果
334	**主要参考文献**

第一章 听障儿童教育康复概述

2014年1月，教育部等部门印发了《特殊教育提升计划（2014—2016年）》；2017年7月，发布了《第二期特殊教育提升计划（2017—2020年）》。发展特殊教育是推进教育公平、实现教育现代化的重要内容，是坚持以人为本理念、弘扬人道主义精神的重要举措，是保障和改善民生、构建社会主义和谐社会的重要任务。听障儿童的教育则是特殊教育的重要组成部分。

根据第六次全国人口普查及第二次全国残疾人抽样调查推算，2010年末，我国残疾人总人数达8 502万，单纯听力残疾的约有2 054万人，其中共有58.08万0—17岁的儿童存在不同程度的听力损失，且每年正以2.3万的数量递增。随着我国教育事业的不断发展，针对听障儿童的教育康复也得到社会的高度关注。

做好听障儿童教育康复工作，首先要掌握必要的理论知识并了解行业现状。本章介绍了听力障碍的定义、分类及成因，重点介绍了听障儿童的言语语言特征、认知特征和情绪与行为特征，概述了国内外听障儿童教育康复的历史沿革，简要分析了听障儿童教育康复的现状与问题。

听力障碍的定义、分类及成因

PART 1
第一节

社会对听力障碍儿童的称谓随着时代的发展不断变化。新中国成立之初，我们常用"聋哑儿童"这个称谓，如教育部1957年发布的《关于办好盲童学校、聋哑学校的几点指示》。20世纪90年代，政策文件采用标准医学用语"残疾"来称呼这一群体，即听力残疾儿童。进入21世纪，社会上掀起对残疾人群称谓的大讨论。为消除歧视，促进平等的社会权利，称呼由"残疾"逐渐转变为"残障"。在新中国成立70周年的阅兵仪式上，新闻媒体第一次将"残疾人"这个称呼改为"残障人士"。这也代表着中国残障人事业进入了"残障"这一更先进的层面。

因此，本书全文采用"听力障碍儿童"这一称谓。本节主要介绍了听力障碍的定义，从听力障碍程度、听力损伤部位和患病时间三个角度介绍了听力障碍的分类，分别阐述了学语前后听力障碍的成因。

一、听力障碍的定义及分类

（一）听力障碍的定义

听力障碍，又称听力残疾、聋或重听。2006年我国《第二次全国残疾人抽样调查残疾标准》中认为，听力残疾是指人由于各种原因导致双耳不同程度的永久性听力障碍，听不到或听不清周围环境声及言语声，以致影响日常生活和社会参与（经治疗一年以上不愈者）。[①]

（二）听力障碍的分类

为向听障儿童提供专业的、有针对性的康复服务，康复教师有必要了解听力障碍的分类。按照不同的分类标准，听力障碍可分为不同的类型。

---

① 第二次全国残疾人抽样调查残疾标准［J］．中国残疾人，2006（5）：7-9．

1. 听力障碍程度

《残疾人残疾分类和分级》(GB/T26341—2010)中按平均听力损失,以及听觉系统的结构、功能,活动和参与,环境和支持等因素分级(不佩戴助听放大装置)。3岁以内儿童,残疾程度一、二、三级的定为残疾人。[1]

① 听力残疾一级:听觉系统的结构和功能极重度损伤,较好耳平均听力损失大于90 dB HL,不能依靠听觉进行言语交流,在理解、交流等活动上极重度受限,在参与社会生活方面存在极严重障碍。

② 听力残疾二级:听觉系统的结构和功能重度损伤,较好耳平均听力损失在81—90 dB HL 之间,在理解、交流等活动上重度受限,在参与社会生活方面存在严重障碍。

③ 听力残疾三级:听觉系统的结构和功能中重度损伤,较好耳平均听力损失在61—80 dB HL 之间,在理解、交流等活动上中度受限,在参与社会生活方面存在中度障碍。

④ 听力残疾四级:听觉系统的结构和功能中度损伤,较好耳平均听力损失在41—60 dB HL 之间,在理解、交流等活动上轻度受限,在参与社会生活方面存在轻度障碍。

2. 听力损伤部位

根据听力损伤的部位,听力障碍可分为三类:传导性听力障碍、感音神经性听力障碍、混合性听力障碍。

传导性听力障碍的听力损失主要发生在外耳和中耳部分。外耳和中耳的损伤,减弱声音传导至内耳的强度。该类障碍很少造成高于60—70 dB HL 的听力损失,可以通过放大声音、医学治疗或手术减轻听力损失。

感音神经性听力障碍是指耳蜗螺旋器病变,不能将声波变为神经兴奋;或神经及其中枢途径发生障碍不能将神经兴奋传入;或大脑皮质中枢病变不能分辨语言。由于初步的听力学检查不能将感应性聋、神经性聋和中枢性聋区分开来,因此它们统称为感音神经性聋。随着临床听力学技术的发展,进一步的听力学检查配合CT、磁共振成像(MRI)等影像学检查可以帮助区分感应性聋、神经性聋和中枢性聋,例如耳声发射、耳蜗电图、听性脑干反应、中潜伏期电位、40 Hz 听觉事件相关电位等。

混合性听力障碍则是外耳、中耳和内耳都有问题所导致的,即同时患有传导性和感音神经性听力障碍。

3. 患病时间

先天性耳聋包括遗传性耳聋、耳道先天性闭锁、中耳或内耳畸形、妊娠期及围产期所致的各种耳聋。

后天性耳聋包括外耳和中耳的各种传导性聋,如外耳道后天性闭锁、化脓性中耳

---

[1] 中华人民共和国国家质量监督检验检疫总局,中国国家标准化管理委员会.残疾人残疾分类和分级:GB/T26341-2010 [S] . 2011.

炎、外耳及中耳肿瘤、各种外伤及耳硬化症等；在感音神经性聋中，包括各种传染病所致的各种感音聋、药物中毒性聋、迷路炎、听神经瘤、听神经病以及精神因素所致的功能性聋等。

二、听力障碍的成因

听觉是人习得语言与进行言语交流的重要途径。但一部分儿童由于各种原因出现了听力障碍，使其生理、语言和心理发展受到影响，进而对其参与学习和社会活动造成阻碍。

2006年《第二次全国残疾人抽样调查资料》显示："0—17岁年龄段中，导致听力残疾的病因除原因不明外，占第一的是遗传，中耳炎占第二位，新生儿窒息、早产和低体重分别占第九和第十位。在各年龄段中，0—6岁组听力残疾的主要病因构成为原因不明、遗传、母孕期病毒感染等，7—12岁组听力残疾的主要病因构成为原因不明、遗传、中耳炎等，13—17岁组听力残疾的主要病因构成为原因不明、中耳炎、药物中毒等。不同年龄段病因构成不完全相同。"[①]

关于听力障碍的病因分析方法非常复杂，有许多不同的分类方法。例如，在耳聋病原学中，遗传因素和环境因素致聋各占50%，其中遗传性耳聋包括综合征性耳聋和非综合征性耳聋，环境性原因包括细菌感染、病毒感染、耳毒感染以及声损伤。通常，不同性质的听力障碍的致病原因不同。

听力损伤既可以发生在出生之前，也可以发生在出生之后。在医学上，发生在出生时或出生前的听力损伤被称作先天性听力障碍，在后来的生活中发生的听力损伤被称作后天性听力障碍。但在教育上，我们关键要看听力损伤是发生在语言发展期之前还是语言发展期之后。

（一）学语前听力障碍的原因

绝大多数学龄期的聋或重听学生（约95%）的听力损失发生在2岁以前，为学语前听力损伤。学语前听力损伤的原因很多，尽管已经识别出几百种导致听力损伤的原因，如最为常见的原因有遗传、早产或难产、母亲孕期患麻疹及先天性细胞巨化病毒感染，但相当比例的学语前听力损伤儿童的致残原因不明。

1. 遗传

遗传性耳聋是指遗传物质即基因和染色体异常所致的耳聋，是先天性耳聋的一个重

---

① 第二次全国残疾人抽样调查办公室.第二次全国残疾人抽样调查资料[M].北京：中国统计出版社，2007.

要因素，约 35% 的听障儿童属于此病因。常常是一个家族中有多个成员患有耳畸形或耳聋，一般表现为双耳对称性听力下降。10% 左右的听障儿童有一位聋或重听父母，30% 左右的听障儿童有一位聋或重听亲戚。遗传性耳聋种类繁多，可分为以下三类：① 常染色体显性遗传性耳聋，约占遗传性耳聋的 10%。常见显性遗传性耳聋伴有颌面骨发育不全征、家族遗传性出血性肾炎和耳聋综合征等。② 常染色体隐性遗传性耳聋，约占遗传性耳聋的 90%。常见隐性遗传性耳聋有十几种，如聋、视网膜色素变性综合征。③ 伴性遗传性耳聋，约占遗传性耳聋的 1%。

2. 早产或难产

围产期一般是指妊娠 28 周至出生后 7 天。孕妇妊娠毒血症以及分娩时难产、早产、产伤引起的新生儿头颅外伤、缺氧等，影响神经及内耳，导致耳聋。另外，如母婴 Rh 因子不合、溶血性黄疸也会致耳聋。一些出生时体重很轻的早产儿会出现听力损伤，还有一些有脑出血经历或出生时缺氧的婴儿也会发生语言发展前听力损伤。

3. 母亲孕期患麻疹

胎儿极易受到某些病毒的侵袭。虽然麻疹对儿童和成年人不会有重大影响，但是对孕妇来说非常危险，特别是怀孕前三个月，因为这种病毒会侵袭正在发育的胎儿，常会导致听力损伤、视觉障碍、心脏病和许多其他严重障碍。

4. 先天性细胞巨化病毒感染

细胞巨化病毒是一种非常有害的病毒，在人体内一般处于非激活状态，可能是人体生活的监控器。当胎儿出生之前就染上细胞巨化病毒，特别是母亲在怀孕前三个月已经染上该病毒时，胎儿受影响最为严重；但当母亲已经有抗体时，对胎儿的影响就相对较小。细胞巨化病毒不易诊断出来，可能误诊，如当成感冒。目前，通过羊膜穿刺术可以检查出细胞巨化病毒，但还没有预防和治疗该病毒的手段。

5. 其他因素

除以上常见的致聋原因，造成学语前听力障碍的原因还包括先天性外耳、中耳畸形，内耳发育不全，脑血管异常，先天性梅毒，等。

（二）学语后听力障碍的原因

在聋和重听儿童中，只有 5% 的儿童是学语后听力障碍。学语前与学语后听力损伤的区别在教育上是非常重要的，因为学语后听障儿童有学习语言和用语言交流的基础。

通常引起学语后听力障碍的主要原因是中耳炎和脑膜炎。其他原因还有药物、高烧、耳下炎、传染病和出生之后的外伤。但许多学语后听障儿童的致残原因不明。

1. 中耳炎

中耳炎由中耳发炎引起，是6岁以下儿童最常见的耳病。[①] 常见的几种中耳炎有：① 化脓性中耳炎，易引起鼓膜穿孔，导致传导性听力损失，严重者会损害骨迷路，造成混合性听力障碍；② 分泌性中耳炎，一般为传导性听力损失，如渗出液影响到前庭窗和圆窗时，可能造成感音神经性听力损失；③ 粘连性中耳炎与鼓室硬化症，若急、慢性化脓性或非化脓性中耳炎治疗不当，可引起鼓室硬化和听骨链粘连，妨碍鼓膜和听骨链的运动，造成不同程度的传导性听力障碍。

2. 脑膜炎

脑膜炎是由细菌或病毒对中枢神经系统感染引起的，这种感染也可扩大到其他器官，包括脑和耳。脑膜炎引起的耳聋往往是全聋，并使患者在维持身体平衡方面表现出困难，还可能出现其他障碍。

3. 其他因素

有毒化学物质和某些药物可引起感音神经性耳聋。常见的耳毒性化学物质中，煤气中毒可使耳蜗出血、听神经变性，引起耳聋。另外，长期与铅、磷、汞等有毒化学物质接触，也可发生慢性中毒，引起神经炎，造成耳聋。引起耳中毒致听力障碍的耳毒性药物，有抗生素类的庆大霉素、卡那霉素、青链霉素。强噪声以及长期暴露于噪声刺激下会引起噪声性耳聋。除以上常见的致聋原因，造成学语后听力障碍的原因还包括鼓室硬化症、耳硬化症、麻疹、流行性腮腺炎等。

延伸阅读：
大前庭导水管综合征

---

① 张华. 助听器 [M]. 北京：人民卫生出版社，2004：24-25.

第二节 听障儿童的特征

绝大部分听力障碍儿童伴有言语迟缓、语言障碍以及认知能力发展迟缓等问题，需要接受相应的康复训练。恢复不理想者，还需要特殊教育的帮助。为更好地针对听障儿童进行教育康复，我们需了解听障儿童在言语语言、认知以及情绪与行为三方面的特征。

一、听障儿童的言语语言特征

对于听障儿童来说，听力丧失的结果首先是对语言发展的限制，不能或很难清晰地感知语言，发出声音却不能得到充分、恰当的听觉反馈；无法得到充分的言语强化；不能听到成人的言语示范，发生语言学习的困难。再者，没有了"听"，也就没有了"说"的应答，从而导致发音器官的僵化和构音器官功能的退化。

（一）影响听障儿童语言发展的因素

个体学习语言需在生理机能上达到一定的成熟度，需具有健全的构音器官、完全的大脑，再加上外在环境为儿童提供足够的语言示范，让儿童与环境中的人产生语言性的交互作用，否则儿童无法遵循一定的顺序发展语言。其中，听力是儿童学习语言的关键，因此早期失聪会严重阻碍语言发展，其原因主要有以下两个方面：第一，听力损失将大量减少儿童倾听的机会，减慢儿童学习说话的过程；第二，有的听力障碍会使儿童无法区别口语的元素。因此，听障儿童语言发展总体上较正常儿童滞后。具体影响听障儿童语言发展的因素分为两个方面：个人因素和环境因素。

1. 个人因素

许海燕的调查数据显示，不同性别、不同年龄的学前听障儿童，在语言理解、口语表达两个分测验的分数及语言发展总分上，其差异未达到显著水平。助听辅具的助听效果对学前听障儿童的语言理解有显著意义，助听效果越好，各分测验分数越高。听觉年龄与接受康复训练时间的长短对学前听障儿童的语言理解、口语表达、语言发展均具有显著的影响，其中接受康复训练的时间越长，效果越明显。[①]

听障儿童是学语前聋还是学语后聋，儿童的听力损失是快速形成的还是逐步发展的，会影响听障儿童的语言发展。一般而言，学语前聋、听力损失快速形成的儿童的口语学习相对比较困难。

2. 环境因素

学前听障儿童的语言各项发展与其父母受教育程度关系不明显。听障儿童的父母是健听人还是听力障碍者，会对儿童的语言发展产生影响。听障儿童的父母是否耳聋，虽然对听障儿童的语言发展具有重要作用，但并不是语言发展的决定因素。听障儿童大部分都是在手势和口语的双重沟通环境下成长的。唯一的不同是一些听障儿童是以手势为主要沟通模式的，而另一些是以口语为主要沟通模式的。听障儿童究竟选用哪种沟通模式在很大程度上依赖于父母的听力状况。

学前听障儿童的语言理解、口语表达以及总体语言发展在安置环境因子中表现出极其明显的差异，其中融合环境最有利于语言发展，其次是特殊教育学校，最后是康复机构。

延伸阅读：手语与口语切换自如的听障儿童

（二）听障儿童的语音特征

总体来说，听障儿童由于听力损失减少了听的机会，又无法精确模仿发音和获得听觉反馈，难以区别语音、语调诸因素的细微差别，语音的正常获得受到阻碍并出现许多复杂情况。例如，听障儿童语音发展中最普遍的现象是发音不清和发音不好，最常见的是尖声尖气的"假嗓音"和语调不准，但同时他们在获得语言的过程中也表现出与年幼正常儿童相似的特点。

1. 音段特征

研究表明，听障儿童在声母获得顺序上与年幼正常儿童基本一致，最早获得塞音，然后出现擦音，个别擦音可能与塞音同时出现，最晚获得翘舌音、塞擦音。张磊通过分析 64 名听障儿童的 21 个声母音位发音情况，获得了听障儿童对 21 个声母音位习得的难度梯度表，将听障儿童的 21 个声母音位大致分成四个难度等级：第一难度等级是 /b、d、m、p、h/，第二难度等级是 /t、n、k、x、g/，第三难度等级是 /f、l、j、q/，第四难度等级是 /z、zh、sh、c、s、r、ch/。[②]

听障儿童的声母发音最容易出现的错误是替代和省略，歪曲的出现率也较高，并具有发音部位和发音方法上的特征。研究发现，塞擦音 /j、q、zh、ch、z、c/ 和部分擦音

[①] 许海燕.学前听障儿童语言发展影响因素的研究［J］.现代特殊教育，2016（7）：44-47.
[②] 张磊.听障儿童声母构音异常的分析及治疗策略［D］.上海：华东师范大学，2009：13.

/s、sh/ 最有可能发生歪曲错误，首辅音省略错误较多发生在舌面音 /j、q、x/ 和舌根音 /g、k、h/ 中。舌尖中音 /t、n/ 的主要错误为替代，舌尖前音 /z、s、c/ 和舌尖后音 /zh、ch、sh/ 的主要错误为扭曲和替代。替代错误可以在任何位置出现，而且存在一定的规律：根据发音部位，同一位置的声母容易被替代；舌尖中音常替代舌尖前音、舌尖后音和舌面音。根据发音方式，塞擦音、擦音常常被塞音替代；塞音 /g、k/ 常发成擦音 /h/，塞擦音发成擦音；送气音 /p、t、q、ch、c/ 常被不送气音 /b、d、j、zh、z/ 替代。另外，也有不常出现的错误倾向，如不送气音发成送气音，塞音发成擦音，如 /k/-/h/。

听障儿童韵母发音错误的出现频率远低于声母，主要出现在前、后鼻韵母 /i、ü/ 等高频韵母和复韵母上。研究发现，听障儿童常常将 /ü/ 发成 /u/，/i/ 音常发生歪曲，/i、ü/ 带头的韵母也常发生错误，如将 /i/ 省略；将复韵母发成单个韵母音，甚至省略某个韵母，如 /iu/-/i-u/。

2. 超音段特征

研究表明，听障儿童由于呼吸控制不恰当，构音运动迟缓，常常在音的持续、连续音节、构音位置的变换上发生困难，并出现不恰当而频繁的停顿，使得语流不畅、语速过于缓慢。范佳露通过比较听障儿童构音能力和连续语音重复能力的差异，发现听障儿童的构音能力显著高于连续语音重复能力，二者分别代表了听障儿童言语发展的两个阶段，听障儿童的构音能力和连续语音重复能力高度相关。[①]

由于听觉辨别存在很大困难，某些频率段的声音很难发出，特别是高频音。而且音质较差，声音常常是粗哑的，有的鼻音明显带有呼吸声，有的使用假声。同时，听障儿童在语音的声调上也常常发生错误。[②]

（三）听障儿童的词汇特征

听障儿童由于听觉损伤，在词汇能力发展方面表现出明显的落后。概而言之，与同龄正常儿童相比，听障儿童在获得的词汇量以及对词汇的掌握等方面都存在一定的差距和困难。

大量的研究发现，听障儿童在文字表达上，尤其是对形容词、副词、连词和助动词比同龄健听儿童使用得少，而且名词和动词也有类似的情况。在某种程度上，这种差异源于儿童在学校期间所接受的书写练习和文字教育。[③] 听障儿童与健听儿童的差异会随着年龄的增大而加大。

听力损失儿童学习具体词语如"树""跑""书""红色"，比学习抽象词语如"疲倦""幽默""相当于""自由"等容易得多，他们在学习功能性词语或动词词组上也存在

---

① 范佳露. 听障儿童构音能力和连续语音重复能力的关系研究 [J]. 中国特殊教育，2010（9）：58-62.
② 王贞，李胜利. 儿童语言障碍主要相关因素及语言特点分析 [C] // 第 7 届北京国际康复论坛论文集. 北京：北京年鉴社，2013：785-792.
③ Marschark M. Psychological Development of Deaf Children[M]. New York: Oxford University Press, 1997.

困难。在形容词方面,听障儿童书面语词汇量少,很少使用形容词,高频出现的限于"干净""冷""热""高兴"几个。有研究者统计了近 30 个听障儿童在日记写作中形容词使用出现的偏误,得到的语料也仅 30 条左右。[①]

健听儿童可以自婴儿期就从别人或自己的谈话中学习大量的词汇、语法知识、成语表达、祝愿词以及其他许多词汇知识。一个自出生或稍后即损失听力的儿童,由于无法听到别人的言语,因此无法像健听儿童一样同时学习语言与言语。阅读和写作设计可对音位语言进行图解式的陈述,而听障儿童由于自身缺陷只能努力地将有限的课本语言进行解码并将知识内化。

1. 动词

刘德华提出,将听障儿童在书面语中对动词及相关成分的运用中出现的问题归纳起来,主要有以下一些表现形式:① 动词运用不当。② 成分残缺,如动宾词组遗漏宾语;动宾词组遗漏动词;用"能愿动词 + 不 + 能愿动词"这样的结构时,遗漏前面一个能愿动词;遗漏相应的时态助词;遗漏结构助词。③ 语序颠倒,如主语和谓语颠倒,动词和宾语颠倒,动词和状语颠倒。④ 搭配不当,如动词与宾语搭配不当,普通动词与趋势动词搭配不当。[②]

2. 形容词

研究发现,听障儿童在形容词程度范畴习得上主要有两个方面的问题,即程度范畴缺失和程度范畴误用。程度范畴缺失主要表现为光杆形容词做谓语,且未出现在显示比较或对照意义的语境中。程度范畴误用有两种表现:一是在同一结构中,形容词的状语和补语同现,或状语与形容词的构形式同现;二是修饰成分误用。听障儿童在选择程度副词时常犯的错误有以下两种:一是原本修饰名词性成分的"很多"代替"很"修饰形容词,或程度副词之间出现错误替代;二是在同一结构中,不止一个修饰成分与形容词同现。[③]

3. 名词与虚词

王姣艳收集了武汉市某聋校小学五年级 10 名学生的 30 篇作文,共 233 个句子,最短篇幅为 4 句,最长篇幅为 14 句,共计 106 处错误。研究发现,听障儿童在名词运用方面的异常主要表现在词性误用和运用不当。词性误用的情况有名词误用为介词或动词。[④]

---

① 梁丹丹,王玉珍.聋生习得汉语形容词程度范畴的偏误分析——兼论汉语作为聋生第二语言的教学[J].中国特殊教育,2007(2):23-27.
② 刘德华.聋生书面语中动词及相关成分的异常运用[J].中国特殊教育,2002(2):43-46.
③ 梁丹丹,王玉珍.聋生习得汉语形容词程度范畴的偏误分析——兼论汉语作为聋生第二语言的教学[J].中国特殊教育,2007(2):23-27.
④ 王姣艳.从聋校学生的书面语谈其语言能力与教育对策[J].中国特殊教育,2004(7):17-20.

听障儿童在虚词运用方面出现的问题很多，如漏用助词"的"，连词"后"使用不当，叹词的运用较为生疏，等。

（四）听障儿童的语法特征

听障儿童往往缺乏早期教育，缺乏良好的语言环境，故在掌握语法规则方面的能力就显得不足。国内外对听障儿童语法的研究主要着眼于书面语的语法。书面语是听障儿童语言思维的文字载体。从某种程度上说，它是听障儿童语言能力投射的平台，可以反映其手语、口语水平，并可作为衡量其语言能力的尺子。

瞿秋霞指出，在读听障儿童的书面语学习现状比较差。在一篇有200个句子的书面语材料中，听障儿童就有95处错误，错误率几乎是50%，其中以结构残缺、用词不当两类错误居多，分别占33.68%和30.52%，这说明我国在读听障儿童的书面语表达能力相当差。[①]

陈凤芸对听障儿童汉语述宾结构习得的特征进行了调查，发现听障儿童在汉语述宾结构的习得过程中，往往会出现诸多错误，可以粗略地将其概括为四种类型，即动词"价位"运用不当、述宾搭配不当、成分残缺不全、成分重复连用。而且，这四种类型呈现出如下的分布态势："动词'价位'运用不当"在听障儿童的书面语表达中是出现最多的类型；其次是"述宾搭配不当"的问题，"述宾搭配不当"的类型中又以"述语动词运用不当"表现得最为突出；在"成分残缺不全"的类型中，最常见的是"述词动词残缺"；"成分重复连用"的句式类型也占相当的比例。[②]

在句式方面，一般而言，听障儿童很难从陈述内容中发现问题。许多听障儿童在理解和书写过去式或从句时存在困难，大多数听障儿童在书写句子时存在句子短、不完整以及组织不全等问题。在听障儿童的作文中，很多句子都是单纯的主谓宾式，缺少修饰词，比较零散。

（五）听障儿童的语义特征

正常儿童是通过与成人交往及接受系统的学校教育，经自然途径逐渐理解语言的。听障儿童对语言的理解与正常儿童相比，难度大得多。"听障儿童失去了正常的习得语音的自然环境。一般后天致聋的儿童最早发现也多在一至一岁半左右……而这一时期也正是儿童初次尝试语言的时期。"[③]因此，他们错过了很好的初试语言的时期。即使有残余听力训练的听障儿童也要在语音刺激量达到或超过其听觉阈限时，才能对语音进行识别，把声音变为意义，从而分析整合，了解含意。所以往往他们把语言的感知和使用视

---

① 瞿秋霞.关于加强聋生书面语教学的思考[D].武汉：华中师范大学，2005.
② 陈凤芸.试论聋童汉语述宾结构的习得特征[J].中国特殊教育，2008（1）：50-55.
③ 方俊明.特殊教育学[M].北京：人民教育出版社，2005：171.

为十分困难的事，不愿意积极地去尝试。他们发音不清，音节受限制，词汇量少，语法比较差，这些都是学习的障碍，但早期的康复训练可以大大改善上述情况。

听障儿童语言理解的另一个特点是通过手语和看话的方式感受口语。手语是用手的动作、面部表情以及身体姿势来表达思想感情的，包括手指语和手势语。看话是一种特殊的感受口语的方式，故听障儿童手语的掌握程度及看话水平直接影响其对语言的理解程度。

（六）听障儿童的语用特征

听障儿童最明显的语言特点是言语障碍，即使经过较好的训练，也可能在发音等方面存在异常。同时，他们的言语水平相对来说不如普通儿童。但是，那些经过良好教育的听障儿童的情况要好得多。听障儿童与普通人交流有困难，尽管一些听障儿童能够说话，别人也能听懂他们的话，但是，由于听力的损失，他们难以对其他人的言语做出同步反应。当然，一些全聋的儿童学会了唇读，一些有残存听力的儿童佩戴了助听器，同时还不断出现一些听障人士与正常人交流的工具，这就降低了听障人士和正常人交往的难度。对听障儿童语用发展的研究虽较正常儿童的少，但这毕竟已引起国内外一些学者的关注，并促使他们展开一定的研究。当前已有研究主要集中于语境、会话技能和言语行为等方面，而言语行为更多地侧重于母子交往过程中的言语行为。

1. 语境

语境对听障儿童的语言获得、发展及运用有着极其重要的作用，主要体现在听障的语音清晰度、语言理解力、语词记忆和话语表达等方面。

首先，现实的语境可以提高听障儿童的语音清晰程度和语言理解力。听障儿童的语言获得和语言交流与正常儿童一样，都是在现实的语言环境中完成的。现实的语言环境包括说话和听话的场合以及为理解词语涉及的具体事物。研究显示，在不同语言环境下，听障儿童对声母、韵母和声调的掌握情况均表现出类似的规律，即在现实的语言环境下的正确率明显高于在非现实的语言环境下的正确率。现实的语境不仅能帮助听障儿童通过认知事物的外部特征来获得指称这个对象的词语，提高他们的学习兴趣，还可以提高听障儿童在嘈杂环境中的听觉能力，刺激和诱发他们的听觉，为听障儿童的语音感知提供信息，从而帮助他们实现话语的接收，避免一些错误的语音感知，进而提高听障儿童的语音清晰程度。同一个儿童，同一个词，在非现实的语言环境中发的是不清晰的音，可在现实的语言环境中却变得清晰了。对这种现象的唯一合理的解释：听障儿童理解了现实中词语的意义，这种理解有助于语音的发出。概括地说，听障儿童对言语意义的理解会作用于他对言语声音形式的感知，进而影响他的言语发出。

其次，语境可以为词语的识记增加线索，以促进词语的保持。听障儿童在现实的语境中获得语言时，上下文的输入和情境输入共同结合起来同大脑中已有的记忆结构发生联系，可以使所学的词语不易被遗忘。在听障儿童语言获得的过程中，语言形式结合语境出现，便于理解、记忆和巩固，因为言语本身是具有情境性的。在教词语时，结合情境教学，能使词语的意思解释得更为准确。同时，情境也为词语的无意识记创造了十分有利的条件，以情境为依托可以使新词语的掌握和记忆花较少的时间。当受到内外刺激需要提取语言信息的时候，情境往往作为一条有效的记忆线索，易化提取过程。调查显示，听障儿童在现实的语境中掌握词语的数量明显多于非现实语境中掌握的。汉语的声调掌握对许多听障儿童来说是一个难点，汉语的声调无法通过视觉区别，当不同声调组合时听障儿童更加不易准确发音。但在具体的说话场合使用词语时，听障儿童对不同声调的掌握均有改善，包括阳平和上声。

最后，语境有利于听障儿童言语表达能力的发展。语言研究已经证明，语言环境对于言语交际意义的理解至关重要，要理解意义，就必须在特定的环境中，听障儿童也不例外。将其孤立于现实的交际环境之外，不利于其对意义的理解，进而影响其表达。只有在现实环境下才会出现表达和理解的需要和动机，进而促使听障儿童去理解和表达。语言最基本的职能就是交际，真正的语言获得不仅指语言知识的获得，更主要的是让听障儿童主动地使用语言进行交际。很多听障儿童已经掌握一些基本的语言知识，但是缺少用语言表达的意识，现实的环境使听障儿童接受具体事物的刺激，这样非常有利于激活他们的语言表达意识，让他们最终实现表达。而且，在现实的语言环境中获得语言，也可以体会口语的必要性和优越性，培养和激发学习语言的愿望，逐渐养成用口语实现交际意图的习惯。

2. 会话技能

研究表明，听障儿童在会话语用中的交际意图和在给予会话搭档反馈方面与听力正常的儿童具有相似性。[①] 然而，听障儿童发起会话、采用策略、参与会话等会话能力仍存在局限性。究其原因，和健听儿童相比，听障儿童获得的语言输入更少。因为他们不能够获得健听儿童在自然环境下接收的母亲的很多口语表达，听障儿童很少有机会参与自然的、有意义的会话交际。因此，他们不太可能获得完整的会话语用技能。

3. 言语行为

国外研究发现，对于听障儿童而言，普通的语言沟通、微笑、皱眉是能够使父母和儿童之间实现交流的。[②] 家庭环境中的听力状况对儿童的语言发展有很重要的影响作用，家庭环境中的听力状况的一致性，成为儿童语言能力发展的一个重要因素。儿童的沟通能力是一个强有力的因素，母亲的言语刺激质量和儿童行为具有很高的相关性。研究进一步发现，儿童的语言能力与母亲的积极情感和回应之间存在正强化的关系。

---

① 贺利中．4—6岁汉语重度听觉障碍儿童语用发展研究［D］．上海：华东师范大学，2007：9.
② Nicholas J G, Geers A E. Geers. Hearing Status, Language Modality, and Young Children's Communicative and Linguistic Behavior [J]. Journal of Deaf Studies and Deaf Education, 2003, 8(4): 422-437.

二、听障儿童的认知特征

听觉是人们感知外界事物的主要渠道之一。由于听力损伤,听障儿童获取外界信息受到阻碍或限制,很难清晰地甚至不能获得声音信息,从而影响其认知的丰富性和完整性,这种影响主要表现在感知觉、注意、记忆和思维四方面。

(一)感知觉

聋与重听儿童听不到声音或听不清周围世界的声音,这就使他们对外界事物的感知和认识受到一定程度的影响。因此,听障儿童在感知事物时主要表现出知觉信息加工不完整、视觉的优势地位以及缺陷补偿三个方面的特点。

1. 知觉信息加工不完整

由于得不到听觉刺激,听障儿童对复杂的事物和环境感知不完整,缺乏听觉信息加工,知觉信息加工不得不更多地依赖视觉、触觉等其他感觉通道接受信息。这样,听障儿童对知觉信息加工的整体性和理解性受到制约。

听力损失限制了听障儿童语言的发展,而语言发展的缓慢又影响了知觉的发展。在知觉过程中,人们通过语言来唤起过去的经验,帮助理解当前的知觉现象,而听障儿童很难用事物的名称或语言唤起过去的经验来认识当前的事物,从而影响了知觉的发展。由于缺乏语言,听障儿童很难综合概括,不善于把握事物的主要特征,难以形成概括化的表述。所以,语言的迟缓会影响其知觉的发展。

2. 视觉的优势地位

由于听觉有障碍,听障儿童的眼睛就成为最主动、最活跃、最重要的感觉器官。在一定程度上,视觉在感知活动中处于优势地位。听障人士相对于听力正常的人来说有着更高的视觉敏锐度,更敏感于边缘视野的刺激信息,具有更高的图形视知觉加工能力、更强的视觉搜索能力、更好的视觉记忆能力以及更高的视觉表象能力。国内的一些研究表明,听障儿童的视知觉速度提高比较快,在凭借视觉参与的感知活动中,他们的视知觉能力与正常儿童没有显著差异。视觉和其他感觉对听力障碍起到了一定的缺陷补偿作用。有研究表明,听障儿童辨别细小物体或远处物体的技能高于听觉健全的同龄儿童。

3. 缺陷补偿

听障儿童由于听力损伤,不仅借助视觉、触觉、振动觉等感官及各种感官的协调活动来认识世界,而且还借助视觉、触觉和振动觉等进行语言理解和语言交流。视觉及其他感觉对儿童的听力障碍起到了一定的补偿作用,其中视觉起了最主要的作用,"以目代耳"就体现了视觉的缺陷补偿作用。

听障儿童听觉的丧失，在一定程度上影响了触觉的发展。萨拉维约夫等人对听障儿童的触觉进行了实验，研究发现，在学龄初期，听障儿童的触觉落后于正常儿童，这不仅表现在他们通过对物体的触摸所能揭示的物体特性上，而且表现在对物体的触摸方式上。他们的触摸动作与正常儿童相比显得少而单调。但通过训练，听障儿童在触摸过程本身和揭示事物特性方面不断得到改进和提高，特别是在语言训练的时候触觉起着重要的补偿作用。

与触觉一样，听障儿童的振动感觉同样起着补偿作用，振动觉被人喻为听障儿童的"接触听觉"。在教学中，振动觉与触觉相结合，产生定向反射，能吸引学生的注意；在语言学习中，触觉与振动觉相结合，听障儿童可以体会发音器官的振动，掌握发音要领；在艺术表演上，他们通过木制地板的振动，感受音乐的节奏，完成规定的动作。

听力损伤导致儿童的语言发展迟缓，而缺陷补偿可以帮助听障儿童发展语言。比如，通过眼睛观察说话者发音时口型和舌位的变化，利用触觉和振动觉感知发音时是否送气、声带是否振动，以此可以理解说话者的语言和学习语言。

特别值得注意的是，视觉及其他感觉通道对听觉缺陷的补偿作用是有限的，不能完全取代听觉。因此，我们对缺陷补偿应有适当的认识。不要因为"以目代耳"而忽视听障儿童听觉技能的培养。只要有可能，应尽量借助技术手段改善听力状况，如佩戴助听器、植入人工耳蜗，帮助听障儿童发展感知觉和语言能力。事实上，绝大多数听障儿童都有不同程度的残余听力，真正全聋而无法借助助听器改善听力的儿童只有极少数。

（二）注意

注意是指心理活动对一定事物的指向和集中，它使人的心理活动处于一种积极的状态。听障儿童的注意最早表现为条件性的定向反射，比如注意人脸。半岁后，随着动作发展，注意范围扩大，周围的许多事物只要与视觉有关就都能引起他的注意，比如鲜艳的颜色，发光的、活动的物体，食物，等。但1岁以内的注意多是无意注意，即事先没有目的和任务的不随意注意。3岁后的幼儿期，随着听障儿童的活动和游戏增多，生活范围扩大，有意注意开始形成。

1. 无意注意占主导

无意注意是没有预定目的，也不需要努力而实现的注意，它的产生主要取决于客观刺激本身的特点。3—6岁听障儿童注意的主要特点是无意注意占优势，多变且短暂。低年级听障儿童由于受年龄和语言的限制，认识水平很低，更倾向于对一些新颖的、刺激强烈的、运动变化着的事物产生注意，故在生活、学习和活动中主要以无意注意为主。[1]在整个幼儿期，新颖性对引起听障儿童的兴趣有重要作用，所以教师在教学中要善于利用教具，活动场所要具有新颖性等。

---

[1] 方俊明，雷江华. 特殊儿童心理学[M]. 2版. 北京：北京大学出版社，2015：49—50.

2. 有意注意发展缓慢

由于听觉渠道受损，语言发展迟缓，听障儿童的有意注意和无意注意的形成与发展都比较缓慢。有意注意的稳定性差，需要活动的支持和吸引。所以，听障儿童的康复活动应以游戏形式为主，这样会使他们处于积极的活动状态。由于语言发展迟缓，听障儿童的联合注意的唤起和保持更多地依赖非语言符号，所以在活动中，听力正常的教师等成人可以辅以手势、图片等方式引导听障儿童的有意注意。

3. 注意的分配比较困难

听障儿童无法既看又听，视觉兴奋和听觉兴奋不能一起产生，较难完成注意的恰当分配。刺激物如鲜明的色彩、生动的形象、突然出现的事物或有明显变化的事物，都容易引起听障儿童的无意注意。

4. 注意范围相对狭窄

虽然听障儿童有视觉优势，但他们的知识相对贫乏，所以注意的范围相对狭窄。随着知识的积累，听障儿童注意的广度会逐渐扩大。由于听障儿童单纯由视觉参与注意活动，所以他们的注意范围狭小，知识面不宽。

（三）记忆

在学前期，听障儿童的无意记忆占优势。进入幼儿园或康复机构后，有意记忆虽然开始发展，但仍以无意记忆为主。有意记忆的发展依赖于儿童对记忆任务的意识、活动的动机、情绪的影响以及多种感官的参与。听障儿童形象记忆的效果优于抽象记忆，对于直观形象的事物如苹果、桌子、香蕉等，他们记得快、保持得好，也容易提取，但对语言材料的记忆水平较低，再现也不完整。总体来说，学前期听障儿童的记忆呈现出以下特点。

1. 无意记忆占优势

3岁以前，听障儿童的记忆基本上属于无意记忆。我们能够透过听障儿童的日常表现发现这一点，当家长试图让听障儿童记住某个人物（如姐姐）的称呼时，他们并不能完全记牢；但他们却对街边和电视上出现的卡通形象的名字熟记在心。影响学前儿童无意记忆的因素有客观事物的性质、客观事物与学前儿童的关系、学前儿童认知活动的主要对象或活动所追求的事物、活动中感官参与的数量以及活动的动机等。听障儿童的认知活动越是积极，其无意记忆的效果越好。而无意记忆的对象一般具有趣味性、情境性和形象性的特点。因此在教学中，康复教师应利用直观、鲜明的具体事物进行教学，利用无意记忆，以提高听障儿童的学习兴趣和发展他们的有意记忆。

2. 有意记忆的发展

听障儿童的有意记忆是随着生活要求和成人的教育而产生的，有意记忆的发展是听障儿童记忆发展过程中一个质的飞跃。听障儿童有意记忆的效果依赖于以下三方面的因素。

一是对记忆任务的意识和活动的动机。活动的动机对听障儿童有意记忆的积极性和效果都有很大影响，比如，单纯地记忆文具用品，儿童会缺乏兴趣，记忆效果不好；而通过"开文具店"的游戏方法，让儿童担任"顾客""售货员"等，记忆的效果就好得多，因为角色本身就使听障儿童意识到记忆的任务，增加了活动的兴趣。

二是情绪作用明显。情绪愉悦、兴趣强时，注意力就易集中，有意记忆的效果就好。

三是多种感官的参与。例如，在认识水果时，可调用听觉、视觉、嗅觉、味觉和触觉等多种感觉参与记忆。

3. 形象记忆优于语词记忆

形象记忆是根据具体的形象来识记材料，而语词记忆是通过语言形式来记忆。听障儿童入园前，由于听力障碍、语言缺乏，其记忆的内容基本上是事物的形象，而且是以视觉表象为主；入园后，虽然在教师的指导下，学会了熟悉事物的名称，如桌子、椅子、小朋友、老师、门、屋子等，但仍以形象记忆为主，语言记忆水平较差。所以在教学中，教师要利用听障儿童熟悉的事物，注意材料的直观性，由形象记忆促进词语记忆的发展。

（四）思维

思维是人脑对客观事物概括的、间接的反映，而各种概括是用语言表现出来的，它是人类高级的认识物。从动作思维发展到形象思维再到抽象思维，是普通儿童思维发展的三个阶段。听障儿童的思维发展趋势与普通儿童相同。听障儿童由于听力障碍，语言发展迟缓。因此，听障儿童的思维发展与听觉正常的儿童相比，有如下特点。

1. 思维内容具体，多以形象性的内容作为对象

听障儿童的思维主要依赖于事物的具体形象，他们能够掌握具体事物的概念，但不易掌握抽象的概念。思维的形象性，表现在听障儿童主要是依据头脑中的表象或表象的联想来思考的。①

延伸阅读：
案例

2. 依赖感知的特点、生活情景或物体功用来分类

分类活动可以反映听障儿童的思维水平，五六岁的听障儿童虽开始具有一定的分类能力，但不会按事物的本质特征来分类，而是依据感知的特点、生活情景或物体的功用

---

① 方俊明，雷江华. 特殊儿童心理学［M］. 2版. 北京：北京大学出版社，2015：142.

来分类。

3. 概念的扩大化或缩小化

听障儿童由于语言缺陷，掌握的语词少，对语词的理解也不深入，所以经常出现用词不当的情况。

除了概念扩大化的错误外，有时他们又不合理地缩小概念。例如，听障儿童认为汽车、火车、自行车是交通工具，而轮船不是，因为它不能在地上跑。听障儿童多半是通过列举概念的方法来阐明概念而不是通过概念的内涵来揭示概念，所以，在思维过程中易发生扩大或缩小概念的错误。此外，听障儿童难以理解和运用抽象词汇和意义不明确的虚词。

4. 思维发展达到的水平局限

由于听力和语言发展的局限性，听障儿童最终达到的思维水平比较低。20世纪70年代，英海尔德根据皮亚杰的认知发展理论，对听障儿童的思维进行研究后发现：6—10岁，100%处于前运算阶段；11—13岁，60%处于前运算阶段，40%处于具体运算阶段；14岁以后，60%处于具体运算阶段，40%处于前运算阶段；能进入形式运算的几乎为0。另外，已有研究表明，听障儿童更多地受当前情境的直觉所约束，表现出思维的僵持、固着状态，缺少思维的灵活性。[①]

三、听障儿童的情绪与行为特征

生理变化是心理变化的物质基础。随着生理年龄的增长以及家庭与学校环境的多重作用，听障儿童处于个体逐渐走向成熟而又尚未成熟的过渡期。因听力的丧失听障儿童不能自由地表达自己的想法，也很难充分地理解他人的意愿，因而在情绪情感、个性和社会化方面呈现出特有的行为表现。

（一）情绪情感

情绪在听障儿童早期发展中起着重要的作用，听障儿童因听力障碍，语言发展迟缓，所以常以情绪的外部表现作为交际工具，比如用表情、动作表达自己的需要、愿望，回答他人的问题，而他人对听障儿童的理解，也常依靠其表情动作。可见，情绪情感在听障儿童的交往中占有特别重要的地位。听障儿童的情绪情感主要有以下特点。

冲动性情绪逐渐减少，情绪的稳定性逐渐提高。由于听力障碍和语言迟缓，他们既

---

① 李苏翰. 利用现代信息技术促进聋生的有效学习［D］. 济南：山东师范大学，2006：7.

听不到或听不懂成人的要求，又说不出来自己的想法，因此容易冲动。随着年龄的增长、听觉和语言的康复，特别是在康复机构的集中活动要求下，他们会逐渐改变其情绪，有意识地来控制自己的情绪冲动，情绪的稳定性逐渐提高。

高级的社会情感逐步发展。高级的社会情感包括道德感、理智感、美感。听障儿童到了4—6岁，高级情感开始发展，也就是听障儿童的社会化过程开始形成，他们有了一定的社会责任，有了积极向上的情绪。[①]这些情感的发展与正常儿童是一样的，只是由于听力障碍，发展中会遇到较多的困难而已。

（二）个性

在教育实践中，我们会发现听障儿童的性格不同于正常儿童，表现在以下两方面。

1. 脾气倔强，好冲动

听觉健全的幼儿一岁多即开始发展语言能力，父母亦开始对其进行各项生活训练，培养习惯，幼儿与父母相互沟通，彼此了解。但是，听障儿童的父母却难以对其进行各种生活训练，孩子有疑问也说不出，父母要告诉他为什么也不知如何表达，有时不能及时给予听障儿童所需要的一切，有时会实行不恰当的惩罚，有时会过分保护或管束较多，这往往会造成听障儿童易发怒、好冲动、脾气倔强的性格。有研究表明，听障儿童常有固执性、以自我为中心、缺乏自我控制、冲动性强、易受人暗示等消极的人格特征。

2. 好动、好奇

如果要求听障儿童安静地坐着，过不了多长时间，他们就有疲劳的表现，就会动动手、踢踢脚，做各种小动作。听障儿童在相当长的时间内持续跑跑跳跳，却不感到疲倦。个体的活动主要是依靠大脑高级神经系统的调节。听障儿童大脑的成熟程度不足，兴奋过程的活动胜于抑制过程的，他们不能长时间使某些部分的神经细胞处于抑制状态。事实上，正常儿童也会因为年龄关系表现出一定程度的好动。教师应针对听障儿童好动的特点，选择适当的教育内容和方法，让他们在游戏中学习，在丰富多彩、方式多变的活动中接受教育康复，将听障儿童好动的性格特征与其他品质的培养结合起来，引导他们参加力所能及的劳动，促进听障儿童形成勤快、好劳动的良好性格倾向。

（三）社会化

儿童为了获得良好的人际关系，就要学会与人相处的能力，并要掌握社会的行为方式、规范、习惯，这个过程就是社会性发展的过程。听障儿童由于听力障碍与语言发展

---

① 张福娟，杨福义.特殊儿童早期干预［M］.上海：华东师范大学出版社，2011：121.

缓慢，在社会交往的发展上也比正常儿童迟缓，主要表现为社会性发展较迟缓，其特点为伙伴范围狭窄、社会交往欠缺、社会常识贫乏、社会适应性差。

伙伴关系不同于母子关系，母子关系是一种"保护与被保护"的纵向人际关系，伙伴关系则是一种需要友情、协调的横向人际关系。但是，由于听力障碍，语言发展迟缓，听障儿童无法和健听儿童一起玩，特别是那些只会手语的儿童更倾向于找听障儿童玩。当周围没有其他听障儿童时，他们的同伴交往机会就更少了。家长怕别人歧视自己和自己的孩子，往往也不愿意带听障儿童到公共场合参加活动，使得听障儿童的伙伴范围很狭窄。家长的过度保护可能导致听障儿童自卑而胆怯，不愿意自己单独去接触社会，反过来又加重了他们对家长的依赖性。由于社会交往很少，他们常常感到孤独、沮丧和退缩，社会常识贫乏，缺少社会经验，社会适应性差。有研究表明，听障儿童由于正确道德概念的形成有一定困难，常有以自我为中心的倾向，缺乏社会责任感和独立感。

听障儿童教育康复的历史沿革

听力障碍教育是最早发展、最具代表性的特殊教育类型之一。它起源于欧洲，发展于美国，已经有五百多年的历史。但听障儿童康复的历史却与听力补偿技术的出现密切相关。1896 年，贝尔发明了世界上第一台耳聋电子助听器。1978 年，澳大利亚人格雷姆·克拉克发明了世界上第一个人工耳蜗。因此，听障儿童教育康复可追溯到 19 世纪末。

第三节主要阐述两方面内容：一是厘清国外和国内听障儿童教育康复的发展进程，二是从不同角度分析听障儿童教育康复的意义。

一、国外听障儿童教育康复的发展进程

发达国家在特殊教育领域起步比我国早，发展时间比我国长。他山之石，可以攻玉。美国在特殊教育领域的立法一直是世界标杆，而英国的康复服务则是国内相关文献的研究重点。二战后，战争灾难导致残疾的人口增加，日本国内开始关注并发展特殊教育，所以日本的听障儿童康复方法也具有十分重要的借鉴意义。

延伸阅读：听力补偿的方法与手段

（一）美国教育康复法律的发展

第一次世界大战期间，美国大量的聋人参与了农业和工业生产。聋人娴熟的劳动技能和部分聋人的创造天赋让商业人员和政府认识到聋人的价值所在。因此，1920 年，美国聋人康复工程获得了联邦政府的财政支持，随后成立了私人组织——国家康复协会。1954 年，美国国会通过了 PL88-565 公法，即《职业康复法案》。该法案规定政府需为聋人的继续教育和技术培训项目提供经费支持，允许各州建立康复中心。

20 世纪中叶以后，美国的聋人教育获得了巨大的发展。首先，政府开始通过立法、拨款等方式大力支持聋人教育的发展并积极改变人们对聋人的态度，将聋人从隔离式的教育机构中解放出来，让他们融入普通学校。20 世纪 60 年代，美国手语取得了合法的语言地位。手语作为正式的语言开

始被大多数的美国人接受,他们对聋人也有了新的认识。

在教学方法选择上,20世纪70年代,美国聋人教育者不再局限于单一的非此即彼的教学方法,而是将口语教学和手语教学相结合,将其称为综合沟通(total communication)教学取向。1990年,在美国聋人的强烈要求下,美国食品和药品管理局正式批准将人工耳蜗技术运用于2岁以上的儿童,以促进其语言康复。

美国联邦政府为改变残疾人个体在社会上处于劣势地位的状况,于1973年通过国会讨论制定了《康复法》(Rehabilitation Act)。《康复法》明确指出该法的立法目的主要包括授权残障者最大限度地参与雇佣、经济上自足、独立和与社会的融合,以及确保联邦政府在促进残障者就业的过程中发挥领导者的角色。[①]《康复法》与《美国残疾人法》一起共同保障了残疾人平等就业的权利,促进了残疾人康复事业的发展。[②]

在《康复法》中,与残障者教育密切相关的条款主要体现在第四章第504条,其中规定"有资格的残障者不能仅因为其残障而在任何接受联邦财政资助的项目或者活动中被排除在外或被剥夺获益权利或受到歧视"。除上述条款外,《康复法》还规定学校必须为残障者提供无障碍设施;学校应提供独立生存的服务,包括"在社会生活和参与到社会活动中需要的教育和训练;这些服务的提供必须考虑到学生自身的需要以及学生的经历和兴趣,包括教学、社区经验等"。

对美国特殊教育立法和特殊教育发展具有里程碑意义的一部法律是1975年颁布的《所有残疾儿童教育法》(Education for All Handicapped children Act),即94-142公法。这是美国历史上第一部专门针对残疾儿童教育问题制定的联邦法律。该法律共进行了5次修订。最近的一次修订为2004年美国总统布什签署颁布的《残疾人教育促进法》(Individuals with Disabilities Education Improvement Act)。

《残疾人教育促进法》规定:"必须为3—21岁经多学科康复小组确定符合13种具体残障中的一种或多种残障标准的儿童提供相应的特殊教育和相关服务。种类包括自闭症、聋(失聪)、聋盲、听力障碍、智力障碍、多重残疾、言语或语言障碍、外部脑损伤、视力障碍。"

值得注意的是,美国《残疾人教育促进法》将听力损失分为两种类型:失聪与听力障碍。失聪通常是指永久性或暂时性听力完全丧失,甚至在助听器辅助下仍然没有听觉,即使使用扩音器也完全听不见,对患者的生活和学习影响很大。听力障碍是指听力并未完全丧失,按个人能听见声音的强度、频率等分为轻度、中度、重度、极重度听力障碍。

《残疾人教育促进法》作为修订版的法律,本身对特殊儿童教育的各方面做出了更细致的规定,包括"确保所有残障者可以接受到免费的、合适的公共教育,而且特殊教育和相关服务能够满足个体的需要以及将来的教育、就业和独立的生活;接受资助的州为残障婴儿和学生及其家长执行广泛的、协调的、多学科的以及机构间协办的早期干预系统;通过支援系统改进活动、协调性的研究和人员准备、协调性的技术援助、传播和

---

① 陈蔚.美国残障者教育法律体系探析[J].教育学术月刊,2011(2):93-96.
② 肖菊英,郑俭.美国康复法及其对我国的启示[J].中国康复理论与实践,2011,17(5):478-480.

支持以及技术发展和媒体服务确保教育者和家长有必要的工具去改进残障者的教育结果；评估和确保特教教师努力的效力"。

《残疾人教育促进法》对个别化教育计划提出两项基本要求。首先，为满足每一位残障学生的特殊需要，必须为其制订个别化教育计划。同时，个别化教育计划的小组成员需包括教师与家长，并确定该学生的学习与功能目标。其次，个别化教育计划的小组必须决定适合残障学生接受教育的最佳场所。适合残障儿童的教育场所包括正常学校课堂、区域项目以及特殊学校。

美国聋校的课程设置既与普通教育的相一致，同时也针对聋生的需要，提供各种职业教育课程及各种服务，体现出聋校的特色。美国聋校的核心课程与普通教育的一致，非核心课程针对学生需要体现出学校自己的特色，如注重英语和手语的学习和发展，提供多方面的职业教育课程，提供过渡性课程。除此之外，学校也提供个别化、密集式的各种服务。加州聋校就为学生提供听力服务、咨询服务、健康服务、翻译服务、言语服务、评估和行为服务。例如言语服务，其内容包括决定言语交流技能和课程需要，发展个别化教育目标（IEP）并进行一周两次的言语治疗，听、说及言语阅读领域的小组教学，家庭关于计划发展的咨询，家庭使用材料的准备，家庭中5—21岁的听障儿童的咨询等，以发展学生的手语和英语口语能力。评估和行为服务包括申请到该聋校的学生的申请评估、每三年一次的评估、特殊要求评估、行为评估等。评估部门还对学生的学业评估负责，所有2—11年级的学生参加加州标准化考试和报告（Standardized Testing and Reporting，STAR），包括CST、CAT-6、CAPA三种形式。除了上述评估外，行为干预诉讼管理者（Behavior Intervention Case Manager，BICM）负责协调学校范围内的服务，这些服务包括对教师和父母管理学生的行为提供支持以及一系列的干预技术和在职援助。[①]

（二）英国教育康复服务的落实

过去二十几年间，英国法律和支持政策的调整，对残疾儿童的康复服务产生了巨大推进作用。

1. 康复服务的机构和部门

英国中央政府有三个主要部门负责特殊儿童的康复服务：国家医疗保健服务系统、国家社会服务系统、国家教育服务系统。国家医疗保健服务系统是为特殊儿童服务的主体。从中央到地方的不同层次，均存在国家医疗保健服务系统的管理机构，这些管理机构管理着所属的不同设施、系统和各类相关人员，如图1-1所示。特殊儿童及其家庭除会受到政府提供的服务外，还会受到许多民间机构和服务系统的服务，如已形成网络化服务的最大民间组织SCOPE、Leonard Cheshire基金、Bobath中心及其分中心、引导式

---

① 马静静. 美国聋校课程概览［J］. 现代特殊教育，2009（2）：39-40.

教育中心及其分中心等。[①]

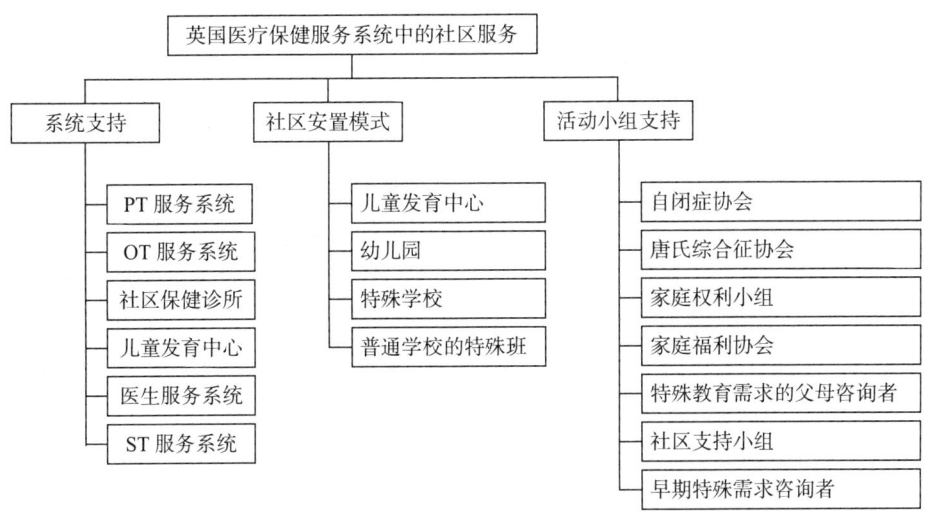

图 1-1　英国医疗保健服务系统中的社区服务

2. 康复服务模式的历史阶段

英国康复服务模式经历了三个历史阶段，从以医疗康复模式为主，到以教育康复模式为主，再到全面的社会康复模式，如图 1-2 所示。过去二十年来，在生理—心理—社会医疗模式的引导下，ICF（International Classification of Functioning, Disability and Health）的概念对康复观念产生了巨大影响。人们越来越认识到，残疾人以及他们的家庭成员承受着社会观念的压力。残疾人在生理上受到障碍所带来的不便的同时，个人及其家庭在心理上还受到来自社会的压力。因此，第三阶段的康复服务已不再单纯强调医疗或教育康复服务，而是更为全面的社会康复模式。这一模式以改变人们传统的思想观念、改善社会环境条件为主，将医疗、教育、社会服务有机结合。特殊人和特殊人家庭之间相互支持和帮助，社区政府将不同的专业人员与残疾人和他们的家庭紧密联系，形成社会各界共同努力的康复服务模式。

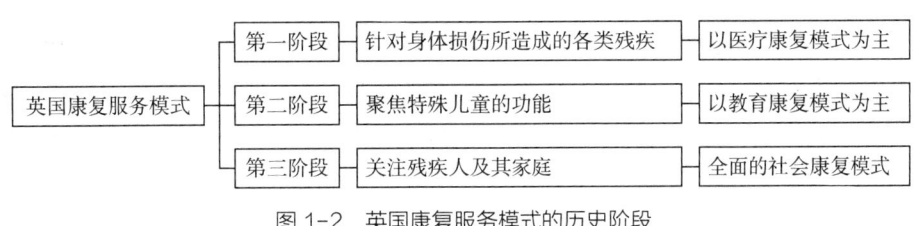

图 1-2　英国康复服务模式的历史阶段

---

① 李晓捷. 英国残疾儿童康复服务的机构特点及现状 [J]. 中国临床康复，2004，8（24）：5096-5097.

3. 专业人员的角色

全面、专业的康复服务和发达的社会服务网络离不开专业人员的支持。首先是各部门的医生，包括全科医生、社区医生及学校的医生。全科医生不仅负责对每一个个体进行注册、提供初级医疗保健服务、将特殊儿童或特殊需求者介绍给儿童发育中心或医院，还与其他专业人员共同参与对这些孩子的服务、治疗和康复。社区儿科医生在儿童发育中心主要诊察0—5岁儿童，但诊察对象的年龄可扩大为0—19岁。他们负责将特殊儿童转介给其他专业人员。社区顾问儿科医生还要负责儿童发育中心与社区学校的紧密结合，确保各类专业人员共同合作，为特殊儿童和特殊需求者服务。学校的医生的主要责任是在学校按计划定期和不定期地诊察特殊儿童和特殊需求者，与老师和康复治疗师相互配合。一些特殊学校的儿科医生由社区顾问儿科医生担任，学校的医生还有培养和指导下级医生的责任。

治疗师在各类场所工作，如儿童发育中心、家庭、学校和幼儿园，各类康复治疗师相互配合得很紧密，根据特殊需求，他们为儿童的康复服务。他们提供评价、康复治疗、训练和其他服务，如与相关部门或单位联系和合作，为特殊儿童提供矫形器具、辅助用品、生活和学习的特殊用品等。

特殊需求保健督导在儿童发育中心为特殊儿童或特殊需求者提供服务。他们在家庭网络中，针对每个个体的精神、心理和身体的具体情况，提供帮助和支持、探讨和咨询，提供具有针对性的最适合于服务对象的各类信息，如合适的设施、资源、社区组织等。

社会工作者虽不能提供专业的康复服务，但他们为特殊家庭提供额外的支持。绝大多数梯队服务由当地民政部门选派的社会工作者参与，他们负责特殊儿童特殊需求的房屋设施的修缮，负责家庭雇佣特殊儿童看护者的费用，他们还组织如前所说的一些工程、项目和活动等。

特殊学校的教师对学校的所有儿童负责，他们根据情况对儿童进行个别或集体教育，他们与治疗师、医生、心理治疗师、护士等紧密配合。正常学校的教师和辅助者在教室对特殊需求者和特殊儿童给予特殊服务。

其他为特殊儿童服务的专业人员还包括护士、Portage工作者（Portage Worker）、看护者、社区居民、家庭成员等。

英国的残疾人康复服务起步早，发展程度高，平等、参与使"人人享有康复服务"的现代康复理念深入人心，形成了包括特殊儿童及其家庭成员在内，全社会共同参与、共同服务，以社区为基地，医疗、教育、社会服务相互配合、协调一致的局面，但存在使用大量人力物力、浪费资源、服务速度慢和效率低等缺点。由于梯队服务过于繁杂，不同专业人员对同一康复对象的康复观点、方法、手段等容易出现矛盾，这使家长无从选择，康复服务出现人为的困难。康复服务的程序复杂，除了实际的康复实践外，需有大量文字工作，造成专业人员超负荷工作。

（三）日本言语语言康复理论与方法

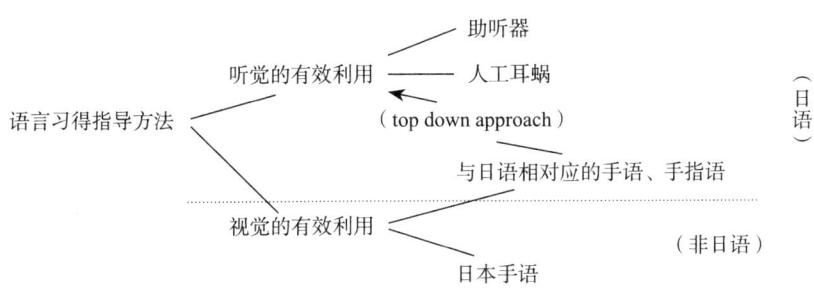

图 1-3　日本听障儿童的语言习得指导方法

对听障儿童来说，听力损失越严重，他们利用听觉进行语言学习越困难。

在日本，当父母是健听人时，可根据儿童听力损失的情况来选择适宜的语言指导方法：① 当听障儿童听力损失在 100 分贝以下时，可佩戴助听器进行听觉口语教育；② 当听力损失在 100 分贝以上，且佩戴助听器无效果时，可尽早植入人工耳蜗。对于听力损失大于 100 分贝的儿童，部分会选择手语教育。但因父母是健听者，同时受到年龄和交流习惯的影响，很难保证父母与孩子能进行准确的交流并建立良好的沟通关系。

对于听力损失较轻，但在学习上存在困难的孩子，可以在听觉训练中加入手语和手指语，用视觉促进语言的发展。这时，其使用的手语单词遵从的是日语的语序，教师教授的是日语。因此，这种手语被称为"日语对应手语"，更确切的叫法是："日语手指语"。日语手指语由于受到声音语言的限制，难免有不自然的感觉，而且从音韵理论上讲也是失败的。尽管如此，它在重度、极重度听障儿童的语言学习指导方面还是有一定作用的。

利用听觉进行语言学习指导的方法有以下两种：① 对于佩戴助听器或植入人工耳蜗的听障儿童进行听觉训练，即利用听觉进行语言指导；② 对于感音神经性耳聋的儿童，特别是重度、极重度的听障儿童，建议采用听觉与视觉（手指法）相结合的方法，同时进行语言指导。

无论是利用听觉还是利用手语进行语言教育，为了让他们学会日语（前者是直接的，后者是间接的），必须采用准确的、结构化的语言指导方法。为了促进对有声语言音韵的感觉和认知，除了运用听觉外，发声、构音器官的肌肉运动感也是很重要的。因此，发音训练也是不可缺少的。再者，日语中有假名字母，这只是一种注音字母，与此相对应创建的手指文字在视觉上容易诱导发音，同时也是一种便利的交流手段。[①]

以上是日本对不同听力损失的听障儿童所采用的语言习得指导方法。在进行语言具体教学时，我们可以通过名词教学方法的选择来分析日本的语言教学方法。日本研究者认为教育环境的改善、听障儿童自身的经验及接受的指导是决定听障儿童语言获得的主

---

① 田中美乡，牛凤兰，陈振声. 日本听障儿童的语言习得指导方法——特别是考虑如何对待手语问题[J]. 中国听力语言康复科学杂志，2006（3）：50.

要因素。日本研究表明，对听障儿童康复而言，母亲发挥了关键的作用。日本大部分的聋校学前部都是亲子共同上学并接受指导。①

在语言教学内容的选择上，日本聋校学前部会围绕一年中的各种节日选择相关名词进行言语教学。同时学校采用模拟游戏和各种节日活动等情境来教儿童学习语言。日本学者认为有必要根据听障儿童的发育等状况来选择教学方法，因此，适用于各个发展阶段的听障儿童的教学方法有所不同。在教授3岁儿童时，"实物法"和"动作法"用得较多，"比较法"和"功能法"使用较少。对于4岁儿童，使用各类方法的频率无差异。在教授5岁儿童时，"实物法"和"动作法"用得较少，而"比较法"和"功能法"用得较多。这是因为随着儿童年龄的增加和接受教育的时长增加，听障儿童的词汇量有所增加，渐渐形成"词汇"的概念，适合结合已有经验和相关词语进行学习。

二、我国听障儿童教育康复的发展进程

实施教育康复，就是为了将现代康复医学的理念、手段与方法与特殊教育有机结合起来，最大限度地满足听障儿童教育和康复的双重需求，提高听障儿童的听觉、言语、语言、认知能力，从而有效提高其学习、生活适应及社会交往等方面的能力。教育康复的实施是一项系统工程，需要多层次多方面的保障体系才能保证达到预期的目标。

（一）政策导向

1990年12月28日，第七届全国人民代表大会常务委员会第十七次会议通过《中华人民共和国残疾人保障法》，其中第二章第17条规定，"残疾人教育机构、福利性单位和其他为残疾人服务的机构，应当创造条件，开展康复训练活动"。

1994年6月10日，在西班牙萨拉曼卡市"世界特殊需要教育大会"上通过的《特殊需要教育行动纲领》（萨拉曼卡宣言）指出："每个儿童都有受教育的基本权利，必须获得可达到的并保持可接受的学习水平之机会；教育制度的设计和教育计划的实施应该考虑到这些特性和需要的广泛差异。"

国务院颁布的《残疾人教育条例》（1994）第11条规定："残疾幼儿的教育应当与保育、康复结合实施。"该条例于2013年修订。

2006年4月，全国残疾人康复工作办公室聋儿康复协调组委托中国聋儿康复研究中心聘请国内知名专家学者，参照《幼儿园管理条例》《幼儿园工作规程》《幼儿园教育指导纲要（试行）》，结合聋儿早期教育康复的专业特点和实践经验，制定、颁布了《聋儿早期康复教育指导纲要（试行）》。它包括"总则""康复教育内容与要求""组织与实

---

① 王颖. 中日聋校学前部名词教学方法的比较研究 [J]. 现代特殊教育，2016（4）：15-20.

施"和"康复教育评价"等内容，指明了听障儿童早期康复教育的地位与作用，明确了适用的对象范围及所应承担的责任，规定了听障儿童早期康复教育的目标、内容、方法与实施原则。它的颁布与实施标志着我国小儿听力语言康复教育全面纳入科学、规范的专业化发展轨道，有利于促进听障儿童身心全面、和谐发展。

2008年5月2日，《残疾人国际权利公约》正式生效。缔约国应当采取有效和适当的措施，包括通过残疾人相互支持，使残疾人能够实现和保持最大程度的自立，充分发挥和维持体能、智能、社会和职业能力，充分融入和参与生活的各个方面，并促进为从事适应训练和康复服务的专业人员和工作人员制订基础培训和进修培训计划。

《第二期特殊教育提升计划（2017—2020年）》鼓励各地整合资源，为残疾儿童提供半日制、小时制、亲子同训等多种形式的早期教育服务，为学前教育机构中的残疾儿童普遍提供训练、辅具器具等基本康复服务。区县成立残疾人教育指导委员会，组织教育、卫生、心理、康复、社会工作等方面的专家，对适龄残疾儿童少年提出教育安置意见，对残疾人义务教育问题提供咨询服务等。各省（区、市）制定特殊教育学校教职工编制标准，为特殊教育学校配足、配齐教师。加强康复医生、康复治疗师、康复训练人员及其他专业技术人员的配备，并对招收重度、多重残疾学生较多的学校适当增加教职工配备，为招收残疾学生的普通学校配备专、兼职资源教师。

（二）制度保障

延伸阅读：中国听力语言康复研究中心

我国是世界上听力障碍人数最多的国家，根据《第二次全国残疾人抽样调查资料》，我国有听力残疾人2 780万，这是一个数目非常庞大的群体。听力障碍严重损害人的听觉言语功能，影响人的身心健康和生活质量，同时极大地加重了社会经济负担。目前我国政府和社会已经开始高度重视听力障碍预防与康复工作，自20世纪80年代以来，制定和颁布了一系列全国性法规、纲要和实施方案；建立、完善了听力障碍预防与康复的体系和网络，并在预防、筛查、诊断、助听器和人工耳蜗及康复各领域分别制定了一系列技术规范和指南，极大地促进了听力康复行业的发展。[①]

2007年，教育部、民政部、中国残联等部门联合颁布了《全国听力障碍预防与康复规划（2007—2015年）》，全面加强听力卫生保健与听力康复服务能力建设，努力实现"人人享有基本听力卫生保健和康复"的目标。该规划提出，要将听力障碍预防与康复工作纳入各级政府和相关部门事业发展规划，重点做好听障儿童的康复服务。规划还提出，到2015年，初级听力卫生保健服务（以县级行政区为单位）覆盖率达80%；听力语言康复服务覆盖率（以县级行政区为单位）达80%；药物、感染、噪声性聋发生比例以2006年为基数降低10%；已开展新生儿疾病筛查的地区，新生儿听力筛查覆盖率在2005年的基础上提高30%；新生听力障碍儿童助听器佩戴（含人工耳蜗植入）率达90%；听力障碍人群中听力保健与康复知识的知晓率达60%。

---

① 冯定香，范燕妮，郑灵芝.中国听力康复行业政策法规现状与思考［J］.中国听力语言康复科学杂志，2010（2）：70-73.

《中共中央、国务院关于促进残疾人事业发展的意见》于2008年印发，要求尽可能早日实现听障人士的全免费康复，即通过政府补贴和社会支持等方法为听障人士提供高质量、免费的康复服务。该文件是党中央、国务院在全面建设小康社会的关键时期为促进残疾人事业发展做出的重大部署和我国残疾人事业发展的行动纲领，同时也是促进我国残疾人事业加快发展的总动员令。

全社会的共同努力和跨部门的合作，是实现康复目标必要的保障和重要的社会支援。为进一步加快我国听力残疾人康复和特殊教育事业的发展，根据《中华人民共和国义务教育法》《中华人民共和国残疾人保障法》和《残疾人教育条例》，2009年5月7日国务院办公厅印发了《关于进一步加快特殊教育事业发展的意见》。该文件对当前和今后一个时期我国特殊教育事业的发展提出以下目标：全面提高残疾儿童少年义务教育的普及水平，不断完善残疾人教育体系，完善特殊教育经费保障机制，提高特殊教育保障水平，加强特殊教育的针对性，提高残疾学生的综合素质，加强特殊教育师资队伍建设，提高教师专业化水平，强化政府职能，全社会共同推进特殊教育事业发展。

在听障人士就业及社会保障方面，从"八五"期间开始，我国就把扶持残疾人就业当作残疾人事业发展的重点来做。经过二十多年的努力，我国的残疾人就业率明显上升，残疾人就业培训和指导服务网络已经初具规模，以《残疾人就业条例》《残疾人就业保障金管理条例》为基础，在按比例安排残疾人分散就业的政策延续下，由于结合多种方式引导残疾人就业的灵活策略，残疾人就业率目标已提升至85%。"十一五"期间，国家将残疾人扶贫和安排残疾人就业以及残疾人社会保障工作结合起来，并且将其纳入国民医疗卫生事业的范畴，开始了真正意义上的残疾人保障工作社会化进程，具有里程碑的意义。在"十一五"工作的基础上，针对残疾人工作随时代发展所出现的新问题，国务院于2008年发布了《中华人民共和国残疾人保障法》修订草案，进一步贯彻了以人为本的理念，着重完善或增加了有关残疾人合法权益保障的规定。

2010年，卫生部、人力资源和社会保障部、民政部、财政部、中国残联等部门共同下发了《关于将部分医疗康复项目纳入基本医疗保障范围的通知》（卫农卫发〔2010〕80号），将运动疗法、偏瘫肢体综合训练、脑瘫肢体综合训练、截瘫肢体综合训练、作业疗法、认知知觉功能障碍训练、言语训练、吞咽功能障碍训练、日常生活能力评定等9项医疗康复项目纳入城乡基本医疗保障范围。

但是，与国外听障人群康复防治手段、资金投入规模以及助听器配备完全由政府承担的社会福利不同，我国社会保障体系的发展具有特殊性，加之社会保障体系自身发展二元性的特点，我国有关残疾人的社会保障体系还存在一些问题，例如公平效率不能兼顾、未能顾及较大的城乡贫富差距等。残疾儿童医疗康复项目，如听力残疾儿童人工耳蜗植入手术、肢体残疾儿童矫治手术的费用尚未纳入城乡医疗保障范围。大部分残疾儿童康复项目，如听力残疾儿童康复训练、孤独症儿童康复训练等属于教育康复内容，未能纳入城乡医疗保障范围或医疗救助体系。这就使得残疾儿童康复费用基本由家庭承担，而大部分残疾儿童家庭困难，无力承担康复费用，残疾儿童康复难等问题突出。

（三）人才培养

《中共中央、国务院关于促进残疾人事业发展的意见》第七章明确提出要建设三支队伍，即专职队伍、专业队伍和志愿者队伍。通过三支队伍的建设提高我们为残疾人服务的能力，促进残疾人事业的科学发展。对听力语言康复服务工作而言，当前最大的瓶颈是人才的匮乏。人才总量不足，专业素质不高，这在全国听力语言康复服务领域是普遍存在的。这一现实状况越来越难以适应听力语言康复工作的实际需要。按照中央文件的要求，加快高素质专业人才队伍的建设，是摆在残联组织包括听力语言康复机构面前非常紧迫的一项任务。首先，必须立足于现有的听力语言康复技术人员的在岗在职培训来提高现有人员的专业素质和职业水平。全国听力语言康复教师职业技能大赛和全国康复技能大赛就是一个有效的手段，也应以此带动听力语言康复教师自觉提高业务水平、增强综合素质。其次，我们还要积极引进近些年从高等院校毕业的较高层次的人才，包括听力学、语言学、心理学、教育学等专业人才，把他们引进并分配到听力语言康复的一些重要的环节中，提升我们听力语言康复队伍的专业化水平。最后，也要通过机制的完善，鼓励在岗的专业教师不断提高自身的专业素质。要进一步明确各项准入制度，完善资格认证的标准，使听力语言康复教师既有不断提高的原动力，也有获得职业认可和个人事业追求的满足感。总之，要通过加大对高素质专业人才队伍的培养，提高我们对听力语言障碍人士康复服务的能力和水平。听障儿童的教育康复离不开听力师、（言语）康复教师、学科教师、医生和父母的工作与支持。

2015年8月，教育部印发了《特殊教育教师专业标准（试行）》。其中，在基本内容的教育教学知识领域中要求"了解康复训练的基本知识与方法；掌握特殊教育评估的知识与方法；了解学生语言发展的特点，熟悉促进学生语言发展、沟通交流的策略与方法"。在教育教学设计领域中要求"根据教育评估结果和课程内容，制定学生个别化教育计划；根据课程和学生身心特点，合理地调整教学目标和教学内容，编写个别化教学活动方案"。该标准为特殊教育教师培养培训提供了方向。

（四）经费投入

《中华人民共和国残疾人保障法》规定："各级人民政府应当将残疾人事业纳入国民经济和社会发展计划，经费列入财政预算，统筹规划，加强领导，综合协调，采取措施，使残疾人事业与经济、社会协调发展。"

"十一五"期间，国家从政策和资金上更加关注和支持残疾儿童康复工作，加大对贫困残疾儿童康复的救助力度。《中共中央、国务院关于促进残疾人事业发展的意见》中提出："优先开展残疾儿童抢救性治疗和康复，对贫困残疾儿童康复给予补助，研究建立残疾儿童康复救助制度。"2010年，国务院办公厅转发中国残联等部门和单位《关于加快推进残疾人社会保障体系和服务体系建设指导意见的通知》，其中要求"支持对0—6岁残疾儿童免费实施抢救性康复"。残疾儿童康复救助力度空前，中央财政安排专项补助资金 7.11 亿元，支持各地实施"贫困残疾儿童抢救性康复项目（2009—2011年）"，包含贫困聋儿（人工耳蜗）康复、贫困聋儿（助听器）康复、贫困肢体残疾儿童康复、贫困智力残疾儿童康复、贫困孤独症儿童康复、贫困残疾儿童辅助器具适配等6个子项目，服务对象涵盖各类残疾儿童，项目实施三年，已使近6万名残疾儿童得到康复救助。

"十二五"期间，大规模、全方位开展了残疾儿童康复工作，更加注重残疾儿童康复制度建设。强调抓好残疾儿童康复的前端和源头，抓"筛查"，抓"预防"，开展残疾儿童随报及早期康复工作试点，探索建立残疾儿童早预防、早筛查、早转介、早治疗、早康复的工作机制，做好儿童残疾预防和早期康复宣传教育活动。中央也继续加大资金投入力度，2011—2015年，中央财政安排33.24亿元，支持各地实施贫困残疾儿童康复救助"七彩梦行动计划"，包括贫困聋儿（人工耳蜗）项目、贫困聋儿（助听器）项目、贫困肢体残疾儿童矫治手术项目、贫困脑瘫儿童项目、贫困孤独症儿童项目、贫困残疾儿童辅助器具适配项目。

三、听障儿童教育康复的意义

康复是听障儿童的基本权利。《残疾人权利国际公约》要求"缔约国应当采取有效和适当的措施，包括通过残疾人相互支持，使残疾人能够实现和保持最大程度的自立，充分发挥和维持体能、智能、社会和职业能力，充分融入和参与生活的各个方面"。《中华人民共和国残疾人保障法》规定："国家保障残疾人享有康复服务的权利。"听力障碍严重损害儿童的听觉、言语、语言能力发展，带来学习、就业等困难，不仅影响听障儿童全面平等地参与社会生活，而且给社会和听障儿童的家庭造成沉重负担。听障儿童康复的意义主要表现在以下方面。

（一）对听障儿童的意义

如不及时干预，听障儿童不仅会出现听觉、言语、语言等障碍，随着年龄增长还会遇到学习、就业、婚姻等一系列问题。轻、中度听障儿童如果不接受干预，其学习能力会比同龄健听儿童落后一到四年。重度和极重度听障儿童如果不接受干预，其学习能力只能达到三四年级的水平。教育康复使听障儿童不会是"十聋九哑"，助听效果为最适的孩子多数能进入普通学校上学，回归主流社会，学习生活状态与健听儿童无异。康复可以帮助听障儿童建立听、说能力，可以全面改善听障儿童的身心素质和生活质量，为其平等接受教育、全面参与社会生活创造机会与条件。大量听障儿童成功康复的事实证明，在积极干预下，听障儿童不仅能够获得理想的听觉言语能力，平等参与社会生活，而且能够成为各行各业的优秀人才，为国家政治、经济、社会、文化建设做出贡献。教育康复能够改变听障儿童的未来，为他们的人生打开新的大门。

（二）对听障儿童家庭及父母的意义

听障儿童给家庭带来沉重的经济和精神压力，对家庭生活造成严重冲击。通过康复，特别是对家长的指导，能够帮助家长克服情绪困扰，解除心理负担，乐观面对生活的困难与挑战；能够帮助家长建立正确对待听障儿童的态度，掌握康复的方法、技术，促进听障儿童早日康复；能够有效克服听障儿童未来在教育、就业、婚姻等方面的困难，为家长和家庭生活消除长期负担。成功的康复还能够解放家长，使其早日投入到正常工作和社会生活中。因此，做好听障儿童康复有助于使家庭幸福、和睦，有助于减轻家庭的经济负担，改善其经济社会状况。听障儿童教育康复在一定程度上说可以帮助一个听障儿童的家庭。

（三）对聋校的意义

掌握了康复知识和技能的聋校教师能为更多的听障儿童提供服务，从而可增加聋校的服务对象，扩大聋校的招生规模。聋校开展教育康复不仅能培养"双师型"教师，提升师资力量，还能为学校教学注入新的活力，向融合教育迈进。

（四）对社会的意义

世界卫生组织研究表明，听力障碍造成的疾病负担在全球疾病负担中位居前列。开展听障儿童康复能有效促进就业，减少政府和社会在特殊教育、社会福利、无障碍设施等方面的投入，经济社会效益显著。听障儿童康复的显著效益不仅体现在经济方面，更体现在对社会建设和文化建设的巨大推动作用上。关爱听障儿童，维护特殊困难儿童的医疗、康复、教育等权益体现了一个社会的文明水准，对推动和谐社会建设，推动人道主义价值观的树立、普及有重要作用。

我国的听障儿童数量多，社会影响大，听障儿童康复工作基础又比较薄弱。在这样的国情下，我们更应充分重视开展听障儿童康复工作，加大力度发展听障儿童康复事业，为听障儿童"人人享有康复服务"创造条件。

听障儿童教育康复的现状与问题

1887年，美国传教士米尔斯夫妇带着美国聋人口语教育的理念与方法来到中国，创办了中国的第一所聋校——烟台启喑学馆，开创了中国听障儿童教育的先河。

自1988年，听障儿童康复工作作为一项抢救性工程被纳入国家计划以来，全国的听障儿童早期康复工作从整体上来说，较刚起步时取得了长足的进步。进入21世纪，随着国家经济的腾飞，各部门对特殊教育的扶持力度加大，要求提高特殊教育的质量；同时互联网与人工智能技术快速发展，来自听障儿童及其家庭的不断增长的教育康复需求为新时代听障儿童教育康复工作的开展带来了新的挑战。面对挑战，一方面，我们应总结经验，优化康复业务及管理工作；另一方面，要立足于国际和国内"融合教育"的发展趋势，推陈出新，开辟学校与机构的新模式、新职能。本节主要介绍了我国听障儿童教育康复的现状及存在的问题。

一、听障儿童教育康复的现状

听障儿童教育康复的现状可以从三方面来分析：一是听障儿童的教育安置情况，二是听障儿童的干预与训练进展，三是听障儿童的教学试验与改革进展。

（一）听障儿童的教育安置情况

所谓教育安置，就是依据听障儿童的障碍程度与个别需要而做出的教育上的不同对待。其目的在于为特殊儿童提供恰当的教育和康复，促进其言语、语言、认知等方面的发展。教育安置不仅是连接教育评估和教育服务的桥梁，还是教育评估的最终目的。

《中华人民共和国残疾人教育条例》第10条规定，"残疾幼儿的学前教育，通过下列机构实施：（一）残疾幼儿教育机构；（二）普通幼儿教育机构；（三）残疾儿童福利机构；（四）残疾儿童康复机构；（五）普通小学的学前班和残疾儿童、少年特殊教育学校的学前班。残疾儿童家庭应当对残疾儿童实施学前教育"。

1. 学前听障儿童的安置情况

从学前聋教育的教育安置的角度看,学前聋教育的教育模式可以分为康复中心教育模式、幼儿园教育模式、家庭教育模式。①

康复中心教育模式是听障儿童教育安置在康复中心中的一种教育模式。康复中心接案后,能够为听障儿童提供听力诊断,根据听障儿童诊断的实际情况采取助听补偿措施,进行以听力语言康复训练为主的教育与康复。康复中心教育模式是目前我国主要的学前聋教育的教育模式。《中国残疾人事业"十二五"发展纲要》明确指出:"实施0—6岁残疾儿童免费抢救性康复项目,建立残疾儿童抢救性康复救助制度,有条件的地区逐步扩大康复救助范围。实施……聋儿听力语言康复……国家重点康复工程。"0—6岁残疾儿童免费抢救性康复项目的实施,能够帮助那些家庭困难的听障儿童有机会采取助听补偿措施,有机会接受听力语言康复,接受全面的教育。

幼儿园教育模式是听障儿童教育安置在特殊幼儿园(幼儿班)或普通幼儿园中的一种教育模式。有些听障儿童经过听力诊断后,根据实际情况采取助听补偿措施,直接在特殊幼儿园(幼儿班)中进行以听力语言康复训练为主的教育与康复;有些听障儿童经过早期听力语言康复后,能够到普通幼儿园接受教育;有些听障儿童因为主客观原因无法采用助听补偿措施,在特殊幼儿园(幼儿班)中以手语为沟通方式接受教育。

家庭教育模式是听障儿童教育安置在家庭中的一种教育模式。有些听障儿童的家长由于主客观原因无法让听障儿童在教育机构中接受教育,就选择了家庭教育模式。

2. 学龄听障儿童的安置情况

目前我国听障儿童主要安置在以下机构:① 普通学校(幼儿园)的全日制普通班;② 普通学校(幼儿园)的普通班与部分时间的辅导教室相结合;③ 普通学校(幼儿园)内的全日制特殊班;④ 隔离式全日制特殊学校;⑤ 家庭;⑥ 养护机构。

(二)听障儿童的干预与训练进展

孙喜斌等人对第二次全国残疾人抽样调查的数据进行分析后发现,0—17岁儿童听力残疾的现患率为1.8%,听力残疾儿童接受义务教育率城市高于农村,52%的听障儿童未曾接受任何康复服务,最主要的康复需求是医疗服务与救助和辅助器具。②

---

① 刘永萍.学前聋教育的教育模式研究[J].科教文汇,2012(19):65-67.
② 孙喜斌,于丽玫,张晓东,等.中国0~17岁听力残疾儿童抽样调查分析[J].中国听力语言康复科学杂志,2008(5):14-17.

1. 听障儿童的听觉言语训练

听障儿童在康复机构中的听觉言语训练涉及两部分内容：一部分是针对人工耳蜗植入的听障儿童的听觉言语训练，另一部分是针对听障幼儿的发音训练。

人工耳蜗植入的听障儿童的听觉言语训练方法包括听觉口语训练法（以听为学习语言的主要途径，强调在日常交往情境中学习）、综合感官学习法和音素辨听训练法。分析以上三种训练方法的康复效果可知，从听觉能力方面比较，听觉口语训练法和音素辨听训练法效果明显优于综合感官学习法；从言语能力发展方面比较，听觉口语训练法和综合感官学习法效果较为理想。所以，综合听觉和言语两方面的能力发展，听觉口语训练法的效果更为理想。

2. 听障儿童的语言康复

听障儿童的语言康复主要包括书面语和口语两方面。

（1）书面语康复

宋永宁等人对听障儿童段落、篇章阅读中的标记效应进行研究，发现对段落和篇章进行标记可以提高听障儿童的理解和保持能力。[1] 吴铃介绍了一种"用词语激活思想"的思维训练系统，强调对与写作密切相关的观察和推断、抽象和具体、比较和类推等思维进行训练从而提高听障儿童的写作能力。[2] 在听障儿童书面语康复的研究中，课外阅读受到相当的重视，大多数研究者主张将课堂学习与课外阅读相结合，利用阅读增强听障儿童对词语的理解和表达能力。

（2）关注口语发音康复，语言运用能力康复薄弱

沈巧珠、黄昭鸣等人专门介绍了如何运用计算机矫治听障儿童的音调、响度、清浊音、起音及构音等发声问题。该类研究通过训练发音，提高了听障儿童对词语的认读能力和简单句子的理解能力。例如，杨福义等人对某一个案设定语言康复目标和步骤，三年训练结束，个案词汇量扩大到 700 个，能模仿 1—10 个字节的句长。[3] 康复最后的落脚点主要在听障儿童的语音发声上，而对语言运用能力的康复较为薄弱，大多数听障儿童经过语言康复训练后，在沟通交流上依然存在大量困难。李娜等人对某一听障儿童进行早期干预后，该生只会说一些简单的句子，而对生活中不常用到的词语和句子就很难掌握，也理解不了疑问句，而且遗忘速度非常快。[4]

（3）重视语言环境效应，家庭作用尚欠开发

杨丽娜等人通过对吉林省聋儿康复中心的 5 位听障儿童在不同语言环境中声母、韵母和音调发音正确率的调查，得出语境对大脑言语中的布洛卡和韦尼克区域产生影响，据此可帮助听障儿童认识事物的外部特征、理解词语的含义，从而加强对言语声音形式

---

[1] 宋永宁，杜晓新，黄昭鸣. 聋生段落、篇章阅读中标记效应的实验研究[J]. 中国特殊教育，2006(10)：15-21.

[2] 吴铃. 听障人写作的思维训练[J]. 中国特殊教育，2003(2)：62-66.

[3] 杨福义，金育萍. 听觉障碍儿童听力语言康复训练的个案研究[J]. 中国特殊教育，2005(7)：65-69.

[4] 李娜，张福娟. 听力障碍幼儿早期干预的个案研究[J]. 中国特殊教育，2007(8)：24-27.

的感知和言语发音能力,提高发音清晰度。同时,语境参与信息编码、存贮、匹配和提取的全过程,对听障儿童的记忆能力和表达动机的激发有一定影响。[①] 无论是口语还是书面语康复,大多数语言康复研究文献都关注到了语言环境对语言康复的作用。例如,杨慧丽注重在学习和生活中引入实用的语言沟通情境,调动听障儿童学习语言、运用语言的积极性和自信心。[②] 语言环境的作用固然不言而喻,但家庭作为儿童社会生活的第一站,在听障儿童语言康复过程中也是一股不可忽视的力量。可 20 年来有关语言康复的研究中,只有 7 篇文献提到了家庭的贡献,而且这仅有的几篇文献也只是在某个部分简单提及,并没有足够重视。可见,在听障儿童语言康复的过程中对语言环境效益有较高的认识,而对家庭作用有所忽略。[③]

3. 影响学龄听障儿童听觉言语康复效果的因素

0—7 岁是儿童语言发展的关键期,应力求对听障儿童做到早发现、早治疗、早教育。由于家庭经济状况差、家长文化程度低以及对残疾子女受教育的重视程度不够等,欠发达地区听障儿童的入学往往偏迟,并且多数进入聋校学习。目前,国内许多聋校开设了学龄听障儿童听觉言语康复训练班(通称口语强化班),核心是帮助听障儿童形成和发展有声语言,建立正确的语音意识,发展语音思维,把语言与文字统一起来,具有语言文字能力[④],为将来的学习和发展奠定基础。实践证明,对有残余听力的学龄听障儿童进行听觉言语康复训练,可以培养他们一定程度的听说交往能力,促进其语言的发展。然而,各聋校虽然取得了一些成绩,但整体的听觉言语康复效果还有较大的提升空间。

(1)入学年龄偏大

目前的康复能力与听障儿童的实际需求相比仍然存在较大差距。大量未能接受学前听觉言语教育康复的听障儿童滞留在家或"随班混读"。事实上,在全国大多数聋校,听障儿童的入学年龄较健听儿童偏晚,错过了语言发展的关键期,学习效果较差。以山东省某聋校为例,一年级的听障学生平均年龄接近 10 岁,而且大部分入学前的教育为零。他们的心理与生理发展不平衡,构音器官僵化,学习语言感到吃力,常有受挫感,学习兴趣不高,主动性不强。

(2)听力补偿较差

随着科学技术和医疗水平的提高,数字助听器、人工耳蜗为失聪儿童带来了希望。但昂贵的费用使较多普通家庭望而却步。听力补偿不足严重影响了听觉言语康复训练的效果。

此外,学龄听障儿童佩戴助听器的时间偏晚,很多学生都在入读聋校一年级后才开

---

① 杨丽娜,吕明臣.语境在聋儿语言获得中的作用探析[J].中国特殊教育,2008(4):11-14.
② 杨慧丽.强化听力语言教育 促进聋生言语交际能力发展[J].中国特殊教育,2004(11):32-36.
③ 刘礼兰,雷江华.听障儿童语言康复研究综述——基于 1996~2015 年《中国特殊教育》载文[J].绥化学院学报,2017,37(1):24-27.
④ 季佩玉,黄昭鸣.聋校新概念语文教学法[M].上海:华东师范大学出版社,2006:16.

始佩戴助听器，缺乏听觉感知训练、辨音训练、言语声辨别训练、呼吸训练、发音训练等，导致康复进展缓慢。

（3）家庭教育缺失

家长对听障儿童的学习和生活关注度不高。对某特校20位听障儿童的家长进行的随机访谈发现，有2位家长不知道自己的子女读几年级，有6位家长不知道子女的班主任是谁，有15位家长从不主动问子女的学习情况和成绩，有13位家长从未给子女买过课外书。这种现象在全国聋校比较普遍，农村比城市更突出。[①] 由于大多数听障儿童的家长文化程度较低、家距离学校较远、经济条件差等，听障儿童的家庭教育极度缺乏。

（4）语言强化不够

语言的学习必须经过大量重复和练习，否则很难掌握或极易遗忘，听障儿童更是如此。目前在国内大部分聋校，两三个语言康复教师要面对十几个听障儿童，除去吃饭、活动时间，每个儿童接受听觉言语训练的时间相对较少。另外，大多数聋校为寄宿制，教学之外的时间很少被利用起来进行训练。因此，听障儿童的语言得到强化的次数和强度远远不够。

（5）学习动力不足

大多数家长把聋校当成一个寄养所，只负责把听障儿童送入学校，对他们的学习不提任何希望与要求，对他们的前途和未来更没有明确的打算，这让听障儿童倍感失望与迷茫。对于大多数听障学生而言，无论是考大学还是找份好工作都很困难。这种现状很容易使听障学生产生学习无用的想法，导致其缺乏学习动力，学习主动性不够。

（6）聋校康复体系有待完善

在我国，学龄听障儿童的听力语言教育康复仍处于起步阶段。如何对错过语言发展关键期的学龄听障儿童进行有效的教育康复，目前尚未总结出科学、系统的康复模式，其中课程的设置、教材的选择、教法的应用等都需要进一步实践和探索。

4. 听障儿童的个案干预

已有研究显示，听障儿童的个案干预主要是教师或干预者针对个案的具体情况制定干预方案，既对听障儿童的听觉言语能力进行全面干预，也对听障儿童某一具体的语言能力进行干预。

一方面，教师或干预者对听障儿童的听觉言语能力进行全面干预。如研究者采取个别化教学的方法，把听力训练、发声训练、功能训练、言语训练有机地结合起来实施干预，以听力训练为基础，以正常儿童语言获得进程为步骤，结合语训内容和语言环境，通过五个月的训练，达到预设的干预效果。也有研究者根据设定的阶段目标，分步骤地对听障儿童进行听力语言康复训练，经过学会听音和辨音、学说双音节词和三音节词、学会汉语拼音和动宾词组、学说简单句、模仿学习3—7个字组成的长句和学会运用所学的语言技能叙述简单的事情等6个训练阶段，经过3年的康复训练，个案的听力语言

---

① 章华英. 关于学龄听障儿童听觉言语康复训练的思考[J]. 中国听力语言康复科学杂志，2008（4）：45-46.

能力在零的基础上逐步得到康复。在同样采用分步骤对听障儿童进行早期干预的另一个案研究中,个案不但在听音、辨音、发音方面有进步,同伴交往能力也有所提高。

另一方面,教师或干预者对听障儿童某一具体的语言能力进行干预。如研究者针对听障儿童连续语音重复能力显著落后于正常儿童的情况,使用分解—统合法、动作匹配法和朗读法,对个案的唇齿音、舌面音、舌尖前音和舌尖后音的连续语音重复能力进行康复训练,结果显示听障儿童唇齿音和舌面音的连续语音重复能力均表现出显著性差异,证明了干预内容和方法的有效性。

除了对传统听障儿童的言语训练外,还有一例针对先天性词聋症儿童的言语康复研究。先天性词聋症儿童的基本特点是听感觉存在,听力基本正常,不丧失其他精神能力,但有听知觉障碍,不理解声音的意义,言语功能未能正常发育。研究者通过对个案进行听知觉功能和言语功能的康复训练,使其在听觉辨别方面取得了进步。

(三) 听障儿童的教学试验与改革进展

我国聋教育自产生至今虽已历经一百多年历史,但真正对聋教育的教学工作的全面深入研究也仅是近十年才蓬勃兴起的。与普通教育相比,特殊教育研究才刚刚起步,教学效果也有许多不尽如人意的地方。因此,如何在聋教育的教学实践工作中改善教学方式和方法,提高教学效果,不约而同地成为许多教师进行教育科研工作的首选课题,听障儿童教学试验与改革也取得了许多成就。

1. 教学方法的改革

对听障学生教学方法的改革主要针对聋校各个学科的教学进行,当前国内主要涉及语文和数学两门学科。

(1) 语文教学方法的改革试验

针对聋校的语文教学存在的学生学习方式落后、师生互动不足、教学内容脱离实际和教学评价方式落后等问题,研究者提出多种语文教学改革方法,如对话教学、语文生活化教学。对话教学主要是通过师生之间的问答、谈话、讨论等方式进行的语言学意义上的言语交流;语文生活化教学是在语文教学中,从学生的生活经验和已有的生活背景出发,联系生活讲语文,把生活问题语文化、语文问题生活化。教学试验表明"语文生活化教学"在学词识字、语言教学、看图学句、阅读教学和作文教学中都可应用。

延伸阅读:
"提问回答"
训练

聋校的阅读教学和作文教学一直是语文教学的重点和难点。研究者为改善听障学生的阅读和写作能力,提出了具体的教学策略,积极开展教学试验。

首先,针对听障学生课文理解困难的状况,有研究者在教学中采用语感教学法。语感教学法是以读为本,注重学生发展为主要特点的教学方法,包括初读课文、读通课文、整体感知课文、再读课文、读懂课文、领悟课文内容、深读课文、读熟课文、积累课文语言,扩展阅读、应用课文语言等环节。试验结果表明语感教学法优于传统教学法,对提高听障学生的阅读能力产生了积极的影响,语感教学也进入聋校语文课堂教学之中。此外，聋校教师针对听障学生在古诗词学习中存在的词句障碍多、深入感知难和课堂教学沟通问题多等问题，尝试采用文字依托、自由描摹、信息提示、情感体验和诗眼统摄等五项教学策略。试验结果显示这些教学策略兼顾了古诗词特点和听障学生的特殊性，使不同层次的听障学生都有相应的进步。

其次，针对听障学生写作能力偏低的现象，有研究者采用课堂实践的方法对听障学生进行手语故事转写训练。试验证明手语故事的转写是一种训练听障学生书面语的有效方法，不但能够有效地提高听障学生的书面语言能力，还能提高其手语能力。

（2）数学教学方法的改革试验

为提高听障学生的数学学习能力，聋校进行了多种教学试验。如以"探究教学"理论为指导，采用"小、多、快"，即小步子、多活动和快反馈的教学策略，提高听障学生的数学学习兴趣，促进学生正确的表征问题和选择解题策略；利用数学美育教学促进学生感知数学的美观、理解数学的美好、鉴赏数学的完美和创造数学的美妙，培养初中聋生的数学审美情趣，使学生对数学产生积极的情感，促进数学成绩提高；使用"生活—探究—应用"型教学模式，提高听障学生的数学实践能力和学习兴趣；采用"分层递进"的教学实践，将学生分成A、B、C三层，根据教学大纲制定各层次的教学目标，并以此备课、分层施教、制定分层课内练习和课外作业、分层评价和考核教学效果，最终使各层次听障学生的数学成绩都在原有基础上得到提高。

部分研究者针对听障学生在数学学习中遇到的具体困难对学生进行干预训练，从而提高听障学生的数学能力。首先，针对听障学生较难掌握加减文字题、解题正确率低等问题，研究者对其进行综合训练，先使学生能借助直观提示理解文字题，初步掌握解决加减文字题的正确程序和策略，再教学生独立理解文字题，建构正确的问题模型，内化解决加减文字题的正确程序和策略。经过八周以上的训练，学生能掌握正确的解题程序和策略，解决加减文字题的成绩显著提高。其次，针对听障学生解决复合应用题存在困难的情况，研究者认为影响复合应用题解决的因素是"问题理解""问题表征""问题分类""解题计划""对列式的自我评估"等能力不足，当这五方面能力加强后，解决复合应用题的成绩也会显著的升高。因此，研究者针对以上五方面提出简单应用题基本数量关系和"简化转换""画图""双向推理""监控反思"等四种干预策略，经过两个月的干预，不但听障学生解决复合应用题的成绩得到提高，这些策略还得到了学生的喜欢和认可。

2. 信息技术的应用

信息技术在教学上是指以多媒体计算机技术为核心，包括现代电子通信技术、数据处理技术、微电子技术在内，能够扩展人的信息器官功能的技术。特殊教育因其本身的特殊性，在很多方面为现代信息技术提供了可以大显身手的机会，特别是利用现代信息技术辅助聋校课程教学，已成为当前特殊教育领域的一大热点。

信息技术与学科课程的整合主要是利用计算机技术、多媒体技术、网络技术等工具把单一的学科知识同音频、视频、文字、史料等课程资源有机地结合为一体，使教师的教与学生的学有机地结合在一起，让学生在有限的授课时间内获得最大容量的知识。研究者已经对信息技术与语文、数学、物理、历史、计算机等课程的整合效果进行了初探，教学试验证明利用计算机技术、多媒体技术以及网络资源等结合各学科教学的特点，可以补偿听障学生的听力缺陷、改进聋校课堂教学、改变传统的以教师为中心的教学结构，有利于培养听障学生利用网络终身学习的能力、创新能力和实践能力。

多媒体信息技术中的语音识别技术和手势识别技术也已为课堂教学效率的提高做出了贡献。首先，关于语音识别技术的应用。语音识别技术可将教师的教学语言转化成文字，直接反映到投影仪或听障学生的电脑屏幕上，使听障学生像健全学生一样"听"课和学习。从使用现状来看，语音识别系统对于比较正式的书面语言，在限定环境下已经达到了相当高的实用程度。语音识别技术增加了教师上课时传递的信息量，提高了学生对课堂教学信息的理解程度，提高了课堂教学信息的可理解性、完整性和有序性，能传递更多抽象信息，其与教学结合的日臻完善将会大大改善听障学生的教学环境，解决听障学生在学习等方面对手语的依赖性。其次，关于手势识别技术的应用。有研究者根据手势识别技术设计基于笔的多媒体讲课系统，采用笔与手势交互的方式，形成面向听障学生的多媒体讲课系统及素材制作系统，该系统将讲课和素材的制作过程变得简单有趣，而且极大地提升了使用者的交互体验。此外，文本驱动的面部表情合成系统和中国手语合成系统等技术的开发与应用，也大大促进了听障人士与正常人的无障碍交流。

在当今信息化高速发展的社会背景下，信息技术的深度介入已成为听力语言教育康复发展的基本趋势，诸如远程教育、定量评估、实时反馈技术和视听结合等技术，都将成为听障儿童教育康复水平提高和质量发展不可或缺的手段。[1] 目前最具革命性的信息技术，当属虚拟现实（virtual reality，VR）。国外研究者将虚拟现实技术应用于提高听障儿童的认知能力，如通过三维虚拟现实的旋转游戏提高听障儿童弹性思维能力。[2] 听障儿童在具有故事情节的虚拟环境中理解不同的故事，此方法可比图片方式、语言描述和文字表述更能提高听障儿童对抽象概念的理解和运用能力。[3] 国内已有不少康复设备厂商在研发用于特殊儿童康复的虚拟现实设备。当专业的教学内容、评估手段内植入虚拟现实的装备系统，并与听障儿童全面康复理论相结合，必将极大提升听力语言康复教学技术手段，形成新的创新模式。[4]

虽然我国在理论上对现代信息技术与聋校教学整合的内涵、意义、原则、途径以及达到整合所必备的条件进行了详细论述，并从实践上证明了信息技术与课程整合教学的突出效果，但对特殊教育专业师范生的信息技术能力培养和聋校一线教师的信息技术应用状况的研究发现，师范生的信息技术基本能力需进一步提高，在职教师的信息技术操作水平不足，聋校存在硬件条件、软件资源和网络资源缺乏，信息技术与聋校课程整合

---

[1] 黄昭鸣，张磊，刘巧云，等.基于信息技术的聋儿康复教育研究[J].中国听力语言康复科学杂志，2010（6）：67-69.

[2] Passig D, Eden S. Improving Flexible Thinking in Deaf and Hard of Hearing Children with Virtual Reality Technology[J]. American Annals of the Deaf, 2000, 145(3): 286-291.

[3] Passig D, Eden S. Enhancing Time-Connectives with 3D Immersive Virtual Reality(IVR)[J]. Journal of Educational Computing Research, 2010,42(3): 307-325.

[4] 朱辉，张博恺.虚拟现实技术及其在心理认知与听障儿童康复教学中的应用研究[J].中国听力语言康复科学杂志，2016，14（6）：450-453.

效果不理想等现象。因此,切实提高信息技术在聋校教学中的广泛应用,还需要政府、学校和教师的更多支持与努力。

3. 康复模式的改变

听障儿童的康复主要依靠特校、康复机构、个别训练,但现在三者缺乏合作与沟通。国内研究者已针对以上问题积极开展试验,例如有研究者提出并实行"1+X+Y"听障儿童康复模式的实验与研究,即听障儿童康复教学模式由集体教学(1)、个别化康复(X)、家庭康复(Y)三部分组成。从集体教学、个别化康复和家庭康复三方面入手,将听觉康复、言语矫治和语言教育的内容渗透其中,真正做到机构康复与家庭康复相配合,集体教学与个别化康复相补充,教师、家长、治疗师相配合,共同实现听障儿童全面康复的目标。三年多的实验和研究证明,"1+X+Y"模式是一套行之有效的、易操作的听障儿童教育康复模式,既能够缩短听障儿童康复的时间,又能提高康复的整体效果。经过 9—18 个月有针对性和有效的康复、强化训练,80% 以上的听障儿童能进入正常幼儿园或正常小学进行渐进式的随班就读。[①]

二、听障儿童教育康复存在的问题

根据第二次全国残疾人抽样调查推算,我国有 0—6 岁残疾儿童 160 余万,每年新增残疾儿童 20 余万。自 20 世纪 80 年代以来,特别是党的十八大以来,在党中央、国务院高度重视和社会各界的共同关心、努力下,残疾儿童康复工作被纳入经济社会发展规划,残疾儿童的康复状况获得了显著改善。"十二五"以来,通过实施听障儿童听力语言康复训练、肢体残疾儿童矫治手术和康复训练、孤独症儿童康复训练等抢救性康复项目,60 余万人(次)残疾儿童得到基本康复服务。我国残疾儿童康复事业取得长足进步,各类残疾儿童康复服务机构发展到近 7 000 个。

但由于我国残疾儿童康复工作起步晚,工作基础薄弱,残疾儿童康复工作仍面临许多问题和挑战。一是康复服务状况不乐观。残疾儿童因家庭经济困难难以享有基本康复服务的现象仍然存在。二是康复保障制度不完善。残疾儿童康复周期长,花费大,多数康复项目不在现有社会保障制度保障范围内,个别已纳入医保的项目由于报销比例等限制,补偿水平较低。残疾儿童家庭普遍面临沉重的经济压力。三是康复服务体系不健全,专业化服务能力不强。残疾儿童筛查、诊断、康复有效衔接的工作机制仍未充分建立,残疾儿童康复机构、康复专业人员数量不足,服务规范性、专业性不强的问题仍较突出。同时,针对残疾儿童康复机构、康复从业人员、康复服务质量的评价、监管等工作也有待加强。

---

① 孟宪乐."1+X+Y"教学模式与聋童康复教育的实验研究[J].教育研究与实验,2009(2):88-93.

第二章

听障儿童教育康复的理论与模式

近年来，在对国外大量有关文献进行分析，以及对国内听障儿童教育康复现状进行调查实践的基础上，在听障儿童教育康复领域中，黄昭鸣博士引进国际先进的教育康复理念，结合自己多年的研究与实践成果，在国内率先提出了HSL理论和"1+X+Y"模式。

听障儿童教育康复的 HSL 理论

HSL 理论是一套能有效地指导听障儿童教育康复实践的理论体系。HSL 理论由听觉康复（H）、言语矫治（S）、语言教育（L）三大板块构成。

一、HSL 理论的基本结构

HSL 理论充分反映并结合了现代言语病理学、听力学以及教育心理学研究的最新成果，其主要内容可表述为：听障儿童教育康复理论体系由听觉康复（H）、言语矫治（S）和语言教育（L）三大板块构成。听觉康复以听力补偿或重建为基础，通过循序渐进的科学训练，促进听障儿童听觉功能的恢复与发展，其重点在于让听障儿童"听得明白"。言语矫治是听觉康复和语言教育的中间环节，它通过科学系统的训练，促进听障儿童言语功能的发展，其重点是让听障儿童"说得清楚"。语言教育是在前两者的基础上，通过语言学习和有针对性的认知训练，促进听障儿童整体语言能力和认知水平的发展。听觉康复和言语矫治是个别化的，语言教育是集体化的，这三部分相互联系、相互制约，构成了一个有序、完整的听障儿童教育康复系统。HSL 理论的三大板块内又包含许多具体的内容，如图 2-1 所示。

（一）听觉康复（H）

听觉康复是听障儿童教育康复的第一阶段。随着科技的进步，医学诊断与干预的手段有了前所未有的进展。通过医学诊断，已能明确绝大部分造成听力障碍的病因。医学干预已从听力补偿（佩戴助听器）发展到听力重建（人工耳蜗植入）。因此，医学诊断与干预为听障儿童康复提供了重要的基础。听觉康复就是在这一基础上训练听障儿童的各项听觉功能，为言语矫治与语言教育做铺垫。保证听觉康复效果的关键是早诊断、早训练。听觉功能的康复从易到难分为四个阶段，即听觉察知、听觉分辨、听觉识别、听觉理解，如图 2-2 所示。这四个阶段既是听觉康复的内容，也是听觉康复的目标。听觉康复的主要形式是个别化康复；听觉康复的主要手段

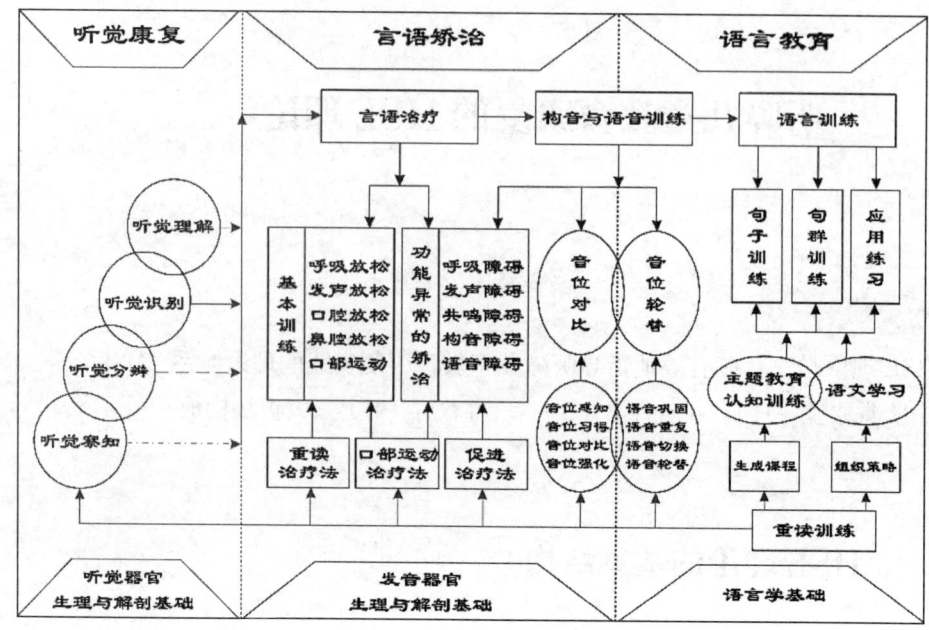

图 2-1　HSL 理论体系

是充分利用现代化听觉康复设备，在对听障儿童的听觉功能进行定量评估的基础上制订个别化康复计划，进行系统、科学的康复训练。

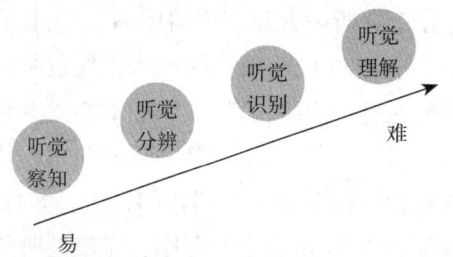

图 2-2　听觉功能康复的四个阶段

（二）言语矫治（S）

言语矫治是 HSL 理论的中间环节，起着承上启下的重要作用。听觉障碍儿童在听力补偿或重建后，仍会存在不同程度的言语功能性障碍，需要对他们进行言语矫治。言语矫治强调整体生理功能的恢复，它通过发音训练，使听障儿童呼吸、发声、共鸣系统协调统一，使他们能够自然舒适地发音与准确地构音，从而促进听障儿童语音清晰度的提高，为他们学说话奠定基础。言语矫治主要由三部分组成，即言语治疗、构音训练和语音训练。① 言语治疗分为言语的基本训练和言语功能异常的矫治，其中言语的基本训练的主要内容有呼吸放松训练、发声放松训练、口腔放松训练、鼻腔放松训练、口部运动训练；而言语功能异常的矫治的主要内容有呼吸障碍的矫治、发声障碍的矫治、共鸣障碍的矫治、构音障碍的矫治、语音障碍的矫治。言语治疗的方法有重读治疗、促进治疗、口部运动治疗等。② 构音训练强调音位对比，其主要内容有音位感知、音位习得、音位对比和音位强化。③ 语音训练强调音位轮替，其主要内容有语音巩固、语音重复、语音切换和语音轮替。

构音训练和语音训练是言语治疗与语言教育的中介。它以建立舒适、清晰、流利的发音为目标，在训练时要求构音器官的运动在时间上必须同步，在位置上必须十分精确。其主要训练内容为音位对比及音位轮替。言语矫治的主要形式是个别化的康复训练。言语矫治的主要手段是利用现代化的视听结合技术，对听障儿童进行定量评估、实时反馈，按计划对他们进行言语矫治与训练，使他们逐步形成正常的听觉言语反射链。

（三）语言教育（L）

语言教育是教育康复的主要内容，也是听觉与言语康复成果得以巩固与发展的重要手段。听障儿童语言教育的主要内容包括句子训练、句群训练以及应用练习三个方面，其主要形式有主题教育、认知训练以及语文学习。其中，主题教育包括我的家庭、我的学校等18个主题，而生成课程是一种灵活机动的听觉、言语、语言训练形式。语文学习包括低年级、中年级、高年级语文教学，而组织策略的训练是语文学习的有效方法。

听障儿童的语言教育既有与健听儿童共性的一面，也有其特殊的一面。从共性来看，听障儿童与正常儿童应有共同的教育及教学目标。但是，对于听障儿童来说，共性的教育目标需要通过相应的阶段目标与特殊的途径才能逐步达到。听障儿童语言教育的重点是强化口语、学词学句、学段学篇、说写并举、读写并举。教学内容应尽量结合儿童生活的实际与经验；教学安排应小步递进、稳步发展。教学手段应立足现代先进技术，传承优秀传统经验，切实提高听障儿童的语言能力与认知水平，促进其社会性发展。

二、HSL 理论的实质与内涵

"医教结合"是国际上听障儿童康复中的主导理念。在听障儿童康复的过程中，我们必须清楚地认识医学康复与教育康复的关系及其实施过程的特点。

（一）医学康复与教育康复的关系

使听障儿童尽快有效地康复，是"医教结合"的最终目标。要达到这一目标，必须克服来自各方面的阻力。其中，从听障儿童自身的角度来看，存在三大阻力：一是由于听神经系统的损害，大脑皮层听觉中枢发育迟缓，产生听觉障碍；二是由于听说系统不能建立正常的反射链，言语呼吸、发声、共鸣、构音与语音功能退化，产生发音障碍；三是由于前两个原因，大脑皮层语言中枢发育迟缓，造成语言学习困难、认知发展滞后。

HSL 理论就是针对上述三大阻力而提出的。该理论涉及听障儿童的康复内容与康复手段。康复内容就是听觉康复、言语矫治和语言教育。康复手段又可分为医学康复与教育康复两个方面。在这里，医学康复针对的主要内容是听觉康复和言语矫治，教育康复针对的主要内容是语言教育。在此，我们借用物理学中的杠杆原理来说明医学康复与教育康复在听障儿童康复中的关系，如图2-3所示。

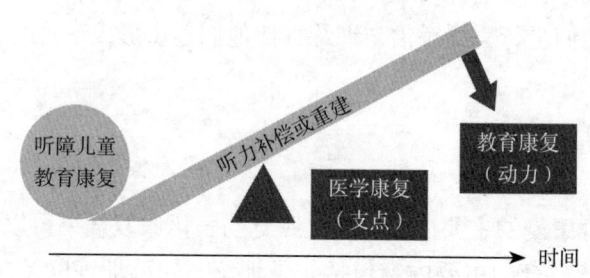

图2-3　医学康复与教育康复的关系

我们把听障儿童教育康复作为撬动对象（阻力），把听障儿童的听力补偿或重建作为杠杆，把教育康复作为动力。我们认为，此杠杆系统的支点就是医学康复，它包括听觉康复与言语矫治。如果将杠杆下方的横轴看成时间轴，那么听障儿童在听力补偿或重建后，应尽早地进行医学康复。

我们再用类比的方法分析一下听障儿童教育康复目标（阻力）、杠杆、支点及动力的实质及其相互关系。不难看出，听觉康复是针对第一个阻力的，言语矫治则用来减轻或消除第二个阻力，两者构成了医学康复的主体，其目的在于为后续的语言教育创造条件，即克服第三个阻力。而教育康复是上述杠杆系统的动力，其实质就是将经过听力补偿或重建的听障儿童作为特殊的教育对象，运用特殊的与普通的教育教学手段，促进听障儿童语言能力以及其他能力的发展，使他们尽早地回归主流社会。

上述杠杆原理给出了三条重要提示：第一，在听障儿童教育康复中，要充分意识到听觉康复、言语矫治（医学康复）的基础性与重要性，否则，教育康复就会事倍功半，其效果自然得不到充分体现；第二，听障儿童在听力补偿或重建的基础上，应尽早地进行听觉康复和言语矫治；第三，在听障儿童教育康复工作中，应该摆正医学康复与教育康复的位置，充分认识两者的依存关系，坚定地走"医教结合"的康复之路。

（二）医学康复与教育康复实施时间的比例关系

听障儿童康复期大体可分为康复初期、康复中期和康复后期三个阶段。在不同的阶段，由于康复的目标与手段各有重点与特点，医学康复与教育康复所占的时间比重是不同的。

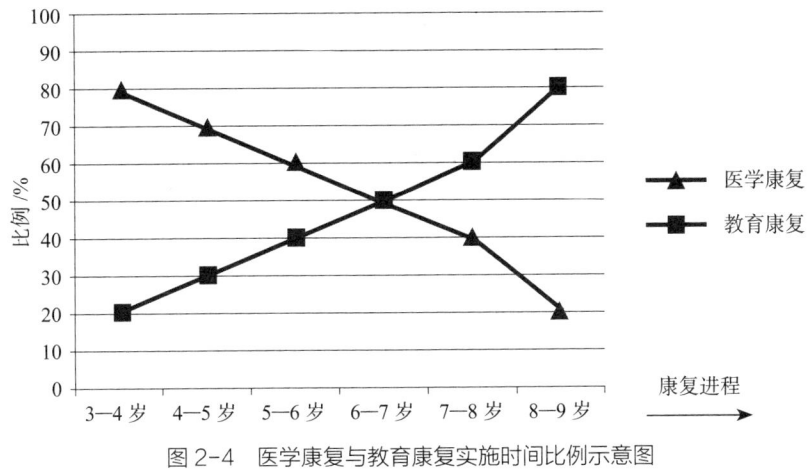

图 2-4　医学康复与教育康复实施时间比例示意图

在听障儿童教育康复过程中，医学康复与教育康复实施时间的比例是随着听障儿童年龄以及康复进程的变化而变化的，如图 2-4 所示。对某一听障儿童来说，在康复初期，医学康复所占时间的比重达 70%—80%，教育康复所占时间的比重为 20%—30%。随着康复进程的发展，教育康复所占时间的比重逐渐增大，医学康复所占时间的比重逐渐减少。由此可见，"医教结合"理念在实施上具有动态化的特点。

三、HSL 理论中三大板块之间的辩证关系

HSL 理论中三大板块之间具有整体性、联系性、有序性与动态性等四个特点。

（一）整体性

HSL 理论中各大板块之间既相互促进又相互制约，它们相辅相成、环环相扣，构成一个不可分割的整体。对听障儿童实施听力补偿或重建后，对其进行听觉、言语和语言的定量评估；然后，根据评估的结果决定让其接受康复门诊治疗还是进行机构教育康复。在治疗的过程中，还要根据评估的结果不断调整门诊治疗和教育康复的方法，使听障儿童得到最大限度的康复。而无论是门诊治疗还是教育康复，都包含了 HSL 理论的内容。这样的运作方式充分体现了"整体大于部分之和"这一系统论整体性的核心特征。

（二）联系性

在 HSL 系统中，听觉康复、言语矫治与语言教育作为三个子系统，是相互联系、

不可分割的。例如，听障儿童接受听觉康复的过程，也是进行听觉反馈、模仿发音的过程，因此听觉康复与言语矫治应该结合进行，并且相互促进。而言语矫治子系统，在结构上是联结听觉康复与语言教育的中介，在功能上起到承前启后的作用。又如，对于听力补偿或重建，如果只关注补偿或重建的作用，而忽视了补偿或重建前后的康复训练，那就等于切断了各子系统的必要联系，系统的整体效应就无法发挥了。同样，在听障儿童康复中，如果只关注语言教育或其他教育康复而忽视医学康复，那么这种康复就成了无源之水、无本之木。

（三）有序性

HSL 系统结构的有序性可从横向与纵向两个维度来构建与描述。从上述三大板块构成的系统来看，横向结构为听觉康复—言语矫治—语言教育，其实质反映的是听障儿童康复过程的时间顺序；纵向结构为理论基础—康复内容—康复手段，其实质反映的是听障儿童康复的逻辑结构。将横向与纵向两个维度组织起来，就构成了 HSL 理论的基本结构。

（四）动态性

社会经济和文化条件决定了 HSL 系统发展变化的动力、原因和规律。HSL 系统发展变化的动因就是社会经济和文化的发展、科技的日益进步以及整个社会希望听障儿童回归主流的强烈愿望；其发展变化的方向与趋势就是人们对"医教结合"理念的理解更为全面与统一，社会经济的发展能使更多的听障儿童享受高科技成果。HSL 系统能够根据外界环境的变化做出调整，不断适应听障儿童康复新的形势和变化的需求。

多年来，构建"言之有理、操之有物、行之有效"的听障儿童教育康复体系一直是我们追求的目标。"言之有理"就是要构建一个科学的、系统的听障儿童教育康复的理论体系，该体系要符合康复医学、特殊教育的基本原理，吸收相关学科理论与实践的最新研究成果，顺应当前国际特殊教育发展的总趋势；"操之有物"就是要创设一个能充分体现上述理论实质与内涵的实际操作模式，包括具体的步骤、内容、方法与手段；"行之有效"就是要在实践中不断检验与完善该体系，使其在康复过程中切实发挥"缩短康复进程、提高康复效果、促进全面发展"的重大作用。综上所述，我们认为：① HSL 理论符合"医教结合""个别化教育"等特殊教育的基本原则；② HSL 理论吸收了相关学科理论与实践的最新研究成果，顺应当前国际听障儿童教育康复理论研究的总趋势；③ HSL 理论为构建科学的、系统的、可操作的具有中国特色的听障儿童教育康复模式奠定了理论基础，具有重大的理论与现实意义。

听障儿童教育康复的"1+X+Y"模式

HSL 理论是我们在听障儿童教育康复领域的理论创新,其实质与内涵体现了听障儿童教育康复发展的客观规律。但是,如何以 HSL 理论为依据,具体指导听障儿童的教育康复实践呢?近年来,在中国教师发展基金会、华东师范大学教育学部教育康复学系的齐心协力下,面向全国开展了医教结合特殊教育师资培训基地建设项目,在上海、北京、广州、浙江、江苏、福建、山东、河南等地的 18 个师资培训基地开展了大量实践,探索了特教学校"医教结合"的路径。在回顾与总结所取得的经验与成果的基础上,我们提出了以 HSL 理论为基础的"1+X+Y"听障儿童教育康复的操作模式(以下简称"1+X+Y"模式)。

一、"1+X+Y"教育康复模式概述

(一)提出背景

改革开放以来,随着科学技术的发展和人民生活水平的日益提高,越来越多的听障儿童通过佩戴助听器得到听力补偿,通过植入电子耳蜗得到听力重建,这为其语言发展与回归主流社会打下了良好的基础。然而,听力补偿或重建只是听障儿童教育康复系统中的前期工程,而其后续的听觉康复、言语矫治与语言教育的质量则直接影响到听障儿童教育康复最终目标的实现。从现状来看,我国的听障儿童康复率与世界发达国家的仍有巨大的差距。究其原因,我们认为主要有两方面:一是理念层面上的,二是操作层面上的。

1."双语双文化"模式

近年来,在听障儿童教育康复的改革进程中,我国出现了"双语双文化"的倡导思潮。双语是指聋人手语和主流语,在中国就是中国手语和汉语。这种方法是把聋人使用的手语当作课堂教学的第一语言,而把主流语(口语和书面语)当作第二语言,并主张通过第一语言来学习第二语言,认

为学习主流语就像学习外语一样。也有人认为，手语是聋人特别是走进社会的聋人最主要的交流工具。对于上述提法，人们自然产生了许多疑问。首先，聋人通过教育康复之后融入的是聋人社会还是主流社会？如果聋人最终融入主流社会，那么手语还是最主要的交流工具吗？其次，用手语这种相对简单的语言去辅助学习复杂的汉语（口语和书面语），其过程是如何实现的？从语言习得的相关研究结论来看，第一语言的掌握程度对第二语言的学习既有促进作用，又有干扰作用。那么，聋人使用手语的定势是否会对学习主流语言产生较大的干扰作用呢？

其实，"双语双文化"的观点是世界聋教育史上手口之争的延续，是主张手语教学者的另一种说法。将"双语双文化"说成是当前世界聋教育发展的主流，显然是错误甚至是荒谬的。我们认为，"双语双文化"的理论基石是"聋人文化"观，而"聋人文化"观是一柄"双刃剑"。从两点论来看，它既有积极的一面，也有消极的一面。但从重点论来看，目前大力宣传"聋人文化"以及提倡"双语双文化"，将对我国听障儿童教育康复事业的健康发展带来诸多负面影响，具体表现在以下三个方面：一是使广大听障儿童被边缘化，二是使听障儿童与健听儿童的差距增大，三是有使听障人与健听人之间的所谓"差异"制度化、规范化与现代化的危险。

2. 普特渗透模式

在听障儿童教育康复的过程中，有人倡导普通学前和学龄教育康复模式，认为应将特殊儿童作为普通的、一般的教育对象，运用普通教育手段对其实施知识教育和能力培养。他们认为，教育的过程就是康复的过程，教育是平等的，要以人为本，抓素质教育。正常儿童需要的，特殊儿童同样也需要。这种模式片面强调听障儿童与健听儿童共性的一面，而忽视了听障儿童特殊性的一面。该模式存在的主要问题有以下几个方面：第一，忽视了听障儿童听觉、言语和语言康复的特殊性。例如，如何制订听力补充或重建前后的康复训练计划？如何评估康复训练的效果？如何根据评估结果修订或制订下一步的康复训练方案？第二，虽然在普通学前和学龄教育康复模式下也取得了一些有效的经验与技术，但这种经验与技术多为个人的长期积累，难以系统化与程序化，缺乏传承性与可重复性。第三，忽略了听觉康复与言语矫治等关键因素。例如，听障儿童听觉神经通路得不到有效刺激，不能建立正常的听觉言语反射链，从而会产生呼吸方式异常、构音器官不协调、发音含糊不清等现象。因此，听力补偿或重建后，首先应该进行的是听觉康复与言语矫治，只有在此基础上进行科学系统的语言教育，听障儿童才能达到全面康复的目标。

3. "医教结合"模式

2005年5月27日，温家宝总理在中国聋儿康复研究中心视察工作时说："我希望更多的孩子，经过精心的治疗与教育得到康复，走进普通小学。"温总理还说："人最重要的事就是学说话。"温总理的话是针对听障儿童说的，对我国听障儿童教育康复事业的发展具有重要的指导意义。因此，目前我们的工作重点就是要坚决落实"聋儿学说话"。具体可分两个步骤：一是创设系统的、科学的听障儿童教育康复的理论体系；二是在此理论体系的指导下，构建可行的、有效的操作模式。经过几年的理论探索与一线实践，我们创设了 HSL 理论体系。同时，我们又在感性经验的基础上，去粗取精、去伪存真，由此及彼、由表及里，构建了 HSL 理论的"1+X+Y"操作模式。

（二）基本特点

"医教结合"原则是听障儿童教育康复实施的一项基本原则。"医教结合"中的"医"是指听觉言语康复，它是以听觉言语功能恢复为主要目的，以听觉康复和言语矫治为主要手段；"教"是指语言教育。听觉康复、言语矫治与语言教育，这三者正是听障儿童教育康复的主要内容，而且越早进行效果越好，可以为他们形成语言、接受全面素质教育提供真正意义上的保障。"1+X+Y"模式是全新的听障儿童教育康复模式。它的特点可以概括为"一个灵魂，一个中心，两个基本点"。

1. 一个灵魂：医教有机结合

"医教结合"理念是听障儿童教育康复的立身之本，离开"医教结合"理念，听障儿童教育康复的方法就会成为无源之水、无本之木。无论是在集体教育康复、个别化康复还是家庭康复中，都处处体现了"医教结合"的精神。"1+X+Y"听障儿童教育康复模式自始至终都渗透着"医教结合"的理念。"医"与"教"的结合应该是深度融合，而不仅仅是形式上的组合。"医"与"教"应该贯穿于听障儿童教育康复的过程中，两者有机结合、相辅相成。康复医学是有效实施教育的前提和基础，教育教学是体现医学康复成果、促进学生康复进程及全面发展的重要手段。

2. 一个中心：强化口语表达

重视口语表达，是听障儿童教育康复和聋校语文教学改革的方向。只有重视口语表达，才能使听障儿童告别无声世界，真正地回归主流社会。"1+X+Y"听障儿童教育康复模式又称"新概念学说话"，"学说话"就是重视听障儿童的口语表达，其目标是让听障儿童"听得明白、讲得清楚"。"1+X+Y"听障儿童教育康复模式中的所有活动都是围绕着口语表达这个中心展开的。

3. 两个基本点：注重沟通交流和突出实际应用

众所周知，只有在沟通交流之中，听障儿童才能发展沟通的意识，其语言能力才能得以发展。"1+X+Y"听障儿童教育康复模式非常强调听障儿童的沟通能力。在实践过程中，我们创造了各种交往的情境，让听障儿童主动地与治疗师、教师、家长、同伴进行沟通。

听障儿童的康复不是以听障儿童学会背诵几首诗歌、讲述几个故事为衡量指标的。实际应用语言的能力是听障儿童听觉功能、言语技能和语言能力的最终体现。"1+X+Y"听障儿童教育康复模式在实施过程中十分重视听障儿童语言学习过程中举一反三能力的培养，强调语言学习的灵活性，突出其实际应用能力。

二、"1+X+Y"教育康复模式的基本结构

"1+X+Y"模式由三部分组成,即集体教育康复(1)、个别化康复(X)和家庭康复(Y),如图2-5所示。其中,集体教育康复指向的主要内容是HSL三大板块理论中的语言教育,个别化康复指向的是听觉康复和言语矫治,而家庭康复的内容则是与集体教育康复与个别化康复的内容相衔接的。

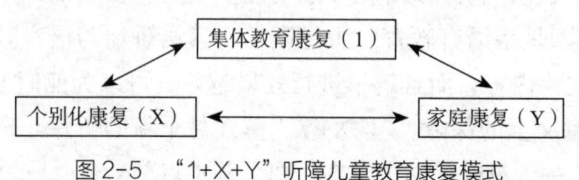

图2-5 "1+X+Y"听障儿童教育康复模式

(一)集体教育康复(1)

此处的集体教育康复是指在康复机构中,由教师在课堂或区角之中,对听障儿童进行有目的、有组织、有计划康复的过程,主要有主题教育、康复活动、生成课程三种形式。

1. 主题教育是集体教育康复的基本形式

主题教育的教学内容由若干个教学单元组成,每一单元有一个教学主题,各单元的内容由简至繁、由易到难,循序渐进地实施。主题教育活动,可以使听障儿童强化口语能力、扩大词汇和句子量、提高语言的应用能力。

2. 康复活动是集体教育康复的重要形式

康复活动包括区角活动、生活活动、运动活动。它是一种有组织、有计划的游戏教学活动。区角包括语言角、认知角、操作角与音乐角。区角活动是主题教育的拓展与补充,其中也渗透了听觉康复与言语矫治的内容。通过各区角活动,听障儿童能在玩中学、做中学、乐中学。在听障儿童语言能力发展的同时,其认知能力、动手能力、音乐能力、交往能力、听觉感知能力、言语产生能力等也得到了全面发展。生活及运动活动主要是对听障儿童的起居饮食进行训练,帮助听障儿童养成良好的行为习惯。同时,在实际生活中培养听障儿童的社会交往能力。

3. 生成课程是集体教育康复的辅助形式

生成课程的目标是创设一种能够让听障儿童自主、自由学习的课程,寻求一种能适应听障儿童康复的最佳方式,把现行的以视觉、听觉为主的学习拓展为以探究、体验为主的自主式学习,并且强调生成的指向性,特别是有意识地指向听觉功能、言语技能以及认知能力的生成。

（二）个别化康复（X）

个别化康复是指在康复机构中，治疗师利用现代化的听觉康复、言语矫治和认知训练设备，对听障儿童的听觉功能、言语技能和认知能力进行系统评估，并结合其在集体教育康复、家庭康复中的有关问题，制订相应的听觉康复、言语矫治和认知训练的计划，对其进行个别化的、有针对性的康复训练的过程。其中，听觉康复包括听觉察知、听觉分辨、听觉识别、听觉理解四个方面。言语矫治包括呼吸、发声、共鸣、构音和语音五个方面。认知能力评估包括对学前和学龄两个年龄段听障儿童的评估。学前评估包括图形推理、数字推理、异类鉴别、情境认知、记忆策略等五部分。学龄期评估和训练包括动作系列、空间次序、逻辑类比、人物辨认、图形推理等五部分。认知训练时，要针对以上评估内容展开。个别化康复立足于听障儿童听觉、言语、认知的发展情况，量身定做一些康复训练的内容。这是具有个性化的一种康复方法。

（三）家庭康复（Y）

家庭康复（Y）作为"1+X+Y"模式的有机组成部分，是指在教师和治疗师的指导下家长实施教育康复的过程。家庭康复与机构康复的内容是一致的，它们都涉及听觉康复、言语矫治、语言教育三大方面。同步式家长培训模式是家庭与机构互动的有效形式。该培训模式在理念上将机构康复与家庭康复紧密结合，在目标上重视听障儿童家长康复的知识、态度、技能同步提高，在操作上将集中培训、个别培训及网络培训三者进行了有机整合。家庭康复是机构康复的拓展与补充，在听障儿童教育康复中必将发挥越来越重要的作用。

（四）"1+X+Y"模式的一日活动安排

1. "1+X+Y"模式在每日活动中的体现

在每日实施"1+X+Y"模式的过程中，要确保教育康复的效果，就必须正确处理集体教育康复与个别化康复、机构康复与家庭康复及集体教育康复中诸要素之间的关系。在"1+X+Y"模式实施过程中，我们在这方面进行了有效的探索：通过精心设计，将集体教育康复、个别化康复、家庭康复的内容完整地安排在一日活动中，从而保证了"1+X+Y"模式的有效实施。如表2-1所示，为了处理集体教育康复与个别化康复以及集体教育康复中诸要素之间的关系，在听障儿童一日的教育康复中，我们在不同的时段安排了主题教育、区角活动以及个别化康复训练等不同的康复内容；为了处理机构康复与家庭康复之间的关系，我们在每天的早晨和傍晚，利用家长接送孩子的时间，与家长针对听障儿童的一日表现进行交流。总之，我们对所有听障儿童每天要接受的教育康复活动进行统筹管理，使康复机构中的资源得以充分利用，使听障儿童在康复机构的8个小时中能享有6个小时的有效康复。

表 2-1 一日活动安排表

时间	活动类型	活动内容	学生编号
8:00—8:30	家园交流（Y） 集体教育康复（1）	家园交流、晨间活动	①—⑥
8:30—9:00		基本训练、运动活动	
9:00—9:30		晨间对话、点心	
9:30—10:00		主题教育	
10:00—10:20		休息、盥洗、课间活动	
10:20—11:20	个别化康复（X） 集体教育康复（1）	个别化康复	①②
		语言角、认知角	③④
		操作角、音乐角	⑤⑥
11:20—12:00		午餐、餐后散步	①—⑥
12:00—14:00		午休	
14:00—14:30		起床、活动、点心	
14:30—15:30	个别化康复（X） 集体教育康复（1）	个别化康复	③④
		语言角、认知角	⑤⑥
		操作角、音乐角	①②
15:30—16:30		个别化康复	⑤⑥
		语言角、认知角	①②
		操作角、音乐角	③④
16:30—17:00	家园交流（Y）		①—⑥

2. "1+X+Y"模式的一日活动效果评估

对听障儿童教育康复效果的评估是听障儿童教育康复流程的重要组成部分。我们对听障儿童的评估具有多元化和动态性的特点。评估的多元化是指既有对听障儿童教育康复结果的评估，也有对听障儿童教育康复过程的评估；既有主观评估，也有客观评估。评估的动态性是指在听障儿童教育康复的全过程中均伴随着评估。以每日活动评估为例，教师与治疗师要针对听障儿童每日的教育康复情况进行评估。评估后，要填写每日教学记录表，并将评估的结果反馈给家长，而家长再将家庭教育康复的情况及时反馈给教师与治疗师。在"1+X+Y"模式下，"康复—评估—康复"是一个必须遵循的流程。它循环往复，螺旋上升，保证了教育康复的顺利进行。

三、"1+X+Y"教育康复模式中的辩证关系

"1+X+Y"模式是一个复杂的系统，它包含着各种关系。综合起来，在众多关系中，处理好集体教育康复与个别化康复的关系、机构康复与家庭康复的关系，以及将"1+X+Y"模式中的诸要素进行有机整合，都是十分关键的。

（一）集体教育康复与个别化康复的关系

在"1+X+Y"模式中，集体教育康复与个别化康复既相互区别、相互独立，又不可分割、有机统一。

1. 相互区别、相互独立

两者相互区别、相互独立主要体现在四个方面：第一，实施场所不同。集体教育康复主要是在康复机构中的班级和区角中进行，而个别化康复主要是在康复机构（或者独立）的听觉康复门诊与言语矫治门诊中进行。第二，各自的特点不同。集体教育康复中的主题教育具有系统性、全面性的特点，区角活动具有可操作性、生活性、趣味性的特点。而个别化康复具有定量评估诊断、实时反馈治疗、视听结合训练的特点。第三，参与人员不同。集体教育康复主要是由教师来实施的，而个别化康复主要是由治疗师来实施的。第四，实现形式不同。集体教育康复主要是通过主题教育、康复活动和生成课程来实现的，而个别化康复主是通过有针对性的、个别化的康复训练来实现的。由此可见，集体教育康复、个别化康复对听障儿童听觉、言语和语言康复发挥着不同的作用，它们是不能相互替代的。

2. 不可分割、有机统一

集体教育康复与个别化康复不可分割、有机统一，主要体现在以下两个方面：第一，目标具有一致性。它们的共同目标就是让听障儿童学说话，促进听障儿童的全面发展。在此基础上，使其通过0—6（18）个月科学、系统、有效的康复之后，在专业的康复保障体系指导下，能进入正常幼儿园或小学进行学习。第二，内容具有衔接性。它们的内容是互相补充、相互衔接的。集体教育康复为个别化康复的阶段目标与内容提供了依据，个别化康复为集体教育康复的顺利实施提供了基础。

（二）机构康复与家庭康复的关系

1. 机构康复的主导作用

机构康复在听障儿童康复中起主导作用，这是因为机构康复具有两个特点：第一，机构康复具有系统性。宋代大儒朱熹曰："未得乎前，则不敢求其后，未通乎此，则不

敢志乎彼。"这句话说明了系统性的重要性。机构康复在人才资源、设备资源、教育康复训练方面做到了稳打稳扎、步步为营,体现了朱熹所讲的"得乎前,求其后,能乎此,志乎彼"。第二,机构康复具有科学性。听障儿童教育康复是一门科学,是有规律可循的。这就要求教育康复工作者吸收各种语言教育理论中的精华,熟悉听觉言语的生理机制和语言发展规律,根据规律来教学。例如,在普通学前班教学中,在教儿童声母时,学习的顺序是 /b、p、m、f/。对于口语发展良好的健听儿童来说,这种学习声母的顺序是无可厚非的。但是,这种顺序对于"学说话"的听障儿童来说就不合适了。我们的研究发现,听障儿童声母习得的第一个阶段是 /m、b、d、h/。发音时,舌尖部位靠前的声母早于发音部位靠后的声母,塞音早于摩擦音,鼻音早于非鼻音,如果按照健听儿童声母的习得顺序来教学,就会收到事倍功半的康复效果。

2. 家庭康复的拓展作用

在机构康复和家庭康复这对矛盾中,机构康复处于矛盾的主要方面,属于主要矛盾;家庭康复处于矛盾的次要方面,属于次要矛盾。但是,次要矛盾解决不好,也将影响到主要矛盾的解决,即听障儿童家庭康复开展不好,也将影响听障儿童机构康复的进程。家庭康复具有拓展性的特点,具体表现为以下三个方面:第一,从家庭康复环境来看,家庭环境具有自发性、灵活性、自然性等特点,这些都是机构康复不可替代的;第二,从家庭康复参与人员来看,家长是听障儿童教育康复中的重要角色,家长与听障儿童的交流是治疗师和教师替代不了的;第三,从家庭康复与机构康复的衔接来看,听障儿童在康复机构中的康复内容可以在家庭康复中得以强化和巩固。

(三)"1+X+Y"模式中诸要素的有机整合

1. "1+X+Y"模式中的要素分析

如上所述,"1+X+Y"模式是一个系统,它包含着诸多要素。从教育康复的构成上看,该模式包括集体教育康复、个别化康复、家庭康复三个要素;从教育康复的内容上看,该模式包括听觉康复、言语矫治和语言教育三个要素;从集体教育康复的形式上看,该模式包括主题教育、康复活动、生成课程三个要素;从参与人员来看,该模式需要医生、治疗师、教师、家长和社会工作者的共同参与。这些要素在"1+X+Y"模式中的地位和作用不是等同的,但必须有机地整合在一起。

2. "1+X+Y"模式中的要素整合

"1+X+Y"模式包含着诸多要素,为了说明各要素之间的关系,我们拟用图2-6来形象地表示。

图2-6 康复之花

从图 2-6 中可以看到，花的根部象征着听障儿童的身心发展规律，它是听障儿童教育康复的前提与基础。花的茎部象征着听障儿童的听觉功能与言语技能，它们是听障儿童学习语言、发展语言能力的先决条件。也就是说，听障儿童得到听力补偿或重建后，必须进行听觉功能与言语技能的训练，听觉功能与言语技能的训练为听障儿童语言能力的发展提供了必要的支持。花的叶子象征着在听障儿童教育康复过程中来自各方面的直接支持，即听障儿童的全面康复需要家长、医生、治疗师、教师的共同努力、全面配合。花蕊与花瓣象征着听障儿童教育康复的目标或成果。其中，花蕊象征着听障儿童的语言能力，发展听障儿童的语言能力是教育康复的主要目标；花瓣象征着听障儿童在语言发展的基础上其他能力全面发展，主要包括认知、交往、生活、运动、音乐、操作六项能力。太阳与阳光象征着全社会的支持，即听障儿童教育康复事业的发展是与全社会观念更新、社会发展、科技进步紧密相连的。我们坚信，在我国政府及全社会的支持下，在科学、先进的康复理论的指导下，在医学与教育工作者的共同努力下，听障儿童教育康复之花定能如愿绽放，越开越鲜艳。

四、"1+X+Y"教育康复模式的实施原则

"1+X+Y"模式是在 HSL 理论指导下，通过长期的实践而构建的，它也必然要在实践中接受检验。从宏观上看，听障儿童教育康复是社会大系统中的一个子系统。因此，"1+X+Y"模式的实施离不开社会大背景。社会系统中的各种要素，如观念、科技发展、社会进步等都会对听障儿童教育康复的过程与结果产生影响。在"1+X+Y"模式的实施过程中，除了要处理好其内部各要素之间的关系外，还要处理好内部与外部、子系统与大系统之间的关系。其中，医学康复与教育康复、听障儿童教育康复与全面发展、听障儿童教育康复与现代科学技术之间的关系是诸多关系中的关键，它们直接关系到"1+X+Y"模式实施的可行性与有效性。因此，我们把正确认识与处理好上述三对关系作为"1+X+Y"模式实施中的三条基本原则。其中，医学康复与教育康复相结合是从理念层面提出的，听障儿童教育康复与全面发展相结合是从目标层面提出的，听障儿童教育康复与现代科学技术相结合是从方法层面提出的。

（一）医学康复与教育康复相结合

医学康复是指听障儿童通过植入人工耳蜗或者佩戴助听器，听力得到补偿或重建，然后通过听觉康复、言语矫治促进整体听觉言语功能的恢复与发展，从而能自然、舒适地发音，并尽可能准确地构音，为学说话奠定基础。教育康复是指遵循听障儿童身心发展的规律，结合每个听障儿童的自身特点，在语言教育的同时促进听障儿童的全面发展。我们认为，"医教结合"是听障儿童教育康复的基本理念，人才培养是落实"医教结合"的根本保障，学科融合与团队合作是实现"医教结合"的必由之路。

1. "医教结合"是听障儿童教育康复的基本理念

长期以来，我国的听障儿童教育康复领域中存在着"重教轻医"的观念。许多听障儿童教育康复工作者认为，医学康复是医生的事，而教育康复是听障儿童康复机构与聋校教师的事。因此，"医教结合"实质上成了"医教分离"。然而，随着时代的发展，医学康复的内涵更为明确，外延不断扩展。目前，听障儿童康复中的医学康复已不仅仅局限在对听障儿童进行听力补偿或重建上，听力补偿或重建前、后期的听觉康复与言语矫治等均属于医学康复的范畴。这就是说，医学康复的任务应该由医生与听障儿童教育康复工作者（治疗师、康复教师）共同承担完成。具体地说，医生主要负责听障儿童的听力补偿或重建，教育康复工作者主要负责听障儿童的听觉康复与言语矫治。自然，教育康复工作者除了承担听障儿童教育康复的任务之外，还要承担听障儿童医学康复（如听觉康复、言语矫治等）的任务。因此，对于一个合格的教育康复工作者来说：第一，必须牢固树立"医教结合"的康复理念；第二，必须了解掌握有关"医教结合"的技术；第三，由于"医教结合"的实施是以团队合作的形式来完成的，所以还必须具有团队合作的意识与能力。

2. 人才培养是落实"医教结合"的根本保障

专业人才的培养是落实"医教结合"的根本保障。

1993年，中国聋儿康复研究中心与南京师范大学联合创办了教育学专业（聋儿早期康复方向）大专班，为我国培养了第一批聋儿听力语言康复专业的人才。1998年，中国聋儿康复研究中心与山西医科大学联合创办了公共卫生专业（听力语言障碍预防方向）大专班，第一次把诊断听力学、康复听力学、教育听力学、耳科学纳入教学计划，培养了听障儿童康复的专业人才。2000年，北京首都医科大学创办了"听力学"大学本科专业，将其纳入高等学校招生规划，面向社会培养听力学大学本科专业人才。2000年，吉林大学与中国聋儿康复研究中心联合开办应用语言学专业（聋儿听力语言康复方向）硕士研究生班，为我国培养了第一批聋儿听力语言康复专业的4名硕士研究生。2001年，中国聋儿康复研究中心与北京联合大学联合开设了听力语言康复技术专业。2003年，华东师范大学与中国聋儿康复研究中心联合开办了特殊教育专业（言语听觉科学方向）硕士研究生班。2004年，为顺应社会发展的需要，在黄昭鸣、杜晓新等教授的倡议和申报下，经教育部批准，华东师范大学学前与特殊教育学院成立"言语听觉科学"大学本科专业，将其纳入高等学校招生规划，面向社会培养言语病理与听力学大学本科专业人才。

上述专业的设立与人才培养，为"医教结合"的落实提供了一定的基础。然而，随着社会的发展、康复对象的扩展，提高康复质量与人才缺口的矛盾日益突出。

依据全国第二次残疾人抽样调查的结果分析：第一，听力残疾现患率为2.11%，以此推算全国听力残疾者约2 743万人。目前我国听力学专业人员总计7 775人，康复服务需求比为1∶2 830。2000年美国已获得临床能力证书（CCC-A）的专业人员为3.87万人，其康复服务需求比为1∶150。按发达国家康复服务需求比的水平推算，要实现

"人人享有康复服务"的目标，我国尚缺听力学家约17万人。第二，言语残疾现患率为0.53%，以此推算全国言语残疾者约689万人。目前我国言语矫治专业人员总计不足300人，康复服务需求比为1∶68 900。2000年美国已获得临床能力证书（CCC-SLP）的专业人员为7.6万人，其康复服务需求比为1∶605。按发达国家水平康复服务需求比的水平推算，要实现"人人享有康复服务"目标，我国尚缺言语病理学家约14.2万人。目前听障儿童康复教师为5 221人，康复服务需求比为1∶30。按《2001年中国0～6岁残疾儿童抽样调查报告》的结果以及全国听障儿童康复实施方案规定的师生比（1∶6）推算，要实现"人人享有康复服务"的目标，仅学前康复教师尚缺约2.1万人。

由此可见，加快人才培养步伐，仍是落实"医教结合"理念的一个关键。目前，有关政府部门正在加紧制订与落实人才培养的规划与方案。其中，中国聋儿康复研究中心已与华东师范大学签约，计划在10年内完成对全国各听障儿童康复机构约3 000人的"专升本"培养规划，此举将促进本行业专业人才的培养。

此外，听障儿童教育康复基层机构应该将人才培养作为工作的重点来抓：第一，要有尊重人才与培养人才的意识；第二，要千方百计地为教育康复工作者提供学习的机会；第三，要重点培养既有医学康复知识与技能，又有先进教育康复理念与技能的人才。我们坚信，人才的培养是落实"医教结合"的根本保障；"医教结合"的有效落实，一定会将我国的听障儿童教育康复事业推上一个新台阶。

3. 学科融合与团队合作是实现"医教结合"的必由之路

"医教结合"的内容与性质决定了其实施的特点：首先，"医教结合"的实施涉及各个学科，如临床医学、康复听力学、言语病理学、特殊教育学等；其次，"医教结合"的实施需要各学科专业人员的共同参与，如图2-7所示。

近年来，随着社会的发展与科学技术的不断进步，各学科之间的互相交融已成一种必然的趋势。例如，从听障儿童教育康复的整个过程来看：第一，临床医生要运用医学、听力学等学科知识对听障儿童进行听力筛查，以期早发现、早诊断、早治疗；第二，听力学家要运用听力学等学科知识来进一步判断听障儿童听力损失的性质和程度，为其选择合理的治疗方案，即选择听力补偿还是听力重建；第三，在听力补偿或重建的基础上，言语治疗师要运用言语病理学等学科知识对听障儿童进行听觉康复与言语矫治；第四，有关教师要运用特殊教育学、语言学、心理学等学科知识对听障儿童进行语言教育康复，促进听障儿童的认知发展和社会性发展。由此可见，听障儿童康复的过程充分体现了多学科融合的特点，各学科之间是相互联系、相互交叉、相互促进的。

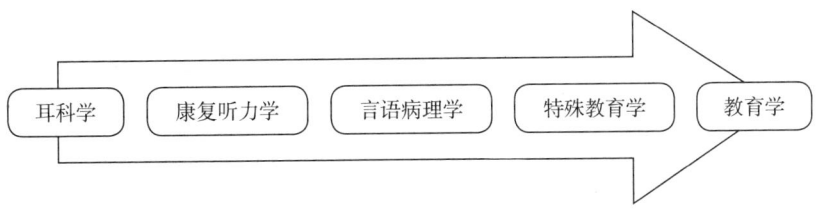

图2-7 听障儿童教育康复实施需要的学科

在听障儿童教育康复的过程中，多学科的交融必定带来各专业人员的合作。那么，如何最大限度地发挥团队合作的作用？这是切实落实"医教结合"的关键。我们认为：第一，团队中的专业人员要有合作精神，即大家要清醒地意识到，我们的目标是一致的，我们各自所采用的手段具有阶段性、重合性及连续性的特点；第二，团队中的专业人员要相互学习，即医疗人员要了解后续教育康复的目标与手段，教育康复人员要了解听障儿童经医学康复后的现有水平以及后续医学康复的目标与措施；第三，要建立一个能保障团队有效合作的机制，即组成相对固定的专家小组，例如，各地区可根据实际情况，建立校级、区级与省市级专家小组，逐步形成一个专家咨询网络。

综上所述，学科的融合以及专业人员的团队合作是实现"医教结合"的必由之路。

（二）教育康复与全面发展相结合

20世纪90年代，国际21世纪教育委员会向联合国教科文组织提交了一份题为《教育——财富蕴藏其中》的报告。这份报告针对21世纪的教育问题反复重申了一个基本原则：教育应当促进每个人的全面发展，即身心、智力、敏感性、审美意识、个人责任感、精神价值等方面。面对未来社会的发展，该报告认为，教育必须围绕四种基本能力来重新设计、重新组织。这四种基本能力被称为教育的四大支柱，即学会求知（learning to know）、学会做事（learning to do）、学会共同生活（learning to live together）、学会生存（learning to be）。这份报告还涉及教育对象、教育目标与教育内容等问题。尤其重要的是，报告中所提及的教育对象既包括普通儿童，也包括特殊儿童。因此，该报告的内容同样适合有听力障碍的儿童。当然，听障儿童与普通儿童既有共性的一面，也有其特殊性的一面。其共性表现为：听障儿童的成长符合儿童成长的一般规律，听障儿童的发展同样经历着与健听儿童相同的、有顺序的、阶段性的、连续的过程。其特殊性表现为：在听障儿童成长与发展的过程中，不同程度的听力障碍可能会影响其某一或某些阶段发展的水平与速度。鉴于对上述报告核心内容的认识，我们认为，在"1+X+Y"模式的实施过程中，要注重听障儿童以下几个方面素质的培养。

1. 培养听障儿童学会学习

我们从学习的兴趣、学习的方法两个方面来培养听障儿童的学习能力。为了吸引听障儿童对学习的兴趣，我们在两个方面进行了探索：第一，在教学的形式上，运用多媒体软件，视听结合、图文并茂，使整个康复过程变得趣味盎然；第二，在对听障儿童的评价上，坚持以积极的正面评价为主，多给听障儿童支持鼓励，使他们获得一种成就感，进而对学习充满兴趣。为了使听障儿童学会正确的学习方法，我们在教学的过程中运用启发的方法，培养听障儿童举一反三的能力，锻炼其思维的灵活性。

2. 培养听障儿童学会关心

社会心理学认为，关心是个体亲社会行为的重要组成部分，而儿童的亲社会行为在儿童社会性发展中起重要作用。因此，在"1+X+Y"模式的实践过程中，我们非常重视听障儿童关心意识与能力的培养。这里的关心主要是指对他人的关心，具体包括关心同伴、关心老师、关心父母、关心环境等。要让听障儿童认识到人与人之间是相互依存的，要学会发现他人、理解他人、关心他人。例如，在各种活动中，应该设置有利于听障儿童交往的情境。在交往中，听障儿童既能得到他人的帮助，也会主动地去帮助他人。又如，在操作活动中，让听障儿童亲自动手制作卡片，送给同学、老师和父母，表达自己对他们的关心。再如，在"认识动物"的主题活动中，要让听障儿童认识到动物是人类的朋友，我们要爱护动物。在"美丽的大自然"的主题活动中，要让听障儿童认识到地球是我们的家园，我们要关心家园、关爱地球、爱护大自然。

3. 培养听障儿童学会合作

马克思认为，社会性是人的本质属性。荀子曰："人生不能无群。"这些都说明了人不是孤立存在的个体，而是构成社会大系统的有组织的元素。同样，从听障儿童自身角度来说，其康复过程离不开与家长、治疗师、教师以及同伴的相互合作。听障儿童与他人的合作程度关系到其教育康复的效果。因此，在"1+X+Y"模式的实践过程中，必须注重对听障儿童合作能力的培养。我们认为：第一，要为听障儿童创设有利于合作学习与活动的情境；第二，要设计适当的学习与活动的任务，使听障儿童意识到合作的意义，培养其合作的意识；第三，让听障儿童通过适当的学习与活动，学会基本的合作技能。例如，学会表达自己的意愿、对待他人的意见、综合各种意见、共同完成学习任务、与他人分享快乐等等。

4. 培养听障儿童学会生存

生存能力的培养，对于听障儿童来说更为重要。生存能力是一种综合的能力，我们认为生存能力中的生活自理能力、良好的个性品质以及健康的体魄，对提高听障儿童的生存质量尤为重要。在"1+X+Y"模式的实施过程中，我们通过设立生活角，培养听障儿童的生活自理能力；通过各种学习与交往活动，培养听障儿童乐于学习、主动交往、不怕困难等良好的个性品质；通过各类户外的生活活动，如做早操、玩游戏等，训练听障儿童的平衡力、耐受力、灵活性、敏捷性、手眼协调以及感觉统合能力，促进其身体素质的发展。

（三）教育康复与现代科学技术相结合

科技的日益进步给全社会带来巨大的变革，同样也为听障儿童教育康复带来了新的契机。现代科学技术对听障儿童教育康复过程的各个阶段均产生了重要的影响：人工耳蜗的问世，实现了从听力补偿到听力重建的质的飞跃；定量评估技术改变了以往单纯依靠经验评估的状况，基本实现了质与量的评估相结合的目标；实时反馈技术为提高听觉康复与言语矫治水平提供了技术保障；视听结合技术为提高听障儿童学习兴趣、缩短康复时间、提高康复效果提供了有效的途径。因此，听障儿童教育康复与现代科学技术相结合既是听障儿童康复的内在需要，也是社会发展的必然趋势。

1. 人工耳蜗技术与听障儿童教育康复

人工耳蜗植入是听障医学的重大突破，是人类医学史的一场革命。至今，全球已有超过6万名重度和极重度失聪人士回归到有声世界。《2001年中国0~6岁残疾儿童抽样调查报告》显示，我国听力残疾儿童中的重度和极重度者占30%左右。对他们来说，采取佩戴助听器的方法难以取得有效的听力补偿，而采用人工耳蜗植入的方法可望实现听力重建，并能达到最佳语言康复效果。随着我国社会经济的日益进步与发展，越来越多的听力残疾儿童将通过人工耳蜗植入的方法来回归主流社会。据统计，截至2007年底，我国已经通过人工耳蜗植入手术，成功使4 000余人进入有声世界。然而，由于我国人工耳蜗技术的研究与应用起步较晚，许多理论与实践问题尚待深入研究。目前，首要的研究任务：一是探索汉语言环境下术后儿童教育康复的理论体系，为创建术后儿童教育康复的具体方法奠定理论基础；二是根据科学的理论框架，创建教育康复的系统方法；三是研制与开发用于术后儿童教育康复的设备及相应软件，将科学的教育康复理念、方法与现代技术合理地、有机地结合起来，切实提高听障儿童教育康复的效果。

2. 定量评估技术与听障儿童教育康复

实现定量评估，是使听障儿童教育康复逐步走向科学化的重要一步。全面与准确的定量评估为听觉康复、言语矫治与语言教育提供了科学的依据。要实现这一目标，有两项关键的任务：一是要制定能反映听障儿童听觉、言语、语言、认知以及个性品质发展水平的参考标准或常模；二是在此基础上，研发各种定量评估的软件与仪器，从而进一步实现实时的定量评估。对于第一项任务，以黄昭鸣教授为首的课题组已制定出包括听觉功能、言语技能、认知水平发展在内的参考标准或常模，如"ICF言语功能评估标准"，此标准包括呼吸、发声、构音、共鸣和语音五个方面，又如儿童五项认知能力常模，它包括图形推理、数字推理、异类鉴别、情境认知与记忆策略五个方面。对于第二项任务，从1998年到2002年我们已研发出各种软件与仪器：①"启聪博士听觉评估导航仪"和"便携式听力筛查仪"可对听障儿童的听觉功能进行定量评估；②"启音博士实时言语测量仪"可以对听障儿童的言语技能进行定量评估；③"启慧博士认知能力测试与训练仪"可以对听障儿童的认知发展水平进行定量评估，并且能实时地反馈评估结果。

3. 实时反馈技术与听障儿童教育康复

评估的目的是更有针对性地进行康复训练。定量评估只有与实时反馈技术相结合，才能极大地提高康复训练的效果。这里的实时反馈主要指利用现代化设备对听障儿童的康复训练过程与结果进行动态监控，以便对训练效果进行及时的评价，为调整或拟订下一步的训练方案提供依据。例如，在言语矫治中，1996年黄昭鸣教授在美国发明的、目前在国际上得到广泛使用的"启音博士实时言语测量仪"，可通过计算机记录听障儿童的语音，并将其语音特性在屏幕上即刻用图像和动画反映出来。听障儿童既能听到自己的声音，又能观察到自己语音的物理形态与特征。这样，在言语矫治师的指导下，听障儿童就能有目标、按步骤、循序渐进地完成训练任务。黄昭鸣教授发明的、广泛使用的"启音博士发声诱导仪",可以活泼可爱的形式供听障儿童进行音调、响度、起音、最长声时、清浊音以及声母和韵母音位发音的练习。黄昭鸣教授发明的、广泛使用的"启音博士言语重读干预仪",可将听障儿童自己过去的声音或者别人的声音录制成样板,供听障儿童进行重读匹配训练、变调训练以及韵律训练。

4. 视听结合技术与听障儿童教育康复

实践证明,视听结合技术是提高听障儿童语言教育水平的一个有效手段。视听结合技术具有交互性强、图文并茂、声像并举、动静结合的特点,可极大地调动听障儿童的学习积极性,提高他们的学习效果。例如,在听障儿童的语言教育中,我们将各单元的主要教学内容编制成教学软件,通过视听结合的动态画面,实现人机互动、师生互动、生生互动,激发听障儿童的学习兴趣。另外,各教学软件还辅以大量的相关教具、学具和玩具,拓宽听障儿童的知识面,有利于其表象的积累与正确概念的形成。

综上所述,听障儿童教育康复与现代化技术相结合是加速我国听障儿童教育康复事业发展的必由之路。同时,我们也清醒地意识到,许多新的教育康复技术成果是优秀教育康复经验与现代化技术相结合的产物。长期以来,我国的聋教育工作者在理论研究与实践中已获得了许多成果,积累了丰富的经验。在创设 HSL 理论与构建"1+X+Y"模式的过程中,十分注重从理论上对听障儿童教育康复的经验进行总结与梳理,并将其中优秀的教育康复经验与现代化技术相结合。例如,在刘巧云博士提出的听障儿童听觉发展与训练四个阶段(听觉察知、听觉分辨、听觉识别、听觉理解)的理论的基础上,结合国际上相关研究的最新成果,将听障儿童听觉康复训练与现代化技术结合起来,在2002年成功地研发了"启聪博士听觉康复训练仪"。又如"启聪博士听觉评估导航仪"中融入了孙喜斌教授发明的用于评估听障儿童听觉言语能力的词表。再如,根据季佩玉、周红省等听障儿童教育康复专家多年的实践经验,在2003年进一步研发和完善了"新概念学说话语言康复训练仪"课程体系,成功地制定了教学软件的框架、选择了教学软件的具体内容等。实践表明,这些软件充分体现了"医教有机结合、注重口语交流、强化口语表达、突出实际应用"的康复理念,初步取得了"立足康复、兼顾全面"的效果,基本实现了"言之有理、操之有物"的目标。

(四)以 HSL 理论为基础的"1+X+Y"教育康复模式的实施

以 HSL 理论为基础的"1+X+Y"模式在特殊学校中的实施,本书以烟台市特殊教育学校为例,并根据该校的特点改良了听障儿童教育康复模式,使其更适合当地。

1. "1+X+Y"家校合作康复模式

针对学前听障儿童,坚持语言、健康、社会、科学、艺术五大领域教师团队同备一节课,同备一个听障儿童的原则,采用"1+X+Y"家校合作康复模式,包括情景主题教学(1)、一对一个别化康复训练(X)、家庭康复(Y)。

2. "1+2"亲子康复模式

针对随园就读的听障儿童，采用以 HSLC 为主要内容的教师、家长、听障儿童共同参与的"1+2"亲子康复模式，包括康复训练课（1）、听障儿童和家长（2）。

3. "1+I"校内康复模式

针对一年级听障儿童，采用"1+I"校内康复模式，包括以拼音、字、词、句的学习为主要内容的课堂集体教学（1），以及以医教结合，强化口语、听、看、读、说、写为主要内容的一对一个别化康复训练（individual rehabilitation training, I）。

4. "1+L"校内康复模式

针对二至五年级听障儿童，采用"1+L"校内康复模式，包括以国家课程为主要内容的课堂集体教学（1）、分层指导（layered tutoring, L）。

5. "1+N"校内康复模式

针对随班就读的听障儿童，采用"1+N"校内康复模式，包括以国家课程为主要内容的课堂集体教学（1）、多学科辅导（number, N）。

HSL 理论与"1+X+Y"模式下的教育康复课程

课程与教学是听障儿童教育康复得以实施的基础。听障儿童特殊的教育康复需求体现在课程目标、课程内容和课程实施等方面。无论课程如何改革或创新，都离不开对三个根本问题的思考，即"教什么""怎么教""何时教"。因此，HSL 理论的应用与"1+X+Y"模式的操作实施离不开课程的开发与支持。本节从听障教育康复课程的界定、学前教育康复活动设置和学龄教育康复课程设置三方面介绍 HSL 理论与"1+X+Y"模式下的教育康复课程。

一、听障教育康复课程的界定

（一）听障教育康复课程的概念

听障教育康复课程是教育康复机构或聋校为实现听障学生"听得明白、说得清楚、交流自如、回归主流"的培养目标而专门为听障学生选择设置的融教育及康复为一体的学习内容及其进程的总和，其中既包含学校老师所教授的各门学科的知识，又包含有目的、有计划的教育康复活动。听障教育康复课程包括 0—6 岁学前段听障儿童教育康复课程及 6 岁以上学龄段教育康复课程。听障教育康复课程具有基础性、发展性、实用性、整体性和连贯性，是一个螺旋上升、系统的课程结构。听障教育康复课程是教育康复教学活动的基本依据，是学校实现教育康复目标的基本保证，是学校一切教学活动的中介，为学校进行管理与评价提供标准和依据。

（二）听障教育康复课程的性质

听障教育康复课程是一门针对学前及学龄低段听障学生的听觉、言语、语言、认知障碍，以学前五大领域课程及学龄语文学科知识点为载体，用于听觉、言语、语言、认知康复的综合性、实践性课程，它从听觉、言语、语言、认知四个功能模块出发，提升听障学生的听觉言语功能，增强听障学生运用祖国语言文字进行交流沟通的能力，提高听障学生的思想文化修养，培养听障学生自尊、自信、自强、自立的精神。工具性与人文性的统一，是听障教育康复课程的基本特点。

（三）听障教育康复课程的基本理念

1. 全面提高听障学生的听觉言语语言能力

教育康复课程要面向听障学生，使每一位听障学生获得基本的语言能力，促进听障学生全面、主动、有个性的发展。

2. 积极推进差异性教学

教育康复课程应体现以生为本的思想，坚持因材施教的原则，尊重听障学生的个体差异，从听障学生的基础与发展需要出发，在教学目标、教学内容、教学过程、教学评价和教学资源的利用与开发等方面应考虑全体听障学生的发展需求。

3. 正确把握听障学生听觉言语语言康复的特点

听障教育康复课程要遵循 RPRAP 理论，通过评估—治疗—监控（ATM）操作模式来进行。

4. 努力建设开放而有活力的教育康复课程

教育康复课程的建设应继承我国语文教育的优良传统，注重听说读写能力的培养，注重整体把握听觉、言语、语言、认知的康复训练；应密切关注现代社会发展的需要，拓宽听觉言语康复和运用的领域，注重跨学科的学习和现代科技手段的运用，使听障学生在不同内容和方法的相互交叉、渗透和整合中开阔视野，提高康复效率。教育康复课程应该是开放而富有创新活力的。为适应社会发展需要，满足不同地区、不同学校、不同学生的需求，应确定适合的课程目标和课程内容，开发与之相适应的课程资源，形成相对稳定而又灵活的实施机制，不断地自我调节、更新发展。

（四）听障教育康复课程的设计思路

1. 课程设计坚持育人为本

聋校教育康复课程应坚持育人为本，为听障学生的终身发展奠定基础。

2. 课程设计侧重实践

教育康复课程应注重引导听障学生多实践、多积累，在听觉言语康复实践中掌握听觉言语康复技能和应用策略。

3. 课程目标分为总目标与阶段目标

整体设计学前及学龄总目标，在"总目标"之下，按学前启聪、启音、启慧，学龄低、中、高分别提出年级目标与内容。

4. 课程内容的设计体现综合性

依据听障学生听觉言语康复的需要，将听觉、言语、语言、认知四个方面的内容融入教学中。

5. 课程实施突出指导性

听障学生教育康复课程对教学、评价、教材编写以及课程资源的开发与利用等提出了实施的原则、方法和策略，也为具体实施留有创造的空间。

6. 课程实施体现可操作性

听觉言语康复的每个阶段都设有评估、监控指标，用于评估和监控学生言语障碍的类型和康复进程；言语康复的每个阶段都包含丰富的方法（促进治疗法、重读治疗法、口部运动治疗法、构音音位对比法等）及现代技术，用于治疗学生存在的各种言语障碍。

（五）听障教育康复课程的设置原则

国家课程设置原则指出："聋校课程设置要按照听障学生身心发展规律，积极开发潜能，补偿缺陷，增设具有聋教育特点的课程，注重发展听障学生的语言和交往能力。"因此，听障教育康复课程设置要充分体现聋教育的特点，以人为本，以德育为核心，加强沟通实践能力的培养，以学生的全面发展和综合素质的提高为宗旨，进一步改革教学内容、教育方式，全面提高教育康复机构或聋校教育教学及康复的质量。

1. 均衡性与特殊性相结合的原则

根据促进听障学生全面发展的要求，要均衡设置各学段的课程，各门课程比例适当，以保证听障学生的和谐、全面发展。课程设置要注重培养听障学生积极主动的学习态度，使听障学生在学习过程中既获得基础知识和基本技能，同时又学会学习、学会生活、学会合作、学会生存和形成正确的价值观。

2. 综合课程和分科课程相结合的原则

课程设置要坚持综合课程和分科课程相结合的原则，各门课程都应重视学科知识、社会生活、听障学生语言沟通能力及自身经验的整合，加强学科渗透。课程的综合和分科相结合是针对过分强调学科本位、缺乏整合的现状而提出的。它体现在三个方面：一是加强学科之间的联系与综合，重视学科知识、社会生活和学生经验的整合；二是设置综合课程；三是增设综合实践活动课程。

3. 统一性与选择性相结合的原则

课程设置既要坚持面向全体学生，提出统一的发展要求，又要根据各地区、各聋校的实际需要和听障学生的个体差异，提供选择的空间。《基础教育课程改革纲要》指出："教师应尊重学生的人格，关注个体差异，满足不同学生的学习需要。"因此，聋校要以充分的灵活性适应地方社会发展的现实需要，以显著的特色性适应学校的办学宗旨和方向，以选择性适应学生的个性发展和学生的实际。同时，学校应创造条件，积极开设选修课程，开发校本课程，以适应社会和学生发展的需要。

4. 理论与实际相结合的原则

理论与实际相结合，有两层基本意思：一是要掌握科学理论。因为科学的理论能给人们以科学的世界观和方法论，能给人们以信心和力量，能给人们指明前进的方向，所以它是我们行动的指南。二是要从实际出发，实事求是。因为科学理论是从革命和建设的实践中产生出来的，是革命和建设实践经验的科学总结，所以，科学理论只有面向实际、指导实际，受实际检验，随着实际发展，才富有强大的生命力和战斗力。

课程设置要在掌握科学的理论知识的基础上，基于课堂中出现的小问题，以新的教育教学理念为指导，以现代化的教学手段为辅助。课题研究与教学实践要紧密结合，在教学中发现问题、研究问题、改进问题，为课程的选择设置提供可借鉴的第一手资料。

5. 挖掘潜能和补偿缺陷相结合的原则

人的潜能主要是指心理能量、大脑潜力。许多事实表明，每一个人身上都有巨大的潜能没有开发出来。从生理学角度而言，人的身体潜能存在一个限度；但是从心理学角度讲，人的心理潜力是无法想象的。缺陷补偿是指通过各种途径替代、改善或恢复受损伤器官和组织的功能。特殊教育特别重视通过内在和外在的各种条件，尽可能补偿特殊儿童的缺陷。

以人为本的科学发展观，要求特殊儿童的教师真正关注每一个学生的发展。在特殊教育中，教师们过去比较多地关注学生存在的"缺陷"，思考的是如何弥补学生的"缺陷"，并花费大量的时间去补偿"缺陷"。但现在科学的发展使我们认识到仅仅关注对特殊儿童进行"缺陷补偿"是远远不够的，学生身上客观存在的生理缺陷有些是很难补偿的，一味地将时间花在"缺陷补偿"上，会让学生失去大量培养能力、发展潜能的机会。当代著名心理学家、教育家、美国哈佛大学教育学教授霍华德·加德纳博士在1983年出版了《心智的结构》一书，其中提出了多元智能理论，为特殊儿童的潜能开发奠定了理论基础。新的特殊教育课程改革提出了"在缺陷补偿的同时，加强潜能开发"的新理念，要求教师用发现的眼光去寻找学生身上的"闪光点"，发现学生的特长、兴趣、爱好，加以适当的引导、发展，培养他们以自己的擅长之处去适应社会的能力。这就要求教师们重新审视自己的学生观、教育价值观，用全新的发展理念去看待学生，发现特殊教育真正的价值所在。

听障教育康复活动的设置源于国家政策的支持：

① 《国家中长期教育改革和发展纲要》第二章"战略目标和战略主题"中提到要保障残疾人受教育的权利。"提高残疾学生综合素质。注重潜能开发和缺陷补偿，培养残疾学生积极面对人生、全面融入社会的意识和自尊、自信、自理、自强的精神"是特殊教育的根本任务。

② 近年来党中央国务院高度重视特殊教育。从党的十七大提出"关心特殊教育"，党的十八大提出"支持特殊教育"，到党的十九大提出"办好特殊教育"，可以看出党和国家对特殊教育的重视程度和支持力度在不断加大。党的十九大报告指出，必须把教育事业放在优先位置，努力让每个孩子都能享有公平而有质量的教育，办好特殊教育。而"办好特殊教育"则意味着不仅要有特殊教育，更要有高质量、高水平的特殊教育。

③ 2014年国家在《特殊教育提升计划（2014—2016年）》的基础上制定并颁布了《第二期特殊教育提升计划（2017—2020年）》。该计划的总体目标是：到2020年，各级各类特殊教育普及水平全面提高，保障能力全面增强，教育质量全面提升。其中一个关键指标是：残疾儿童少年义务教育入学率达到95%以上，将实现残疾儿童少年义务教育的全面普及。"完善特殊教育体系。提高残疾儿童少年义务教育普及和巩固水平"是该计划的三大任务之一。

④ 《聋校义务教育课程设置方案》指出聋校的课程设置要贯彻基础教育课程改革精神，体现聋教育的特点，以人为本，以德育为核心，以培养创新精神和实践能力为重点，以学生的全面发展和综合素质的提高为宗旨，坚持均衡性与特殊性相结合的原则、综合课程与分科课程相结合的原则、统一性与选择性相结合的原则，通过课程改革，全面提高聋校教育教学的质量。课程设置既要坚持面向全体学生，提出统一的发展要求，又要根据各地区、各聋校的实际需要和听障学生的个体差异，提供选择的空间。同时，学校应创造条件，积极开设选修课程，开发校本课程，以适应社会和学生发展的需要。

⑤ 2016年国家正式发布了《聋校义务教育课程标准（2016年版）》。聋校义务教育课程标准是对我国多年来特殊教育发展和教育教学改革经验的集中总结，是第一次专门为残疾学生制定的学习标准，是"十三五"以及今后一个时期特殊教育教学改革的顶层设计，对于进一步提升特殊教育质量、办好特殊教育、促进教育公平具有特殊的重要意义。

聋校教育康复课程正是在国家政策依据的前提下，高效地将教育课程与康复课程进行有机的融合，针对听障学生的语言思维、学习特点、能力倾向等开设的更适合于听障学生的课程。

二、学前教育康复活动设置

(一)学前教育康复活动设置的理论依据和实践依据

学前教育康复活动是在 RPRAP 言语发育过程的理论基础上,运用 HSL 理论模式,采用 ATM 的操作策略来设置的。

1. 理论依据

(1) RPRAP 理论

言语是通过呼吸系统、发声系统、共鸣构音系统的协调运动而产生的。呼吸系统是言语产生的动力源,发声系统是言语产生的振动源,构音系统形成了言语产生的共鸣腔。因此,言语的产生需要经过呼吸(R)、发声(P)、共鸣(R)、构音(A)和语音(P)五个模块来实现。同时,这五个模块又是评估言语功能正常与否的关键。[①]

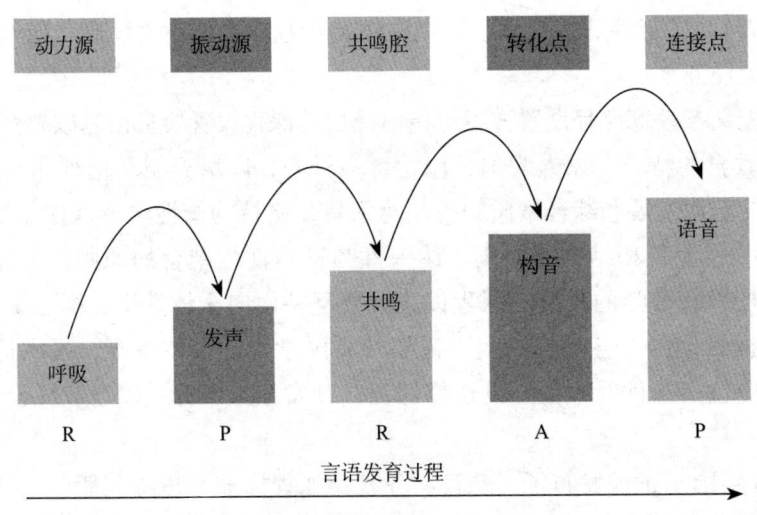

图 2-8 言语发育过程

(2) HSL 理论

HSL 理论是听障儿童教育康复的理论体系,由听觉康复、言语矫治、语言教育三大板块构成。HSL 理论三个基本组成部分相互制约、相互联系,组成了一个完整、有序的听障儿童教育康复系统。[②]第二章第一节已详细介绍,此处不再赘述。

(3) ATM 操作策略

听障儿童教育康复需要通过定量评估(A)、实时矫治(T)和疗效监控(M),达到

[①] 黄昭鸣,朱群怡,卢红云.言语治疗学[M].上海:华东师范大学出版社,2017:5.
[②] 黄昭鸣,周红省.聋儿康复教育的原理与方法——HSL 理论与 1+X+Y 模式的构建与实践[M].上海:华东师范大学出版社,2006:3-5.

改善听障儿童言语功能的目的。

定量评估（A）是治疗前或者入诊时，通过全面、科学的评估，了解多重障碍患者各个功能的障碍信息，确定其需要进行的功能康复。

实时矫治（T）是根据评估所发现的问题，综合分析后，形成针对性的治疗策略，选择有效的方法，对多重障碍患者进行治疗。

疗效监控（M）是对治疗过程的监控。它既可以是对整个康复训练过程的总体监控，机构通常以3个月为一个阶段，特殊教育学校通常以一个学期（4个月）为一个阶段，称为阶段评估；也可以是每次训练过程的监控，称为动态评估。听觉、言语、语言、认知和综合等各板块的训练均有各自的A+T+M操作流程。

2. 实践依据

（1）中国最早的聋人教材《启喑初阶》

中国最早的聋人学校创始人米尔斯夫人编写的中国第一本聋人教材《启喑初阶》，依据听障人士的生理和心理特点，以与学生生活紧密相关的拼音—字—词—词组—句子为起点，一步步展开，让学生从发音开始，反复正音、说词说句、写文成篇，逐步形成语言能力。米尔斯夫人的教育理念、教学方法对全国及东南亚等地的聋教育发展起到了积极的指导意义。今日的聋教育传承着历史精髓，与时代同行，在引入新技术手段，重视听能的补偿与训练，丰富传统的"发音、正音、说词、写句"的教学模式的同时，形成了以提高学生"听、看、读、说、写"五项基本能力为核心的教育康复教学法，使得一批批听障人士得到了良好的教育康复，顺利回归主流社会。[①]

延伸阅读：启喑初阶

（2）《3—6岁儿童学习与发展指南》

《3—6岁儿童学习与发展指南》以为幼儿后继学习和终身发展奠定良好素质基础为目标，以促进幼儿体、智、德、美各方面的协调发展为核心，通过提出3—6岁各年龄段儿童学习与发展目标和相应的教育建议，帮助幼儿园教师和家长了解3—6岁幼儿学习与发展的基本规律和特点，建立对幼儿发展的合理期望，实施科学的保育和教育，让幼儿度过快乐而有意义的童年。

该《指南》从健康、语言、社会、科学、艺术五个领域描述幼儿的学习与发展。每个领域按照幼儿学习与发展最基本、最重要的内容划分为若干方面。每个方面由学习与发展目标和教育建议两部分组成。目标部分分别对3—4岁、4—5岁、5—6岁三个年龄段末期的幼儿应该知道什么、能做什么，大致可以达到什么发展水平提出了合理期望，指明了幼儿学习与发展的具体方向。

（3）《幼儿园教育指导纲要》

2001年，教育部颁布的《幼儿园教育指导纲要》中规定，按照幼儿园学习活动的范畴，将幼儿园教育的内容相对划分为健康、语言、社会、科学、艺术五个领域，各领域的内容相互渗透，从不同的角度促进幼儿情感、态度、能力、知识、技能等方面的发展，简称"幼儿园五大领域课程"。

---

① 孙桂华，刘秋芳. 烟台启喑［M］. 济南：山东电子音像出版社，2007：3.

健康领域的目标：身体健康，在集体生活中情绪安定、愉快；知道必要的安全保健常识，学习保护自己；生活、卫生习惯良好，有基本的生活自理能力；喜欢参加体育活动，动作协调、灵活。

语言领域的目标：乐于与人交谈，讲话礼貌；能清楚地说出自己想说的事；喜欢听故事、看图书；注意倾听对方讲话，能理解日常用语；能听懂和会说普通话。

社会领域的目标：乐意与人交往，学习互助、合作和分享，有同情心；爱父母长辈、老师和同伴，爱集体、爱家乡、爱祖国；理解并遵守日常生活中基本的社会行为规则；能主动地参与各项活动，有自信心；能努力做好力所能及的事，不怕困难，有初步的责任感。

科学领域的目标：对周围的事物、现象感兴趣，有好奇心和求知欲；爱护动植物，关心周围环境，亲近大自然，珍惜自然资源，有初步的环保意识；能从生活和游戏中感受事物的数量关系并体验到数学的重要和有趣；能运用各种感官，动手动脑，探究问题；能用适当的方式表达、交流探索的过程和结果。

艺术领域的目标：喜欢参加艺术活动，并能大胆地表现自己的情感和体验；能初步感受并喜爱环境、生活和艺术中的美；能用自己喜欢的方式进行艺术表现活动。

（二）学前教育康复活动设置的对象及内容

1. 学前教育康复活动的对象

学前教育康复的对象是0—6岁的听障儿童。0—6岁是儿童一生中身体发育和心理发展最快的一个时期，国内外大量的研究表明，0—6岁是康复的黄金期，早发现、早诊断、早干预不仅能使绝大部分的听障儿童身心能力获得较好的发展，而且还能使他们从根本上改变功能障碍的状况，与健全人一样学习和生活，如果错过了学前这个康复的最佳期，康复效果就会事倍功半。因此，学前教育与康复对听障儿童的身心发展、功能康复有着十分重要的意义。

2. 学前教育康复活动设置的内容

听障儿童在接受教育康复时存在听觉障碍、言语障碍、语言障碍，为了解决这三大障碍，在进行听障儿童教育康复时，要立足"康复为主、教育为辅、全面发展、全程监控"的原则，依托幼儿五大领域课程，遵循HSL的理论基础，构建听觉功能、言语功能、语言能力的听障儿童康复与教育活动体系。

听觉功能的康复重点在于解决听障儿童"听得明白"的问题，康复内容包括听觉察知、听觉分辨、听觉识别和听觉理解。

言语功能的康复重点在于解决听障儿童"说得清楚"的问题，康复内容包括呼吸、发声、共鸣功能训练和构音语音训练。

语言能力的康复重点在于解决听障儿童"交流自如"的问题，康复内容包括学词、学句、学段、学篇等，语言能力的康复强调口语交流。

表 2-2　学前听障儿童教育康复阶段及各阶段目标

康复内容	康复时间				
	教育康复期				融合教育期
	启聪阶段 （3—6月）	启音阶段 （3—6月）	启慧阶段上 （3月）	启慧阶段下 （3月）	融合阶段
社会适应（C2）					
认知训练（C1）					
语言康复（L）					
言语矫治（S）					
听觉康复（H）					

（1）听觉康复

听觉康复也就是听觉功能的评估与训练。

听障儿童的第一障碍是听觉障碍，他们的言语障碍和语言障碍都是由听觉障碍引起的。因此，要解决听障儿童的康复问题，首先必须进行听觉康复。在 HSL 理论中，H（Hearing）部分为听觉康复，属于康复听力学的范畴，它是听力障碍患者教育康复的起点。听觉康复包括两个重要组成部分：一是医学康复，以提高听力为目的，包括助听器验配和人工耳蜗植入；二是教育康复，以提高听觉功能为目的，包括听觉功能评估和听觉功能训练。

随着助听器和人工耳蜗技术的进步，听障儿童的听力显著提高。学前听障儿童听觉康复就是在对听力补偿或重建效果进行科学、全面评估的基础上，对听障儿童制定和执行个别化康复方案，同时进行监控的过程，其目的在于使听障儿童"听清、听懂"，使他们的交流困难最小化，并减轻交流困难带给他们的痛苦。

听觉功能的评估与训练主要包括以下五个组成部分。

表 2-3　学前教育康复课程设置表（来自上海小小虎幼稚园、烟台市特殊教育学校）

课程门类		年级						占总课时 比例 /%
		启蒙班		基础班		提高班		亲子	
		周课时		周课时		周课时			
		上	下	上	下	上	下		
家园交流（Y）		5	5	5	5	5	5	5	12.5%
晨间活动									
语言课（1）	听觉康复	12	12	12	12	12	12	5	30%
	言语矫治								
	语言康复								
	认知康复								

续表

课程门类		年级						占总课时比例 /%
		启蒙班 周课时		基础班 周课时		提高班 周课时	亲子	
		上	下	上	下	上	下	
区角课	语言认知角	5	5	4	4	4	4		12.5%、10%
	社会科学角			2	2	3	3		5%、7.5%
	音乐律动角	4	4	3	3	2	2		10%、7.5%、5%
	美术角	2	2	2	2	2	2		5%
	手工操作角	2	2	2	2	2	2		5%
个别化康复训练课（X）		5	5	5	5	5	5		12.5%
家园交流（Y）		5	5	5	5	5	5		12.5%
周总课时数		40	40	40	40	40	40	10	
学年总课时数		1 600	1 600	1 600	1 600	1 600	1 600	800	10 400

一是科学地补偿或重建听力。这是听觉康复与听力康复的衔接点，必须在耳科医生诊断的基础上，由听力学家进行全面测听，同时考虑助听器或人工耳蜗的性能、家庭经济情况、家长期望等，给患者验配助听器或植入人工耳蜗等。该过程的目标是使助听设备最优化，即最大限度地利用残余听力，努力使患者各频段的听阈都能进入言语香蕉图。

二是全面地评估听觉功能水平。在最优化的助听效果的情况下，全面地评估听觉功能水平，明确听觉水平，分析影响因素，权衡预后效果，为康复方案的制定提供合理的依据。

三是系统地制定听觉评估方案。按照由易到难的顺序安排训练内容和训练形式，同时要考虑助听器和人工耳蜗的电子学特点、汉语语音学特点、儿童心理特点等因素。

四是细致地执行听觉训练方案。方案制定后，必须细致地加以执行。在执行过程中，训练内容和形式可能会根据患者的倾向性进行调整。

五是适时地监控听觉康复训练过程。训练过程必须适时进行监控，一旦发现患者出现反常状况，应立刻进行评估，以免耽误患者练习听和交流的最佳时机。

听觉康复的主要内容有听觉察知、听觉分辨、听觉识别、听觉理解等能力的评估与训练。

① 听觉察知能力的评估与训练。听觉察知能力是指人们感觉到声音的存在并做出准确反应的能力，反映最基本的听觉功能发展水平。听觉察知能力的评估主要是考查患者在听力补偿或重建后，判断声音有无的能力。

② 听觉分辨能力的评估与训练。听觉分辨能力评估的目的在于考查患者分辨声音相同与不同的能力。它主要是指超音段分辨能力，即分辨声音的时长、强度、频率这三种特性的能力。

③ 听觉识别能力的评估与训练。听觉识别能力评估的目的在于考查患者把握音段音位的多种特性，从而将声音识别出来的能力。它包含两种模式，即语音均衡模式和音位对比模式。

④ 听觉理解能力的评估与训练。听觉理解是指能实现音义的结合，形成声音的概念，这是听觉发展的最高阶段。该阶段需要其他感官及认知能力的参与和支持。有了理解能力后，患者便能快速发展互动的口语沟通能力，并借由听觉获取新的信息。因此，对听觉理解能力的评估具有重要的意义。

（2）言语矫治

言语矫治包含言语功能的评估与言语功能的矫治。

言语的产生是在中枢神经系统复杂而精确的控制下，外周言语器官接收到指令后产生一系列运动来完成的。这个过程是通过呼吸、发声、构音三个系统的协调运动来实现的。对于从未经过言语功能评估的患者，需要在进行全面的评估之前，对言语功能进行简单的筛查，以充分了解言语产生过程中各言语器官（系统）所发挥的作用。这样有助于正确地选择不同的评估指标来对各种言语疾病和嗓音疾病患者进行全面而有针对性的临床检测和诊断。

言语功能障碍的评估与矫治主要包括呼吸障碍的评估与矫治、发声障碍的评估与矫治、共鸣障碍的评估与矫治、构音障碍的评估与矫治。

① 呼吸障碍的评估与矫治。呼吸系统是言语的动力来源，在言语过程中，需要瞬间吸入大量的气体并维持平稳的呼气，用较小的气流来维持足够的声门下压，这种呼吸调节过程要求呼气运动与吸气运动之间相互协同和拮抗，即为呼吸支持。因此，呼吸支持成为各种发音的基础。

呼吸障碍的临床表现主要有呼吸方式异常、呼吸支持不足、呼吸与发声不协调等症状。

依据 ATM 的操作策略，在进行呼吸障碍的矫治之前需要先进行呼吸功能的定量评估，以此来判断言语呼吸功能存在何种类型的异常及其严重性。继而根据呼吸功能异常的类型和程度，制定相应的矫治方案进行矫治，并适时进行呼吸训练过程的疗效监控。

② 发声障碍的评估与矫治。发声系统是言语产生的振动源。它有三种功能：其一，气流形成的声门下压作用于声带，使两侧声带边缘在靠近到一定程度时产生振动，发出浊音；其二，开启声带，发出清音；其三，作为发声系统的重要组成部分，为构音系统提供必需的声学能量。

发声障碍的临床表现主要有响度异常、音调异常、音质异常等症状。依据 ATM 的操作策略，在进行发声障碍的矫治之前先进行发声功能的主客观评估，以此来判断听障儿童是否存在响度异常、音调异常、音质异常等发声障碍。继而根据发声功能异常的类型和程度，制定相应的矫治方案进行矫治，并适时进行发声训练过程的疗效监控。

③ 共鸣障碍的评估与矫治。共鸣系统是言语产生的共鸣腔。共鸣障碍是指在言语形成过程中，舌、唇、软腭等共鸣器官的运动异常，导致共鸣腔体积异常，言语聚焦点出现了偏差从而影响共鸣效果。

共鸣障碍的临床表现主要包括：口腔共鸣异常（如前位、后位、喉位聚焦），鼻腔共鸣异常（如鼻音功能亢进、低下），共鸣音质异常（如声音单薄、共鸣少）。

依据ATM的操作策略，在对共鸣障碍进行矫治之前，首先应进行科学的主客观评估，以此来判断听障儿童是否存在口腔、鼻腔和共鸣音质异常。继而根据共鸣功能异常的类型和程度，制定相应的矫治方案进行矫治，并适时进行共鸣训练过程的疗效监控。

④ 构音障碍的评估与矫治。言语的产生是通过呼吸系统、发声系统和构音系统的协调运动来实现的。构音系统是由口腔、鼻腔、咽腔及其附属器官所组成的，其中最主要的构音器官是下颌、唇、舌、软腭。它们各自的灵活运动以及协调运动是产生清晰、有意义言语（语音）的必要条件。只有当各个构音器官的运动在时间上同步、在位置上精确时，才能保证形成准确的构音。

构音障碍是指由于构音器官的运动异常或协调运动障碍而在发出有意义言语的过程中出现的构音不清和声韵调异常等现象，它影响言语的可懂度。构音障碍是使言语清晰度下降的主要原因。要解决患者的构音障碍问题，就需解决构音器官的运动异常和协调运动障碍的问题，以构音器官的生理运动功能恢复和建立舒适、清晰、流利的语音为目标。首先应对构音的语音功能进行评估，评估内容包括构音器官结构和运动功能的评估以及构音能力评估两部分。然后根据评估的结果制定相应的矫治方案并进行矫治，并适时进行构音训练过程的疗效监控。

（3）语言康复

语言是人们最重要的交际工具，是人们进行沟通交流的各种表达符号。

正常儿童的语言发展规律是：0—4个月是无意识交流阶段，4—9个月是有意识交流阶段，9—18个月是单词句阶段，18—24个月是词语组合阶段，24—36个月是早期句法阶段，3—5岁是句法掌握阶段，5岁以上是语法生成阶段。

语言康复课程是在提升语言能力的总目标下，针对听障儿童听不到、听不清、听不懂，说不清、说不出、说不明的特点，依据正常儿童的语言发展规律设置的，主要分为前语言能力训练、词语理解和表达能力训练、词组理解和表达能力训练、句子理解和表达能力训练、短文理解和表达能力训练五个阶段的训练。

① 前语言能力训练主要指儿童在无口语或者口语不良的情况下借助辅助沟通系统进行语言能力训练。可利用"沟通符号、沟通辅具、沟通技术、沟通策略"培养学生在生活中与他人进行沟通交流的意识。

② 词语理解和表达能力训练包括核心名词训练、核心动词训练、形容词训练。

③ 词组理解和表达能力训练包括并列词组训练、动宾词组训练、主谓词组训练、偏正词组训练、介宾词组训练。

④ 句子理解和表达能力训练包括简单句训练、较复杂单句训练。

⑤ 短文理解和表达能力训练包括短文训练。

（4）认知康复

认知康复是指认知能力的评估与训练。认知是人对客观世界的认识活动，它是"认识"这一词的同义词。认知是一种心理活动和心理过程，是属于智慧或智能方面的心理过程。

儿童认知包括对物理世界的认知和对社会的认知。① 对物理世界的认知，或称自然认知，即认识自然界各种现象、事物及其它们之间的关系，如数的认知，时间、空间、因果关系的认知，对类别序列关系的认知。② 对社会的认知。社会认知的研究对象是人和人类社会。听觉系统异常、语言学习困难是导致儿童认知能力发展滞后、低下的主要原因。认知能力低下的主要表现是注意力障碍、观察力障碍、记忆力障碍、推理能力不足、元认知能力低下。针对这些认知障碍，依据 PASS 理论，在做好听觉、言语、语言康复的同时，结合主题教育内容，进行认知能力的评估与训练，即五项能力（空间次序、动作系列、目标辨认、动作推理、逻辑类比）的检测和八项认知能力（注意力、观察力、记忆力、序列认知、数字认识、图形认识、异类鉴别、同类匹配）的训练，并依据 ATM 的操作策略，适时进行认知训练过程的疗效监控。

认知能力训练框架包括启蒙训练、初级训练、中级训练、高级训练。

① 启蒙训练。启蒙训练是认知训练得以顺利进行的基础，包括认识颜色、认识形状、认识数字、认识时间、认识空间、认识物体的量等。

② 初级训练。初级训练是基本认知能力的训练，是人类认识事物所必需的一些基本能力的训练，包括注意力训练、观察力训练、记忆力训练。

③ 中级训练。中级训练是信息加工能力的训练，包括序列推理能力训练、传递性推理能力训练、类比推理能力训练、分类能力训练。

④ 高级训练。高级训练是指组织策略能力的训练。组织策略是一种重要的学习能力。高级训练包括线性结构材料组织策略训练、坐标结构材料组织策略训练、网状结构材料组织策略训练、综合结构材料组织策略训练。

表2-4　不同阶段听障儿童听觉、言语、语言和认知康复的内容

目标	阶段					
	启蒙上	启蒙下	基础上	基础下	提高上	提高下
听觉	无意察知 有意察知 综合分辨	精细分辨 词语识别	音位识别 词语理解	短文理解	理解与交流	
言语	韵母音 位习得 /a、o、e、i、 u、ü/	声母音 位习得 第一阶段 /b、m、 d、h/	声母音 位习得 第二阶段 /p、t、g、 k、n/	声母音 位习得 第三阶段 /f、j、q、x/	声母音 位习得 第四阶段 /l、z、s、r/	声母音 位习得 第五阶段 /c、zh、 ch、sh/
语言	单词句	简单句	较复杂单句	较复杂单句	复杂单句	简单复句
认知	知道上下、里外；知道白天、黑夜、早上、晚上；认识圆形、三角形、正方形、长方形；能感知事物的典型特征；能根据事物的典型特征分类；能根据图形进行想象；能根据图形的外部特征推理；掌握10以内数的实际意义；掌握5以内数的守恒			知道前后、高低、远近；知道今天、明天和昨天；认识半圆形、椭圆形和梯形；能感知事物的某些细致特征；能根据物品的功用分类；能根据图形进行较丰富的想象；能根据图形间的简单关系进行推理；掌握10以内数的序列和数物匹配；掌握10以内数的守恒		

（5）区角活动课程

区角活动是教师利用游戏特征创设情境，让学前儿童以个别或小组的方式，自主选

择、操作、学习，从而在和环境的相互作用中，利用和积累、修正和表达自己的经验和感受，在获得游戏般体验的同时，获得身体、情感、认知及社会性等各方面发展的一种教育组织形式。对学前儿童而言，它是一种开放性的、低结构性的活动，学前儿童可以自己的兴趣、需要、意志为导向自主活动，活动的内容、时间、节奏、顺序以及活动的伙伴、规则等都可由儿童自己决定或与同伴商量、协调，在摆弄与操作、探索与发现、交流与询问等过程中实现和生成活动。对教师而言，它是教师基于对学前儿童兴趣与需要的了解，为追求一定的教育价值而组织的活动。教师将自己的主导作用通过环境创设、材料投放、活动内容与形式的建议、伙伴间的影响来加以渗透。与过去那种罐头式的计划活动不同，它需要教师时刻追随儿童，通过观察儿童的活动过程，了解活动结果，调整活动方案，使区角活动的内容和材料更好地定位在学前儿童的最近发展区上，进而更有效地去推动学前儿童的自主学习和经验提升。

听障儿童的区角活动是在一定的目标指导下，有组织、有计划的游戏教学活动。区角活动一般分为五种：语言认知活动、音乐律动活动、社会科学活动、美术活动、手工操作活动。每种活动都有各自的教学子目标，并从不同角度促进听障儿童的发展。

语言认知活动的教学目标：① 复习巩固主题教育的内容；② 在已经有的知识的基础上，从沟通交流及认知的角度进行拓展练习；③ 激发听障儿童的学习兴趣；④ 提高听障儿童主动表达的意识和能力。

音乐律动活动的教学目标：① 培养听障儿童聆听的习惯；② 培养听障儿童肢体协调能力；③ 让听障儿童在律动中感受节奏；④ 让听障儿童在乐曲中感受音调。

社会科学活动的教学目标：① 在活动中培养听障儿童对数学及自然科学的兴趣；② 培养听障儿童独立思考及逻辑推理的能力；③ 拓宽视野，培养听障儿童探究精神。

美术活动的教学目标：① 培养听障儿童的绘画情感；② 以画促说，培养听障儿童的语言表达能力；③ 通过绘画，锻炼听障儿童的精细动作以及手眼协调能力；④ 提高听障儿童的审美能力。

手工操作活动的教学目标：① 培养听障儿童的动手能力，激发其创造力，提高其精细运动能力；② 在游戏中进行呼吸功能的训练；③ 在游戏中进行响度训练。

延伸阅读：
区角活动

三、学龄教育康复课程设置

（一）学龄教育康复课程设置的理论依据和实践依据

1. 理论依据

（1）医教结合之 HSL 理论及 ATM 操作策略

学龄段教育康复课程是依托九年义务段国家课程，在 RPRAP 言语发育过程的理论基础上，运用 HSL 理论模式，采用 ATM 的操作策略来设置的。

（2）大成智慧学

此为中国著名的科学家钱学森首创，是引导人们如何尽快获得聪明才智与创新能力的学问，其目的在于使人们面对浩瀚的宇宙和神秘的微观世界，面对新世纪各种飞速发展、变幻莫测而又错综复杂的事物时，能够迅速做出科学、准确而又灵活、明智的判断与决策，并能不断有所发现、有所创新。通俗地说，就是"集大成，得智慧"。

（3）智慧教育理论

该理论强调学校教育不仅是知识的灌输，更要看重实际解决问题能力的提高。它相信每一个孩子都有智慧，然后去开发它、挖掘它，认为每个孩子都有不同的智慧，需要因材施教，让孩子自主发展。智慧教育面向全体学生，是快乐的、幸福的，重点是培养学生的创造能力。

（4）多元智能理论

加德纳教授认为人在实际生活中所表现出来的智能是多种多样的，不同的智能在每个人身上都会表现出不同的形态。每一种智能在认识世界和改造世界的过程中都发挥着巨大的作用，我们要扬长避短，挖掘潜能。

（5）有效教学理论

教师遵循教学活动的客观规律，以尽少的时间、精力和物力投入，实现教学目标和学生的个性培养与全面发展，取得尽可能多的教学效果。而拥有实践智慧的教师也一定能提高教育教学的实效性。

（6）教学反思理论

华东师范大学李政涛博士认为充满智慧的教师首先是一个善于反思的人。教师以自己的教学活动过程为思考对象，对自己所做出的行为、决策以及由此所产生的结果进行审视和分析，通过提高自我觉察水平来促进能力发展，提升教学实践的合理性，以此来总结经验教训，增加自己的实践智慧，提升自己的同时提高教育教学水平。

（7）精熟教学理论

布鲁姆的精熟教学理论的对象是个体，它立足于个人，承认学生存在不同。知识将不再按照教师的认知大块地呈现出来，而是按照知识点的形式分解，用微课的形式呈现出来。针对一个内容，学生根据自己的方式，可以选择快速观看，也可以反复观看，直到能够完全掌握这个知识点，再进行下一个知识点的学习。这正是孔子的"温故而知新"，在此可以改为"稳固而知新"。只有稳固一个知识点，在这个基础上构建其他的知识内容，学习才会流畅。

2. 实践依据

（1）全日制聋校实验教材（1996年版）

现行全日制聋校实验教材是1996年国家教育委员会委托人民教育出版社针对听力、语言残疾学生的九年义务教育而编写的教材。本套教材主要是根据《全日制聋校课程计划（试行）》规定的培养目标和课程设置要求，在全面贯彻国家教育方针的基础上，以"知识与能力、过程与方法、情感态度与价值观"三维目标为引领，遵循听力、语言残疾儿童的生理、心理特点，为进行全面的知识和能力教育，补偿听力和语言残疾造成的缺陷而编写的。

（2）部编版聋校义务教育实验教材（2017年版）

2017年版聋校义务教育实验教材是按照国务院《特殊教育提升计划（2014—2016年）》中关于"深化特殊教育课程教学改革"的要求，由人民教育出版社承担、教育部审定编写的。

（3）普校九年义务教育国家课程（2016年版）

随着时代的发展，听障学生接收到的来自方方面面的信息越来越丰富多样，为适应听障学生回归主流社会的迫切要求，各地聋校九年义务段纷纷因地制宜地选用了不同版本的普校教材，如人教版、苏教版、北师大版、山东版等，与此同时，各地的课程设置也进行了一定程度的改革与尝试，不管是选用哪种版本的教材，抑或设置什么样的课程，都是在严格遵循国家课程标准、要求以及根据听障学生的生理、心理的实际特点的基础上来改革尝试的。

（二）学龄教育康复课程设置

1. 学龄教育康复课程的对象

学龄教育康复课程面向的是6岁以上的听障学生。6岁是听障儿童由口语向书面语过渡的分界点，依据医学康复与教育康复在听障儿童康复中所占的比重，从一年级开始，以学科知识学习为主的国家课程教育成为学龄段听障学生教康结合的主要内容。其主要形式是语文、数学等国家课程学习及康复训练。因此，聋校要立足"教育为主、康复为辅、全面发展、全程监控"的原则，依托国家课程，在RPRAP理论、"A+T+M"操作策略、"互联网+"的支持指导下，建构以听障儿童身心发展规律为根本，以义务教育国家课程的学习为主要内容，将听觉、言语、语言康复贯穿始终的聋教育与康复体系。

2. 学龄教育康复课程设置

2017年《基础教育课程改革纲要（试行）》提出，调整和改革课程体系、结构、内容，构建符合素质教育要求的新的基础教育课程体系。课程改革的第六个目标是：改革课程管理过于集中的状况，实行国家、地方、学校三级课程管理，增强课程对地方、学校及学生的适应性。

《聋校义务教育课程设置实验方案》中指出："聋校课程设置要按照听障学生身心发展规律，积极开发潜能，补偿缺陷，增设具有聋教育特点的课程，注重发展听障学生的语言和交往能力。"

遵循相关政策，学校要将"学生需要的课程才是最好的课程""学生需要的教材才是最好的教材"作为核心理念，以"快乐学习、幸福生活、回归主流"作为主导思想，针对听障学生的不同需求和特点，将康复融入各类各科课程中，整体设计课程内容，充分体现教育的基础性、发展性、实用性、整体性和连贯性。

（1）设置三类课程

三类课程是指学科类课程、康复类课程、发展类课程。

学科类课程主要包括思想品德、语文、数学、英语、美术、律动、体育与运动、信息技术等，课程内容以各门学科的基本结构为中心，课程主要通过集体课来完成。

康复类课程是在学科类课程的基础上，将集体课中存在的听、说问题通过个别化康复课、小组康复课、家庭康复课来解决，主要包括听觉康复、言语康复、语言康复。

发展类课程即学科课程的发展与延伸，如沟通与交往、数学实践课、特色课程等。发展类课程主要通过集体课、家庭教育课、特色课来完成。

（2）设计九张课表

九张课表是指学校课程总表、班级课程总表、教师课程表、班级学生安排表、小组学生安排表、个训课程总表、教师个训安排表、家庭个训安排表、随班（园）就读安排表。

（3）实施五个课型

针对教育康复对象的不同，在实施过程中为了保证教育训练的效果，需要采用不同的课型。

① 集体课以教学为主，教学中渗透康复训练。

② 小组课以康复训练、兴趣训练为主。

③ 个别化康复训练课以康复训练为主。个别化康复训练课严格按照"搜集资料→课程评估→家长参与，个案综合分析→制定每个孩子的目标→形成班级目标分科统整表→确定各学科单元主题→编写适合班级学生特点的校本教材→实施综合康复、教育→期末个别化测评→与家长一对一访谈→总结学生教育康复效果并制订下一学期的计划"的流程来进行。

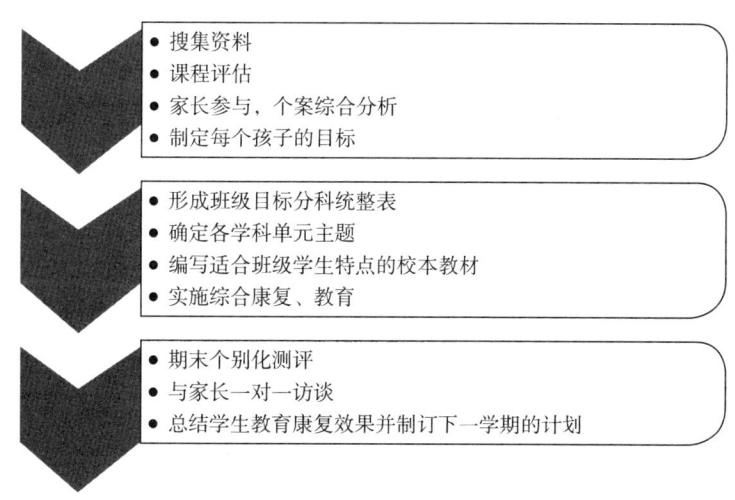

图2-9　个别化康复训练课流程

④ 家庭康复课主要是针对当日、当周、当月教学和康复的主要内容，由康复教师和家长共同制定的。

⑤ 特色课是建立在学生兴趣爱好的基础上，为每一个学生量身打造的适合其发展的课程，特色课以学生动手操作为主，在操作过程中渗透康复训练，发展学生的语言表达能力，贯穿情感价值观教育，打造学生健全的人格。

第三章

集体教育康复方案的制定与实施

集体教学即班级授课制，是目前学校教学中最基本的组织形式，是人类社会发展到一定历史阶段的产物。班级授课制的特点是把学生按年龄和学业水平编进人数相对固定的班级，每个班级的学生按照统一的课程表共同接受各科教师的指导，每位教师可以根据教学内容的编排在教室、事物发生地等采用各种不同的方法系统地进行教学，教学效果主要取决于任课教师对班级中学生的学习需要和学习准备的了解，是否调动起学生的学习积极性和主动性，是否呈现了难易适中的教学内容，等。班级授课制可以大规模地面向全体学生，扩大单位教师的教学能量，有助于提高教学效率。

集体教育康复方案的制定

集体教育康复方案的制定,是指康复教师在实施集体教育康复活动之前,依据课程标准的要求、教育康复的目标、教育康复对象的具体情况,对教育康复内容进行教育康复方法上的加工以及设计,合理规划教育康复活动。

一、集体教育康复概述

(一)集体教育康复方案的相关概念

1. 集体教育康复活动

康复教师依据听障儿童的年龄特点、障碍程度、知识水平,按照一定的教育康复目标,依据一定的原则,选择教育康复内容,设计教育康复活动,由康复教师的教和听障儿童的学构成师生双边活动,康复教师和学生共同参与、互动、承担,面向全班听障儿童实施教育康复的活动。

集体教育康复活动由于特有的计划性、目标性、系统性、组织性、指导性等特点,需要事先加以规划,康复教师进行教育康复设计的过程实质上就是将实际教育康复活动的每个环节、每个步骤在头脑中预演的过程,而合理的教育康复设计是集体教育康复活动成功完成的首要保证。

2. 集体教育康复方案

集体教育康复方案是康复教师为顺利有效地开展教育康复活动,根据教学大纲和教科书的要求及听障儿童的实际康复需要,以课时或课题为单位,对教育康复内容、教育康复过程、教育康复方法等进行具体设计和安排的一种实用性教育康复文书。方案包括教育康复内容简析、学生分析、教育康复目的、教育康复重难点、教育康复准备、教育康复过程及教育康复延伸等。

方案中每个课题或每个课时的教育康复内容、教育康复步骤的安排、教育康复方法的选择、板书设计、教育康复用具、沟通辅具或现代化教育康复手段的应用、各个教育康复步骤的时间分配等等，都要经过周密考虑、精心设计而确定下来，体现着很强的计划性。

（二）制定集体教育康复方案的意义

在实际教育康复活动中，教育康复方案起着十分重要的作用。编写方案有利于康复教师明确教育康复内容、教育康复目标，准确把握教材与康复的重难点，进而选择科学、恰当的教育康复方法，有利于康复教师科学、合理地支配时间，更好地进行教育康复活动，提高教育康复质量，收获预期的教育康复效果。

1. 备教育康复内容

教育康复内容分为两部分：教材和康复内容。教材是根据课标编写的系统阐述学科教学内容的教学用书，是学生学习的对象和内容，教材是康复教师传授知识、实施教育康复活动最基本的依据，康复教师只有深刻理解教材、领会教材的意图，才能制定出比较好的教育康复方案，改进教育康复活动。备教材一般要经历三步：通览—分析—融化。通览教材即对学科内容进行全面的了解和认识，分析教材就是在弄清基本知识和基本技能的基础上把握教材的重点、难点和关键，融化教材是在创造性理解教材的基础上，主动驾驭教材，合理调整教材。康复内容包括听觉、言语、语言、认知等，需要根据听障儿童的实际康复水平进行选择，并根据教材内容合理渗透，只有这样，康复教师才能在教育康复活动中舒展自如，使听障儿童乐学、愿学、易学，达到最优的教育康复效果。

2. 备教育康复对象

教为学服务，以学为依据，教育康复的起点、重点、难点和进度，均要遵循听障儿童的年龄特点、教育康复水平、智力发展水平和认知规律等，要从听障儿童的实际出发。因此，康复教师制定集体教育康复方案之前应该全面充分了解教育康复对象，对教育康复对象既要做个别了解，又要进行整体分析。康复教师通过备教育康复对象，加强制定教育康复方案的目的性、针对性和实效性，进而优化教育康复过程，做到因材施教，发展潜能，促进听障儿童综合素质的全面发展。

3. 备教育康复方法

教育康复方法即解决康复教师怎么教、听障儿童怎么学习的问题。教育康复方法是与教育康复内容、康复教师和听障儿童的实际以及教育康复情境相适应的。有什么样的教育康复内容、教育康复情境，就应该有什么样的教育康复方法，教育康复方法的使用应因人、因地、因时、因事而异，尽量做到"堂堂有异、课课有别、常教常新"。此外，康复教师还要备学法，研究听障儿童如何学，从学的角度来研究教，以使听障儿童"会学"，对听障儿童进行学法指导。在整个教育康复过程中各种教育康复方法应灵活运用，讲与练交织、情与知衬托、教与学辐射、康与教融合，有知识的传授、有康复的训练、有想象力的放飞、有情感之弦的拨动、有智力的开发……达到"教学有法，教无定法，贵在得法"的境界。

4. 备教育康复用具

教育康复用具包括各种教育康复仪器、多媒体技术、实物等。合理地使用教育康复用具可以使教育康复过程生动形象，利于调动听障儿童的学习兴趣，便于听障儿童理解知识，突破教育康复重难点，使教育康复活动达到事半功倍的效果。需要注意的是，康复教师在课前要检查好各种教育康复用具的运行情况，预设好使用方式，熟悉其操作规程，做到使用时得心应手。

5. 备教育康复环境

听障儿童的教育康复训练要充分发挥电子耳蜗、助听设备的作用，科学开展，尽量减轻听力损失造成的听觉、言语、语言障碍及其他不良影响。因此，教育康复训练最好在本底噪声 ≤ 45 dB（A）的环境中进行，降低噪声干扰，提升教育康复效果。此外，桌椅的摆放要呈半圆形，便于学生及时交流信息；座位的安排要根据听力补偿情况进行；上下课的铃声加灯光同步设置；教室地板采用中空的木质地板；等。这些可以帮助听障儿童及时有效地进行学习和沟通。

（三）制定集体教育康复方案应遵循的原则

教育康复活动是一种创造性劳动。一份优秀的教育康复方案是设计者教育康复思想、智慧、动机、经验、个性和教育康复艺术性的综合体现。在制定教育康复方案时，应遵循以下原则。

1. 科学性

所谓科学性，就是康复教师要认真贯彻课标精神，按教材内在规律，结合听障儿童的年龄、听力、智力、言语、语言、认知等实际来确定教育康复目标、重点、难点，设计教育康复过程。一份好的教育康复方案首先要依标合本，具有科学性。

2. 艺术性

所谓艺术性，就是构思巧妙，让听障儿童在课堂上不仅能学到知识、得到康复，而且得到艺术的欣赏和快乐的体验。方案的开头、经过、结尾要层层递进，引人入胜，达到立体的教育康复效果。康复教师的说、谈、问、讲甚至每一个手语、每一个表情、每一个动作等都要周密设计，做到恰当的安排。手语和口语配合流利，表情达意清楚、明白，有利于师生之间的无障碍沟通。

3. 创新性

教育康复方法是灵活的，教育康复活动如何进行全凭康复教师的智慧和能力。因此，教师在制定教育康复方案时要认真研读教材及参考材料，充分利用教育康复资源，听取听力师、个别化教育康复教师、其他科教师的意见，吸取同行的经验，将课本内容形成书面方案，继而形成实际的教育康复活动。康复教师在钻研教材、广泛涉猎多种教学参考资料、康复资源的基础上，汲取精华，结合个人的教育康复体会，精心安排，从而制定出适合本班听障儿童的教育康复方案。

4. 可行性

康复教师在制定教育康复方案时，要充分考虑听障儿童的实际需要，要考虑方案的可行性和可操作性，该简就简，该繁就繁，要简繁得当。

5. 差异性

由于每位康复教师的知识结构、教育经验、特长优势等存在较大差异，每名听障儿童的听能、言语、语言、智力、知识、能力等也千差万别，而教育康复工作又是一项创造性的工作，因此，制定教育康复方案也就不能千篇一律，要发挥每一位康复教师的聪明才智和创造力，要关注每个听障儿童的个体差异。

6. 灵活性

教育康复活动面对的是一个个活生生的有思维能力的听障儿童，每个听障儿童的思维能力不同、障碍程度不同，对问题的理解程度不同，他们常常会提出不同的问题和看法，并且，在实施方案的过程中常常会生成新的知识点和康复点，这些康复教师不可能都事先预估到。在这种情况下，教育康复进程常常有可能离开方案所预想的情况，因此康复教师要根据听障儿童的实际随时调整原先的教育康复计划和方法，积极引导听障儿童参与教育康复活动。为达到此目的，康复教师在备课时，应充分估计听障儿童可能提出的问题，确定好重点、难点、疑点和关键，要多考虑几种可灵活变更的教育康复方案。

二、集体教育康复方案的制定方法

以国家规定的义务教育课程（学前为五大领域课程）为依据，由负责此项工作的管理人员、听力技术人员、班主任、各科康复教师、家长、个别化康复教师、心理咨询师等组成的教育康复团队，在前期各项评估工作完成的基础上，共同分析制定出适合学前及学龄各年级段、各学科的集体教育康复方案，由各科教师执笔完成听障儿童集体教育康复方案的制定。

（一）建立诊疗档案

康复教师要为每个听障儿童建立一份诊疗档案，包括基本信息以及综合筛查、专项筛查、精准评估的相关结果，并进行ICF功能损伤程度的转换，进一步分析描述各项功能的损伤程度，为后期制作阶段方案和日方案提供参考。

1. 基本信息的采集

由负责教育康复工作的管理人员、听力技术人员、班主任、各科康复教师、家长、个别化康复教师、心理咨询师等组成的教育康复团队共同参与完成听障儿童的基本信息采集工作，其中包括每个听障儿童及其家长的基本资料，每个听障儿童的成长史、医疗史、康复史。

2. 听力检测

听力技术人员对听障儿童逐一进行听力检测，包括裸耳听阈、助听听阈，为后面进行的各项评估及集体教育康复方案的制定提供可靠的依据及合理化建议，让听力补偿与听觉重建达到最佳效果。

3. 各项筛查评估

个别化康复教师或各科康复教师对每个听障儿童的听觉、言语、语言、认知等四个方面进行筛查评估，主要包括综合筛查、专项筛查和精准评估三个循序渐进、由粗放到精准的过程以及学习能力评估，为教育康复方案的制定和实施提供科学的依据。

（1）综合筛查

借助康复云平台综合筛查问卷，对听觉、言语、语言、认知、情绪行为、运动、社会适应等七个模块的信息进行筛查，参考各项能力发展顺序、已有相关量表，根据康复顺序及听障儿童的特点，通过层次分明、简单易懂的问题，家长或康复教师能快速了解听障儿童的康复需求，找出其各个能力所处的层级，快速判断该儿童的障碍类型，以此进一步进行专项评估。

（2）专项筛查

借助康复云平台，以填写专业问卷的形式，对综合筛查中存在的障碍，从言语构音、嗓音、听觉、语言、认知、情绪行为、粗大运动、精细运动等方面进一步评估，快速判断听障儿童的障碍特征及程度。

（3）精准评估

依托康复云平台的云设备，对听障儿童的听觉、言语、语言、认知四个板块进行标准化评估，并将评估结果输入ICF转换器进行换算，从而获得专业的数据分析，确定各功能损伤程度，利用它制订科学的康复治疗计划，做到"及早发现，精准干预"。

精准评估的主要内容有以下几个方面：① 听觉功能：听觉察知、听觉分辨、听觉识别、听觉理解。② 言语功能：言语嗓音——呼吸、发声、共鸣。③ 言语构音——口部运动功能、构音能力（声母音位对、韵母音位对、声调音位对），参见案例3-1 言语功能评估报告单。④ **语言能力**：语音的产生、词语理解和命名、句式仿说、模仿句长、综合运用。⑤ **认知能力**：知识评估、能力评估。知识评估包括颜色、形状、时间、空间、物体的量、数字认识等，能力评估包括空间次序、动作序列、目标辨认、图形推理、逻辑类比。

案例 3-1

言语功能评估报告单

姓　名	李××	出生日期	2012-7-19	性别	□男　√女
检查者	孙振波	评估日期	2018-3-14	编号	2017050206
障碍类型	□智障　√听障　□脑瘫　□自闭症　□发育迟缓　□其他				

一、目前情况

生理及言语状态下，呼吸方式均不稳定，呼吸支持不足，呼吸与发声的协调性有待于提高；主观评判，音调、响度、口腔共鸣功能均正常；口部触觉感知状况正常；主观评估，唇、下颌和舌的运动状态均正常，习得部分声母、韵母；声调已基本习得。

二、评估结果

呼吸系统	呼吸方式	自然状态	□胸式　√腹式　□胸腹联动	□显著　√不显著	
		言语状态	□胸式　□腹式　√胸腹联动	□显著　√不显著	
	最长声时/s	MPT=3.12		损伤程度	初始值：2
					目标值：1
	最大数数能力/s	MCA=2.7		损伤程度	初始值：2
					目标值：1
发声系统	言语基频	平均基频/Hz	330	损伤程度	初始值：0
					目标值：
				基频标准差/Hz	26
	嗓音功能	嘶哑声 G	未测，听感正常	粗糙声 R	未测 听感正常
				气息声 B	未测 听感正常
		声门关闭程度	未测	声带振动规律性	未测

续表

共鸣系统	共振峰测量	F_2 /i/ /Hz	3 470	损伤程度	初始值：0	后位聚焦	否
					目标值：		
		F_2 /u/ /Hz	840	损伤程度	初始值：0	前位聚焦	否
					目标值：		
	主观评估	鼻腔共鸣 /ɑ/	正常 无			鼻腔共鸣 /m/	正常 有
构音系统	构音运动功能评估	下颌	自然状态和模仿状态下得分为100%		损伤程度	初始值：0	
		唇	自然状态和模仿状态下得分为100%			目标值：	
		舌	自然状态下正常；模仿状态下舌总分61/64，进行舌尖上舔硬腭时，舌尖可以做该动作，但运动慢，力量稍差，有轻微抖动；进行舌两侧缘上抬模式时，舌两侧缘可以与上齿接触，但保持时间短暂，不能持续3秒；进行舌前部上抬模式时，舌前部可以上抬，但持续时间不足3秒				
			损伤程度		初始值：0	目标值：	
	构音语音能力评估	汉语构音语音清晰度/%	72.2%	声母构音清晰度/%	60.9%	损伤程度	初始值：1
							目标值：0
		声调构音清晰度/%	100%	韵母构音清晰度/%	90%		

三、评估结果分析

1. 呼吸方面：MPT存在2级中度损伤，评估值为3.12 s，未达到同龄正常儿童的最小要求，且腹式呼吸方式不太稳定，提示该儿童应强化腹式呼吸，同时呼吸支持能力有待加强，预期康复到1级轻度损伤，并需继续监控；MCA值存在2级中度损伤，评估值为2.7 s，接近同龄正常儿童的最小要求，且MCA曲线稳定性差，规律性较差，波峰值变化较明显，提示该儿童存在呼吸与发声不协调的问题，需进行呼吸与发声协调能力的强化训练，预期康复到1级轻度损伤，并需继续监控。

2. 发声方面：平均言语基频为330 Hz，无损伤，符合同龄正常儿童的参考标准；言语基频标准差为26 Hz，无损伤，嗓音功能未测量，主观听感正常，提示该儿童言语发声功能正常，无须进行训练，持续监控即可。

3. 共鸣方面：主观听感评估言语共鸣功能正常，客观测量发现该儿童 /i/ 的 F_2 为3 470 Hz，/u/ 的 F_2 为840 Hz，符合同龄正常儿童的参考标准，提示该儿童言语共鸣功能正常，无损伤，无须训练，持续监控即可。

4. 构音方面：

（1）口部运动方面：① 下颌：自然状态和模仿状态下得分为100%，无损伤。② 唇：自然状态和模仿状态下得分为100%，无损伤。③ 舌：自然状态下正常；模仿状态下进行舌尖上舔硬腭时，舌尖可以做该动作，但运动慢，力量稍差，有轻微抖动；进行舌两侧缘上抬模式时，舌两侧缘可以与上齿接触，但保持时间短暂，不能持续3秒；进行舌前部上抬模式时，舌前部可以上抬，但持续时间不足3秒。舌功能基本无损伤。

（2）构音语音方面：① 音位习得：声母构音存在1级轻度损伤，预期经过训练可康复到正常。构音处于声母第三阶段，延迟近2年，相对年龄为4岁；已习得的声母有 /b、m、d、h/、/p、t、g、k、n/、/f、x/、/l/、/ch/，未习得的声母有 /j/、/q/、/z/、/s/、/r/、/c/、zh、sh/；韵母除 /uan/ 外，其余全部习得；声调已基本习得。② 音位对比：构音清晰度为 72.2%（26/36），稍低于同龄正常儿童参考标准。声母最小音位对比得分为 14/（23 对），声母错误走向主要为卷舌化或不明；韵母最小音位对比得分为 9/（10 对），韵母错误走向不明；声调最小音位对比得分为 3/（3 对），声调已习得。

四、康复建议

1. 呼吸方面：应强化腹式呼吸，同时呼吸支持能力有待加强并需继续监控；需进行呼吸与发声协调能力的强化训练，并继续监控。

2. 发声方面：该儿童言语发声功能正常，无须训练，持续监控即可。

3. 共鸣方面：该儿童言语共鸣功能正常，无须训练，持续监控即可。

4. 构音方面：

（1）口部运动方面：下颌与唇运动功能正常，无须干预。但需进行舌前部上抬、舌两侧缘上抬及舌尖上舔硬腭等运动功能的训练，逐步达到正常的运动状态，能准确构出相关音位。

（2）构音语音方面：首先，进行韵母 /uan/ 的习得以及第三阶段声母 /f、x/ 的音位诱导和音位习得，并需继续监控声调在双、三音节中的控制能力，尤其注意三声调。

根据言语功能评估报告单提供的信息，我们知道被试的儿童存在呼吸支持不足等问题，可以据此找到呼吸障碍矫治的训练手段。此外，还有发声障碍矫治、共鸣障碍矫治、构音障碍矫治、语音障碍矫治等，其具体方法详见黄昭鸣、朱群怡、卢红云等所著的《言语治疗学》①。

延伸阅读：
呼吸障碍的矫治方法

（4）学习能力评估建议使用韦氏智力测验、希-内学习能力测验、格雷费斯精神发育量表

以上逐项筛查与评估，可用于找准每个听障儿童存在的主要问题及最优发展方向，形成个人诊疗档案，为教育康复计划与方案的制定与实施提供合理的依据。

延伸阅读：
ICF 言语转换器及参考案例

（二）听障儿童的干预与训练进展

根据听障儿童的听力检测、综合筛查、专项筛查、精准评估、学习能力评估的结果，结合班级中的课程设置，分学科定位整个班级教育康复训

延伸阅读：
韦氏智力测验
希-内学习能力测验
格雷费斯智力测验简介

---

① 黄昭鸣，朱群怡，卢红云. 言语治疗学［M］. 上海：华东师范大学出版社，2017：50.

练的起点及发展方向,制定合理的集体教育康复方案。集体教育康复方案分为阶段方案和日方案两大类,其中阶段方案又按照时间段的不同分为学期方案、月方案、周方案三类,各科教师结合本学科的要求及特点合理制定各方案。

1. 制定阶段方案

阶段方案是各科康复教师根据听障儿童的实际情况、学科内容及时间节点的不同而预设的教育康复训练方案,预期听障儿童在一个特定的时期内达到什么样的教育康复水平。

（1）学期方案

学期方案即通过有计划的康复训练,预期听障儿童在一个学期内达到的康复水平。学期方案的制定主要包括三大模块:教育康复领域、教育康复的主要内容、目标达到程度。

学前段教育康复领域包括健康、语言、社会、科学、艺术,学龄低段教育康复领域包括语文、数学、律动、美术、语言沟通与交往等。

学前段是依据评估中出现的主要问题,以五大领域的内容为依托,融合听觉、言语、语言、认知四大板块的内容有针对性地进行康复训练,学前段学期方案参见案例3-2。

学龄低段是基于评估中出现的主要问题,以国家课程学科知识的学习为主要教育康复的载体,将四大板块的训练融于其中来进行教育康复训练。学龄低段前期方案参见案例3-3。

案例 3-2

学前段学期方案

领域（课程）	阶段内容	目标达到程度		
		A类	B类	C类
兴趣与意志	培养集中注意力听（看）别人说话的能力,初步养成想说、爱说、能说的良好语言表达习惯,勇于与他人沟通,乐于表达自己看到的事物和想说的话	能达到兴趣与意志目标	能达到兴趣与意志目标	能达到兴趣与意志目标
听觉	听觉察知:听声放物（动物声、环境声、林氏五音）	每个音重复3遍,正确率达100%	每个音重复3遍,正确率达67%	每个音重复3遍,正确率达33%
听觉	听觉察知:察知声音的有无	每个音重复3遍,正确率达100%	每个音重复3遍,正确率达67%	每个音重复3遍,正确率达33%
听觉	听觉分辨——能区分时长（长/中/中/短、三/单、双/单、三/双音节）	每个音重复3遍,正确率达100%	每个音重复3遍,正确率达67%	每个音重复3遍,正确率达33%

续表

领域（课程）	阶段内容	目标达到程度		
		A 类	B 类	C 类
听觉	听觉分辨——能区分语速（快/慢、快/中、中/慢）	每个音重复 3 遍，正确率达 100%	每个音重复 3 遍，正确率达 67%	每个音重复 3 遍，正确率达 33%
	听觉分辨——能区分强度（大/小、大/中、中/小）	每个音重复 3 遍，正确率达 100%	每个音重复 3 遍，正确率达 67%	每个音重复 3 遍，正确率达 33%
	听觉分辨——能区分频率（声调：一声/四声、二声/四声、三声/四声、一声/二声、一声/三声、二声/三声）	每个音重复 3 遍，正确率达 100%	每个音重复 3 遍，正确率达 67%	每个音重复 3 遍，正确率达 33%
	听觉分辨——能正确指认时长（三/单、双/单、三/双）	每个音重复 3 遍，正确率达 100%	每个音重复 3 遍，正确率达 67%	每个音重复 3 遍，正确率达 33%
	能理解、听辨、表达五官类、服装类、食品类、卫生用品类、交通工具类、学习用品类等单条件词语	八选一正确率达 100%	八选一正确率达 60% 以上	八选一正确率达 30% 以上
言语	提高言语呼吸支持能力、增加肺活量	MPT 值达 1—2 s	MPT 值达 1—2 s	MPT 值达 1—2 s
	口部运动治疗：咀嚼法、下颌全开位、半开位、闭合位、下颌转换的训练；双唇力量、圆唇、展唇、圆展唇转换训练	每个音重复 3 遍，正确率达 100%	每个音重复 3 遍，正确率达 67%	每个音重复 3 遍，正确率达 33%
	本学期学完所有韵母，习得声母 /b, m, p/	每个音重复 3 遍，正确率达 100%	每个音重复 3 遍，正确率达 67%	每个音重复 3 遍，正确率达 33%
语言	名词、动词、形容词的理解与命名	能正确理解、指认、表达目标词	能正确理解、指认大部分目标词	能正确理解、指认部分目标词
认知	颜色（红、蓝、黄、绿）；水果（杧果、菠萝、苹果、葡萄）；常见动物（狗、猫、马、牛、猪、羊、鸭、鸡）；自己（五官）；自然（水、沙、太阳、月亮）；物体的量（大小、多少、长短、高矮）；图形（圆形、正方形、三角形、长方形）	能达到认知目标	能达到大部分认知目标	能达到部分认知目标

案例 3-3

学龄低段学期方案（以全日制聋校实验教材语文第四册内容为例）

领域	主要内容	目标达到程度		
		A类	B类	C类
兴趣与意志	培养集中注意力听（看）别人说话的能力，初步养成想说、爱说、能说的良好语言表达习惯，勇于与他人沟通，乐于用书面语表达自己看到的事物和想说的话	能达到兴趣与意志目标	能达到兴趣与意志目标	能达到兴趣与意志目标
听觉	1. 培养能正确指认和理解不同时长与频率的能力； 2. 培养能听（看）懂大部分已学过的常用词语和句子的能力； 3. 培养能正确地听（看）懂语文教学中的常用术语的能力	能正确指认和理解	能正确指认和理解大部分内容	能正确指认和理解部分内容
言语	声母构音语音训练：提高声母的发音清晰度	每个音重复3遍，正确率达90%以上	每个音重复3遍，正确率达60%以上	每个音重复3遍，正确率达30%以上
	韵母构音语音训练：提高韵母的发音清晰度			
	拼读音节：能正确、熟练地读出新音节；正确读出所学的词语；学习正确、流畅、有（感情）表情地朗读句子	能正确朗读、背诵	能正确朗读、背诵大部分内容	能正确朗读、背诵部分内容
语言	1. 正确理解并命名聋校语文第四册中出现的250多个新词； 2. 继续学习较复杂的单句、把字句、有关联词语的并列复句、简单的递进复句、无关联词语的因果复句及简单的比喻句，共计20个句型； 3. 培养能正确理解图意和相应的句意的能力； 4. 培养正确观察图画和事物，并能根据图或演示说（写）一两句完整、意思连贯的话的能力； 5. 培养能用学过的词语和句子回答简单问题的能力	能正确理解、命名目标词，正确率达100%；能正确理解图意和相应句意；能正确观察图画和事物，并能根据图或演示说（写）一两句完整、意思连贯的话；能用学过的词语和句子回答简单的问题	能正确理解、命名大部分目标词；能基本正确地理解图意和相应句意；能正确观察图画和事物，并能在老师的提示下根据图或演示说（写）一两句完整、意思连贯的话；能在提示下用学过的词语和句子回答简单的问题	能正确理解、命名部分目标词；能正确理解部分图意和相应句意；能正确观察图画和事物，并能读出相关的句子

续表

领域	主要内容	目标达到程度		
		A 类	B 类	C 类
学科相关能力	1. 能正确工整地抄写音节、给汉字注音，正确掌握声调标法，正确书写本册所学汉字。继续认识汉字的笔画名称，认识常见的偏旁，学习区别形近字； 2. 培养正确、清晰、熟练地打出手指语，看懂学过的手指语的能力； 3. 培养在家庭、学校的日常生活中借助手势语表达常用语句，有礼貌地用手语与他人进行沟通的能力； 4. 培养用较适宜的体态语表情达意，与他人进行良好的沟通交流的能力； 5. 培养较熟练地使用沟通辅具进行训练的能力，能在他人的指导下，运用云平台、各种训练仪器和多媒体等技术进行言语和语言训练，尝试借助 QQ、微信等沟通软件与他人进行良好的沟通	能达到认知目标	能达到大部分目标	能达到部分目标

（2）月方案

月方案是将学期方案细化到每一个月。一般每学期需要制定四份月方案，主要包括三大模块：教育康复领域、教育康复的主要内容、短期目标及总课时量。参见案例3-4。

案例 3-4

月方案

领域	九月的内容及目标
兴趣与意志	培养集中注意力听（看）别人说话的能力，初步养成想说、爱说、能说的良好语言表达习惯，勇于与他人沟通，乐于表达自己看到的事物和想说的话
听觉	1. 听觉察知：听声放物（动物声、环境声、林氏五音）； 2. 听觉察知：察知声音的有无； 3. 听觉分辨——能区分语速（快/慢、快/中、中/慢）
言语	1. 通过唱音训练，提高言语呼吸支持能力； 2. 咀嚼法、下颌全开位、半开位、闭合位、下颌转换的训练；通过响声吻、双唇抿饼干、拉纽扣、夹压舌板，提高双唇闭合能力及双唇力量； 3. 习得韵母 /ɑ, i, u, o, e, ü, ai, ao/，并结合词语进行练习
语言	1. 五官类：眼睛、鼻子、嘴巴、耳朵、手、脚、头发、眉毛； 2. 服装类：上衣、裤子、袜子、鞋、围巾、手套、帽子； 3. 食品类：饼干、果汁、蛋糕、汉堡、冰激凌、糖果、鸡蛋、巧克力
认知	1. 颜色：红色、蓝色、绿色、黄色； 2. 水果：杧果、菠萝、苹果、葡萄

（3）周方案

周方案是对月方案的分解实施，主要包含每周详细的教育康复内容与目标。一般每个学期需要16个周的周方案，其中2个周作为机动周，或进行期初、期末的评估，或准备教育康复成果的展示活动。各个周方案的制定要有一定连贯性与递进性。参见案例3-5。

案例 3-5

领域	第一周 （9月4日—9月8日） 内容及目标
兴趣与意志	培养集中注意力听（看）别人说话的能力，初步养成想说、爱说、能说的良好语言表达习惯，勇于与他人沟通，乐于表达自己看到的事物和想说的话（A、B、C类）
听觉	听觉察知——能完成林氏五音、动物声、环境声的听声放物（A类正确率达100%，B类正确率达66%，C类正确率达33%）
言语	1. 唱音训练：长音训练，提高言语呼吸支持能力，MPT值达1 s（A、B、C类）； 2. 口部运动治疗：通过咀嚼法提高咀嚼肌的肌力，提高下颌全开位的稳定性（A、B、C类）； 3. 能正确习得韵母 /ɑ、i、e/ 单音节的构音语音，如八、笔、马、米等等（A类正确率达100%，B类正确率达67%，C类正确率达33%）
语言	能理解、听辨、表达五官类词语，如眼睛、鼻子、嘴巴、牙、手、脚、头发等，并完成八选一的听觉记忆（A类正确率达100%，B类正确率达67%，C类正确率达33%）
认知	1. 配对：在4种颜色中能配对红色和蓝色（A、B、C类）； 2. 指认：能通过看口在4种颜色的物品中找出红色和蓝色的物品（A、B类）； 3. 命名：看到红色和蓝色能命名或做出口型"hóng"和"lán"（A类）

2. 制定日方案（或课时方案）

日方案贯彻在每日的教育康复活动中，是周方案中每个训练步骤、每个训练要点在每天的具体落实。日方案主要包含以下内容：一般信息、教育康复内容分析、学情分析、教育康复目标、教育康复重难点、教育康复准备、教育康复过程、教育康复延伸、家庭教育康复指引、教育康复反思。（详细内容见第二节）

① 一般信息：就是表头信息，包括学科、教育康复对象、课型、设计人、主讲人、课时，一般信息要完整。② 教育康复内容分析：要清晰、明确，交代清楚选用的教材（国家课程、校本课程、康复云教材），主要内容是什么，要能体现本次教育康复活动的主题及主要的教育康复内容。③ 学情分析：基本情况（年龄、儿童障碍类型、障碍程度、助听效果）分析要清晰明确；核心能力现状分析要详略得当，重点突出，要围绕教育康复活动的主题来分析，能够体现当前学生在该方面的总体能力。④ 教育康复目

标：目标设计合理，符合儿童当前的发展水平；目标内容明确，包括教育康复的三维目标，即情感目标（M）、知识与技能目标（S）、康复目标（R）。⑤ 教育康复重难点：重难点要突出，在整个教育康复过程中把握准重点和难点。⑥ 教育康复准备：环境及教具、学具准备充分、合理，如环境准备——本底噪声≤45 dB（A）；教具准备——仿真玩具、各种场景布板、口部运动训练器、词卡等；多媒体资源——云讲台相应的内容等。⑦ 教育康复过程：前后测内容清晰，与教育康复目标相契合；兴趣导入自然贴切；新授环节设计条理清晰，重难点突出，难度梯度合理；练习巩固环节设计得当；拓展环节与生活紧密相连。⑧ 教育康复延伸：针对集体教育康复活动中存在的具体问题，与各学科康复教师及个别化康复教师及时沟通，延伸本次活动中的具体问题，教育康复延伸要恰当合理，体现多学科合力的思想。⑨ 家庭教育康复指引：家庭教育康复指引内容清晰明确，方法简明扼要易于操作。⑩ 教育康复反思：反思要通过前后测对比分析，找准问题所在，找准下次教育康复训练的切入点，同时肯定本课可以继续发扬的教育康复理念、方法和手段。

集体教育康复方案的实施

PART 2
第二节

教育康复方案的实施是依据国家课程计划,把设计和制定好的教育康复方案纳入具体的教育康复工作实践中,通过康复教师和听障儿童、家长的执行、操作、开发,使教育康复方案得以落实的过程,也就是把教育康复方案付诸实践的执行、开发和维护的过程。

一、集体教育康复方案的实施要素

(一)集体教育康复方案的实施主体[①]

集体教育康复方案的实施主体主要包括学校领导、康复教师、听障儿童及家长等。

1. 学校领导是方案实施的引领因素

学校领导对促进集体教育康复方案的实施有非常重要的作用。学校领导应有意识地引导整个学校实现医教结合,从内部组织结构到思想观念都进行系列的调整与变革,鼓励康复教师学习医教结合的新理念,形成一种学习、探究、交流的学校文化氛围,以保证整个集体教育康复方案的顺利实施。

2. 康复教师是方案实施的决定因素

康复教师是决定因素主要表现在两个方面。首先,方案实施是康复教师的学习过程。康复教师需要掌握医教结合的理念,理解学科课程的目标、内容,掌握医教结合的基本方法。其次,方案实施是康复教师之间支持与合作的过程。各科康复教师在教育康复活动中拥有较大的自主空间,这很容易使教育康复活动彼此孤立。集体教育康复方案的实施是康复教师教育理念和知识经验重构的过程,每名康复教师的能力与水平各不相同,因此,

---

① 蒋蓉,李金国. 小学课程与教学论[M]. 北京:北京师范大学出版社,2013:79-80.

各科康复教师、听力技术员、个别化康复教师之间需要相互合作与支持。

3. 听障儿童是方案实施效果的体现者

医教结合的最终目的是使听障儿童出现正面的、积极向上的变化，康复教师无法代替听障儿童投入教育康复活动中，因此要想成功地实施教育康复方案，需要得到听障儿童的积极配合。富兰曾指出："当成人考虑到学生时，他们把学生当作变革的潜在受益者，而很少将学生视为变革过程与学校组织的参与者。"[1] 因此，将听障儿童纳入方案实施，可以极大地改善医教结合的成效。

4. 家长是方案实施效果的完善者

每名听障儿童经过教育康复训练后都会取得一定的效果，但是生活是多元化的，要想使康复效果更上一层楼，需要和平日的生活完美融合，不断地巩固、发展、创新康复效果，这就需要每位家长的极力配合，并根据孩子的实际情况，进一步完善康复成果。

（二）集体教育康复方案的实施保障机制

为保障集体教育康复方案的顺利实施，必须建立一套合理的教育康复训练的实施保障机制。

1. 设置集体教育康复统筹实施机制

为保障集体教育康复方案有效实施，学校需要建立一套集体教育康复统筹实施机制，派专人协调管理，包括课程规划、组织实施、考核评价等。

2. 建立一支专业化的教育康复训练团队

听障儿童有其特殊的生理、心理特点，教育康复训练要依据每个儿童的特殊需求进行，要为他们提供最有效、最恰当的支持。因此，康复教师、家长、学校的工作人员都要不定期地接受不同层次的教育康复专业培训，以保证教育康复方案的有效实施。

3. 配备适宜的教育康复资源

为了集体教育康复方案能顺利实施，必须要有一定的教育康复资源保障。一个合理的教育康复资源必须能够提供与听障儿童相关的各方面的服务，包括文化知识教育（与各学科内容相关的知识）、康复训练（听能训练、言语训练、语言训练等）、良好的助听设备、助听环境、各种沟通辅具、现代化多媒体设备、各种教具、模拟环境的配备等，以备在实施方案的过程中满足不同儿童的特殊需求，以更好地完成教育康复目标，促进听障儿童更好地弥补缺陷，全面发展。

延伸阅读：
口部构音训练康复辅具

---

[1] Fullan M. The New Meaning of Educational Change[M]. New York: Teachers College Press, 2001: 151.

4. 设置合理的教育康复环境

在听障儿童的集体教育康复课中，教室的本底噪声≤45 dB（A），桌椅的摆放要呈半圆形，便于学生及时交流信息；座位的安排要根据听力补偿情况进行；上下课的铃声加灯光同步设置；教室地板采用中空的木质地板；等。这些可以帮助听障儿童及时有效地进行学习和沟通。

5. 构建立体化的教育康复实施网络

听障儿童的教育康复训练不是孤立地存在于某一学科、某个环境中，而是需要学校、家庭、社会同心协力，我们要重视各年级段之间的知识衔接，重视各学科之间的知识贯通，重视课堂内外的各种教育康复实践，不断拓展教育康复的时间和空间，各学科康复教师、家长甚至是每一个和孩子接触的人都要通力合作，构建起立体化的教育康复实施训练网络，让听障儿童的教育康复训练随时、随地进行。

二、集体教育康复方案的实施原则

现代教学论专家斯卡特金曾说过，确定教学原则的重要因素是：由社会发展的需要决定的教学目的，教与学相互结合的教学活动的客观规律，运用这种客观规律去实现教学目的的方式，进行教学活动的具体条件。[①] 因此，集体教育康复方案的实施原则是根据听障儿童集体教育康复的目的和实施过程的客观规律，有效进行集体教育康复活动所必须遵循的基本要求，是在我国现阶段小学常用的教学原则体系，即苏联凯洛夫教育学的教学原则体系的基础上制定的，具体包含以下内容。[②]

（一）直观性原则

直观性原则是指依据教育康复活动的需要，康复教师引导听障儿童通过实物、视频资料、模型、图片、PPT 等直观手段，直接获得具体形象的感知认识和经验。低龄段听障儿童的直观性原则极为重要，因为除了听觉障碍导致认知片面以外，低龄段听障儿童的思维与感性经验相联系，抽象概括能力的水平极低，因此，我们要采用直观性的教育康复手段开展教育康复活动。

我国古代教育家荀况曾说过："闻之而不见，虽博必谬。"中世纪捷克著名的教育家夸美纽斯在《大教学论》中指出："应该尽可能地把事物本身或代替它的图像放在面前，

---

① 斯卡特金.中学教学论——当代教学论的几个问题[M].赵维贤，丁酉成，等译.北京：人民教育出版社，1985：59.
② 蒋蓉，李金国.小学课程与教学论[M].北京：北京师范大学出版社，2013：203-213.

让学生去看看、摸摸、听听、闻闻等。"近现代一系列教学实践的发展证明，直观性原则在教育康复活动中处于越来越重要的地位。案例3-6便是运用直观性原则进行教育康复活动最好的诠释。

案例 3-6

"文具大聚会"案例充分采用了直观性原则，从前后测到教育康复过程，康复教师准备了大量的实物、图片、词卡等创设情境进行教育康复，学生乐学、爱学，极大地提升了教育康复效果。并且，从实物到实物图片、卡通图片、简笔图片，从直观逐步到抽象，也进一步培养了学生的思维能力。

文具大聚会

学科	语言	设计人	孙振波
教育康复对象	陈××	主讲人	孙振波
课型	个别化教育康复课	课时	第1课时（共1课时）

一、教育康复内容分析

本节课使用在"医教结合，综合康复"理念指导下的云课件——文具店2的模板，根据学生实际情况，内容有所调整。主要包括词语——剪刀、胶水、钢笔、笔筒，相关量词——把、瓶、支、个；词组——许多××；句式——"谁的学习用品有什么和什么"（句式1）和"什么是学习用品，什么也是学习用品"（句式2）。

二、学情分析

陈××，男，8岁10个月

姓名	障碍类型及程度	语言能力现状	相关能力现状
陈××	听障；助听器；适合	语言沟通能力处于5级，能用完整句表达简单的要求，词语命名、句子理解、句式仿说得分都比较低，基本处于百分比一半的水平，模仿句长得分为9分	听觉理解能力较好；构音清晰度达到70%以上，低于同龄组正常儿童水平；呼吸和发声协调性不太稳定；平均言语基频和言语响度正常，言语基频变化偏大；存在前位聚焦；认知能力处于7级

三、教育康复目标

1. 能够正确命名剪刀、胶水、钢笔、笔筒相关的量词；
2. 能理解并仿说词组"许多××"；
3. 能理解并仿说句式"谁的学习用品有什么和什么""什么是学习用品，什么也是学习用品"；
4. 能用本节课的内容进行语言沟通交流。

教育康复目标	儿童能力层级及掌握程度
正确命名词语及相关的量词	掌握，正确率达到90%以上

理解并仿说词组	掌握，正确率达到80%以上
句式仿说	掌握，正确率达到60%以上
语言沟通交流	熟悉

四、教育康复重点、难点

重点：
1. 能够正确命名剪刀、胶水、钢笔、笔筒及相关的量词，能理解并仿说词组"许多××"；
2. 能理解并仿说句式"谁的学习用品有什么和什么""什么是学习用品，什么也是学习用品"。
难点：能用本节课的内容进行句式仿说和语言沟通交流。

五、教育康复准备

1. 环境准备：录课教室，本底噪声≤45 dB（A）；
2. 教具准备：实物、图卡、字卡、PPT；
3. 云平台资源：云课件——文具店2。

六、教育康复过程	设计意图
（一）兴趣导入 康复教师出示装有"学习用品"的礼物盒，引导学生进入学习内容。	调动学生的学习兴趣，做好个训准备。
（二）前测←提示促进法 学生拿出实物，教师提问"这是什么？"如学生能掌握，接着提问"这是多少什么？"	检测学生未习得的知识点。
（三）新授 1. 认识。←**提示促进法、集中训练法、对比选择法** **认识——学一学** 教师依次出示实物及PPT中的各种图片，学生学习"剪刀""胶水""钢笔""笔筒"。 **认识——配一配** 教师分别出示图片，学生搭配相应的词卡；教师出示词卡，学生找实物。 **认识——练一练** 教师提问"××在哪里？"学生听一听，找一找，找出相应的图片、实物及词卡。	在实物、图片等的提示下，通过"学一学""配一配""练一练"等环节，让学生掌握新词。
2. 探索。←**提示促进法、集中训练法、对比选择法** **探索——学一学** 教师依次出示实物及PPT图片：一把剪刀、许多剪刀、一瓶胶水、许多胶水、一支钢笔、许多钢笔、一个笔筒、许多笔筒。 **探索——练一练** 教师提问，学生听一听，指一指：一把剪刀、许多剪刀、一瓶胶水、许多胶水、一支钢笔、许多钢笔、一个笔筒、许多笔筒。 教师出示PPT图片，学生说一说：一把剪刀、许多剪刀、一瓶胶水、许多胶水、一支钢笔、许多钢笔、一个笔筒、许多笔筒。	通过"学一学""练一练"环节让学生掌握相关量词，能流利地说出词组。
3. 沟通。←**示范模仿法、提示促进法、连词成句法、句式仿说法、主题活动法** **沟通——句式练习** 在实物和图片的提示下，学生模仿句式说句子： （　　）是学习用品，（　　）也是学习用品。 我的学习用品有（　　）和（　　）。 引导学生联系以前的知识说出不同的句子。	通过"句式练习""主题对话"等方式，引导学生运用目标词。

用词卡摆句子。 **沟通——主题对话** 教师出示另一个人物"明明",引导学生进行简单对话: ×××:××,你的学习用品有什么? ×××:我的学习用品有(　　)和(　　)。 **(四)效果监控** 后测: 看 PPT 说一说明明的学习用品有什么:一把剪刀、许多剪刀,一瓶胶水、许多胶水、一支钢笔、许多钢笔、一个笔筒、许多笔筒。 (　　)是学习用品,(　　)也是学习用品。 (　　)的学习用品有(　　)和(　　)。	检测本节课的训练效果。
七、教育康复延伸	设计意图
在语言沟通交往课中继续创设情境,进行相关的语言沟通训练。	巩固个训效果。
八、家庭教育康复指引	设计意图
和爸爸妈妈一起进行角色扮演,巩固主题对话。	获得家长更好的配合,提高康复质量。
九、教育康复反思	
通过后测看,该生对本节课的词语和量词及词组都掌握得很好,能模仿句式说出通顺的句子,并能进行简单的语言沟通。但从训练过程看,该生连词成句掌握得不是特别好,自主说句子的能力有待提高。	

表 3-1　前后测对比结果表

儿童姓名		结果对比										
		剪刀	一把剪刀	胶水	一瓶胶水	钢笔	一支钢笔	笔筒	一个笔筒	许多××	句式1	句式2	对话
陈××	前测	1	0	0	—	0	—	0	—	—	—	—	—
	后测	1	1	1	1	1	1	1	1	1	1	1	1

直观性教育康复手段主要有三种:实物直观、模像直观和语言直观。实物直观即通过直接呈现实物,为听障儿童提供教育康复活动所需要的感性经验,包括实物、标本、实地参观等活动。模像直观即运用各种手段模拟实物,包括视频、图片、模型、课件等。语言直观即康复教师运用形象化的语言帮助听障儿童获得感知经验的一种直观形式。这三种教育康复手段各有不同的优缺点,在实际的操作中应该注意以下几个方面。

1. 直观是手段不是目的

一般而言,对于听障儿童感到比较陌生,在理解和掌握上有困难的知识,才采用直观手段辅助进行教育康复活动。如果是为直观而直观,就会剥夺听障儿童思考的权利,导致教育康复效率低下;并会让听障儿童缺乏体验和思考的过程,不利于能力的发展。

2. 要利于发展思维能力

直观给予听障儿童的是感性经验,而教育康复的根本任务在于让听障儿童掌握理论知识，提高康复水平。因此，康复教师在运用直观教育康复手段时应该有侧重点，不能把所有内容都直接给听障儿童看，要鼓励听障儿童细致深入地观察，引导他们思考事物的本质、原因和结果等，不断提高思维能力。例如，在进行低龄段"秋天的雨"的教育康复活动时，不能一开始就把秋天的美景展示出来，否则听障儿童就会受限于课件而缺少想象。

3. 选用适宜的直观手段

学科不同，教育康复的任务不同，听障儿童的层次水平、年龄特征不同，所需的直观手段也会不同。

（二）因材施教原则

因材施教原则是指康复教师在教育康复活动中应根据每个听障儿童的自身发展特点，使教育康复的深度、广度以及进度适合他们的知识水平、康复水平和接受能力。在实际的教育康复活动中，虽然同一班级的听障儿童有着基本一致的年龄特征，但由于缺陷补偿水平、康复水平、遗传因素、家庭环境等的不同，他们在学习态度、性格特征、禀赋潜能等方面存在个体差异，因此，康复教师应尽可能最大限度地、有针对性地开展教育康复活动，使每个孩子的才能品行、康复水平得到最佳的发展。

因材施教原则在实际的操作中应注意以下几点。

1. 深入了解听障儿童的实际情况

听障儿童在相同年龄特征的基础上，仍然存在多方面的差异。康复教师要做到因材施教，就必须深入了解每个儿童的实际情况，如康复水平、个性特征、思维特点、家庭背景、成长经历等。

2. 恰当选用不同方法

现代教育理念提出，每一个儿童都有权利得到适合于自己的教育。因此，现代教育强调要使教育适应儿童而不是相反。针对不同听障儿童的特点，康复教师需要选用有效的方法以适应不同特点的儿童的发展需求。

3. 注意培养有特长的听障儿童

现有的班级授课制注重整体发展，容易忽视对天赋异禀的学生的个别培养。因材施教原则要求康复教师不仅关注能力差的学生，也要关注有天赋才能的学生，要采取有效措施使有才能的儿童获得充分发展。

（三）启发性原则

启发性原则是指康复教师采用各种教育康复方法调动听障儿童进行教育康复活动的

积极性和主动性，从而让听障儿童理解与掌握教育康复的知识和能力。因此，在教育康复过程中，康复教师应适时对听障儿童进行启发诱导。

启发性原则在实际的操作中应注意以下几点。

1. 确立听障儿童的主体地位

听障儿童是进行教育康复活动的主人，而非被动接受的客体，康复教师要从听障儿童的角度去思考，启发才会有针对性，才会有效。

2. 建立民主平等的师生关系

在实施启发性原则时，康复教师要创立民主和谐的教学环境，使听障儿童可以轻松舒畅地发表自己的见解，积极参与教育康复活动。

3. 启发要有趣味性

心理学研究表明，儿童的行为往往受兴趣影响很大。正如美国教育家布鲁诺所言："学习的最好刺激，乃是对所学材料的兴趣。"因此，启发式教学应符合听障儿童的年龄特点，充分关注听障儿童的兴趣，可采用游戏或听障儿童感兴趣的事物导入。

（四）可接受原则

可接受原则是指教育康复活动要建立在听障儿童通过一定努力可能达到的知识技能水平、康复水平和智力发展水平的基础上，即制定教育康复目标要从听障儿童发展的实际可能性出发，使教育康复的内容、方法和形式是听障儿童可接受的。

可接受原则主要表现在两个方面：一是教育康复活动的广度。一般来说，教育康复活动讲究教育康复效率，单位时间内听障儿童习得的内容越多，则效率越高。但是，教育康复活动效率的获取必须符合听障儿童的身心发展规律。二是教育康复活动的难度。教育康复活动的难度太低，则难以调动听障儿童的学习积极性；相反，难度过高，超过听障儿童的实际接受能力，则听障儿童不可能理解和掌握所学知识与技能，易产生心理挫伤。

可接受原则在实际操作时应注意以下几点。

1. 重视听障儿童的年龄发展特点

康复教师需加强自身的心理学素养，了解听障儿童不同年龄阶段发展的特点，针对其特点开展教育康复活动。例如皮亚杰认知发展心理学认为，小学阶段的儿童能够进行比较、分类、间接推理等逻辑运算。因此，可根据这一阶段儿童的思维特点确定教育康复内容的层级和难度，确保听障儿童的学习和技能习得在可接受的范围。

2. 科学评估听障儿童的实际发展水平

儿童的年龄特征和发展阶段主要是揭示个体发展的普遍规律，而听障儿童具体的实际发展情况是有差异的。因此，康复教师要科学评估每个听障儿童的实际发展情况、缺陷补偿情况。例如，在进行某项新的教育康复活动时，就需要评估听障儿童原有的康复水平和知识储备，预设一下以其康复能力和思维水平是否能完成这一教育康复任务，可能存在哪些困难，能够达到怎样的目标等，这样才能真正做到"可接受"。

3. 准确把握教育康复活动的难度

可接受原则的要求没有固定、确切的具体标准，需要各康复教师依据心理学规律和听障儿童具体的实际情况予以确定，需要不断思考和把握，采取合理的教育康复结构，恰当地由近及远、由简单到复杂、由具体到抽象等，这也充分体现了教师教育康复活动的创造性。

（五）巩固性原则

巩固性原则是指在教育康复活动中通过经常性的复习，使听障儿童所学的康复知识与技能牢固地保持在记忆中。因为受记忆遗忘规律的影响，教育康复活动在连续进行，听障儿童在学习新知识、新技能的同时不可避免地会出现对旧知识、旧技能的遗忘，因此在教育康复活动中要通过练习、复习帮助听障儿童不断巩固并牢固掌握知识与技能。

孔子就曾提出"学而时习之""温故而知新"，这说明了巩固性原则极具教育康复意义和价值。在具体操作时应注意以下几点。

1. 巩固讲究科学性

德国心理学家艾宾浩斯发现遗忘的规律是先快后慢、先多后少，呈不均衡变化。遗忘在识记的初期最快，以后逐渐减慢，到了一定时间，几乎不再遗忘，保持量趋于恒定。康复教师在教育康复活动中可根据这一规律，在听障儿童学习新知识、新技能后合理安排复习时间及复习量，提高巩固的效率。

2. 在理解的基础上巩固

理解是巩固的前提，任何知识和技能都只有在理解的基础上才能更好地进行巩固和掌握。

3. 巩固方式多样化

除常见的各种练习和书面作业外，康复教师应善于针对不同的知识和技能类型采用不同的方式帮助听障儿童巩固，比如与家长互动、实践参与等。

（六）系统性原则

系统性原则是指教育康复活动应根据听障儿童的康复水平和认识发展的顺序循序、连贯、系统地开展，使听障儿童掌握系统的教育康复知识和技能，培养严密的逻辑思维能力。这一原则是为处理好教育康复活动的顺序、学科课程体系、儿童发展规律之间的关系而提出的。一般来说,教育康复活动的顺序主要受学科课程体系和听障儿童身心发展规律的影响,需按照这两方面的要求持续、连贯地进行教育康复活动。

系统性原则在实际操作中应注意以下几个方面。

1. 教育康复活动须循序进行

一般来说,不管是学前五大领域的课程还是学龄段的各科课程,都是按照一定的顺序编排的,都考虑了各个学段内容之间的系统性、同一学科内容的系统性、各个学科之间的联系以及课时授课内容的系统性。在教育康复活动中,康复教师应该注意知识结构之间的有序性。

教育康复活动除了依据教材的系统性之外,还需要认真研究听障儿童,针对他们在教育康复过程中的康复需要、认知需要和特点,遵循由近及远、由浅入深、由简到繁的顺序,尽量处理好近与远、浅与深、简与繁等问题。

2. 依据实际情况灵活调整

系统性原则并非要求康复教师刻板地按照教材的编排开展教育康复活动。在实际的教育康复活动中,不同地区、学校、学生的情况存在很大差异,在基本遵从教材顺序的前提下,康复教师要从实际情况出发,适当调整速度,增删教育康复内容,突出重点和难点。

(七)科学性与思想性相统一的原则

科学性与思想性相统一的原则是指教育康复活动要以马克思主义为指导,结合科学知识和康复技能的传授,对听障儿童进行社会主义品德和正确人生观、科学世界观的教育。这一原则要求康复教师在教育康复活动中不仅要促成听障儿童知识、康复技能的发展,还要关注情感、态度和价值观的养成。在该原则中,科学性是思想性的前提和基础,思想性是科学知识的内在属性。

科学性与思想性相结合的原则在实际的操作中应注意以下几个方面。

1. 注重教师专业素养和思想修养的提升

教育康复活动的科学性和思想性能否有效结合既取决于教育康复内容的选择,更取决于教师对康复知识与教材的理解领悟以及自身的思想修养。由此可见,康复教师的专业素养是坚实的基础,良好的思想修养是职业要求。因此,康复教师需要不断学习,提升自己的专业素养和思想修养。

2. 充分发掘教育康复内容的思想性因素

贯彻这一原则需要康复教师能够根据各个学科的特点对听障儿童进行有效的思想品德教育。例如,语文、道德与法治等是提升思想修养和开展人生观教育的重要课程,自然学科则渗透着唯物思想和辩证法等,康复教师在发掘思想性的同时应结合具体知识的讲授，做到潜移默化、"润物细无声"。

3. 保证教育康复活动的科学性

在教育康复活动中，康复教师要注意两方面的正确合理选择：一是在教育康复内容上选择富有教育意义的、科学的、先进的知识作为基础知识；二是在教育康复方法上需根据听障儿童的康复水平和身心发展特点灵活选用，做到讲解清晰、正确、明了，康复准确到位、有效果。

三、集体教育康复方案的实施流程

一般来讲，整个集体教育康复方案的实施是按照前期制定的阶段方案、月方案、周方案和日方案逐步进行的，在实施的过程中可依据听障儿童的实际情况进行调整改进，具体到每节课的教育康复方案的实施，在学前段和学龄低段又存在一些差别。

（一）学前集体教育康复方案的实施流程

学前听障儿童集体教育康复方案实施的主要途径是集体教育康复课。集体教育康复课是康复教师依据听障儿童的年龄、身心特点，按照一定的教育康复目标与原则，选择教育康复内容，设计教育康复活动，带领听障儿童一起进行的有计划、有目标的活动。集体教育康复课是学前听障儿童补偿缺陷、发展语言、掌握知识和技能的主要教育康复形式。集体教育康复课依据《幼儿园工作流程》《幼儿园管理条例》《幼儿园教育指导纲要（试行）》以及教育部在2012年发布的《3—6岁儿童学习与发展指南》，主要从健康、语言、社会、科学、艺术五大领域进行教育康复活动。每个领域按照幼儿学习与发展最基本、最重要的内容划分为若干方面。集体教育康复以为听障儿童后续学习和终身发展奠定良好素质基础为目标，以促进听障儿童体、智、德、美各方面的协调发展为核心。

听障儿童符合普通幼儿的发展规律，同时又具有听力损失导致的认知、语言发展方面的一些特点。这就需要康复教师充分了解听障儿童的心理特点和偏好。在集体教育康复课上，我们要关注听障儿童学习与发展的整体性，要注重领域之间、目标之间的相互渗透和整合，促进幼儿身心全面协调发展；尊重听障儿童的个体差异，听力损失和家庭环境的不同会造成儿童发育速度的差异，康复教师要充分理解和尊重幼儿发展进行中的个别差异，支持和引导他们从原有水平向更高水平发展。

一般来讲，要实施一节学前集体教育康复课主要经过以下几步。

1. 分析教育康复内容

学前阶段通常以幼儿园的校本课程为主。一名学前听障儿童集体课的康复教师，需要选择适宜的教育康复内容,并有主题、有层次、有重点地安排这些内容。教育康复内容应是与儿童生活息息相关的,并且在教育康复过程设计中要侧重听障儿童的听觉、言语、语言、认知方面的康复。在此,康复教师应思考清楚这一课在教育康复计划或单元中的位置,思考儿童是否已具备相关的认知经验和学习基础,分析教育康复内容的重点、可渗透的康复内容,明确选择这一内容的意义和目的。

2. 分析学情

学情分析主要包含每名听障儿童的基本情况(年龄、智力、障碍类型、障碍程度、助听效果等),分析要清晰明确;核心能力现状分析要详略得当,重点突出,要围绕本节课的主题(言语康复课、听觉康复课、综合康复课)来分析,要能够体现当前儿童在该方面的总体能力,分析儿童学习这一课的优势和劣势,为设计教育康复目标、选择教育康复方法提供可靠的依据。

3. 确定教育康复目标

康复教师针对教育康复内容和学情分析状况,制定切实可行的教育康复目标。教育康复目标要设计合理,符合儿童当前的发展水平;目标内容要清晰明确,由于集体教育康复课学生数量多,应针对学生的实际情况分层设置教育康复目标,让每个听障儿童达到最近发展区。设置的目标通常不会超过4个。

4. 确定教育康复重难点

康复教师在分析教育康复内容和全班学生整体学习能力的基础上,找出本节课教育康复的重点和难点,通常设置两个教育康复重点、一个教育康复难点。康复教师在设计教育康复活动、选择教育康复方法时要有目的地突破重难点,更好地完成教育康复目标。

5. 进行教育康复准备

教育康复准备一般包括环境准备、教具准备和教育康复仪器的选用等方面。为了创设一个良好的聆听环境,最好授课教室本底噪声 ≤ 45 dB(A);教具主要包含实物教具、玩具、强化物、课件 PPT 等;教育康复仪器主要包括口部运动训练器、云讲台等。

6. 实施教育康复过程

教育康复过程一般包括检查助听设备工作情况、前测、康复基础训练、兴趣导入、新授、巩固练习、后测等几个环节。在检查助听设备工作情况时,可用林氏五音法进行。前后测内容要与本节课的教育康复目标相联系,清晰一致,可操作性强;且前后测环节不应占用课堂大量时间,简洁明快更好。康复基础训练可针对班级情况自行调整,可以是听觉康复的训练,可以做口舌操,可以是大家一起唱音,进行重读治疗等,这一环节时间设置较短,2分钟左右即可,可根据教育康复设计进行删减。与学龄段集体课不同,学前段更注重孩子在做中学、玩中学。所以,兴趣导入这一环节非常重要,引导儿童进入课堂并激发起学习的兴趣，让每名听障儿童都参与到课堂中。康复教师可根据教育康复内容选择儿童最了解、最熟悉或最感兴趣的点导入。新授环节设计要求重难点突出，难度梯度合理。康复教师可灵活应用康复方法，将康复方法与游戏活动相结合，预设不同儿童在课堂上的表现，准备好应对策略。学习新知识、新技能需要不断地重复练习和强化，在巩固练习环节，康复教师应利用各种形式重复教育康复内容，让儿童不断回忆、再认、命名，这对儿童既是一个强化的过程，也是一个纠错的机会。经过巩固练习环节，学生们能更扎实地掌握教育康复内容。后测环节可清楚明了地展现每位听障儿童教育康复目标的达到情况，用于监控本节课的教育康复效果。

7. 进行教育康复延伸

课后，集体课康复教师需与个别化康复教师、其他科目康复教师和家长沟通本节课学生的学习情况，请他们共同指导学生复习、巩固、运用本节课的知识和技能。集体课康复教师将学生的薄弱点或需强化的地方告知个别化康复教师，请个别化康复教师在个别化康复课上帮助学生更系统、更细致、更有针对性地康复。集体课康复教师将本节课在其他科目上扩展、延伸的部分告知其他科目的康复教师，其他科目的康复教师会根据教育康复进度和安排将这部分内容渗透到课堂中去。康复教师应教授家长康复方法和技巧，请家长在家庭中为儿童进行康复，同时指导家长如何把课堂上学习的知识迁移到丰富、自然的生活环境中，促成新知识的生成，不断提升教育康复效果。

8. 进行教育康复反思

康复教师可从三个方面进行反思：一是分析教育康复目标完成情况、师生互动情况；二是思考学生的教育康复难点是什么，与预设的区别在哪里，造成区别的原因是什么；三是提出本次活动的优点和缺点，针对各环节提出改进建议。不断的反思和改变就是提升教育康复水平的过程。

学前集体教育康复课的具体实施参见案例 3-7。

案例 3-7

学前听障儿童言语集体康复课以正常儿童构音发展顺序为基础，先教授单韵母，然后按照阶段逐一教授声母，同时进行言语语言综合训练。在学前听障儿童言语集体康复过程中，要注意兼顾个别听障儿童在呼吸、发声、共鸣方面的问题，通过课前日常呼吸、发声训练和课中的个别指导潜移默化地帮助他们改善言语嗓音功能。下文是一节声母 /z/ 的构音语音集体康复课案例。听障儿童声母构音康复中，根据从易到难排序，通常先习得声母与单韵母相拼的音节，如康复内容是声母 /b/，则先习得 ba、bi、bu、bo；掌握声母与单韵母相拼的音节后，再学习与复韵母相拼的声韵组合，最后是与鼻韵母相拼的声韵组合。

小鸭子的早晨

视频：康复课例 1—学前言语康复课

学科	言语	设计人	陈梦秋
教育康复对象	启慧班	主讲人	陈梦秋
课型	集体教育康复课	课时	第 1 课时（共 3 课时）

一、教育康复内容分析

在"医教结合，智慧康复"的理念指导下，本课内容主要包括 /z/ 的发音、含有 /z/ 的词语和"我+动宾短语"的句式。通过"早晨"的情节设计，引导听障儿童在情境中完成 /z/ 的构音语音训练，理解和命名 8 个含 /z/ 的词语，并能结合"我+动宾短语"的句子进行表达，增加主动语言沟通的频率。

根据部分学生存在 /z/ 发音不准确，舌尖抵在上颚而不是齿背，/z/ 替代为 /zh/ 的情况，通过音位对比、发音方式的不同帮助学生掌握 /z/ 的正确发音方式。

二、学情分析

本班听障儿童共 5 名，平均年龄 5.5 岁，男孩 2 名，女孩 3 名。具体情况如下所示。

层级	姓名	障碍类型及程度	构音语音能力现状	相关能力现状
A 类	陈××	听障；助听器；最适	构音清晰度为 88.89%，声母处于第五阶段，能正确清晰地发出 /z/ 的相关音节和词语	响度较低；听觉理解三条件短语；能理解、表达 7—9 个字的句子，已掌握本节课涉及的所有词语；多动
A 类	刘××	听障；助听器；最适	构音清晰度为 83.33%，声母处于第四阶段，少部分情况下将 /z/ 的音节发成 /s/、/sh/	后位聚焦；听觉理解三条件短语；能理解、表达 5—7 个字的句子，已掌握本节课涉及的大部分词语；性格腼腆，主动性不强
B 类	李××	听障；人工耳蜗；最适	构音清晰度为 77.78%，声母处于第四阶段，/zh/ 替代 /z/	腹式呼吸方式不稳定；舌尖运动控制能力差；听觉理解三条件短语；能理解、表达 5—7 个字的句子，掌握本节课涉及的大部分词语；性格开朗，爱表达
B 类	王××	听障；助听器；最适	构音清晰度为 75%，声母处于第四阶段，/zh/ 替代 /z/	音调变化偏大，对音调控制能力差；后位聚焦；听觉理解三条件短语；能理解、表达 5—7 个字的句子，已掌握本节课涉及的部分词语；易丧失信心
B 类	林××	听障；人工耳蜗；最适	构音清晰度为 61.1%，声母处于第四阶段，/d/ 替代 /z/	腹式呼吸方式不稳定；舌尖运动控制能力差；听觉理解三条件短语；能理解、表达 5—7 个字的句子，已掌握本节课涉及的部分词语；情绪稳定

三、教育康复目标

知识与技能：
1. 掌握声母 /z/ 的发音部位与发音方式；
2. 能够理解并说清含有 /z/ 的双音节词如袜子、裤子、早餐、嘴巴、走路、坐（公交）车，以及三音节词如自行车；
3. 能理解并表达句式"鸭子/我+动宾短语"。

过程与方法：通过游戏，在辅助、自助到自主的过程中掌握 /z/ 的发音部位和发音方式，并通过情境理解词语和句子。

续表

情感态度与价值观：
1. 提高用语言进行沟通交流的兴趣，增加主动沟通的频率；
2. 了解上学的过程，萌发对小学生活的向往之情。

教育康复目标	学生能力层级及掌握程度	
	A类	B类
/z/ 的发音部位和发音方式	自主发音准确率达 100%	自主发音准确率达 66.67%
8 个含有 /z/ 的词语	理解并命名 7 个	理解并命名 5—7 个
短句"鸭子/我+动宾短语"	自主表达	自主表达（口头提示）
上学的过程	了解	了解

四、教育康复重点、难点

重点：
1. 掌握声母 /z/ 的发音部位和发音方式；
2. 理解并说清含有 /z/ 音节的双音节词，掌握句式"鸭子/我+动宾短语"。
难点：掌握舌尖前音不送气塞擦音 /z/ 的发音部位和发音方式。

五、教育康复准备

1. 环境准备：录课教室，本底噪声 ≤ 45 dB（A）；
2. 教具准备：压舌板、口部运动训练器、食物图片、手偶、仿真玩具、PPT；
3. 多媒体资源：云讲台 Speech-3 中 /z/ 的音位诱导视频。

六、教育康复过程

教育康复过程	设计意图
组织教学——师生起立互问好 （一）听检—传声筒 师（掩口点名）：陈××在哪里？ 陈××："×××在这里。李××在哪里？" 李××："李××在这里。王××在哪里？"（王起立，李坐下） 依次随机进行……	趣味点名答"到"，检查助听设备工作状态，集中学生注意力。
（二）舌操←口部运动训练 播放《美好的早晨》音乐。 第 1 节：舌前伸坚持 3 s，做 3 次； 第 2 节：舌尖上抬下压（上下齿背）各 3 次； 第 3 节：弹舌 9 次（舌尖抵住硬腭后向下弹开）； 第 4 节：咂舌 9 次（舌尖抵住上齿背后向下弹开）。	体会 /z/ 的舌位，为后面 /z/ 的构音语音训练做好生理准备。
（三）趣味导入+前测 出示小鸭子手偶，学生与小鸭子问好。 出示小鸭子的朋友小鸡和小牛，引出游戏。	调动幼儿兴趣，通过让幼儿与鸭子问好，了解每名学生发 /z/ 的情况。
（四）新授 1. 小鸡小牛对对碰。 游戏规则：小鸡对应左边的图片，小牛对应右边的图片。←听觉识别训练 请学生听一听，跑到对应的动物面前。←听声反应活动 单音节词语识别：粥/走、嘴/追、坐/桌、找/皂。 /z/、/zh/ 的音位对比式识别：紫/纸。 难度调整：根据学生听的表现增加或减小距离。	本班有两名学生将 /z/ 发成 /zh/，听觉为先，确保每名学生能识别 /zh/、/z/。

续表

2. 叫醒小鸭子。←音位诱导（/z/的发音教育） 教师示范发/z/的本音。 教师讲解发音部位和方法，舌尖抵上/下齿背。 教师逐个进行发音矫正，学生巩固发音。 发/z/呼读音的长音/z——/。←呼吸与发声协调性训练 3. 小鸭子穿衣服。←音位习得（zi） 学生选择自己喜欢的裤子和袜子，一边说一边为小鸭子穿（粘贴）裤子、袜子。 句子：小鸭子穿裤子/袜子。←言语语言综合训练 教师指导学生发音。 4. 课间休息。 放松操：小鸭子早上好，刷刷牙，洗洗脸，伸个懒腰好舒服呀。 5. 小鸭子吃早餐。←音位习得（zi、zao） 出示教具：橘子、饺子、包子、桃子、紫薯、大枣、茄子、小鸭子模型。 学生边说句子边喂小鸭子吃东西。 句子：小鸭子吃…… 6. 小鸭子去学校。←音位习得（zi、zou、zuo） 出示图片：走路、公交车、自行车。 学生看图说句子：小鸭子走路/坐公交车/骑自行车。 A类学生：小鸭子坐车—小鸭子坐校车—小鸭子坐公交车—小鸭子坐公交车上学。←逐字增加句长法 （五）巩固 教师总结小鸭子早晨从起床到上学的过程。 学生看图示，描述自己早晨从起床、穿衣、就餐到乘车上学的过程。←言语语言综合训练 A类自主表达，B类在教师提示下完成。 （六）后测 学生跟小鸭子说："小鸭子，再见！"	针对发音方式有问题的学生，用镜子、口部运动训练器或者压舌板帮助学生明确准确的舌位，建立正确的发音方式。 穿衣服环节选择"裤子"和"袜子"，都含有音节zi。 学前学生注意力时间短，可做放松操活动手指和身体。 早餐的食物都含有/z/的音节，巩固目标音节zi、zao，提高清晰度。 将含目标音的词、句融合到一起。根据学情，分层完成教育康复目标。 联系学生的生活实际，渗透按时起床、吃好早餐、安全乘车的德育内容。 监控康复效果
七、教育康复延伸	**设计意图**
1. 律动课：跟随着《上学歌》的音乐做动作，并唱一唱或说一说； 2. 美术课：画袜子、裤子等物品以及桃子、橘子等水果并说一说； 3. 语言区角活动：模仿早上上学的过程，起床—穿衣服—刷牙洗脸—吃早饭—坐车/走路学校，边做边说。	各课配合教学，全面提高幼儿的听觉、言语、语言能力。
八、家庭教育康复指引	**设计意图**
在家庭中，起床后让孩子边做边说自己在做什么，注意/z/的发音，及时纠正；培养儿童的时间观念，养成良好的作息规律。	获得家长更好的配合，巩固提高康复质量。
九、教育康复反思	
本节课以"医教结合，智慧康复"的理念为指导，将"师资培训基地项目"高级康复教师培训中的所学融会贯通于其中。 本节课的优点：① 玩教具丰富，教学组织形式有趣；② 将需构音的词语贯穿于"早晨"的情境中，儿童熟悉并乐于表达。 本节课存在的问题：① 前面部分环节时间拖太长，儿童课程后半段疲劳，注意力不集中；② 主要采用模仿发音的方式正音，指导发音部位方面有所欠缺，需在之后的课上重点强调；③ 在说句子方面给予A类学生的表达机会较多，对B类学生关注不够；④ 教学语言应灵活、丰富，如拿出鸡和牛的时候，可以先模仿叫声再出示。	

在学前听障儿童集体教育康复活动的实施过程中，为了能使每一节集体教育康复课达到最佳的时效性，每一个听障儿童获得最好的教育康复效果，在实际的教育康复活动中还应注意以下两点。[①]

（1）善用情境教学法

情境教学法是指在教育康复过程中，康复教师有目的地引入或创设具有一定情绪色彩的以形象为主体的生动具体的场景，以引起学生一定的态度体验，从而帮助学生理解教材，使其心理机能得到发展的教学方法。情境教学法的核心在于激发学生的情感。建构主义学习理论也提倡情境教学，有学者指出，真实或仿真的知识情境能使学习者有效地理解知识。因此，教育康复活动应在与现实情境相类似的情境中发生。

创设情境、深入情境、再现情境，让听障儿童置身于具体的情境中学习，激发想象力，使他们的知、情、意、行融合成一个整体，能够有效促进听障儿童身心全面、和谐发展。创设情境的途径归纳为以下六种。

一是引入生活情境。课本中的很多内容就是生活的再现，选取与课本内容比较贴近的生活场景，将孩子们引入其中，让他们边体验边学习。如大班的认知活动课"小动物搬家"，康复教师在引导儿童了解楼层及门牌号划分方式的基础上，带领儿童到实地观察楼层及门牌号，并借助小动物头饰，让儿童根据提示完成搬家活动，进行相应的语言训练。

二是实物再现情境。以实物为中心，略设必要的背景，以演示某一特定情境。如中班语言课"美丽的服装"，康复教师将班级布置成服装店，让儿童亲身体验购买服装的过程。又如中班认知课"认识水果"，康复教师将班级布置成水果店，让儿童通过买水果的过程认识不同的水果。

三是图画模型模拟情境。图画是展示形象的主要手段，用图画再现课文情境就是把课文内容形象化。课文插图、特意绘制的挂图、剪贴画、简笔画等都可以用来再现课文情境。如小班生活活动课"快乐午餐"，儿童通过看图观察、认识不同食物，了解午饭时的情景，在康复教师的讲述下明白就餐时应独立、谦让等。

四是音乐渲染情境。音乐以特有的旋律、节奏，塑造出形象，把听者带到特有的意境中。用音乐渲染情境可以通过播放乐曲、歌曲，教师弹奏、轻唱以及学生表演唱、哼唱等。需要注意的是，选取的乐曲与教材的基调、意境及情境的发展要相对应、协调。如中班艺术课"小小面包师"，在律动的引导下，初步培养儿童感受音乐节奏的能力，引导儿童能根据音乐节奏摇晃有响声的面包模型，引导他们积极聆听，快乐参与。

五是表演体会情境。情境教学中的表演有两种：一是进入角色，二是扮演角色。进入角色即"假如我是××"，扮演角色则是担当故事中的某一角色进行表演。如大班的语言课"人们的工作"，儿童在体验"小动物的工作"的基础上通过角色扮演来体验一些典型职业（医生、教师、警察、理发师等），通过体验亲近角色，体会角色特征。

六是语言描述情境。运用丰富的语言描述故事情境，让儿童通过语言进行联想。如大班的活动课"小猪逛公园"，儿童戴好头饰，在老师语言的引导下进行各种动作练习，

[①] 陈岩. 情境教学法在听障儿童集体教学中的运用 [J]. 中国听力语言康复科学杂志, 2014 (z1): 32-34.

把小猪逛公园的情境演示出来。

（2）注重培养听障儿童的语言表达能力

在集体课教育康复活动中，为更好地促进听障儿童语言的发展，结合涂波的观点提出以下建议。[①]

一是语言氛围和谐轻松，制定合理的教育康复目标。每个听障儿童的听力程度、语言水平及个性心理都不同，接受能力、学习优势也不相同，在教育康复活动中，康复教师要尊重听障儿童的个体差异，强调对个体的纵向比较，淡化群体间的横向比较，选择听障儿童感兴趣的内容引发话题，鼓励他们表达，让他们在宽松的氛围中学习语言。

二是语言环境轻松愉快，激发表达语言的愿望。语言能力是在运用的过程中发展起来的。发展听障儿童的语言，关键是创设使他们想说、敢说、喜欢说、有机会说并能得到积极应答的环境，选择合适的语言教育内容和方法，可以最大限度地激发听障儿童语言表达的愿望，提高他们的语言表达能力。

三是语言环境丰富多彩，贴近儿童生活。丰富的生活内容和活动形式是听障儿童语言的源泉。康复教师要将听障儿童置于真实的生活情景中，丰富其生活经验，引导听障儿童仔细观察生活。要结合实际，精心准备，通过示范、提示，教会听障儿童语言表达的方法，充分调动听障儿童多种感官，让他们观察思考，要让语言训练无处不在。教师可每学期结合实际，为听障儿童安排实践活动，如游览动物园、参观花卉展览、去超市购物等，充分利用听障儿童感兴趣的事物，在实践中让听障儿童认识事物，并让其谈论所见所闻及感受等，这样既培养了他们的语言表达能力、观察能力，又发挥了他们的想象力和创造力。这样，听障儿童才会有话可说，有话会说。

四是养成聆听的习惯，发展听障儿童的语言理解能力和表达能力。听是说的基础，要想会说，首先要养成爱听、多听、会听的好习惯，所以听障儿童充分运用重建或补偿的听力，养成聆听的习惯，对发展语言是非常有利的。《幼儿园教育指导纲要》中指出，要让幼儿养成注意倾听的习惯，发展语言理解能力。听障儿童词汇量少，语法知识有限，语言不丰富、不完整甚至不准确，康复教师应通过规范化的语言为听障儿童提供语言学习的榜样，让听障儿童在良好的语言环境中自然地模仿学习。在教育康复活动中可采用一看、二听、三讲的教育康复方法。一看，是指康复教师提供具体形象的内容引导听障儿童观察，同时教会其观察的顺序和方法。二听，是指康复教师用简单的语言进行讲述，引导听障儿童聆听。康复教师在讲述时要给听障儿童留有发挥和扩展的余地。三讲，是指让听障儿童在看、听的基础上学会用丰富、连贯、完整、富有创造性的语言进行讲述。倾听是听障儿童学习语言的重要方式。认真倾听可以促进他们理解语言，进而提高语言表达能力。

总之，在集体教育康复活动中，康复教师必须调整自身角色。康复教师不只是知识的灌输者、传授者，更是良好教学环境的创造者，交往机会的提供者、引导者。只有这样，听障儿童才能学到有意义的语言，并在生活中灵活运用语言。

---

① 涂波.如何在集体课教学活动中培养听障儿童的语言表达能力[J].中国听力语言康复科学杂志，2014（z1）：41-42.

（二）学龄集体教育康复方案的实施流程

集体教育康复课是学龄听障儿童补偿缺陷、发展语言、掌握知识和技能的主要教育康复形式，依据九年义务教育的课程设置要求，主要包括语文、数学、英语、律动、美术、体育等学科的教育康复，其中语文课又包含汉语拼音教学、字词、句子、短文及课文等课程类型，数学课又包含数与代数、图形与几何、统计与概率教学等课程类型。在实际的教育康复过程中，根据教学内容和听障儿童的缺陷补偿水平、言语发展能力、语言发展现状以及智力情况等，在每节课中又会设置不同的教育康复目标，采用不同的教育康复技能和方法。一般来讲，进行一节学龄听障儿童教育康复集体课主要需经过以下几步。

1. 分析教育康复内容

首先，要明确所选用的教材（国家课程、校本课程、康复云教材）、主要内容是什么，要能体现本节课的主题及本节课主要的教学及康复内容；其次，康复教师要针对本节课所使用的教材从"教"与"学"两方面进行详细的解读分析，对教材中所包含的知识点和康复训练点熟记于心，以便有的放矢地设计本节课的教育康复内容和教育康复环节。

2. 分析学情

学情分析主要包含对每个或每类听障儿童的基本情况（年龄、智力、障碍类型、障碍程度、助听效果等）的分析，分析要清晰明确；核心能力现状分析要详略得当、重点突出，要围绕本节课的主题（言语康复课、听觉康复课、综合康复课），能够体现当前听障儿童在该方面的总体能力，为设计教育康复目标、选择教育康复策略提供可靠的依据。

3. 确定教育康复目标

康复教师针对教育康复内容和学情分析状况，制定切实可行的教育康复目标。教育康复目标要设计合理并具有发展性，既要符合听障儿童当前的发展水平，同时又要超越现有水平，向更高的层次发展。目标内容具有整体性，包括教育康复的三维目标，即情感目标（M）、知识与技能目标（S）、康复目标（R），要让教育康复目标与教育康复目的相符合；目标内容具有层次性，应针对听障儿童的实际情况分层设置教育康复目标，让每个听障儿童达到最佳的教育康复效果；目标的设立具有可行性，内容清晰、明确、具体、可行，有利于在教育康复活动中顺利达成，内容有一定的弹性，以便灵活实施。

4. 确定教育康复重难点

康复教师除了制定教育康复目标外，还要明确指出本次教育康复活动的重点和难点，在设置教育康复活动、选择教育康复方法时要有目的地突破重难点，更好地完成教育康复目标。

5. 进行教育康复准备

教育康复准备要充分、合理，一般包括环境准备、教具准备和教育康复仪器的选用等方面。为了创设一个良好的聆听环境，授课教室最好本底噪声 ≤ 45 dB（A）；教具主要包含微课、学案、智能 PPT 及相关的实物等，其中，微课可供家长和听障儿童预习、巩固学科知识重难点和康复训练点，细致解读情感、态度、价值观，为听障儿童提供课下和课堂使用的突破学科知识重难点的学习方案和自我康复训练点；教育康复仪器主要包括口部运动训练器、云讲台等。

6. 实施教育康复过程

教育康复过程一般包括前测、康复基础训练、新授、巩固练习、后测等几个环节。前、后测内容清晰，与本次教育康复活动的目标相契合；康复基础训练要在紧密结合听障儿童实际康复水平的基础上，与本次康复活动的训练点高度融合，循序渐进；新授环节设计条理清晰、重难点突出、难度梯度合理；巩固练习环节设计得当、意图合理。

近年来，在"医教结合，智慧康复"教育发展理念的指引下，将康复技术的内容和方法与义务教育阶段的教学进行智慧融合，将传统教学经验与现代教育理念、手段相结合的教育康复探索从未停止。在新课标的指引下，MSR 三线模式之六环节课堂（简称 ITCUDA）已应用于实践中。

德育渗透（M）：MSR 三线模式之德育教育，即听障儿童情感、态度、价值观的培养，为其融入主流社会奠定基础。

学科知识学习（S）：新知诱导（induction of new knowledge）→ 习得新知（the acquisition of new knowledge）→ 仿用新知（copy with new knowledge）→ 活用新知（use new knowledge）→ 拓展新知（develop new knowledge）→ 课堂评价（classroom assessment）。

康复训练（R）：助听设备课检 + 情绪诱导（E）/ 听觉（H）/ 言语（S）/ 语言（L）/ 认知（C）/ 运动康复训练（M）。

学龄听障儿童教育康复的 MSR 三线模式是以"医教结合、强化口语、学词学句、说写并举"为最终目标，以义务教育国家课程为主要内容，将听觉、言语、语言及学科相关能力的教育康复贯穿始终，以情感、态度、价值观的教育渗透其中的三线交织的教育康复模式。学科知识学习主线与康复训练辅线、德育情感教育支持线的三线互动，为听障儿童学到知识、学会有效沟通、形成能力、成功融入主流社会奠定基础。经过实践，该模式收到了很好的教育康复效果。MSR 三线模式在汉语拼音教育康复日方案中的具体实施流程如图 3-1 所示。

7. 进行教育康复延伸

课后，个别化康复教师、各科康复教师和家长共同指导学生复习、巩固、运用本课的学科知识和康复训练方法，构建立体化的学习和康复训练体系，把学习从单一纯粹的环境中迁移到丰富、自然的生活环境中，促成新知识的生成，不断提升学生的教育康复效果。

图 3-1　MSR 三线模式

8. 进行教育康复反思

康复教师针对本次教育康复活动的目标、师生双边活动情况、教育康复效果进行反思，发扬优点，弥补不足，不断提升教育康复水平。

学龄低段集体教育康复课的具体实施参见案例 3-8。

案例 3-8

学龄阶段的听障儿童具备了一定的语言基础，因此在进行听觉言语康复课的时候，往往结合语言训练。下文所提供的案例就把听觉言语康复和语言训练结合在了一起，能让言语和语言能力协调发展。

/c/ 的构音语音训练

学科	听觉言语康复	设计人	孙振波
教育康复对象	一年级	主讲人	孙振波
课型	集体教育康复课	课时	第 1 课时（共 1 课时）

一、教育康复内容分析

　　本节课使用"医教结合，智慧康复"理念指导下的 S3 中 /c/ 的构音运动治疗和 /c/ 的构音语音训练，根据学生实际情况，内容有所调整。主要包括声母 /c/ 的发音部位与发音方式、/c/ 和 /ai/、/ao/、/an/ 相拼的单、双、三音节词及相关短句。

二、学情分析

　　本班听障学生共 6 名，平均年龄 8 岁，男孩 4 名，女孩 2 名。总体上，该班学生的助听效果较好，言语语言基础好，教师可以口语为主、手语为辅进行教学；学生在课堂上配合度较高，学习习惯较好。具体情况如下所示。

层级	姓名	障碍类型及程度	构音语音能力现状	相关能力现状
A 类	董××	听障；人工耳蜗术后 4 年；最适	言语清晰度达到 80%，声母、韵母全部习得	认知能力和理解能力较好
	林××	听障；人工耳蜗术后 1 年；较适	言语清晰度达到 63%，构音能力不稳定，有时用舌尖中音替代舌尖前音	有时存在后位聚焦，认知能力和理解能力较好
	胡××	听障；助听器佩戴 5 年；适合	言语清晰度达到 71%，发音不稳定，有时用舌尖后音替代舌尖前音，有时未掌握送气特征	能表达短句，有时响度过高，认知能力和理解能力较好
B 类	曲××	听障；助听器佩戴 4 年；适合	言语清晰度达到 65%，能较准确习得所学音位，个别时候用舌尖后音替代舌尖前音	认知能力较好，易丧失信心
	孙××	听障；人工耳蜗术后 2 年；较适	言语清晰度达到 32%，易用舌尖中音替代舌尖前音，未掌握送气特征，构音能力较差	后位聚焦、硬起音，音调单一，有时有高音调，认知能力较好
	衣××	听障；助听器佩戴 4 年；适合	言语清晰度达到 34%，基本能习得所学音位，有时用舌尖后音替代舌尖前音，自主表达少	认知差，理解能力差

三、教育康复目标

1. 掌握声母 /c/ 的发音部位与发音方式，能够正确跟读含有 /c/ 的词语——猜、菜、油菜、菠菜、大白菜、卷心菜、菜篮子、操、操场、做早操、草、草莓、吃草莓、采草莓、餐、餐具、西餐、吃早餐、快餐店；提高声韵结合的拼读能力，提高言语清晰度；能在提示下表达相关短句；
2. 不断提高听觉能力，能较正确区分两到三条件的词语；
3. 改善呼吸支持不足的现状，不断激发发音说话的兴趣。

教育康复目标	儿童能力层级及掌握程度
/c/ 的发音部位与发音方式	掌握，正确率达到 90% 以上
词语跟读	基本掌握

短句表达	熟悉
呼吸支持不足	改善

四、教育康复重点、难点

重点：掌握声母 /c/ 的发音部位与发音方式，能够正确跟读"油菜""草莓"等含有 /c/ 的词语，提高声韵结合的拼读能力，提高言语清晰度，并能在提示下表达简单句子；不断提高听觉能力，能较正确区分不同条件的相关词语。

难点：准确掌握 /c/ 的发音部位及方法，改善呼吸支持不足的现状。

五、教育康复准备

1. 环境准备：录课教室，本底噪声 ≤ 45 dB（A）；
2. 教具准备：口部构音运动训练器、卡片及相关实物的 PPT；
3. 云平台资源：云讲台—S3 中 /c/ 的构音运动治疗和 /c/ 的构音语音训练。

六、教育康复过程 | 设计意图

（一）前测
师出示卡片，进行前测，并记录。

检测学生未习得的知识点。

项目	cai	cao	can	得分
单音节	菜	草	餐	
评估结果				
双音节	菠菜	草莓	西餐	
评估结果				
三音节	大白菜	吃草莓	快餐店	
评估结果				

（二）基本言语功能训练←提示促进法
唱音练习：zai—zai zai zai
　　　　　zao—zao zao zao
　　　　　zan—zan zan zan

唱音练习提高言语呼吸支持能力。

四声练习：ai ao an
舌训练：舌体操，上下左右转圈各 8 次，针对舌尖平伸进行练习。

提高构音器官的灵活性，为发音说话做好准备。

（三）新授
1. 音位诱导。←示范模仿法、提示促进法
师出示 S3—构音语音训练—/c/ 的音位诱导动态发音教育视频，让学生了解 /c/ 的发音部位和发音方式，学生模仿发音，师纠正。
师出示要整体认读的音节及四声，学生进行拼读练习。
　　　　　ci cī cí cǐ cì
　　　　　z—ai z—ao z—an
　　　　　c—ai c—ao c—an

找准发音部位，掌握发音方式。

提高声韵结合的拼读能力。

2. 音位习得及音位强化训练。←重读训练、示范模仿法、提示促进法
（1）参观菜市场，进行音节 cai 的习得及强化训练。
构音运动治疗：[c—AI—ai] cāi
深吸一口气说：cai—cai cai cai

缓慢平稳呼气法和快速用力呼气法相结合，提高言语呼吸支持能力。

续表

四声练习。 分别进行"猜、菜、油菜、菠菜、大白菜、卷心菜、菜篮子"的认知与跟读练习。 情境演示，听说联动训练（从一个词到两个词）： ×××：我要买（　　）。 ×××：给你（　　）。 根据提示说句子：菜篮子里有（　　）、（　　）和（　　）。 （2）进行音节 cao 的习得及强化训练。 构音运动治疗：[c—AO—ao] cāo 深吸一口气说：cao—cao　cao　cao 四声练习。 分别进行"操、操场、做早操、草、草莓、吃草莓、采草莓"的认知与跟读训练。 音节强化：谁做早操？早晨，谁在哪里做早操？你喜欢/不喜欢吃草莓吗？ （3）进行音节 can 的习得及强化训练。 　　　　　　[can—CAN—can] cān 深吸一口气说：can—can　can　can 四声练习。 分别进行"餐、餐具、西餐、吃早餐、快餐店"的认知与跟读训练。 音节强化：谁去快餐店做什么？ 3. 游戏巩固。←提示促进法 出示游戏版，比一比谁说得快。 利用游戏版进行听说联动训练（单、双、三条件）。 三个目标音节的综合句子练习：灿灿在操场上做早操；快餐店里有草莓、菠菜和卷心菜。 （四）效果监控 后测：出示卡片进行 /c/ 的构音评估，并记录。	通过单音节、双音节、三音节词语的跟读，学生习得 /c/。 不断增加句长，提高言语呼吸支持能力和语言能力，激发发音说话的兴趣。 进一步强化 /c/ 音。 巩固本节课的训练效果。

项目	cai	cao	can	得分	
单音节	菜	草	餐		检测本节课的训练效果，为后续安排提供依据。
评估结果					
双音节	菠菜	草莓	西餐		
评估结果					
三音节	大白菜	吃草莓	快餐店		
评估结果					

将记录结果与前测结果进行对比，以便进一步训练。

七、教育康复延伸

在语言沟通交往课中继续创设情境，进行相关的言语训练。
建议林××和孙××在个训课中继续进行构音语音训练，准确习得目标音。
建议其他学生在小组中进行 /c/ 的最小音位对的听说训练。
继续进行呼吸支持的相关训练。

续表

八、家庭教育康复指引	设计意图
建议林××和孙××的家长利用云康复平台继续让学生进行 /c/ 的构音语音训练，帮助学生准确习得目标音。 建议其他学生的家长利用云平台让学生进行 /c/ 的最小音位对的听说训练。 继续进行呼吸支持的相关训练。	获得家长更好的配合，提高康复质量。
九、教育康复反思	
本节课4名学生准确掌握了 /c/ 的构音，并能准确进行相关的听说联动训练，下一步可以进行最小音位对的训练；有2名学生构音不太稳定，课后需要联系个别化康复训练教师及家长继续进行构音语音训练。呼吸和发声协调性趋于稳定，呼吸支持不足的现状有较大改善，可继续进行训练。	

在学龄集体教育康复课的实施过程中，为了能使每一节课达到最好的教育康复效果，还应该注意以下几点：

（1）听障儿童已获取的康复技能、已掌握的知识经验与有效的教育康复活动的组织与实施

康复教师在制定教育康复内容、预设教育康复目标、选择教育康复策略和方法时，必须关注听障儿童已获取的康复技能、已掌握的知识经验，同时关注听障儿童即时生成的和经过日积月累的教育康复训练可以生成的能力，以听障儿童的兴趣、康复需要和成长需求为"起点"，展开预设，注重教育康复目标的合理性、具体性、可操作性、多重性，这样才能使预设的教育康复活动焕发其应有的生命力，生成有效的集体教育康复活动，达到最佳的教育康复效果。

（2）集体课各环节的活动时间分配与有效的教育康复活动的组织与实施

集体教育康复课依据听障儿童的年龄、缺陷补偿、心理的特点和本班的实际情况而开展，需要教师科学地设计教育康复活动，根据实际情况随机调整活动组织策略，使教育康复的时间结构、组织形式与内容结构三者相匹配，避免顾此失彼，影响整个集体教育康复活动的效率。

（3）康复教师的提问引导与有效的教育康复活动的组织与实施

提问是我们日常教育康复活动中最常用的一种教育策略。提问的有效性是指教育康复活动中的提问能有效地激发听障儿童的兴趣，引起思考、探索，推动达到教育康复目标。设计恰当的问题，把握好提问时机，是落实集体教育康复活动有效性的重点。鉴于听障儿童言语和语言发展的特殊性，教师的提问既要避免一些"好不好？对不对？是不是？"等无效问题，又要契合听障儿童听能和语言发展的不同阶段，提问语言要简练、易懂，能让师生之间有效沟通，能引导听障儿童积极主动地参与教育康复活动，促使教育康复活动层层深入地展开，突破教育康复活动中的重点、难点，更好地达到教育康复目标。

（4）环境、教具、教育康复方法的选用与有效的教育康复活动的组织与实施

听障儿童的听能发展是一个长期的、渐进的过程，为了达到最佳的重建或补偿效果，在进行教育康复活动时对周围环境的要求比较高，最好在本底噪声 ≤ 45 dB 的环境

中进行，并且在集体教育康复活动中要尽量避免集体回答问题或朗读课文，因为同学之间互相发声会大大降低助听效果，会让师生或生生之间的沟通变得低效或无效。其次，在教具和教育康复方法的选用上要注重实际效用，避免一些盲目性和形式化的东西，尽量让每一个教具、每一种教育康复方法切实服务于听障儿童。

（5）尊重个体差异与有效的教育康复活动的组织与实施

集体教育康复活动是一种有目的、有计划、有严密结构的预设性教学，听障儿童由于各方面原因个体间差异很大，所以在集体教育康复课的设计及实施的过程中，我们既要考虑到集体中多数儿童的发展水平，同时也要兼顾他们个体间的差异，在完成集体教育康复目标的同时，让每个孩子都能得到最好的发展。

四、教育康复监控

黄昭鸣博士提出的言语治疗"A+T+M"的操作模式同样适用于集体教育康复，A即评估 Assessment，T即治疗 Therapy，M即监控 Monitor。集体教育康复的整个过程就是通过评估—治疗—监控这一循环往复的操作过程来完成的。所不同的是，集体教育康复过程中的"评估"与"治疗"所包含的内容更宽泛，与之相对应的"监控"就包含了更多的方式、方法，涵盖了听觉、言语、语言、认知、相关学科的知识与技能等多方面的内容。康复教师要通过科学持续的监控，掌握每个学生的教育康复进程，并与小组及个别化教育康复方式相结合，不断调整教育康复方案，提高学生个体的教育康复效果。

（一）监控形式动静结合

监控形式可以分为动态与静态两种，各位康复教师可以用纸质材料或视频呈现测评过程。选用的测评形式一定要能形象直观地展示听障儿童某一时间段内的教育康复进展，以便于康复教师根据测评表现及结果监控疗效，及时调整教育康复方案，提高教育康复效率。

（二）监控节点各不相同

监控的时间节点各不相同，根据实际的教育康复需要，可以进行每节课的前测与后测、周测评、月测评、学期测评等，有时候还可进行相关的主题测评，如"拼音测评""句子测评""画文同步《我们爱祖国》"等。

（三）监控内容科学全面

监控内容要以学生为本，以听障儿童的各项功能的康复程度为依据，不但要监控听觉、言语、语言、认知等模块的康复水平，对于学前儿童还要涵盖国家规定的五大领域的课程内容，对于学龄儿童则要涵盖国家规定的义务教育课程各学科的相关内容，并且要关注不同学段的侧重点，低龄的儿童可塑性强，对他们的监控偏重于康复水平，随着学段与年龄的增加，教育教学内容所占的监控比重要大一些。

总之，监控是为了能及时反思、改进、调整教育康复方案和实施过程，逐步形成评估—治疗—监控这一可操作的良性循环机制，各课教师和个别化康复教师、家长要共同配合进行个别化辅导，巩固学生集体教育康复课的效果，促使每个学生都能超越自我，不断进步。

第四章

集体教育康复案例设计与解析

本章呈现了学前和学龄低段听障儿童相关的集体教育康复案例，所有案例皆在HSL核心干预法支持下，在ICF理念的基础上，依据相关班级听障儿童的诊疗档案，结合学前和学龄段各学科不同的教育教学内容、康复训练侧重点而制定实施。具体包括不同学段的阶段方案和不同类型的日方案，其中，根据实际需要，阶段方案又包含了学期方案、月方案和周方案，为教育康复内容的顺利实施保驾护航。在实施过程中，把黄昭鸣博士提出的言语治疗"A+T+M"的操作模式泛化到各个学科，努力实现"精准评估、有效训练"。

学前集体教育康复案例设计与解析

PART 1

第一节

学前集体教育康复方案的设计,主要是以"精准评估、有效训练"为理念,以 HSL 核心干预法为支撑,以学前五大领域课程内容为载体,以 1+X+Y(集体、小组、个别化)的教育康复形式为依托,以黄昭鸣博士的"A+T+M"操作模式为范本,根据案例中各个相关班级学生的各项功能水平和各领域的教育康复特点而制定,包括阶段方案和日方案。由于学前段基本是听障儿童教育康复功能训练的起始阶段,也是黄金时段,对听障儿童今后的发展意义重大。因此,力求通过现代化的教育康复手段,努力改善听障儿童的听觉、言语、语言、认知等能力,为今后的教育康复发展奠定良好的基础。

一、诊疗档案实施案例

对于新入学的听障儿童,康复教师在家长、听力技术员的共同合作下,历时大约一周的时间完成基本资料的采集,为每名儿童制定诊疗档案。诊疗档案案例中的综合筛查和专项筛查部分登录康复云即可完成,在此不做赘述,只简单展示 5 名儿童的基本资料、各项评估的结果以及 ICF 功能损伤程度分析。

(一)学生基本资料

学生的基本资料包括性别、出生日期、听力情况、助听设备及开机时间、康复史等,见表 4-1。

表 4-1 学生基本资料

姓名	性别	出生日期	听力情况/dBHL/	助听设备及开机时间	康复史
王×	女	2013年10月	左耳：100 右耳：100	左耳，人工耳蜗，2015年7月；右耳，助听器	2017年9月至今在××特校学前班就读，每天6节集体课、1节个训课，内容为听觉、言语、语言
吕××	男	2011年11月	左耳：120 右耳：120	双耳助听器，2015年7月	2015年4月—8月在××特校学前班进行集体、个训康复；2015年—2016年回老家休病假一年；2017年3月病好至今继续在××学前班进行集体和个训康复，每天6节课，上课时间为40分钟，内容为听觉、言语和语言、认知、美术、律动及手工
王××	女	2013年7月	左耳：65 右耳：66	双耳助听器，2015年6月	2017年4月至今在××学校学前班进行集体和个训康复，每天6节课，上课时间为40分钟，内容为听觉、言语和语言、认知、美术、律动及手工
彭××	女	2012年11月	左耳：120 右耳：120	左耳，助听器；右耳，人工耳蜗，2013年5月	2015年9月—12月在××特校学前班进行一周2次的个训，内容为听觉、言语和语言；2016年回姥姥家；2017年3月至今在××学校小学部就读，每天6节集体课和个训课，内容为听觉、言语、语言
孙××	女	2013年2月	左耳：120 右耳：120	左耳，人工耳蜗，2014年6月；右耳，助听器	2017年3月至今在××特校学前班就读，每天6节集体课，内容为听觉、言语、语言

（二）学生评估结果及分析

对学生的听觉、言语、语言、认知四方面的精准评估结果进行记录，并进行 ICF 功能转换，可以详细了解每名学生各项功能的损伤程度，为后期的方案制定做准备，见表4-2。

表 4-2 学生评估结果及分析

姓名	听觉能力	言语能力	语言能力	认知能力
王××	听觉识别音位对比式韵母识别和听觉理解三条件词语未通过，其他评估项目均通过	发声功能存在2级中度损伤；共鸣功能中 /i/ 的 F_2 值略低于参考标准值的下限，存在轻微的后位聚焦，即1级轻度损伤，其他评估项目均通过；构音能力存在1级轻度损伤	词语理解存在1级轻度损伤；句子理解和句式仿说存在4级完全损伤	知识评估中，颜色和形状认知存在2级中度损伤；数字认知存在3级重度损伤

姓名	听觉能力	言语能力	语言能力	认知能力
彭××	听觉识别语音均衡式声母需要训练；听觉理解处于单条件词语理解阶段	呼吸功能中的MCA存在2级中度损伤；构音能力存在3级重度损伤	语音产生评估不通过；词语理解和命名存在3级重度损伤；句子理解和句式仿说存在4级完全损伤	知识评估中，颜色和形状认知存在2级中度损伤；数字认知存在3级重度损伤
吕××	该生属于极重度聋，听损严重，双耳佩戴助听器但助听效果为看话	因该生仅能用模仿口型的方式发音，言语功能评估项目并不适用于该生	因该生仅能用手语和看口的方式习得语言，语言功能评估项目并不适用于该生	知识评估中，颜色和形状认知存在2级中度损伤；数字认知存在3级重度损伤
孙××	该生属于极重度聋，内耳道狭窄，植入人工耳蜗，助听效果为看话	因该生仅能用模仿口型的方式发音，言语功能评估项目并不适用于该生	因该生仅能用手语和看口的方式习得语言，语言功能评估项目并不适用于该生	知识评估中，颜色和形状认知存在2级中度损伤；数字认知存在3级重度损伤
王×	该生属于极重度聋，植入人工耳蜗，但只能察知声音	呼吸功能中的MPT和MCA存在4级完全损伤；发声功能中的言语基频未测得；共鸣功能中的共振峰皆未测得；构音能力存在4级完全损伤	因该生听觉功能及言语功能较差，语言功能评估项目暂不适用于该生	知识评估中，颜色和形状认知存在2级中度损伤；数字认知存在3级重度损伤

吕××、孙××，极重度聋，助听效果为看话，老师对两位幼儿分别用林氏六音和拍手等方法测试，均无反应；王××，听损严重，虽植入了人工耳蜗，但听神经和大前庭问题导致该幼儿只能察知声音，听不清声音。这3名幼儿处于构音语音韵母的最初级阶段，均需看口模仿发音加手指语辅助的形式来康复。

综上所述，根据听力，再结合学生对所学知识的接受情况，将学生分为三类：

A类：王××。

B类：彭××、吕××。

C类：孙××、王××。

二、阶段方案实施案例

本阶段方案实施案例是依据诊疗档案中听障儿童的听觉、言语、语言、认知等各项功能的损伤程度而制定的，包括学期方案、月方案和周方案。阶段方案只是教育康复训练的大致目标与粗略内容，在具体的训练过程中会根据听障儿童的教育康复水平或外部条件的变化而随时调整。

(一)学期方案

本书以 2017 年 9 月—2017 年 12 月为时间段,结合学前五大领域的教育内容,从听觉、言语、语言、认知等方面入手制定了康复训练学期方案,预期 A、B、C 三类学生在本学期内可以达到的教育康复水平,见表 4-3。

表 4-3　学期方案

领域(课程)	阶段内容	目标达到程度		
		A 类	B 类	C 类
兴趣与意志	培养集中注意力听(看)别人说话的能力,初步养成想说、爱说、能说的良好语言表达习惯,勇于与他人沟通,乐于表达自己看到的事物和想说的话	能达到兴趣与意志目标	能达到兴趣与意志目标	能达到兴趣与意志目标
听觉	听觉察知:听声放物(动物声、环境声、林氏五音)	每个音重复 3 遍,正确率达 100%	每个音重复 3 遍,正确率达 67%	每个音重复 3 遍,正确率达 33%
	听觉察知:察知声音的有无	每个音重复 3 遍,正确率达 100%	每个音重复 3 遍,正确率达 67%	每个音重复 3 遍,正确率达 33%
	听觉分辨——能区分时长(长/中、中/短、三/单、双/单、三/双音节)	每个音重复 3 遍,正确率达 100%	每个音重复 3 遍,正确率达 67%	每个音重复 3 遍,正确率达 33%
	听觉分辨——能区分语速(快/慢、快/中、中/慢)	每个音重复 3 遍,正确率达 100%	每个音重复 3 遍,正确率达 67%	每个音重复 3 遍,正确率达 33%
	听觉分辨——能区分强度(大/小、大/中、中/小)	每个音重复 3 遍,正确率达 100%	每个音重复 3 遍,正确率达 67%	每个音重复 3 遍,正确率达 33%
	听觉分辨——能区分频率(声调:一声/四声、二声/四声、三声/四声、一声/二声、一声/三声、二声/三声)	每个音重复 3 遍,正确率达 100%	每个音重复 3 遍,正确率达 67%	每个音重复 3 遍,正确率达 33%
	听觉分辨——能正确指认时长(三/单、双/单、三/双)	每个音重复 3 遍,正确率达 100%	每个音重复 3 遍,正确率达 67%	每个音重复 3 遍,正确率达 33%
	能理解、听辨、表达五官类、服装类、食品类、卫生用品类、交通工具类、学习用品类等单条件词语	八选一正确率达 100%	八选一正确率达 60% 以上	八选一正确率达 30% 以上
言语	提高言语呼吸支持能力、增加肺活量	MPT 值达 1—2 s	MPT 值达 1—2 s	MPT 值达 1—2 s

续表

领域（课程）	阶段内容	目标达到程度		
		A类	B类	C类
言语	口部运动治疗：咀嚼法、下颌全开位、半开位、闭合位、下颌转换的训练；双唇力量、圆唇、展唇、圆展唇转换训练	每个音重复3遍，正确率达100%	每个音重复3遍，正确率达67%	每个音重复3遍，正确率达33%
	本学期学完所有韵母，习得声母/b、m、p/	每个音重复3遍，正确率达100%	每个音重复3遍，正确率达67%	每个音重复3遍，正确率达33%
语言	名词、动词、形容词的理解与命名	能正确理解、指认、表达目标词	能正确理解、指认大部分目标词	能正确理解、指认部分目标词
认知	颜色（红、蓝、黄、绿）；水果（杧果、菠萝、苹果、葡萄）；常见动物（狗、猫、马、牛、猪、羊、鸭、鸡）；自己（五官）；自然（水、沙、太阳、月亮）；物体的量（大小、多少、长短、高矮）；图形（圆、正方形、三角形、长方形）	能达到认知目标	能达到大部分认知目标	能达到部分认知目标

（二）月方案

把学期方案的具体教育康复内容及目标，由易到难、层层递进分解到本学期的四个月份当中，有计划地组织实施，形成每个月的月方案，见表4-4。

表4-4 月方案

时间	兴趣与意志	听觉	言语	语言	认知
九月	培养集中注意力听（看）别人说话的能力，初步养成想说、爱说、能说的良好语言表达习惯，勇于与他人沟通，乐于表达自己看到的事物和想说的话	1. 听觉察知：听声放物（动物声、环境声、林氏五音）；2. 听觉察知：察知声音的有无；3. 听觉分辨——能区分语速（快/慢、快/中、中/慢）	1. 通过唱音训练，提高言语呼吸支持能力；2. 咀嚼法、下颌全开位、半开位、闭合位、下颌转换的训练；通过响声吻、双唇抿饼干、拉纽扣、夹压舌板，提高双唇闭合能力及双唇力量；3. 习得韵母/a、i、u、o、e、ü、ai、ao/，并结合词语进行练习	1. 五官类：眼睛、鼻子、嘴巴、耳朵、手、脚、头发、眉毛；2. 服装类：上衣、裤子、袜子、鞋、围巾、手套、帽子；3. 食品类：饼干、果汁、蛋糕、汉堡、冰激凌、糖果、鸡蛋、巧克力	1. 颜色：红色、蓝色、绿色、黄色；2. 水果：杧果、菠萝、苹果、葡萄

续表

时间	兴趣与意志	听觉	言语	语言	认知
十月	培养集中注意力听（看）别人说话的能力，初步养成想说、爱说、能说的良好语言表达习惯，勇于与他人沟通，乐于表达自己看到的事物和想说的话	1. 听觉分辨——能区分时长（长/中、中/短、三/单、双/单、三/双音节）； 2. 听觉分辨——能区分语速（快/慢、快/中、中/慢）； 3. 听觉分辨——能区分强度（大/小、大/中、中/小）	1. 通过唱音训练，提高言语呼吸支持能力； 2. 咀嚼法、下颌全开位、半开位、闭合位、下颌转换的训练；通过响声吻、双唇抿饼干、拉纽扣、夹压舌板，提高双唇闭合能力及双唇力量； 3. 习得韵母/ua、uo、ui、iu、ei、ie、ao、ou/，并结合词语进行练习	1. 能理解、听辨、命名词语（蔬菜类）土豆、青菜、芹菜、萝卜、茄子、黄瓜、西红柿、大白菜； 2. 能理解、听辨、命名词语（电器类）电灯、电视、电冰箱、洗衣机、电脑、录音机	1. 认识动物类：狗、猫、马、牛、猪、羊、鸭、鸡； 2. 认识自己（五官类）：眼睛（看）、鼻子（闻）、嘴（吃）、耳朵（听）； 3. 认识自然：水、沙、太阳、月亮
十一月	培养集中注意力听（看）别人说话的能力，初步养成想说、爱说、能说的良好语言表达习惯，勇于与他人沟通，乐于表达自己看到的事物和想说的话	1. 听觉分辨——能区分频率（声调：一声/四声、二声/四声、三声/四声、一声/二声、一声/三声、二声/三声）； 2. 听觉分辨——能区分时长（三/单）	1. 通过唱音训练，提高言语呼吸支持能力； 2. 咀嚼法、下颌全开位、半开位、闭合位、下颌转换的训练；通过舌舔海苔等方法提高舌尖上抬能力； 3. 习得韵母/an、en、in、un、ang、eng、ing、ong/，并结合词语进行练习	1. 能理解、听辨、命名词语（卫生用品类）梳子、毛巾、牙刷、杯子、肥皂、牙膏； 2. 能理解、听辨、命名词语（野生动物类）大象、狮子、老虎、猴子、斑马、长颈鹿、熊猫、孔雀	认识物体的量：大小、多少、长短、高矮
十二月	培养集中注意力听（看）别人说话的能力，初步养成想说、爱说、能说的良好语言表达习惯，勇于与他人沟通，乐于表达自己看到的事物和想说的话	1. 听觉分辨——能正确指认时长（双/单、三/双）； 2. 能理解、听辨、表达食品类、学习用品类、卫生用品类等单条件词语	1. 通过唱音训练，提高言语呼吸支持能力； 2. 咀嚼法、下颌全开位、半开位、闭合位、下颌转换的训练；通过舌舔海苔等方法提高舌尖上抬能力； 3. 习得韵母/ang、eng、ing、ong/，并结合词语进行练习	1. 能理解、听辨、命名词语（交通工具类）飞机、轮船、警车、消防车、自行车、摩托车； 2. 能理解、听辨、命名词语（学习用品类）桌子、椅子、书、铅笔、橡皮、尺子、蜡笔	认识图形：圆、正方形、三角形、长方形

（三）周方案

周方案是前面学期方案和月方案的进一步细化，共十六个周，每个周各有不同的侧重点，依据学生的实际情况可以随时进行调整，见表4-5。

表 4-5 周方案

时间	兴趣与意志	听觉	言语	语言	认知
第一周（9月4日—9月8日）	培养集中注意力听（看）别人说话的能力，初步养成想说、爱说、能说的良好语言表达习惯，勇于与他人沟通，乐于表达自己看到的事物和想说的话（A、B、C类）	听觉察知——能完成林氏五音、动物声、环境声的听声放音（A类正确率100%，B类正确率66%，C类正确率33%）	1. 唱音训练：长音训练，提高言语呼吸支持能力，MPT值达1s（A、B、C类）； 2. 口部运动治疗：通过咀嚼法提高咀嚼肌的肌力，提高下颌全开位的稳定性（A、B、C类）； 3. 能正确习得韵母/a、i、e/单音节的构音语音，如八、笔、马、米等等（A类正确率100%，B类正确率67%，C类正确率33%）	能理解、听辨、表达五官类词语，如眼睛、鼻子、嘴巴、牙、手、脚、头发等，并完成八选一的听觉记忆（A类正确率100%，B类正确率67%，C类正确率33%）	1. 配对：在4种颜色中能配对红色和蓝色（A、B、C类）； 2. 指认：能通过看口在4种颜色的物品中找出红色和蓝色的物品（A、B类）； 3. 命名：看到红色和蓝色能命名或做出口型"hóng"和"lán"（A类）
第二周（9月11日—9月15日）	培养集中注意力听（看）别人说话的能力，初步养成想说、爱说、能说的良好语言表达习惯，勇于与他人沟通，乐于用书面语表达自己看到的事物和想说的话（A、B、C类）	听觉察知——能察知音乐声、乐器声的有无（A类正确率100%，B类正确率67%，C类正确率33%）	1. 唱音训练：长音训练，提高言语呼吸支持能力，MPT值达1s（A、B、C类）； 2. 口部运动治疗：通过咀嚼法提高咀嚼肌的肌力，提高下颌全开位的稳定性（A、B、C类）； 3. 能正确习得韵母/u、o、ü/单音节的构音语音，如不、脖、木、肚等等（A类正确率100%，B类正确率67%，C类正确率33%）	能理解、听辨、表达服装类词语，如上衣、裤子、鞋、袜子、围巾、手套、帽子等，并完成八选一的听觉记忆（A类正确率100%，B类正确率67%，C类正确率33%）	1. 配对：在4种颜色中能配对黄色和绿色（A、B、C类）； 2. 指认：能通过看口在4种颜色的物品中找出黄色和绿色的物品（A、B类）； 3. 命名：看到黄色和绿色能命名或做出口型"huáng"和"lǜ"（A类）
第三周（9月18日—9月22日）	培养集中注意力听（看）别人说话的能力，初步养成想说、爱说、能说的良好语言表达习惯，勇于与他人沟通，乐于表达自己看到的事物和想说的话（A、B、C类）	听觉分辨——能区分语速的快/慢、快/中、中/慢（A类正确率100%，B类正确率66%，C类正确率33%）	1. 唱音训练：长音训练，提高言语呼吸支持能力，MPT值达1.5s（A、B、C类）； 2. 口部运动治疗：通过咀嚼法提高咀嚼肌的肌力，提高下颌全开位、闭合位的稳定性（A、B、C类）； 3. 能正确习得韵母/ai、ao/单音节的构音语音，如白、买、	理解、听辨、表达食品类词语，如饼干、果汁、蛋糕、汉堡，并完成八选一的听觉记忆（A类正确率100%，B类正确率67%，C类正确率33%）	1. 能模仿声母/m/、/b/的口型（A、B、C类），能发声/m/、/b/（A、B类），能说"苹果""菠萝"（A类）； 2. 知道苹果、菠萝的颜色、形状和大小（A、B类，C类了解）； 3. 知道苹果、菠萝有香味，是甜的（A类，B、C类了解）； 4. 知道苹果表面是光

续表

时间	兴趣与意志	听觉	言语	语言	认知
			拍、戴等等（A类正确率100%，B类正确率67%，C类正确率33%）		滑的，需要剥皮吃；菠萝外表有刺，需要盐水浸泡后才能吃（A类，B、C类了解）5. 通过听或看口，在/m/和/b/中正确指认（A、B、C类），在菠萝和杜果中正确指认（A、B类）
第四周（9月25日—9月29日）	培养集中注意力听（看）别人说话的能力，初步养成想说、爱说、能说的良好语言表达习惯，勇于与他人沟通，乐于表达自己看到的事物和想说的话（A、B、C类）	听觉分辨——能区分时长的长/中、中/短（A类正确率100%，B类正确率67%，C类正确率33%）	1. 唱音训练：长音训练，提高言语呼吸支持能力，MPT值达2 s（A、B、C类）；2. 口部运动治疗：通过咀嚼法提高咀嚼肌的肌力，提高下颌全开位、半开位、闭合位的稳定性（A、B、C类）；3. 能正确习得韵母/uo、ua/单音节的构音语音，如花、火、多、瓜等等（A类正确率100%，B类正确率66%，C类正确率33%）	理解、听辨、表达食品类词语，如冰激凌、糖果、鸡蛋、巧克力，并完成八选一的听觉记忆（A类正确率100%，B类正确率67%，C类正确率33%）	1. 能模仿声母/p/的口型（A、B、C类），能发声母/p/（A、B类），能说"苹果""葡萄"（A类）；2. 知道苹果、葡萄的颜色、形状和大小（A、B类，C类了解）；3. 知道苹果、葡萄有香味，是甜的（A类、B、C类了解）；4. 知道苹果可以用水洗净直接吃，也可以削皮吃；葡萄可以用水洗净直接吃，吐皮（A类、B、C类了解）；5. 通过听或看口，在/p/和/b/中正确指认（A、B、C类），在苹果和葡萄中正确指认（A、B类）
第五周（10月9日—10月13日）	培养集中注意力听（看）别人说话的能力，初步养成想说、爱说、能说的良好语言表达习惯，勇于与他人沟通，乐于表达自己看到的事物和想说的话（A、B、C类）	听觉分辨——能区分强度的大/小（A类正确率100%，B类正确率67%，C类正确率33%）	1. 唱音训练：长音训练，提高言语呼吸支持能力，MPT值达2s（A、B、C类）；2. 口部运动治疗：通过咀嚼法提高咀嚼肌的肌力，提高下颌全开位、半开位、闭合位的稳定性（A、B、C类）；3. 能正确习得韵母/iu、ui/单音节的构音语音，如有、灰、龟、修等等（A类正确率100%，B类正确率67%，C类正确率33%）	理解、听辨、表达蔬菜类词语，如土豆、青菜、芹菜、萝卜，并完成八选一的听觉记忆（A类正确率100%，B类正确率67%，C类正确率33%）	1. 认识并能通过看口指认常见的8种家禽家畜：狗、猫、马、牛、猪、羊、鸭、鸡（A类8种，B类4种，C类2种）；2. 能用肢体动作模仿8种家禽家畜的特点（A类8种，B类4种，C类2种）；3. 能模仿8种家禽家畜的口型（A类8种，B类4种，C类2种）；4. 拓展至其他动物，如孔雀、猴、骆驼、河马、羚羊等

续表

时间	兴趣与意志	听觉	言语	语言	认知
第六周（10月16日—10月20日）	培养集中注意力听（看）别人说话的能力，初步养成想说、爱说、能说的良好语言表达习惯，勇于与他人沟通，乐于用书面语表达自己看到的事物和想说的话（A、B、C类）	听觉分辨——能区分强度的中/大（A类正确率100%，B类正确率67%，C类正确率33%）	1. 唱音训练：长音训练，提高言语呼吸支持能力，MPT值3 s（A、B、C类）；2. 口部运动治疗：通过咀嚼法提高咀嚼肌的肌力，提高下颌全开位、半开位、闭合位的稳定性（A、B、C类）；3. 能正确习得韵母/ei、ie/单音节的构音语音，如背、妹、叶、鞋等等（A类正确率100%，B类正确率67%，C类正确率33%）	理解、听辨、表达蔬菜类词语，如茄子、黄瓜、西红柿、大白菜，并完成八选一的听觉记忆（A类正确率100%，B类正确率67%，C类正确率33%）	1. 认识并能通过看口指认常见的8种家禽家畜：狗、猫、马、牛、猪、羊、鸭、鸡（A类8种，B类4种，C类2种）；2. 能用肢体动作模仿8种家禽家畜的特点（A类8种，B类4种，C类2种）；3. 能模仿8种家禽家畜的口型（A类8种，B类4种，C类2种）；4. 拓展至其他动物，如孔雀、猴、骆驼、河马、羚羊等
第七周（10月23日—10月27日）	培养集中注意力听（看）别人说话的能力，初步养成想说、爱说、能说的良好语言表达习惯，勇于与他人沟通，乐于表达自己看到的事物和想说的话（A、B、C类）	听觉分辨——能区分强度的中/小（A类正确率100%，B类正确率67%，C类正确率33%）	1. 唱音训练：长音训练，提高言语呼吸支持能力，MPT值达3 s（A、B、C类）；2. 口部运动治疗：通过咀嚼法提高咀嚼肌的肌力，提高下颌全开位、半开位、闭合位的稳定性（A、B、C类）；3. 能正确习得韵母/ou/单音节的构音语音，如哞、剖、豆等等（A类正确率100%，B类正确率67%，C类正确率33%）	理解、听辨、表达电器类词语，如电灯、电视、电冰箱，并完成八选一的听觉记忆（A类正确率100%，B类正确率67%，C类正确率33%）	1. 认识并能通过看口指认眼睛、鼻子、嘴巴、耳朵（A、B、C类）；2. 知道眼睛、鼻子、嘴巴、耳朵的功能（A、B、C类）；3. 能模仿眼睛、鼻子、嘴巴、耳朵的口型（A、B、C类）；4. 拓展至其他身体部位，如舌头、头发、手、腿、脚等（A、B、C类）
第八周（10月30日—11月3日）	培养集中注意力听（看）别人说话，初步养成想说、爱说、能说的良好语言表达习惯，勇于与他人沟通，乐于表达自己看到的事物和想说的话（A、B、C类）	听觉分辨——能区分一声/四声、二声/四声（A类正确率100%，B类正确率67%，C类正确率33%）	1. 唱音训练：长音训练，提高言语呼吸支持能力，MPT值达4 s（A、B、C类）；2. 口部运动治疗：通过咀嚼法提高咀嚼肌的肌力，提高下颌全开位、半开位、闭合位的稳定性（A、B、C类）；3. 能正确习得韵母	理解、听辨、表达电器类词语，如洗衣机、电脑、录音机，并完成八选一的听觉记忆（A类正确率100%，B类正确率67%，C类正确率33%）	1. 认识并能通过看口指认水、沙、太阳、月亮（A、B、C类）；2. 知道水、沙的触感与太阳、月亮的形状（A、B、C类）；3. 能模仿水、沙、太阳、月亮的口型（A类，B、C类模仿水、沙）

续表

时间	兴趣与意志	听觉	言语	语言	认知
			/an/单音节的构音语音，如搬、满、蛋等等（A类正确率100%，B类正确率67%，C类正确率33%）		
第九周（11月6日—11月10日）	培养集中注意力听（看）别人说话的能力，初步养成想说、爱说、能说的良好语言表达习惯，勇于与他人沟通，乐于表达自己看到的事物和想说的话（A、B、C类）	听觉分辨——能区分一声/三声、二声/三声（A类正确率100%，B类正确率67%，C类正确率33%）	1. 唱音训练：长音训练，提高言语呼吸支持能力，MPT值达4s；2. 口部运动治疗：通过咀嚼法提高咀嚼肌的肌力，提高下颌全开位、半开位、闭合位的稳定性；3. 能正确习得韵母/en/单音节的构音语音，如本、门、盆等等（A类正确率100%，B类正确率67%，C类正确率33%）	理解、听辨、表达卫生用品类词语，如梳子、毛巾、牙刷，并完成八选一的听觉记忆（A类正确率100%，B类正确率67%，C类正确率33%）	1. 掌握"大小"的概念，能通过看口找出大/小的事物（A类4个一组，B、C类2个一组）；2. 能模仿"大"和"小"的口型（A、B、C类）；3. 能按照大小为事物分类（A类8个一组，B类6个一组，C类2个一组）
第十周（11月13日—11月17日）	培养集中注意力听（看）别人说话的能力，初步养成想说、爱说、能说的良好语言表达习惯，勇于与他人沟通，乐于表达自己看到的事物和想说的话（A、B、C类）	听觉分辨——能区分一声/二声、一声/三声（A类正确率100%，B类正确率67%，C类正确率33%）	1. 唱音训练：长音训练，提高言语呼吸支持能力，MPT值达5s；2. 口部运动治疗：通过咀嚼法提高咀嚼肌的肌力，提高下颌全开位、半开位、闭合位的稳定性；3. 能正确习得韵母/in/单音节的构音语音，如民、拼、宾等等（A类正确率100%，B类正确率67%，C类正确率33%）	理解、听辨、表达卫生用品类词语，如杯子、肥皂、牙膏，并完成八选一的听觉记忆（A类正确率100%，B类正确率67%，C类正确率33%）	1. 掌握"多少"的概念（A、B、C类），能通过看口指出事物的多/少（A、B类，C类需动作提示）；2. 理解"一样多"的概念（A、B类）；3. 能利用一一对应的方法比较多少（A类）；4. 能模仿"多"和"少"的口型（C类）
第十一周（11月20日—11月24日）	培养集中注意力听（看）别人说话的能力，初步养成想说、爱说、能说的良好语言表达习惯，勇于与他人沟通，乐于	听觉分辨——能区分时长三/单音节（A类正确率100%，B类正确率67%，C类正确率33%）	1. 唱音训练：长音训练，提高言语呼吸支持能力，MPT值达6s（A、B、C类）；2. 口部运动治疗：通过咀嚼法提高咀嚼肌的肌力，提高下颌全开位、半开位、闭合位的稳定	理解、听辨、表达野生动物类词语，如大象、狮子、老虎、猴子，并完成八选一的听觉记忆（A类正确率100%，B类正确率	1. 理解"长短"的概念（A、B类，C类感知），能通过看口指出事物的长/短（A、B类）；2. 学会比较两个物品长短的方法，并辨别物体的长短（A、B类）；3. 能模仿"长"和

时间	兴趣与意志	听觉	言语	语言	认知
	表达自己看到的事物和想说的话（A、B、C类）		性（A、B、C类）； 3. 能正确习得韵母/un/单音节的构音语音，如温、浑、军等等（A类正确率100%，B类正确率67%，C类正确率33%）	67%，C类正确率33%）	"短"的口型（A、B类）； 4. 能在老师的动作提示下指出哪个物体"长"、哪个物体"短"（C类）
第十二周（11月27日—12月1日）	培养集中注意力听（看）别人说话的能力，初步养成想说、爱说、能说的良好语言表达习惯，勇于与他人沟通，乐于表达自己看到的事物和想说的话（A、B、C类）	听觉分辨——能区分时长三/单音节（A类正确率100%，B类正确率67%，C类正确率33%）	1. 唱音训练：长音训练，提高言语呼吸支持能力，MPT值达6 s； 2. 口部运动治疗：通过咀嚼法提高咀嚼肌的肌力，提高下颌全开位、半开位、闭合位的稳定性； 3. 能正确习得韵母/ang/单音节的构音语音，如棒、忙、糖等等（A类正确率100%，B类正确率67%，C类正确率33%）	理解、听辨、表达学习用品类词语，如斑马、长颈鹿、熊猫、孔雀，并完成八选一的听觉记忆（A类正确率100%，B类正确率67%，C类正确率33%）	1. 理解"高矮"的概念（A、B类理解，C类感知），能通过看口指出物体/人的高/矮（A、B类）； 2. 学会比较物体/人高矮的方法，并辨别物体/人的高矮（A、B类）； 3. 能模仿"高"和"矮"的口型（A、B类）； 4. 能在老师的动作提示下指出哪个人"高"、哪个人"矮"（C类）
第十三周（12月11日—12月15日）	培养集中注意力听（看）别人说话的能力，初步养成想说、爱说、能说的良好语言表达习惯，勇于与他人沟通，乐于表达自己看到的事物和想说的话（A、B、C类）	听觉分辨——能区分时长双/单音节（A类正确率100%，B类正确率67%，C类正确率33%）	1. 最大数数能力训练：提高呼吸与发声的协调能力，MCA值达2 s（A、B、C类）； 2. 口部运动治疗：通过夹压舌板、响声吻提高唇的闭合能力及双唇的力量（A、B、C类）； 3. 能正确习得声母/b/单、双前、双后音节的构音语音，如八、笔、爸爸、宝宝、铅笔、黑板等词语（A类正确率100%，B类正确率67%，C类正确率33%）	理解、听辨、表达交通工具类词语，如汽车、飞机、轮船，并完成八选一的听觉记忆（A类正确率100%，B类正确率67%，C类正确率33%）	1. 通过观察生活中的物体认识圆（A、B、C类）； 2. 通过视觉、触摸感知其形状及特征（没有角、光滑的）（A、B、C类）； 3. 看口指认，能从多种图形中找出圆（A、B类）； 4. 能从2个图形中找出圆（C类）； 5. 能模仿"圆"的口型（A类）

续表

时间	兴趣与意志	听觉	言语	语言	认知
第十四周（12月18日—12月22日）	培养集中注意力听（看）别人说话的能力，初步养成想说、爱说、能说的良好语言表达习惯，勇于与他人沟通，乐于表达自己看到的事物和想说的话（A、B、C类）	听觉分辨——能区分时长双/单音节（A类正确率100%，B类正确率67%，C类正确率33%）	1. 最大数数能力训练：提高呼吸与发声的协调能力，MCA值达3 s（A、B、C类）；2. 口部运动治疗：通过夹压舌板、响声吻提高唇的闭合能力及双唇的力量（A、B、C类）；3. 能正确习得声母/b/三前、三后、三中音节的构音语音，如玻璃杯、白萝卜、大水坝、胡萝卜、长脖子、流鼻涕、铅笔盒等词语（A类正确率100%，B类正确率67%，C类正确率33%）	理解、听辨、表达交通工具类词语，如警车、消防车、自行车、摩托车，并完成八选一的听觉记忆（A类正确率100%，B类正确率67%，C类正确率33%）	1. 通过观察生活中的物体认识三角形（A、B、C类）；2. 通过视觉、触摸感知其形状及特征（有3个角、3条边）（A、B、C类）；3. 看口指认，能从多种图形中找出三角形（A、B类）；4. 能从2个图形中找出三角形（C类）；5. 能模仿"三角形"的口型（A类）
第十五周（12月25日—12月30日）	培养集中注意力听（看）别人说话的能力，初步养成想说、爱说、能说的良好语言表达习惯，勇于与他人沟通，乐于表达自己看到的事物和想说的话（A、B、C类）	听觉分辨——能区分时长三/双音节（A类正确率100%，B类正确率66%，C类正确率33%）	1. 最大数数能力训练：提高呼吸与发声的协调能力，MCA值达4 s（A、B、C类）；2. 口部运动治疗：通过双唇抿饼干、拉纽扣提高唇的闭合能力及双唇的力量（A、B、C类）；3. 能正确习得声母/m/单、双前、双后音节的构音语音，如马、买、木头、猫咪、眉毛等词语（A类正确率100%，B类正确率67%，C类正确率33%）	理解、听辨、表达学习用品类词语，如桌子、椅子、书、铅笔、橡皮、尺子、蜡笔，并完成八选一的听觉记忆（A类正确率100%，B类正确率67%，C类正确率33%）	1. 通过观察生活中的物体认识长方形（A、B、C类）；2. 通过视觉、触摸感知其形状及特征（对边相等）（A、B、C类）；3. 看口指认，能从多种图形中找出长方形（A、B类）；4. 能从2个图形中找出长方形（C类）；5. 能模仿"长方形"的口型（A类）
第十六周（1月8日—1月12日）	期末测评				

三、日方案实施课例

贯彻落实阶段方案，达到预定的教育康复目标，需要每一节日方案的逐步实施。依据学前五大领域的内容，在下文我们提供了言语、语言、手工等六个不同类型的日方案。案例中的各位康复教师积极贯彻"精准评估、有效训练"的理念，在黄昭鸣博士"A+T+M"操作模式的指引下，结合听障儿童的特点，寓教于乐，在轻松愉快的氛围中完成教育康复活动。

（一）言语能力康复训练

学前听障儿童言语集体康复课除了完成康复目标外，要注意在教育康复过程中创设情境，让听障儿童快乐学习。下文提供了一节声母 /q/ 的构音语音集体康复课例，该课例根据学前听障儿童的认知特点，创设"有趣的厨房"情境，综合运用图卡、玩具、多媒体视频、专用康复仪器等工具，通过儿歌、游戏、情景互动等方式，针对不同水平的听障儿童因材施教、分层教学。

教案 4-1

学科	言语	设计人	李春
教育康复对象	启音班	主讲人	李春
课型	集体教育康复课	课时	第 1 课时
一、教育康复内容分析			
本课是在"医教结合，综合康复"的理念指导下自编系列教程"有趣的厨房"主题课中的一课。内容主要包括含有 /q/ 的发音、词语和"谁切什么"句式。针对不同能力的听障儿童因材施教，分层教学。 通过"刀的用途"情节设计，运用图卡、玩具、多媒体和康复仪等工具，通过儿歌、游戏、情景互动等方式，引导听障儿童在各种情境中完成 /q/ 的构音语音训练，并能结合"谁切什么"的句子进行表达，增强听障儿童主动语言沟通频率。			
二、学情分析			
本班听障儿童共 4 名，平均年龄 5 岁，男孩 1 名，女孩 3 名。具体情况如下所示。			

层级	姓名	障碍类型及程度	构音语音能力现状	相关能力现状
A 类	陈××	听障；助听器；适合	构音清晰度为 82%，ICF 构音功能损伤程度为 0 级无损伤；声母处于第三阶段，能正确地发出 /q/ 的相关音节和词语	听觉理解双条件短语，能理解、表达 5—7 个字的句子，能理解 100 个左右词语
	董××	人工耳蜗；最适	构音清晰度为 86.5%，ICF 构音功能损伤程度为 0 级无损伤；声母处于第三阶段	听觉理解三条件短语，能理解、表达 7—9 个字的句子，能理解 100—300 个词语

				续表
B类	衣××	听障；助听器；最适	构音清晰度为72%，ICF构音功能损伤程度为1级轻度损伤；声母处于第三阶段	听觉理解双条件短语，能理解、表达4—5个字的句子，能理解100—200个词语
	王××	听障；助听器；最适	构音清晰度67.2%，ICF构音功能损伤程度为1级轻度损伤；声母处于第三阶段	听觉理解双条件短语，能理解、表达4—5个字的句子，能理解100—200个词语

三、教育康复目标

知识与技能：
1. 掌握声母 /q/ 的发音部位与发音方式；
2. 能够理解并说清含有 /q/ 的双音节词以及三音节词，如切芹菜、切青菜、切茄子；
3. 能理解并表达句式"谁切什么""谁拿什么切什么"。

过程与方法：掌握 /q/ 的发音部位和发音方式，并通过情境理解词语和句子。

情感态度与价值观：
1. 提高用语言进行沟通交流的兴趣，增加主动沟通的频率；
2. 了解刀的用途，能了解一些生活常识。

教育康复目标	儿童能力层级及掌握程度	
	A类	B类
/q/ 的发音部位和发音方式	自主发音准确率达100%	自主发音准确率达66.7%
6个含有 /q/ 的词语	理解并命名6个	在提示下理解并命名5—7个
短句表达	自主表达"谁拿什么切什么"	自主表达（口头提示）"谁切什么"

四、教育康复重点、难点

重点：
1. 掌握 /q/ 的发音部位和发音方式；
2. 理解并说清含有 /q/ 音节的双/三音节词，掌握句式"谁切什么/谁拿什么切什么"。

难点：掌握句式"谁切什么/谁拿什么切什么"。

五、教育康复准备

1. 环境准备：录课教室，本底噪声≤45 dB（A）；
2. 教具准备：拼音卡片、压舌板、刀、菜板、盘子、茄子、芹菜、青椒等；
3. 多媒体资源：云讲台 Speech-3 中 /q/ 的音位诱导视频。

六、教育康复过程	设计意图
组织教学——师生起立互问好。 （一）听检——传声筒 师掩口点名，幼儿听音举手答"到"。 （二）口部运动训练 第一节　睡觉了，起床了←**张大嘴巴发 /a/ 长短音** 第二节　洗洗脸←**/o/ 长短音** 第三节　刷刷牙←**舌前后伸、舌左右伸、舌尖上翘、舌尖下翘、舌打圈圈** 第四节　穿衣服←**/i/ 长短音** 第五节　梳梳头	点名答"到"，检查助听设备工作状态。 结合舌体操和身体放松操《睡觉了，起床了》，让幼儿体会 /q/ 的舌位，为后面 /q/ 的构音语音训练做准备。

第六节　肚子饿←/e/**长短音** 第七节　吃饼干，啊呜啊呜，饼干真好吃 **（三）趣味导入+前测** 　　出示小汽（qi）车玩具，让小朋友一起开汽车去菜市场。 　　请小朋友去菜市场买：茄（qie）子、青（qing）菜、芹（qin）菜、青（qing）椒。	调动幼儿兴趣，通过开汽车去买菜的情境，了解每名学生发/q/音的情况。
（四）新授 　　1. 参观厨房。←**音位诱导（/q/的发音教育）** 　　师示范发音，发/q/的本音。 　　师播放/q/的本音和呼读音，请幼儿观看学习。 　　师讲解发音部位和方法，舌面抵硬腭。 　　师逐个进行发音矫治，学生巩固发音。	针对发音方式有问题的学生，用发音镜、压舌板帮助学生找准舌位，学习正确的发音方式。
2. 切切乐。←**音位习得（qi、qie、qing）** 　　师引出蔬菜"青菜、茄子、青椒、芹菜"，过渡出"切××"。 　　句子：谁切××。←**言语语言综合训练** 　　师提问"谁？谁在切什么？"过渡出"老师切××"。←**言语语言综合训练** 　　师提问"老师拿什么？"过渡出"老师拿刀切××"。←**言语语言综合训练** 　　师指导学生发音。	巩固、强化含有/q/音的词语和句子。
3. 小手操。←**音位对比（/q/、/x/）** 　　小手操：洗洗洗，切切切，啊呜啊呜，真好吃。 　　4. 多媒体展示。←**音位强化（qi、qie、qing）** 　　播放多媒体：琪琪玩切切乐玩具。 　　学生观看多媒体表达句子：××拿刀切青菜，××拿刀切茄子，××拿刀切青椒，××拿刀切芹菜。 　　教师出示切切乐玩具，幼儿动手操作，感受切的乐趣并表达句子。 　　A组学生：我拿刀切××。B组学生：我切××。	为了加深学生理解动词"切"，通过情境演示的方式，将"切"这个抽象的词形象、直观地表现出来，学生边看边学，边做边理解，将含目标音的词、句融合到一起。根据学情，分层完成教育康复目标。
（五）巩固 　　1. 师出示实物：一盆水和小刀。示范：听到辅课老师指令，师做相应动作，如洗青菜、切茄子。 　　2. 用教具塑料小刀和盆，请幼儿根据师指令做相关动作。 　　3. 增加难度：幼儿听到大、小声，分别用大、小声表达句子"谁拿刀切什么""谁切什么"。←**响度控制训练** 　　4. 茄子、切茄子、我切茄子、我拿刀切茄子。←**逐字增加句长法** 　　A组自主表达，B组在师提示下完成。	通过多种形式，如响度控制训练、逐字增加句子等方法，进一步巩固所学目标词语、句子，强化声母/q/的发音。
（六）后测 　　师提问：我们去菜市场买的什么？ 　　生回答：茄子、青菜、青椒、芹菜。（每个音说三遍）	检验康复效果，根据后测情况提出家庭康复意见。
七、教育康复延伸	**设计意图**
1. 律动课：通过跳、说游戏《蹲蹲乐》（"茄子蹲，茄子蹲，茄子蹲完芹菜蹲……"），进一步巩固/q/音和相关词语训练； 2. 美术课：让学生用彩泥捏茄子和青菜或画气球巩固与/q/相关的词语； 3. 个训课和区角语言课：在情境中巩固并延伸上课所学内容，如"我是小厨师"。	各课配合教学，全面提高学生的听觉、言语、语言能力。
八、家庭教育康复指引	**设计意图**
在家庭中，家长多创设情境与幼儿提问、交流，巩固课堂所学知识。如，告诉幼儿"妈妈洗芹菜""爸爸切青椒"，或者妈妈发出"洗青菜"指令，孩子做一做，等等。	获得家长更好的配合，巩固提高康复质量。

九、教育康复反思
通过让孩子们看一看、说一说、做一做的动手操作,将课中需要构音的词语和句子贯穿在情境中,是非常适合学前幼儿学习的一种教学形式。 本节课教学组织形式有趣,师生互动积极,教学效果显著,较好地完成了预定的教学与康复训练任务。存在的不足:① 在"切切乐"操作环节中,孩子们由于兴奋,课中注意力不能集中;② 在巩固环节里孩子们听指令做动作"洗菜"时,盆中有水溢出,课前考虑不够周全。以上问题都是以后课堂教学中需要注意和改进的地方。

(二)语言能力康复训练

由于每名听障儿童的生活环境、家庭背景、兴趣和成长经历的差别,不仅造成了个体所掌握的词语类别不同,也导致了个体的词汇量有差别。在语言集体康复课中,生活经验丰富的听障儿童能较快地理解词语并命名,而生活经验不足、父母语言输入较少的儿童,接受能力较弱,需要康复教师进行更多的讲解和引导。听障儿童语言集体康复课要在自然且有意义的情境中进行互动,尽可能地创造机会让听障儿童自主表达。听障儿童在掌握了常用称呼、身体部位、衣物、动物、食品、室内物品、交通工具等生活中使用频率较高的名词后,可开始学习如家用电器、场所、职业等进阶词语。下文提供了一节听障儿童职业类词语的集体康复案例。

教案 4-2

学科	语言	设计人	陈梦秋
教育康复对象	启慧班	主讲人	陈梦秋
课型	集体教育康复课	课时	第 1 课时(共 2 课时)
一、教育康复内容分析			
本节课出自"医教结合,综合康复"理念指导下的《学前听障儿童学说话教材》,是"认识职业"主题中的第二课,内容主要包括消防员及其工作装备(消防车、水枪)。通过"着火—自救—消防员救火"的情节设计,引导听障儿童在情境中认识消防员,完成看图说句子的语言、认知综合康复训练,理解、命名"消防员""消防车""水枪""灭火器",了解火场逃生自救知识和防火知识。			
二、学情分析			
本班听障儿童共 5 名,平均年龄 5.5 岁,男孩 2 名,女孩 3 名。总体上,该班学生的助听效果较好,听觉言语基础好,具体情况如下所示。			

层级	姓名	障碍类型及程度	语言能力现状	相关能力现状
A 类	陈××	听障;助听器;最适	能理解、表达 7—9 个字的句子,认识生活中大部分物品,能够完成日常的对话交流	听觉理解三条件短语;构音清晰度为 88.89%,ICF 构音功能损伤程度为 0 级无损伤;声母处于第五阶段;多动

续表

A类	刘××	听障；助听器；最适	能理解、表达5—7个字的句子，认识生活中大部分物品，能够完成日常的对话交流	听觉理解三条件短语；构音清晰度为83.33%，ICF构音功能损伤程度为0级无损伤；声母处于第四阶段；性格腼腆，主动性不强
B类	李××	听障；人工耳蜗；最适	能理解、表达5—7个字的句子，认识生活中常见的物品，能够进行简单的对话交流	听觉理解三条件短语；构音清晰度为77.78%，ICF构音功能损伤程度为1级轻度损伤；声母处于第四阶段；性格开朗，爱表达
	王××	听障；助听器；最适	能理解、表达5—7个字的句子，认识生活中常见的物品，能够进行简单的对话交流	听觉理解三条件短语；构音清晰度为75%，ICF构音功能损伤程度为1级轻度损伤；声母处于第四阶段；易丧失信心
	林××	听障；人工耳蜗；最适	能理解、表达5—7个字的句子，认识生活中常见的物品，能够进行简单的对话交流	听觉理解三条件短语；构音清晰度为61.1%，ICF构音功能损伤程度为2级中度损伤；声母处于第四阶段；情绪稳定

三、教育康复目标

知识与技能：
1. 认识"消防员""消防车""水枪""灭火器"并能正确命名；
2. 理解并表达句式"谁用××做××"；
3. 知道"119"是救火电话，并了解基本的自救方法。

过程与方法：通过观看视频、角色扮演等方式，知道消防员是帮助我们救火的人，初步了解防火安全知识。

情感态度与价值观：通过了解和体验消防员的工作，培养热爱、尊敬消防员的情感。

教育康复目标	儿童能力层级及掌握程度	
	A类	B类
"消防员""消防车""水枪""灭火器"	理解并命名4个词语	理解4个词语，命名"消防员""消防车"
"谁用××做××"	自主表达	自主表达（口头提示）
火灾自救方法	掌握	掌握
上学的过程	了解和体验	了解和体验

四、教育康复重点、难点

重点：
1. 认识"消防员""消防车"并能正确命名；
2. 理解并表达句式"谁用什么做什么"。

难点：理解并表达句式"谁用××做××"。

续表

五、教育康复准备	
1. 环境准备：录课教室，本底噪声≤45 dB（A）； 2. 教具准备：双面小黑板、消防套装玩具、PPT、打印的图片、自制火焰道具、镜子、脸盆、毛巾； 3. 云平台资源：Language-2 基础篇（下）—交通—消防车。	

六、教育康复过程	设计意图
（一）检查助听器的工作状态 师（掩口）通过描述学生的穿着和发型进行点名，如扎一／两个小辫子的女生走过来，穿蓝色衣服的男生走过来等。 **（二）前测** 请学生看图片上的叔叔，回答问题"他是谁？他在做什么？" **（三）认识消防员←主题活动法** 1. 拨打119。←感知体验法 观看房子着火了视频。请学生猜想我们应该怎么做。 观看打火警电话视频。请学生思考视频中的哥哥是怎么做的。 师总结发生火灾时，应该打119。 发生火灾时：① 打119找消防大队；② 电话内容：说清怎么了、着火地址、什么东西着火。 师引导学生重复观看示范视频，总结打火警电话的技巧。 2. 逃生自救。←感知体验法 生观看逃生自救视频。 师引导学生发现着火时会产生很多烟雾。 逃生方法：打湿毛巾（6—8层），掩住口鼻，低姿前行（沿墙壁）。 师示范逃生过程，生跟随模仿。 生总结室内发生火灾的时候的正确逃生方法。 3. 消防车与消防员 （1）消防车。←集中练习法 播放消防警报的声音，生模仿消防警报声。 出示消防车，学生依次命名。←示范模仿法 播放课件 Language-2 基础篇（下）—交通—消防车，学生命名。 （2）消防员。←集中练习法 观看消防员灭火视频，学生回答问题："这是什么车？这是谁？他要做什么？" 句子：消防员坐消防车去灭火。 展示不同状态的消防员（真实—模型—图片），学生观察并命名。 句子：消防员穿消防服去灭火。 （3）水枪和灭火器。 观看消防员灭火视频，生回答问题"消防员灭火的时候，手里拿着什么？他在做什么？" 句子：消防员用水枪／灭火器灭火。 **（四）我是小小消防员←感知体验法** 师依次出示消防服、消防车、水枪和灭火器，请学生命名"消防车""水枪""灭火器"。 请生做小小消防员。 **模拟：房子着火了** 生（消防员）出动了，边移动消防车边模仿消防警报的声音。 生互相说一说他在用什么做什么。	确认助听器的工作状态正常，学生能够参与课堂。 了解学生对消防员职业的认识基础。 营造起火情境。 让学生观看视频，模仿学习如何正确拨打119。 学习简单的火灾自救知识并演练，加深印象。 以声音引起学生兴趣。学生模仿声音，有利于加深对消防车声音的印象。 展示不同样式的消防车，让学生复述，加强词语的记忆。 丰富"消防员"这一概念的表象。 消防员灭火装备。 让学生采用角色扮演的形式，体验做消防员，更好地理解消防员的职业。

（五）消防安全小知识 　　师出示火柴、打火机和蜡烛，总结消防工作很危险也很辛苦，小朋友在家不可以玩火。	渗透防火安全教育。
（六）猜一猜（巩固练习）←听说联动训练 　　1. 听觉识别。 　　指导语：这是什么车？请你听一听，这是哪辆车的声音？ 　　2. 听觉描述。 　　指导语：听一听，猜猜他是谁？他穿消防服，他会使用水枪和灭火器救火，我们可以拨打119找他，他是谁？ 　　3. 看一看，找一找。 　　请学生找出用来灭火的物品。	听觉识别训练的目的是复习警车声音，巩固消防警报的声音，让学生进行区分并正确识别。
（七）后测 　　师将生选出的灭火图片依次摆放。 　　请A类生根据图片提示，用"谁用什么做什么"的句式造句。 　　请B类生命名图片上的"消防员""消防车"，在教师指导下用"谁用什么做什么"的句式造句。	采用图片配对和看图说句的形式，复习、巩固、总结本节课学习的内容。检验本节课的康复效果。
七、教育康复延伸	设计意图
1. 在语言区角活动中，利用情景巩固词语"消防员"及相关词语，增强语言运用能力； 2. 在音乐区角活动中，结合消防警报的声音做游戏； 3. 在美术区角活动中，学习画消防员，并说一说自己的作品。	各个区角配合教学，全面提高听障儿童的听觉、言语、语言能力。
八、家庭教育康复指引	设计意图
请家长在家庭中利用图片和视频巩固课堂所学内容，在生活中注意观察消防标志，渗透消防安全知识；有机会带领学生参观消防总队或去"童趣家"体验做消防员。	获得家长更好的配合，提高康复质量。
九、教育康复反思	
学生很喜欢主题教育类的活动，因为可以边动手实践边学习。本班学生比较熟悉医生、教师、警察等职业，在词语的理解与命名评估中，本班学生都没有将"消防员"命名正确。通过这节课的学习，所有学生都能命名消防员和消防车，仅一名学生能命名灭火工具——水枪和灭火器；可能是这两个词语在生活中出现频率不高导致学生掌握较慢。考虑到学生的年龄和认知水平，本节课对这两个词语不做硬性要求。	

（三）认知能力康复训练

要顺利开展认知能力训练，听障儿童必须具备一些最基本的能力，如对事物的各种基本物理属性的认识，具体可包括颜色、图形、数字、时间、空间及物体的量。对于成长中的听障儿童来说，颜色感知能力的正常发展，对学会与颜色相关的知识，掌握与颜色相关的生活经验，培养艺术兴趣与审美感，促进个性全面发展有着重要的意义。认识颜色包括认识基本颜色和认识混合色。训练听障儿童认识颜色的过程可分为配对、指认和命名三个阶段。配对是指找出与目标物体颜色一致的物体。指认是指能根据别人所说的颜色词找出对应颜色的物体。命名是指能直接说出物体的颜色。下文提供了一节以认识红色为主要内容的认知集体康复课案例。

教案 4-3

学科	认知	设计人	赵明明
教育康复对象	启音班	主讲人	赵明明
课型	集体教育康复课	课时	第 1 课时

一、教育康复内容分析

根据启音班学生的整体认知水平，并参考普通幼儿园的课程指南与特殊儿童认知能力训练的内容，确定了本学期认知课的教学内容。红色因颜色鲜明、辨识度高而成为听障儿童最先认识的颜色，因此将认识红色作为认识颜色中的第一课。

二、学情分析

本班听障儿童共 6 名，平均年龄 5 岁，男孩 2 名，女生 4 名。具体情况如下所示。

层级	姓名	障碍类型及程度	认知能力现状	相关能力现状
A 类	陈××	听障；助听器；最适	认识生活中常见的物品及属性（大/小、长/短等），生活经验丰富，联想能力强	听觉理解双条件短语；韵母全部习得，声母处于第二阶段，正在进行 /t/ 的构音训练；多动
A 类	王××	听障；助听器；最适	认识生活中常见的物品，相对来说生活经验比同龄儿童匮乏	听觉理解双条件短语；韵母全部习得，声母处于第二阶段，正在进行 /p/ 的构音训练；易丧失信心
A 类	李××	听障；人工耳蜗；最适	认识生活中常见的物品，生活经验丰富	听觉理解双条件短语；韵母全部习得，声母处于第二阶段，正在进行 /p/ 的构音训练；性格开朗，爱表达
B 类	彭××	听障；人工耳蜗；适合	认识生活中常见的物品，相对来说，生活经验比同龄儿童匮乏	听觉理解单条件词语；构音语音能力处于第一阶段，正在进行 /h/ 的构音训练；胆小，羞涩腼腆
C 类	吕××	听障；助听器；看话	认识生活中常见的物品及属性（大/小、长/短等）	听觉理解单条件词语；能模仿 /b/、/m/、/d/ 的构音；好奇心强
C 类	王×	听障；人工耳蜗；看话	认识生活中常见的物品，接受新知速度快	听觉理解单条件词语；能模仿 /b/、/m/、/d/ 的构音；性格开朗

三、教育康复目标

1. 配对：在 4 种颜色中能配对所有颜色；
2. 指认：能在 4 种颜色的物品中找出红色的物品；
3. 命名：看到红色，能表达"红色""红色的××"。

续表

教育康复目标	儿童能力层级及掌握程度		
	A类	B类	C类
配对	掌握	掌握	掌握
指认	100%	100%	100%（看口）
命名"红"	100%	66.67%	口型正确
红色的××	自主表达	表达（口头提示）	仿说

四、教育康复重点、难点

重点：红色的指认和命名。
难点：看到红色，能表达"红色"或"红色的××"。

五、教育康复准备

1. 环境准备：录课教室，本底噪声≤45 dB（A）；
2. 教具准备：1个红苹果，红色、蓝色、绿色、黄色的卡片，积木、星星、苹果贴纸，有不同颜色的边框的纸，4张画好大树树干的纸；
3. 多媒体资源：康复云—认知康复—认识红色。

六、教育康复过程	设计意图
（一）课堂常规 师生起立互问好，点名答"到"。 对A、B类学生，掩口一次说两个学生的名字；对C类学生，看口一次说一个学生的名字。	因学生的入学时间不长，课堂行为规范还未养成，之后的课需要多练习。
（二）激趣导入 初步感知： 师出示红苹果，请学生看一看。 师提问：这是什么颜色？ 师说"红色的苹果"并同时展示红色卡片。 A、B类学生依次说"红色"，C类学生模仿口型发音。	初步感知红色。
（三）颜色配对 1. 找一找。←**配对任务1** 师分发给每位学生10个圆片，让学生找出与红色卡片相同颜色的圆片并举起来。 A、B类学生说"红色"，C类学生模仿口型发音。	因是配对练习，任务1有"红色卡片"提示，任务2有"边框"作为提示。
2. 贴一贴。←**配对任务2** 师分给每位学生一张画好4种颜色边框的纸，给学生4种不同颜色的星星贴纸。请学生找出红色的星星，将其贴在红色的框里，其他颜色同理。 A、B类学生边指星星边说"红色"，C类学生模仿口型发音。	配对训练的巩固练习。
3. 做一做。←**趣味手工** 师分发画好大树树干的纸和苹果贴纸，请学生为大树挂上苹果。 A、B类学生说"红色的苹果"，C类学生模仿口型发音。	学生巩固对红色的认识，熟悉配对练习。
（四）颜色指认←**听觉理解单/双条件短语的训练** 在"康复云—认知康复—认识红色"课件中选择"找一找"。 1. 二选一练习，学生在2种颜色的同类物品中指出红色的物品，如在黄色的苹果和红色的苹果中找出红色的苹果，樱桃、西红柿同上。	分层教学，根据A、B、C三类学生不同的听觉水平，给出不同的指导语。

2. 三选一练习，在3种颜色的同类物品中指出红色的物品，如在黄色的、蓝色的、红色的衣服中找出红色的衣服，帽子、鞋同上。

3. 四选一练习，学生在4种颜色的同类物品中指出红色的物品，并说"红色"，如在蓝色、红色、绿色、黄色的裤子中找出红色的裤子，娃娃、车同上。

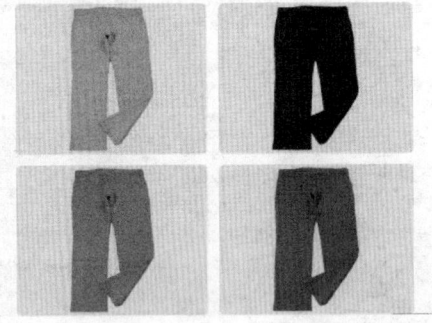

A类学生听"红色的××"，找一找并复述；B类学生听"红色"，找一找并复述；C类学生看口"红"，模仿口型发音。

（五）颜色命名←言语语言综合训练

在"康复云—认知康复—认识红色"课件中选择"认一认"。

师点开每一个红色的物品，A、B类学生说"红色的××"，C类模仿口型表达。

通过调整备选项的数量来增加难度，从二选一、三选一到四选一。

将红色与生活中的物品联系起来。

让学生多说以加深记忆。

言语：红。
语言：形容词加名词的短语。

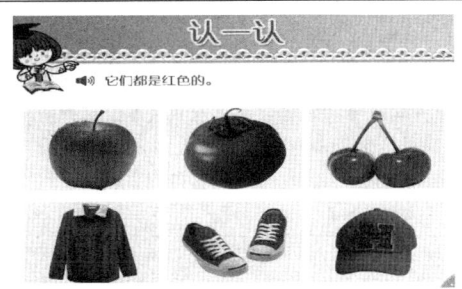 **（六）玩一玩，找水果←思维训练** 在"康复云—认知康复—认识红色"课件中选择"玩一玩"。 在规定时间内，学生从各种不同颜色的水果中找出红色的水果。请学生们共同完成该任务。 **（七）生活拓展←思维训练** 师总结：生活中有很多东西是红色的，你还知道有什么东西是红色的吗？可以在教室中找一找。	此游戏难度较大，考查学生注意的广度和反应的速度。 训练发散思维能力及观察能力，引导学生将学到的东西应用到生活中。
七、教育康复延伸	
1. 个别化教育康复课：复习指认和命名红色，训练"hong"的发音； 2. 美术课：选择红色彩笔，用红色画苹果、樱桃、西红柿等； 3. 手工活动课：选择红色彩纸，叠一叠。	
八、家庭教育康复指引	
生活中，家长要鼓励孩子看到红色的东西时主动说"红色的××"，让孩子感知不同色度的红色。	
九、教育康复反思	
本节课中的游戏对学生来说都比较简单，整体来说教学内容难度不大，学生们都认识了红色，A、B类的学生能说清"红"，C类的学生在命名时还需要教师的口型提示。	

（四）运动能力康复训练

精细运动能力是儿童掌握基本学习技能（如写字、画画等）与生活技能的重要基础，也是评价儿童运动功能发育状况的重要指标。精细运动的发育离不开视觉功能和手眼协调功能的发育，并且是与认知功能的发育同步进行的。学前儿童手部精细运动包括多个常用动作，如抓、捏、穿（珠）、夹、剪、切、涂、系、拧等。在准备康复活动时，可根据听障儿童的康复需求，先确定动作，再分析动作要点，最后设计活动内容。下文提供了一节以折纸为内容的手工集体康复课案例。

教案4-4

学科	手工	设计人	黄辉
教育康复对象	启音班	主讲人	黄辉
课型	集体教育康复课	课时	第1课时

续表

一、教育康复内容分析
集体课"折青蛙"是出自"医教结合"理念指导下的《学前听障儿童手工教材》。本课根据学前听障儿童的认知特点，以华师大言语听觉科学教育部重点实验室"医教结合，智慧康复"思想为指导，融合重点课题"创设语言情境，实施合作教学"的研究成果，创设各种情境，综合运用图卡、玩具、多媒体视频、专用康复仪器等工具，通过儿歌、游戏、情景互动等方式，针对不同能力的听障儿童因材施教，分层教学。

二、学情分析

　　本班学前听障学生共5名，平均年龄6岁，男孩3名，女孩2名。具体情况如下所示。

层级	姓名	障碍类型及程度	精细运动能力现状	相关能力现状
A类	董××	听障；人工耳蜗；最适	坐姿端正，上肢控制能力稳定，视觉能力良好，手眼协调能力较好	言语清晰度高，声母、韵母全部习得，认知能力和理解能力较好
A类	胡××	听障；助听器；适合	坐姿端正，上肢控制能力稳定，注视能力良好，手眼协调能力较好	言语清晰度较高，存在嗓音问题，认知能力和理解能力较好
A类	曲××	听障；助听器；适合	坐姿端正，上肢控制能力稳定，视觉能力良好，写田字格能力待提升	后位聚焦、喉位聚焦，硬起音，言语清晰度较高，能表达短句，认知能力较好，易沮丧
B类	吴××	听障；人工耳蜗；较适	坐姿端正，双手配合能力待提升，手指灵活度较好，对折技巧较差，视觉追踪能力较好	言语清晰度较低，音调单一（高），能表达短句，接受新知识速度快
B类	衣××	听障；助听器；较适	坐姿端正，手指灵活度较差，对折技巧待提升，力度控制不足，视觉追踪能力较差，专注力不足	舌尖前音和舌尖后音未习得，自主表达少，性格内向，认知差，理解慢

三、教育康复目标

1. 掌握双三角的折法，学会折青蛙；
2. 发展手眼协调能力及手指精细运动能力，能较均匀地将左右两个角向同一方向折叠；
3. 培养仔细观察、自信表现的能力。

教育康复目标	儿童能力层级及掌握程度	
	A类	B类
双三角	掌握	基本掌握（对角不整齐）
均匀折角	掌握	基本掌握（对角不整齐）

四、教育康复重点、难点

重点：
1. 掌握双三角的折法，学会折青蛙；
2. 发展手眼协调能力及手指精细运动能力，能均匀地将左右两个角向同一方向折叠。
难点：双三角的折法。

续表

五、教育康复准备
1. 环境准备：本底噪声 ≤ 45 dB（A）； 2. 教具准备：青蛙"呱呱"头饰、纸青蛙范例、正方形纸若干、布置成池塘的展板一块、青蛙跳音乐片段。

六、教育康复过程	设计意图
（一）课堂常规 师生起立互问好，点名答"到"。（老师大声/小声说小朋友的名字，小朋友大声/小声叫"呱呱"） **（二）兴趣导入** 1. 出示纸青蛙，初步感知。 2. 手指操：《我是手指魔术师》。 "食指拇指碰碰，食指中指并拢，做把剪刀剪剪，我是手指魔术师。" **（三）新授** 1. 出示纸青蛙范例。 （1）观察纸青蛙外形，总结青蛙的特点。←**观察法、启发引导** （2）拆开纸青蛙，观察前后腿的折法。←**观察法、双手配合** 2. 教师分步示范折叠方法，重点讲解双三角的折法。←**示范模仿法** （1）引导幼儿先进行两次对边折； （2）将大正方形纸变为小正方形，然后用左手将上面一层的正方形撑开，右手扶住上面半开口边折痕向底层的中线压折； （3）背面同样； （4）将上层两个小角向两个斜边的上方拉折，形成前腿； （5）揭开上层，将下层的两个小角向三角形底边拉折，形成后腿。 3. 学生自己动手折青蛙。←**手部精细运动训练、手眼协调能力训练** 4. 游戏"青蛙赛跑"。 （1）将青蛙头向前，用嘴在尾部吹气，使青蛙向前移动；←**缓慢平稳呼气法训练** （2）引导幼儿找身边的同伴进行比赛。 5. 将"青蛙"放在"池塘里"。 小青蛙玩累了，它该到池塘里喝水、休息了。	检查助听设备工作状态，形成良好的课堂常规。 让学生初步感知本节课的学习内容，引发学生对折纸的兴趣。训练呼吸与发声的协调性、手指的灵活性，为手工活动做准备。 分步示范，让学生进行双三角折法的重点训练，发展手部精细运动能力和手眼协调能力。双手配合运动，训练手眼协调能力。 进行均匀折角训练，加强基本操作物件的能力。 鼓励幼儿大胆尝试，教师巡回指导，帮助幼儿掌握折法，体验成功感。 在游戏中进行呼吸功能训练。 整理材料，养成好的课堂习惯。

七、教育康复延伸	设计意图
1. 小朋友回家后教父母折青蛙，并进行游戏，巩固所学知识，增进家庭亲情； 2. 在认知、语言课中，将学习的故事讲一讲。	各学科配合教学，全面提高听障儿童的听觉、言语、语言能力。

八、家庭教育康复指引	设计意图
请家长在家庭及生活中创造机会让学生训练动手能力。	在家庭中巩固教学内容，提高康复质量。

九、教育康复反思
课前先进行手指操活动，为手指的精细运动做了准备，并且活跃了气氛，激发了学生的兴趣。在课上，老师将双三角的折法分步示范讲解，突破难点。游戏环节既缓解了课堂的枯燥，又对学生进行了呼吸功能训练。

(五)艺术领域康复训练

学前快乐律动课以听障儿童的身心发展和康复需求为出发点,将"医教结合,智慧康复"的理念和技术手段融于律动教学活动中,在遵循听障儿童艺术学习发展规律的前提下,将艺术目标与康复目标相结合,将听觉、言语、语言、认知、运动等方面的康复内容巧妙地融入律动教学的每一个环节,促进幼儿身心协调发展。同时,在艺术活动中可对其进行精细运动训练和情绪与行为干预。学前律动课的形式主要包括音乐感受、舞蹈、简单游戏、唱歌等。下文提供了一节结合言语领域训练内容的学前律动康复课案例。

教案 4-5

学科	律动	设计人	王松娜
教育康复对象	学前	主讲人	王松娜
课型	集体教育康复课	课时	第1课时(共1课时)

一、教育康复内容分析

歌曲《小青蛙找家》是一首通俗简练、富于儿童情趣的歌曲,由四个乐句构成,一段体,2/4拍。歌曲以明快活泼的旋律作为前奏,描写小青蛙东奔西走地寻找自己的家,也为歌曲的主题做了铺垫。歌中"跳跳""呱呱"的独白,刻画了小青蛙跳一跳、叫一叫的焦急神态。最后一句旋律平稳流畅,表现了小青蛙历尽艰辛,终于回家了的愉快、喜悦的心情。歌词浅显易懂,旋律欢快流畅,塑造了小青蛙天真活泼、幼稚可爱的形象。教学时运用游戏的方式,增强了趣味性,既训练了幼儿的语言节奏,又培养了幼儿的动作协调能力。

二、学情分析

本班听障学生共6名,男孩3名,女孩3名。总体上,该班学生的助听效果较好,言语语言基础好,可以口语为主、手语为辅进行教学;学生在课堂上配合度较高,学习习惯较好。具体情况如下所示。

层级	姓名	助听设备	补偿效果	听觉功能	言语功能	语言功能	韵律与动作协调性
A类	陈××	助听器	适合	能分辨简单节奏;能理解简单指令;听觉理解达到三条件词语阶段	声母第三阶段构音清晰度为80%,ICF构音功能损伤程度为0级无损伤	能表达句长为6个字的句子	节奏强弱感明确,较好;语言和肢体协调性较好,动作、节拍较稳定
	谭××	助听器	较适	能理解简单指令;听觉理解达到双条件词语阶段	声母第三阶段构音清晰度为60%,ICF构音功能损伤程度为2级中度损伤	能表达句长为3—5个字的句子	语言和肢体能保持速度、节拍感的稳定

A类	于××	助听器	较适	能理解简单指令；听觉理解达到单条件词语阶段	声母第三阶段构音清晰度为50%，ICF构音功能损伤程度为2级中度损伤	能表达句长为3—5个字的句子	韵律和动作协调较好
B类	于××	助听器	较适	能理解简单指令和复杂指令；听觉理解达到单条件词语阶段	声母第三阶段构音清晰度为48%，ICF构音功能损伤程度为2级中度损伤	能表达句长为3—5个字的句子	肢体动作协调；语言、节奏和肢体较协调，但不稳定
B类	李××	助听器	较适	能理解简单指令；听觉理解达到双条件词语阶段	声母第三阶段构音清晰度为79%，ICF构音功能损伤程度为1级轻度损伤	能表达句长为6个字的句子，但很少	简单节奏掌握较不稳定；语言、节奏和肢体较协调，节奏明确
B类	臧××	人工耳蜗	较适	能理解简单指令；听觉理解达到单条件词语阶段	声母第三阶段构音清晰度为55%，ICF构音功能损伤程度为2级中度损伤	能表达句长为3—5个字的短语和句子	语言、节奏和肢体协调性较差、不稳定

三、教育康复目标

1. 掌握目标音 /q/、/g/、/t/；
2. 在理解儿歌内容的基础上，掌握词语"青蛙""呱""跳"；
3. 用不同的响度模仿小青蛙叫；
4. 体会音乐的律动性，在音乐中表演《小青蛙找家》。

教育康复目标	儿童能力层级及掌握程度	
	A类	B类
目标音 /q/、/g/、/t/	掌握目标音	
词语"青蛙""呱""跳"	掌握目标词	
用不同的响度模仿小青蛙叫	能单音节控制声音的响度	
体会音乐的律动性	能在音乐中表演《小青蛙找家》	

四、教育康复重点、难点

重点：
1. 目标音 /q/、/g/、/t/；
2. 目标词"青蛙""呱""跳"；
3. 节奏及响度训练。

难点：
1. /q/、/g/ 及相关词语；
2. 节奏及响度训练。

续表

五、教育康复准备	
多媒体课件、打击乐器、小青蛙头饰。	
六、教育康复过程	**设计意图**
课前准备：师生问好，助听设备检查。 （一）热身活动操 1. 圆圈舞。 （1）生理腹式呼吸训练； （2）唱音训练：长短音训练——气气气气； （3）响度训练：高音——咕，低音——咕。 师：让我们学着小白兔跳到你的位置上。 （4）吸气：跳…… 2. 幸福拍手歌。 歌词：如果高兴你就拍拍手（跺跺脚、学猫叫、学狗叫），××，如果高兴你就拍拍手，××，我们一起唱歌，我们一起跳舞，我们大家一起拍拍手，×××。 3. 挡口点名。 师：现在我们开始点名，点到名字的小朋友模仿小动物的叫声。	检查助听器的工作状态。 进行身体各部分放松训练的同时进行颈部放松训练和声带放松训练，促进呼吸与发声功能的协调，不断提高构音器官的灵活性，为发目标音打基础。 点名，进行动物拟声训练。
（二）新知诱导 1. 动画青蛙导入。 2. 构音语音训练 /q/、"青蛙"。 3. 响度训练。 4. 听觉察知。 5. 构音语音训练 /g/、"呱呱"。	动画导入，激发学习兴趣。进行听觉分辨、言语矫治、响度训练。让学生找准发音部位，掌握发音方法。呼吁学生们要爱护小青蛙。
（三）习得新知 1. 模仿青蛙跳，构音语音训练 /t/、"跳跳"。 2. 歌曲学唱，动作模仿。 3. 用不同响度的音乐感受青蛙跳的动作。 4. 创设情境：小青蛙找不到家。 5. 在跳跃动作的同时，巩固目标音和目标词，"跳跳，呱呱，跳跳，呱呱"。 6. 在不同响度的音乐中，进行节奏动作语言训练。	创设情境引导学生把本节课所学的核心音节放进歌词句子中。在情境中培养孩子富有同情心、乐于助人的品质。 节奏与动作、语言结合训练。进行节奏、响度、言语矫治，改善清晰度，提高手口眼及肢体协调的精细运动和粗大运动能力。
（四）仿用新知 1. 使用打击乐器响板，进行音乐节奏伴奏。 2. 听辨、响度训练：模仿青蛙爸爸、青蛙妈妈、青蛙宝宝的叫声并听辨模仿三种响度的叫声。	打击乐器演奏，提高节奏感和语言韵律，进行听辨和响度训练，不断提高发音说话的兴趣。
（五）活用新知 玩荷叶游戏，"跳跳，呱呱"。 （六）拓展新知 送给小朋友折纸青蛙。大青蛙大声说，小青蛙小声说。 （七）课堂评价 后测。 播放再见歌，走出教室。	在游戏中感受音乐 2/4 拍节奏，不断巩固学科知识和康复效果，让情绪和构音器官始终处于最佳状态。 全方位检验本节课的学习与康复效果。
七、教育康复延伸	**设计意图**
1. 个训课：构音、矫治目标音 /q/、/g/、/t/。 2. 美术课：画与青蛙相关的图画。 3. 体育课：练习蛙跳或其他跳跃运动。 4. 手工活动课：折纸青蛙。	各学科构建立体化的学习和康复训练体系。

续表

八、家庭教育康复指引	设计意图
家长在生活中帮学生巩固与目标音一致的词语、句子，共同模仿小青蛙。	父母在家中帮学生巩固目标音，跳模仿小青蛙的舞蹈，增进亲子交流。

九、教育康复反思
本节课较好地完成了预定的教学与康复训练任务，以幼儿为主体，面向全体幼儿并注重个性发展。在本课中，孩子们都能认真地参与语言训练和音乐律动活动，师生互动积极，教师给幼儿想象创造了余地，使每个幼儿能亲身去感受和体验。

（六）艺术领域康复训练

学前听障儿童美术集体康复课，以美术活动作为载体优化教育康复活动，在丰富的趣味美术活动中巧妙地融入听觉、言语、语言、认知等方面的康复训练。按照21个声母的五个发展阶段为顺序，设计美术主题教学活动课，使教育康复内容在轻松、愉悦的艺术氛围中潜移默化地完成。在实施过程中，教师可以根据学情灵活制定分层达标要求。针对存在 /z/ 发音不准确以及 /z/ 替代为 /zh/ 的问题的听障儿童，下文设计了一节声母 /z/ 的美术主题集体康复课案例。

教案4-6

学科	美术	设计人	孙芳晓
教育康复对象	启慧班	主讲人	孙芳晓
课型	集体教育康复课	课时	第2课时（共2课时）

一、教育康复内容分析
本课是在"医教结合，综合康复"的理念指导下，学前美术校本教材《快乐画话》中的内容，根据部分学生存在 /z/ 发音不准确，舌尖抵在上颚而不是齿龈，/z/ 替代为 /zh/ 的情况，通过音位对比、不同的发音方式帮助学生巩固 /z/ 的正确发音方式。结合与 /z/ 相关的音节、词、句进行 /z/ 的综合康复训练，结合大嘴巴吃东西的趣味活动环节设计，贯穿大量的听说结合训练，让学生听一听、认一认、说一说、画一画、剪一剪、贴一贴，引导听障儿童在生动有趣的互动情境中表达目标音节、词、句，完成教育康复目标。巩固语言课句型"我喜欢××"。实施分层教学，为能力强的学生拓展句型"我喜欢吃××和××"。增加主动语言沟通的频次。同时，通过绘画、剪贴活动锻炼学生的精细动作和手眼协调能力，将康复与美术学科深度融合，打造更适合听障学生的美术课程。

二、学情分析
本班听障儿童共5名，平均年龄5.5岁，男孩2名，女孩3名。具体情况如下所示。

层级	姓名	障碍类型及程度	美术能力现状	相关能力现状
A类	陈××	听障；助听器；最适	艺术学习、创作表现能力强；手部精细动作及手眼协调性稍好	听觉理解三条件短语；构音清晰度为88.89%，声母处于第五阶段；能正确清晰地发出 /z/ 的相关音节和词语；响度较低；能理解、表达7—9个字的句子，已掌握本节课涉及的所有词语；多动

续表

A类	刘××	听障；助听器；最适	艺术学习、创作表现能力较强；手部精细动作及手眼协调性较好	听觉理解三条件短语；构音清晰度为83.33%，声母处于第四阶段；少部分情况下将/z/的音节发成/s/、/sh/，后位聚焦；能理解、表达5—7个字的句子，已掌握本节课涉及的大部分词语；性格腼腆，主动性不强
B类	李××	听障；人工耳蜗；最适	艺术学习、创作表现能力一般；手部精细动作及手眼协调性较好	听觉理解三条件短语；构音清晰度为77.78%，声母处于第四阶段；/zh/替代/z/腹式呼吸方式不稳定；舌尖运动控制能力差；能理解、表达5—7个字的句子，掌握本节课涉及的大部分词语；性格开朗，爱表达
	王××	听障；助听器；最适	艺术学习、创作表现能力一般；手部精细动作及手眼协调性一般	听觉理解三条件短语；构音清晰度为75%，声母处于第四阶段；/zh/替代/z/音调变化偏大，对音调控制能力差，后位聚焦；能理解、表达5—7个字的句子，已掌握本节课涉及的部分词语；易丧失信心
	林××	听障；人工耳蜗；最适	艺术学习、创作表现能力一般；手部精细动作及手眼协调性较差	听觉理解三条件短语；构音清晰度为61.1%，声母处于第四阶段；/d/替代/z/腹式呼吸方式不稳定，舌尖运动控制能力差；能理解、表达5—7个字的句子，已掌握本节课涉及的部分词语；情绪稳定

三、教育康复目标

知识与技能：
1. /z/、/zh/音位对训练，提高听觉识别、理解准确率；
2. 纠正/z/的错误发音，巩固声母/z/的发音部位与发音方式，能够清楚准确地发含有/z/的音节、词语，提高在词语、句子中的构音清晰度，如单音节——粽、枣，双音节——仔仔、嘴巴、桃子、梨子、栗子、荔枝、紫薯、橘子、瓜子、桃子，三音节——大嘴巴；
3. 能理解并表达句式"谁喜欢吃××和××"或"谁喜欢吃××、××和××"。

过程与方法：
1. 在听"声母船""喂仔仔吃东西"，与同桌边情景对话边完成"大嘴巴"作品等互动环节时，在从辅助、自助到自主的递进过程中，轻松愉悦地完成听觉、言语、语言的康复训练；
2. 通过绘画、剪贴活动完成作品"大嘴巴"，锻炼精细动作和手眼协调能力。

情感态度与价值观：
1. 提高用语言进行沟通交流的兴趣，增加主动沟通的频率；
2. 学会观察和用绘画的方式表现大嘴巴；
3. 不随手乱丢垃圾，及时清理垃圾，养成良好的学习、生活习惯。

教育康复目标	儿童能力层级及掌握程度	
	A类	B类
/z/的发音部位和发音方式	自主发音准确率达100%	自主发音准确率达66.67%

12个含有/z/的词语	理解并命名8个以上	理解并命名4—8个
短句"谁喜欢吃××和××"	自主表达	自主表达（提示）"谁喜欢吃××"
上学的过程	了解	了解

四、教育康复重点、难点

重点：纠正/z/的错误发音，巩固声母/z/的发音部位与发音方式，提高在词语、句子中的构音清晰度。
难点：互动情境中边说句子边完成作品。

五、教育康复准备

1. 环境准备：录课教室，本底噪声≤45 dB（A）；
2. 教具准备：镜子、一次性手套、压舌板、口部运动训练器、食物图片学具、中性笔、前后测表、句卡；
3. 多媒体资源：云讲台Speech-3中舌的自主运动和/z/、/zh/的构音语音训练、教学互动课件。

六、教育康复过程	设计意图
组织教学——师生起立互问好。 **（一）新知诱导** 1. 听检——传声筒。 师（掩口点名）："陈××在哪里？" 陈××："陈××在这里。李××在哪里？"（陈起立） 李××："李××在这里。王××在哪里？"（李起立陈坐下） 依次随机进行…… 2. 舌操。←口部运动训练←示范模仿法、提示促进法 "小老师"领操。师播放云讲台舌的自主运动视频，并数拍子： 第一节　舌尖顶脸颊，左右各4次 第二节　舌尖洗牙面，正反各4次 第三节　舌尖上抬下压（上下齿龈）各4次 第四节　弹舌8次（舌尖抵上颚后弹开） 第五节　咂舌8次（舌尖抵住上齿龈后向下弹开） 3. 言语呼吸训练（前测2）。←示范模仿法、集中练习法 学生齐拼读。 （1）一口气看谁说得多。1名学生先完成，大家再一起来一下。（注意手势和吸气） zi zi zi zi zi zi …… （2）声音由大慢慢变小。 zao zao zao zao zao zao …… 反向练习： zao zao zao zao zao …… （3）大大小小，大小，大小。（先拼读，再齐做） zong zong zong zong zong zong zong **（二）趣味导入（前测3）**←创设主题情境 师出示仔仔，学生跟仔仔问好。 师指仔仔的嘴巴，学生说"嘴巴"。 仔仔有一张贪吃的大嘴巴，师出示课题，学生齐读《仔仔的大嘴巴》。	趣味点名答"到"，检查助听设备工作状态，同时作为前测的一部分。 口部运动。 体会/zh/的舌位，以便和后边/z/的舌位有所区分。 体会/z/的舌位，为后面/z/的构音语音训练做好生理准备。 针对1位存在呼吸支持不足、4位存在响度过低问题的学生进行言语呼吸训练，同时对起来示范的学生进行前测。 前测目标词"仔仔""嘴巴"，了解学生发/z/的情况，完成前测，了解学生存在的问题。

（三）习得新知←故事讲述法 1. 听说结合训练"声母船"互动游戏。←趣味选择法、连续选择法 /z/、/zh/ 的最小音位对听觉识别、听觉理解。 听到 /z/、/zh/ 相关音节的食物后，帮小猴子运到对应的声母船上，能力强的要求听对、说对、按照顺序放对。 2. 云讲台—Speech-3—构音语音训练—/zh/、/z/ 的音位诱导，进行 /z/ 和 /zh/ 发音方式对比。←视触辅助法、示范模仿法、判断纠正法 师示范发音并对存在问题的孩子进行发音矫治，学生巩固发音。 3. 仔仔的大嘴巴互动游戏，习得新句式。←言语语言综合训练、故事讲述法、主题活动法、表演再现法 （1）小猴子把食物送给了仔仔，仔仔只留下了它喜欢吃的。看一看、说一说都有什么。（说 /z/ 的相关音节的食物名称） （2）听理解：仔仔喜吃 ××。学生将听到的食物按顺序"喂"到仔仔嘴里。←趣味选择法、连续选择法、表演再现法 根据学生的能力拓展句长，进行单、双、三条件听理解训练："仔仔喜欢吃 ×× 和 ××"或"仔仔喜欢吃 ××、×× 和 ××"。←句子扩展法 （3）师生角色互换练习，你来问我来答。←角色扮演法 （四）艺术创想——"我们的大嘴巴"←感知体验法 （1）学生拿出上节课中照着镜子画的自己的大嘴巴。 举起自己的作品说："这是我的大嘴巴！"←示范模仿法 （2）学生结合学习任务单——含有目标音的食物图片说句子。←句式仿说法、提示促进法 A 类："我喜欢吃 ××。" B 类："我喜欢吃 ×× 和 ××"或"我喜欢吃 ××、×× 和 ××"。 （3）在美术活动情境中巩固新句型。←示范模仿法、句式仿说法、表演再现法 师和一名学生示范。 两两学生对话并动手剪贴练习，完成作品。 A 类："我喜欢吃 ××。" B 类："我喜欢吃 ×× 和 ××"或"我喜欢吃 ××、×× 和 ××"。 教师巡视指导纠错。个别化辅导。 （五）作品评价←完成后测：句式仿说法、提示促进法 学生对作品自评或者互评，指着自己的或者别人的说句子。 A 类："这是 ×× 的大嘴巴。×× 喜欢吃 ×× 和 ××"或"×× 喜欢吃 ××、×× 和 ××"。 B 类："这是 ×× 的大嘴巴。×× 喜欢吃 ×× 和 ××"。 （六）生活拓展 德育教育：我们要养成良好的生活习惯，吃完的果皮纸屑要及时清理，不随手乱丢垃圾。	增加训练的趣味性。 听觉为先，明确学生是听的问题还是发音方式的问题。 有针对性地分层进行最小音位对、单双三条件听觉训练，提高听觉识别和理解的准确率，为以后的教育康复活动打基础。 帮助发音方式有问题的学生建立正确的发音方式。 效果监测。 用含有 /z/ 的食物名称巩固目标音，提高清晰度。 听说结合训练，在趣味化的互动情境中调动孩子主动沟通的能力。分层进行单、双、三条件听觉理解训练的同时练习句式仿说。 说一说、剪一剪、贴一贴，在美术活动中发展学生的语言能力。 巩固提高含目标音 /z/ 的词语的清晰度。 在美术活动情境中巩固练习新句型，同时进行精细动作和手眼协调的训练，从听、说两方面监控本节课的教育康复效果。 将含目标音的词、句融合到一起，根据学情，分层完成教育康复目标。 监控康复效果。 德育渗透。
七、教育康复延伸	设计意图
1. 回家和爸爸、妈妈一起画一画"爸爸、妈妈的大嘴巴"，并和爸爸、妈妈一起认一认、说一说、剪一剪、贴一贴； 2. 结合生活中真实的吃东西场景，练习相关的词语、句型。	构建多维度康复环境，更好地巩固提高教育康复质量。

八、家庭教育康复指引	设计意图
在家庭中，起床后让孩子边做边说自己在做什么，注意 /z/ 的发音，及时纠正；培养儿童的时间观念，养成良好的作息规律。	获得家长更好的配合，巩固提高康复质量。
九、教育康复反思	
本节课是以"医教结合，综合康复"的理念为指导，将听觉、言语、语言、认知康复与美术学科教学相融合，结合大嘴巴吃东西的趣味性设计，贯穿大量的听说训练。认一认、说一说、画一画、剪一剪、贴一贴环环相扣，在寓教于乐的美术互动式活动情境中达到教育康复目标，教学效果显著。美术课的趣味性恰好可以弥补康复的单调和程式化，使学生在轻松愉悦的课堂情境中"快乐画话"。这是具有鲜明康复特色的美术课，也是更适合听障学生的美术康复课。	

学龄集体教育康复案例设计与解析

学龄集体教育康复方案主要是以"精准评估、有效训练"为理念,以HSL核心干预法为支撑,以聋校义务教育各科课程标准为依据,以全日制聋校各科教材内容为载体,以1+X+Y(集体、小组、个别化)的教育康复形式为依托,以黄昭鸣博士的"A+T+M"操作模式为范本,根据各个相关班级学生的各项功能水平和各学科的教育康复特点而制定的。为保障教育康复活动顺利实施,主要包含阶段方案和日方案,旨在通过传统与现代化教育康复手段的有机融合,科学有效地促进听障儿童康复水平和综合素质的不断提升。

一、诊疗档案实施案例

学龄段听障儿童诊疗档案的制定方式与学前听障儿童一样,在本书案例中只简单介绍二年级学生的基本资料和精准评估的各项结果以及相应的ICF损伤程度。

(一)学生基本资料

学生的基本资料,包括姓名、性别、出生日期、听力情况、助听设备及开机时间和康复史等,见表4-6。

表4-6 学生基本资料

姓名	性别	出生日期	听力情况/dBHL	助听设备及开机时间	康复史
董××	女	2007年11月	左耳:100 右耳:80	左耳,人工耳蜗,2007年1月;右耳,助听器,2010年8月	2011年3月—2014年6月在××聋康中心,每天40分钟个训,内容为听觉、言语和语言;2014年9月—2015年9月在××特校学前班,每天6节课,内容为听觉、言语和语言;2015年9月至今在××特校小学部就读,每天6节集体课,内容为听觉、言语、语言

续表

姓名	性别	出生日期	听力情况/dBHL	助听设备及开机时间	康复史
曲××	男	2005年12月	左耳：80 右耳：105	双耳助听器，2013年7月	2015年4月—7月在××特校学前班进行集体、个训康复，内容为听觉和言语；2015年9月至今在×××学校小学部就读，每天6节集体课，内容为听觉、言语和语言
衣××	女	2008年2月	左耳：90 右耳：90	双耳助听器，2013年6月	2013年6月—2015年9月在××学校学前班康复，每天5节集体和个别化康复课，内容为听觉、言语和语言；2015年9月至今在××学校小学部就读，每天6节集体课，内容为听觉、言语和语言
吴××	女	2006年8月	左耳：90 右耳：100	左耳，助听器，2010年8月；右耳，人工耳蜗，2007年1月	2009年9月—2010年9月在××康复学校康复，每天40分钟个训，内容为听觉和言语；2010年10月—2013年8月到××康复园，每天40分钟个训，内容为听觉和言语；2013年9月—2014年9月就读于××小学，正常上课，无康复内容；2015年9月至今在×××学校小学部就读，每天6节集体课和1节个训课，内容为听觉、言语和语言
陈××	男	2008年12月	左耳：110 右耳：90	双耳助听器，2012年3月	2012年4月—2015年6月在×××学校学前班，每天40分钟个训，内容为听觉和言语；2015年9月至今在×××学校小学部就读，每天6节集体课，内容为听觉和语言
杨××	女	2008年7月	左耳：100 右耳：90	左耳，人工耳蜗，2010年4月；右耳助听器，2011年6月	2012年3月—2014年6月在×××聋康中心，每天40分钟个训，内容为听觉、言语和语言；2014年9月—2015年9月在××特校学前班，每天6节课，内容为听觉、言语和语言；2015年9月至今在×××学校小学部就读，每天6节集体课，内容为听觉、言语和语言

（二）学生评估结果及分析

记录学生听觉、言语、语言、认知的各项评估结果，通过ICF功能转换，可以清晰地了解学生各个方面的损伤程度以及预期可以达到的康复目标，见表4-7。

表 4-7 学生评估结果及分析

姓名	听觉能力	言语能力	语言能力	认知能力
董××	听觉理解三条件词语未达到同龄正常儿童水平,其他评估项目均无损伤	共鸣功能中的 /u/ 的 F_2 值大于上限,共鸣功能存在 1 级轻度损伤;其他评估项目均无损伤	词语理解存在 3 重度损伤;词语命名存在 1 级轻度损伤;句式仿说存在 1 级轻度损伤	知识评估中的空间认知和数字认知存在 2 级中度损伤;能力评估中的动作序列存在 2 级中度损伤,图形推理存在 1 级轻度损伤
曲××	听觉分辨中的频率分辨需要训练;听觉识别语音均衡式声母需要训练,音位对比式韵母需要训练	呼吸功能中的 MCA 存在 1 级轻度损伤;发声功能存在 3 级重度损伤;共鸣功能中的 /u/ 的 F_2 值大于上限,共鸣功能存在 3 级重度损伤;口部运动功能正常;构音能力存在 1 级轻度损伤	词语理解存在 1 级轻度损伤;词语命名存在 2 级中度损伤;句式仿说存在 2 级中度损伤	知识评估中的空间认知存在 1 级轻度损伤,数字认知存在 2 级中度损伤;能力评估中的目标辨认存在 2 级中度损伤,图形推理存在 1 级轻度损伤
衣××	听觉识别中的语音均衡式声母和韵母,音位对比式声母需要训练;听觉理解中的双条件词语和三条件词语需要训练	呼吸功能中的 MCA 存在 1 级轻度损伤;发声功能存在 1 级轻度损伤;共鸣功能存在 1 级轻度损伤;口部运动功能中的舌运动存在 1 级轻度损伤;构音功能存在 1 级轻度损伤	词语理解存在 1 级轻度损伤;词语命名存在 3 级重度损伤;句子理解存在 1 级轻度损伤;句式仿说存在 3 级重度损伤	知识评估中的颜色认知和时间认知存在 1 级轻度损伤,空间认知、物体的量和数字认知存在 2 级中度损伤;能力评估中的目标辨认存在 3 级重度损伤
吴××	除分辨能力的语速、强度项目外,其他能力都需训练	因发音不准,无法进行 MCA 的评估;发声功能存在 3 级重度损伤;共鸣功能存在 3 级重度损伤;口部运动功能中的舌运动存在 1 级轻度损伤;构音功能存在 3 级重度损伤	词语理解存在 2 级中度损伤;词语命名存在 3 级重度损伤;句子理解存在 3 级重度损伤;句式仿说存在 3 级重度损伤	知识评估中的时间认知存在 1 级轻度损伤,空间认知、物体的量存在 2 级中度损伤,数字认知存在 3 级重度损伤;能力评估中的动作序列存在 2 级中度损伤,目标辨认存在 3 级重度损伤,图形推理存在 1 级轻度损伤
陈××	听觉分辨中的频率分辨需要训练;听觉识别中的音位对比式声母和韵母需要训练	呼吸功能中的 MPT 存在 2 级中度损伤,MCA 存在 2 级中度损伤;发声功能存在 1 级轻度损伤;共鸣功能存在 4 级完全损伤;口部运动功能中的下颌运动和舌运动存在 1 级轻度损伤;构音能力存在 1 级轻度损伤	词语理解存在 1 级轻度损伤;词语命名存在 3 级重度损伤;句子理解存在 2 级中度损伤;句式仿说存在 3 级重度损伤	知识评估中的空间认知存在 1 级轻度损伤,数字认知存在 3 级重度损伤;能力评估中的空间次序和动作序列存在 1 级轻度损伤,目标辨认存在 3 级重度损伤,图形推理存在 2 级中度损伤
杨××	除听觉分辨中的时长、语速和强度外,其他能力都需训练	共鸣功能存在 1 级轻度损伤;口部运动功能中的舌运动存在 2 级中度损伤;构音功能存在 3 级重度损伤	词语理解和命名存在 3 级重度损伤;句子理解和句式仿说存在 3 级重度损伤	知识评估中的颜色、形状、时间、空间认知和物体的量均存在 2 级中度损伤,数字认知存在 3 级重度损伤;能力评估中的空间次序和图形推理存在 2 级中度损伤,动作序列、目标辨认、逻辑类比存在 3 级重度损伤

经以上评估，6名学生中有5名认知功能较正常，1名认知功能需要训练。听觉最适的有3名，适合的有3名。构音语音能力处于第一阶段的1人，处于第二阶段的1人，处于第四阶段的3人，处于第五阶段的1人。言语功能较正常的1人，其他学生听觉、言语、语言均需进行康复。综合以上并结合学生对所学知识的接受情况，将学生分为三类：

A类：董××、曲××、陈××、吴××。

B类：衣××。

C类：杨××。

二、阶段方案实施案例

本书中所提供的学龄段的阶段方案实施案例，是以《聋校义务教育语文课程标准（2016版）》为依据，以全日制聋校语文教材第四册内容为载体，根据案例中班级学生的各项功能水平而制定的，同样包含学期方案、月方案和周方案。学龄段的阶段方案在完成教学内容的基础上，根据听障儿童的实际水平和外在因素的变化及时调整，力求最大限度地激发潜能，优化发展。

（一）学期方案

本书以2017年3月—6月为时间段，融合听觉、言语、语言康复模块及全日制聋校语文教材第四册的教育内容制定了学期方案，期待A类、B类、C类学生在本学期内经过一系列的教育康复活动，可以实现康复效果和语文素养双重提升，见表4-8。

表4-8 学期方案

领域	主要内容	目标达到程度		
		A类	B类	C类
兴趣与意志	培养集中注意力听（看）别人说话的能力，初步养成想说、爱说、能说的良好语言表达习惯，勇于与他人沟通，乐于用书面语表达自己看到的事物和想说的话	能达到兴趣与意志目标	能达到兴趣与意志目标	能达到兴趣与意志目标
听觉	1. 培养能正确指认和理解不同时长与频率的能力； 2. 培养能听（看）懂大部分已学过的常用词语和句子的能力； 3. 培养能正确地听（看）懂语文教学中的常用术语的能力	能正确指认和理解	能正确指认和理解大部分内容	能正确指认和理解部分内容

续表

领域	主要内容	目标达到程度		
		A类	B类	C类
言语	声母构音语音训练：提高声母的发音清晰度	每个音重复3遍，正确率达90%以上	每个音重复3遍，正确率达60%以上	每个音重复3遍，正确率达30%以上
	韵母构音语音训练：提高韵母的发音清晰度			
	拼读音节：能正确、熟练地读出新音节；正确读出所学的词语；学习正确、流畅、有（感情）表情地朗读句子	能正确朗读、背诵	能正确朗读、背诵大部分内容	能正确朗读、背诵部分内容
语言	1. 正确理解并命名聋校语文第四册中出现的250多个新词； 2. 继续学习较复杂的单句、把字句、有关联词语的并列复句、简单的递进复句、无关联词语的因果复句及简单的比喻句，共计20个句型； 3. 培养能正确理解图意和相应句意的能力； 4. 培养正确观察图画和事物，并能根据图或演示说（写）一两句完整、意思连贯的话的能力； 5. 培养能用学过的词语和句子回答简单问题的能力	能正确理解、命名目标词，正确率100%；能正确理解图意和相应句意；能正确观察图画和事物，并能根据图或演示说（写）一两句完整、意思连贯的话；能用学过的词语和句子回答简单的问题	能正确理解、命名大部分目标词；能基本正确地理解图意和相应句意；能正确观察图画和事物，并能在老师的提示下根据图或演示说（写）一两句完整、意思连贯的话；能在提示下用学过的词语和句子回答简单的问题	能正确理解、命名部分目标词；能正确理解部分图意和相应句意；能正确观察图画和事物，并能读出相关的句子
学科相关能力	1. 能正确工整地抄写音节、给汉字注音，正确掌握声调标法，正确书写本册所学汉字。继续认识汉字的笔画名称，认识常见的偏旁，学习区别形近字； 2. 培养正确、清晰、熟练地打出手指语，看懂学过的手指语的能力； 3. 培养在家庭、学校的日常生活中借助手势语表达常用语句，有礼貌地用手语与他人进行沟通的能力； 4. 培养用较适宜的体态语表情达意，与他人进行良好的沟通交流的能力； 5. 培养较熟练地使用沟通辅具进行训练的能力，能在他人的指导下，运用云平台、各种训练仪器和多媒体等技术进行言语和语言训练，尝试借助QQ、微信等沟通软件与他人进行良好的沟通	能达到目标	能达到大部分目标	能达到部分目标

（二）月方案

按照教材的编排顺序，融合兴趣与意志、听觉、言语、语言、学科相关能力等康复内容，把学期方案分解到四个月份当中分步实施，形成每个月的方案，见表4-9。

表4-9　月方案

时间	兴趣与意志	听觉	言语	语言	学科相关能力
三月	培养集中注意力听（看）别人说话的能力，初步养成想说、爱说、能说的良好语言表达习惯，勇于与他人沟通，乐于用书面语表达自己看到的事物和想说的话	1. 培养能正确指认和理解不同时长与频率的能力； 2. 学会听（看）懂第一至五课中的词语和句子	1. 口部运动治疗：与本课内容相关的常规性口部运动训练； 2. 构音语音治疗：结合本课内容进行已习得声母的巩固、强化； 3. 能正确、熟练地读出新音节，正确读出所学的词语，学习正确、流畅、有（感情）表情地朗读句子	1. 学会第四册第一至五课中的生字、新词语，正确理解词语的意思，学习使用词语； 2. 通过观察图画，理解句子意思； 3. 能在创设的情境中运用以下五种句式仿说、写句子，进行对话交往："谁给谁看什么""什么和什么的什么一样，什么不一样""什么和什么是什么，什么和什么也是什么""什么地方的哪儿种着各种什么，有什么，还有什么""谁和谁一起到哪儿做什么"	1. 正确工整地抄写音节、给汉字注音，正确掌握声调标法，正确书写第一至五课所学汉字； 2. 继续认识汉字的笔画名称，认识部首：反文旁、鱼字旁、舟字旁、牛字旁、双耳旁、巾字底； 3. 正确、清晰、熟练地打出第一至五课所学词语的手指语，能看懂所学的词的手指语； 4. 在家庭、学校的日常生活中借助手势语表达已学过的语句，有礼貌地用手语与他人进行沟通； 5. 用较适宜的体态语表情达意，与他人进行良好的沟通交流； 6. 能在他人的指导下，运用云平台、各种训练仪器和多媒体等进行言语和语言训练，尝试借助QQ、微信等沟通软件与他人进行良好的沟通
四月	培养集中注意力听（看）别人说话的能力，初步养成想说、爱说、能说的良好语言表达习惯，勇于与他人沟通，乐于用书面语表达	1. 继续培养能正确指认和理解不同时长与频率的能力； 2. 学会听（看）懂第六至十课中的词语和句子	1. 口部运动训练：与本课内容相关的常规性口部运动训练；针对性训练：舌后部上抬模式，舌两侧缘上抬模式，用唇运动训练器进行有针对性的训练； 2. 构音语音运动训练：结合本课内容进行已习得声母的巩固、强化；	1. 学会第四册第六至十课中的生字、新词语，正确理解词语的意思，学习使用词语； 2. 通过观察图画，理解句子意思； 3. 能在创设的情境中运用以下四种句式仿说、写	1. 正确工整地抄写音节，给汉字注音，正确掌握声调标法，正确书写第六至十课所学汉字； 2. 继续认识汉字的笔画名称，认识部首：山字底、雨字头、竖心旁； 3. 正确、清晰、熟练地打出第六至十课所学词语的手指语，能看懂所学的词的手指语； 4. 在家庭、学校的日常

续表

时间	兴趣与意志	听觉	言语	语言	学科相关能力
	自己看到的事物和想说的话		3. 能正确、熟练地读出新音节（包括手指语），正确读出所学的词语（包括手指语），学习正确、流畅、有（感情）表情地朗读句子； 4. 能在生活中运用礼貌用语说话	句子，进行对话交往："谁把什么怎么样""什么季节，哪里的什么怎么样""什么时候，谁去哪儿买什么""什么干什么快，谁用什么干什么"；	生活中借助手势语表达已学过的语句，有礼貌地用手语与他人进行沟通； 5. 用较适宜的体态语表情达意，与他人进行良好的沟通交流； 6. 能在他人的指导下，运用云平台、各种训练仪器和多媒体等进行言语和语言训练，尝试借助QQ、微信等沟通软件与他人进行良好的沟通
五月	培养集中注意力听（看）别人说话的能力，初步养成想说、爱说、能说的良好语言表达习惯，勇于与他人沟通，乐于用书面语表达自己看到的事物和想说的话	学会听（看）懂第十一至十五课中的词语和句子	1. 口部运动训练：与本课内容相关的常规性口部运动训练； 2. 构音语音运动训练：结合本课内容进行已习得声母的巩固、强化； 3. 能正确、熟练地读出新音节（包括手指语），正确读出所学的词语（包括手指语），学习正确、流畅、有（感情）表情地朗读句子	1. 学会第四册第十一至十五课中的生字、新词语，正确理解词语的意思，学习使用词语； 2. 通过观察图画，理解句子意思； 3. 能在创设的情境中运用以下五种句式仿说、写句子，进行对话交往："谁喜欢什么，更喜欢什么""谁喜欢什么吗？""什么（谁）怎么样（做什么），谁（什么）把什么怎么样""谁和谁做什么，谁劝谁不要做什么""什么时候，有的人在哪儿做什么，有的人在哪儿做什么"； 4. 看图回答问题，并把回答的话写成通顺的句子	1. 正确工整地抄写音节、给汉字注音，正确掌握声调标法，正确书写第十一至十五课所学汉字； 2. 继续认识汉字的笔画名称，认识部首：弓字旁、走字旁、穴宝盖； 3. 正确、清晰、熟练地打出第十一至十五课所学词语的手指语，能看懂所学的词的手指语； 4. 在家庭、学校的日常生活中借助手势语表达已学过的语句，有礼貌地用手语与他人进行沟通； 5. 用较适宜的体态语表情达意，与他人进行良好的沟通交流； 6. 能在他人的指导下，运用云平台、各种训练仪器和多媒体等进行言语和语言训练，尝试借助QQ、微信等沟通软件与他人进行良好的沟通

续表

时间	兴趣与意志	听觉	言语	语言	学科相关能力
六月	培养集中注意力听（看）别人说话的能力，初步养成想说、爱说、能说的良好语言表达习惯，勇于与他人沟通，乐于用书面语表达自己看到的事物和想说的话	学会听（看）懂第十六至二十课中的词语和句子	1. 口部运动训练：与本课内容相关的常规性口部运动训练； 2. 构音语音运动训练：结合本课内容进行已习得声母的巩固、强化； 3. 能正确、熟练地读出新音节（包括手指语），正确读出所学的词语（包括手指语），学习正确、流畅、有（感情）表情地朗读句子	1. 学会第四册第十六至二十课中的生字、新词语，正确理解词语的意思，学习使用词语； 2. 通过观察图画，理解句子意思； 3. 能在创设的情境中运用以下六种句式仿说、写句子，进行对话交往："哪些人在哪儿做什么，有的做什么，有的做什么，还有的做什么""谁想做什么""谁送给谁多少什么""谁把什么借给谁做什么""谁家在哪儿，附近有什么""什么的什么像什么"	1. 正确工整地抄写音节、给汉字注音，正确掌握声调标法，正确书写第十六至二十课所学汉字； 2. 继续认识汉字的笔画名称，认识部首：王字旁、子字旁、门字框、力字旁； 3. 正确、清晰、熟练地打出第十六至二十课所学词语的手指语，能看懂所学的词的手指语； 4. 在家庭、学校的日常生活中借助手势语表达已学过的语句，有礼貌地用手语与他人进行沟通； 5. 用较适宜的体态语表情达意，与他人进行良好的沟通交流； 6. 能在他人的指导下，运用云平台、各种训练仪器和多媒体等进行言语和语言训练，尝试借助QQ、微信等沟通软件与他人进行良好的沟通

（三）周方案

为了保障学期方案和月方案的顺利实施，要把月方案的教育康复内容及目标细化成每周的具体目标及内容，形成周方案，见表4-10。周方案不是一成不变的，要在监控反馈教育康复效果的基础上及时调整，以期达到更高的目标、更优的效果。

表4-10 周方案

时间	兴趣与意志	听觉	言语	语言	学科相关能力
第一周（2月27日—3月5日）	培养集中注意力听（看）别人说话的能力，初步养成想说、爱说、能说的	1. 培养指认和理解不同时长的能力（A、B、C类）； 2. 学会听（看）懂第	1. 言语腹式呼吸训练：与呼吸训练结合的唱音练习（A、B、C类）； 2. 口部运动治疗：与本课内容相关的常规性口部运动训	1. 学会第一课中的生字、新词语（A、B、C类），正确理解词语的意思，学习使用词语（A、B类）；	1. 正确工整地抄写音节、给汉字注音，正确掌握声调标法，正确书写第一课所学汉字（A、B类）； 2. 继续认识汉字的

续表

时间	兴趣与意志	听觉	言语	语言	学科相关能力
	良好语言表达习惯，勇于与他人沟通，乐于用书面语表达自己看到的事物和想说的话（A、B、C类）	一课中的词语和句子（A、B类）	练（A、B、C类）； 3. 构音语音运动治疗：结合本课内容进行已习得声母的巩固、强化（A、B、C类）； 4. 能正确、熟练地读出词语：长城、故宫、北京图书馆、人民大会堂、人民英雄纪念碑、毛主席纪念堂（A、B、C类）； 5. 学习正确、流畅、有（感情）表情地朗读句子：老师给我们看长城的图片（A、B类）	2. 通过观察图画，理解句子意思（A、B、C类）； 3. 能在创设的情境中运用"谁给谁看什么"的句式说、写句子，进行对话交往（A、B类）； 4. 能背诵所学词语和句子（A、B类）	笔画名称，认识反文旁（A、B、C类）； 3. 正确、清晰、熟练地打出第一课所学词语的手指语，能看懂所学的词的手指语（A、B、C类）； 4. 在家庭、学校的日常生活中借助手势语表达本课学过的语句（A、B、C类）； 5. 能在他人的指导下，运用云平台、各种训练仪器和多媒体等进行言语和语言训练（A、B、C类）
第二周（3月6日—3月12日）	培养集中注意力听（看）别人说话的能力，初步养成想说、爱说、能说的良好语言表达习惯，勇于与他人沟通，乐于用书面语表达自己看到的事物和想说的话（A、B、C类）	1. 培养指认和理解不同时长的能力（A、B、C类）； 2. 学会听（看）懂第二、三课中的词语和句子（A、B类）	1. 言语腹式呼吸训练：与呼吸训练结合的唱音练习（A、B、C类）； 2. 口部运动治疗：与本课内容相关的常规性口部运动训练（A、B、C类）； 3. 构音语音运动治疗：结合本课内容进行已习得声母的巩固、强化（A、B、C类）； 4. 能正确、熟练地读出词语：蚂蚁、蜘蛛、竹竿、鲤鱼、枫叶、钉子、刨子、抬煤、大刀、弓箭、长矛、戈、枪、子弹、坦克、炮、火箭、潜水艇、军舰（A、B、C类）； 5. 学习正确、流畅、有（感情）表情地朗读句子："风"和"枫"的读音一样，意思不一样；大刀和弓箭是武器，枪和炮也是武器（A、B类）	1. 学会第二、三课中的生字、新词语（A、B、C类），正确理解词语的意思，学习使用词语（A、B类）； 2. 通过观察图画，理解句子意思（A、B、C类）； 3. 能在创设的情境中运用"什么和什么的什么一样，什么不一样""什么和什么是什么，什么和什么也是什么"的句式仿说、写句子，进行对话交往（A、B类）； 4. 能背诵所学词语和句子（A、B类）	1. 正确工整地抄写音节，给汉字注音，正确掌握声调标法，正确书写第二、三课所学汉字（A、B类）； 2. 继续认识汉字的笔画名称，认识鱼字旁、舟字旁（A、B、C类）； 3. 正确、清晰、熟练地打出第二、三课所学词语的手指语，能看懂所学的词的手指语（A、B、C类）； 4. 在家庭、学校的日常生活中借助手势语表达这两课学过的语句（A、B、C类）； 5. 能在他人的指导下，运用云平台、各种训练仪器和多媒体等进行言语和语言训练（A、B、C类）

续表

时间	兴趣与意志	听觉	言语	语言	学科相关能力
第三周（3月13日—3月19日）	培养集中注意力听（看）别人说话的能力，初步养成想说、爱说、能说的良好语言表达习惯，勇于与他人沟通，乐于用书面语表达自己看到的事物和想说的话（A、B、C类）	1. 培养指认和理解不同时长和频率的能力（A、B、C类）； 2. 学会听（看）懂第四课中的词语和句子（A、B类）	1. 言语腹式呼吸训练：与呼吸训练结合的唱音练习（A、B、C类）； 2. 口部运动治疗：与本课内容相关的常规性口部运动训练（A、B、C类）； 3. 构音语音运动治疗：结合本课内容进行已习得声母的巩固、强化（A、B、C类）； 4. 能正确、熟练地读出词语：牡丹花、月季花、梅花、菊花、桂花、荷花、柏树、松树、槐树、榕树、梧桐树、桦树（A、B、C类）； 5. 学习正确、流畅、有（感情）表情地朗读句子：公园的花坛里种着各种花，有月季花，还有牡丹花（A、B类）	1. 学会第四课中的生字、新词语（A、B、C类），正确理解词语的意思，学习使用词语（A、B类）； 2. 通过观察图画，理解句子意思（A、B、C类）； 3. 能在创设的情境中运用"什么地方的哪儿种着各种什么，有什么，还有什么"的句式说、写句子，进行对话交往（A、B类）； 4. 能背诵所学词语和句子（A、B类）	1. 正确工整地抄写音节、给汉字注音，正确掌握声调标法，正确书写第四课所学汉字（A、B类）； 2. 继续认识汉字的笔画名称，认识牛字旁（A、B、C类）； 3. 正确、清晰、熟练地打出第四课所学词语的手指语，能看懂所学的词的手指语（A、B、C类）； 4. 在家庭、学校的日常生活中借助手势语表达本课学过的语句（A、B、C类）； 5. 能在他人的指导下，运用云平台、各种训练仪器和多媒体等进行言语和语言训练（A、B、C类）
第四周（3月20日—3月26日）	培养集中注意力听（看）别人说话的能力，初步养成想说、爱说、能说的良好语言表达习惯，勇于与他人沟通，乐于用书面语表达自己看到的事物和想说的话（A、B、C类）	1. 培养指认和理解不同时长和频率的能力（A、B、C类）； 2. 学会听（看）懂第四课中的词语和句子（A、B类）	1. 言语腹式呼吸训练：与呼吸训练结合的唱音练习（A、B、C类）； 2. 口部运动治疗：与本课内容相关的常规性口部运动训练（A、B、C类）； 3. 构音语音运动治疗：结合本课内容进行已习得声母的巩固、强化（A、B、C类）； 4. 能正确、熟练地读出词语：牡丹花、月季花、梅花、菊花、桂花、荷花、柏树、松树、槐树、榕树、梧桐树、桦树（A、B、C类）； 5. 学习正确、流畅、有（感情）表	1. 学会第四课中的生字、新词语（A、B、C类），正确理解词语的意思，学习使用词语（A、B类）； 2. 通过观察图画，理解句子意思（A、B、C类）； 3. 能在创设的情境中运用"什么地方的哪儿种着各种什么，有什么，还有什么"的句式说、写句子，进行对话交往（A、B类）； 4. 能背诵所学词语和句子（A、B类）	1. 正确工整地抄写音节、给汉字注音，正确掌握声调标法，正确书写第四课所学汉字（A、B类）； 2. 继续认识汉字的笔画名称，认识牛字旁（A、B、C类）； 3. 正确、清晰、熟练地打出第四课所学词语的手指语，能看懂所学的词的手指语（A、B、C类）； 4. 在家庭、学校的日常生活中借助手势语表达本课学过的语句（A、B、C类）； 5. 能在他人的指导

续表

时间	兴趣与意志	听觉	言语	语言	学科相关能力
			情地朗读句子：公园的花坛里种着各种花，有月季花，还有牡丹花（A、B类）		下，运用云平台、各种训练仪器和多媒体等进行言语和语言训练（A、B、C类）
第五周（3月27日—3月30日）	培养集中注意力听（看）别人说话的能力，初步养成想说、爱说、能说的良好语言表达习惯，勇于与他人沟通，乐于用书面语表达自己看到的事物和想说的话（A、B、C类）	1. 培养指认和理解不同时长和频率的能力（A、B、C类）；2. 学会听（看）懂第五、六课中的词语和句子（A、B、C类）	1. 口部运动治疗：与本课内容相关的常规性口部运动训练（A、B、C类）；2. 构音语音运动治疗：结合本课内容进行已习得声母的巩固、强化（A、B、C类）；3. 能正确、熟练地读出词语：电影院、售票处、电影票、花圈、亲手、队伍、献上、一起、清明节、早晨、老师、帮助、拖地板、再见、谢谢、您好、回来啦（A、B、C类）；4. 学习正确、流畅、有（感情）表情地朗读第五、六课的句子（A、B类）	1. 学会第五、六课中的生字、新词语（A、B、C类），正确理解词语的意思，学习使用词语（A、B类）；2. 通过观察图画，理解句子意思（A、B、C类）；3. 能在创设的情境中运用"谁和谁一起到哪儿做什么"的句式说、写句子，进行对话交往（A、B类）；4. 能在生活中运用第六课所学礼貌用语说话（A、B、C类）；5. 能背诵所学词语和句子（A、B类）	1. 正确工整地抄写音节、给汉字注音，正确掌握声调标法，正确书写第四课所学汉字（A、B类）；2. 继续认识汉字的笔画名称，认识双耳旁、巾字底（A、B、C类）；3. 正确、清晰、熟练地打出第五、六课所学词语的手指语，能看懂所学的词的手指语（A、B、C类）；4. 在家庭、学校的日常生活中借助手势语表达本课学过的语句（A、B、C类）；5. 能在他人的指导下，运用云平台、各种训练仪器和多媒体等进行言语和语言训练（A、B、C类）
第六周（4月5日—4月7日）	培养集中注意力听（看）别人说话的能力，初步养成想说、爱说、能说的良好语言表达习惯，勇于与他人沟通，乐于用书面语表达自己看到的事物和想说的话（A、B、C类）	1. 培养指认和理解不同时长和频率的能力（A、B、C类）；2. 学会听（看）懂第七课中的词语和句子（A、B、C类）	1. 口部运动治疗：与本课内容相关的常规性口部运动训练（A、B、C类）；2. 构音语音运动治疗：结合本课内容进行已习得声母的巩固、强化（A、B、C类）；3. 能正确、熟练地读出词语：灌进、开水、外婆、连忙、晒衣服、放进、收进、水开了、灌开水（A、B、C类）；4. 学习正确、流	1. 学会第七课中的生字、新词语（A、B、C类），正确理解词语的意思，学习使用词语（A、B类）；2. 通过观察图画，理解句子意思（A、B、C类）；3. 能在创设的情境中运用"谁把什么怎么样"的句式说、写句子，进行对话交	1. 正确工整地抄写音节、给汉字注音，正确掌握声调标法（A、B、C类），正确书写第七课所学汉字（A、B类）；2. 继续认识汉字的笔画名称，认识山字底（A、B、C类）；3. 正确、清晰、熟练地打出第七课所学词语的手指语，能看懂所学的词的手指语（A、B、C类）；

续表

时间	兴趣与意志	听觉	言语	语言	学科相关能力
			畅、有（感情）表情地朗读第七课的句子（A、B类）	往（A、B类）； 4. 能背诵所学词语和句子（A、B类）	4. 在家庭、学校的日常生活中借助手势语表达本课学过的语句（A、B、C类）； 5. 能在他人的指导下，运用云平台、各种训练仪器和多媒体等进行言语和语言训练（A、B、C类）
第七周（4月10日—4月16日）	培养集中注意力听（看）别人说话的能力，初步养成想说、爱说、能说的良好语言表达习惯，勇于与他人沟通，乐于用书面语表达自己看到的事物和想说的话（A、B、C类）	1. 培养指认和理解不同时长和频率的能力（A、B、C类）； 2. 学会听（看）懂第八课中的词语和句子（A、B类）	1. 口部运动治疗：与本课内容相关的常规性口部运动训练（A、B、C类）； 2. 构音语音运动治疗：结合本课内容进行已习得声母的巩固、强化（A、B、C类）； 3. 能正确、熟练地读出词语：春天、天气、小河、长出、暖和了、夏天、柳树、不停、凉了、变黄了、嫩绿、蝉儿、纷纷、叫着、结冰了（A、B、C类）； 4. 学习正确、流畅、有（感情）表情地朗读第八课的句子（A、B类）	1. 学会第八课中的生字、新词语（A、B、C类），正确理解词语的意思，学习使用词语（A、B类）； 2. 通过观察图画，理解句子意思（A、B、C类）； 3. 能在创设的情境中运用"什么季节，哪里的什么怎么样"的句式说、写句子，进行对话交往（A、B类）； 4. 能在生活中运用第八课所学礼貌用语说话（A、B类）； 5. 能背诵所学词语和句子（A、B类）	1. 正确工整地抄写音节，给汉字注音，正确掌握声调标法（A、B、C类），正确书写第八课所学汉字（A、B类）； 2. 正确、清晰、熟练地打出第八课所学词语的手指语，能看懂所学的词的手指语（A、B、C类）； 3. 在家庭、学校的日常生活中借助手势语表达本课学过的语句（A、B、C类）； 4. 能在他人的指导下，运用云平台、各种训练仪器和多媒体等进行言语和语言训练（A、B、C类）
第八周（4月17日—4月23日）	培养集中注意力听（看）别人说话的能力，初步养成想说、爱说、能说的良好语言表达习惯，勇于与他人沟通，乐于用书面语表达	1. 培养指认和理解不同时长和频率的能力（A、B、C类）； 2. 学会听（看）懂第九课中的词语和句子（A、B类）	1. 口部运动治疗：与本课内容相关的常规性口部运动训练（A、B、C类）； 2. 构音语音运动治疗：结合本课内容进行已习得声母的巩固、强化（A、B、C类）； 3. 能正确、熟练地读出词语：手电筒、电池、电话机、日	1. 学会第九课中的生字、新词语（A、B、C类），正确理解词语的意思，学习使用词语（A、B类）； 2. 通过观察图画，理解句子意思（A、B、C类）； 3. 能在创设的情	1. 正确工整地抄写音节，给汉字注音，正确掌握声调标法（A、B、C类），正确书写第九课所学汉字（A、B类）； 2. 继续认识汉字的笔画名称，认识雨字头（A、B、C类）； 3. 正确、清晰、熟练地打出第九课所

续表

时间	兴趣与意志	听觉	言语	语言	学科相关能力
	自己看到的事物和想说的话（A、B、C类）		光灯、霓虹灯、电熨斗、录音机、电子计算机（A、B、C类）； 4. 学习正确、流畅、有（感情）表情地朗读第九课的句子：星期日，爷爷去百货商店买手电筒（A、B类）	境中运用"什么时候，谁去哪儿买什么"的句式说、写句子，进行对话交往（A、B类）； 4. 能背诵所学词语和句子（A、B类）	学词语的手指语，能看懂所学的词的手指语（A、B、C类）； 4. 在家庭、学校的日常生活中借助手势语表达本课学过的语句（A、B、C类）； 5. 能在他人的指导下，运用云平台、各种训练仪器和多媒体等进行言语和语言训练（A、B、C类）
第九周（4月24日—4月28日）	培养集中注意力听（看）别人说话的能力，初步养成想说、爱说、能说的良好语言表达习惯，勇于与他人沟通，乐于用书面语表达自己看到的事物和想说的话（A、B、C类）	1. 培养指认和理解不同时长和频率的能力（A、B、C类）； 2. 学会听（看）懂第十课中的词语和句子（A、B类）	1. 口部运动治疗：与本课内容相关的常规性口部运动训练（A、B、C类）； 2. 构音语音运动治疗：结合本课内容进行已习得声母的巩固、强化（A、B、C类）； 3. 能正确、熟练地读出词语：播种、插秧、播种机、插秧机、车水、脱粒、抽水机、脱粒机、扬场、碾米、扬场机、碾米机（A、B、C类）； 4. 学习正确、流畅、有（感情）表情地朗读第九课的句子：插秧机插秧快，农民用插秧机插秧（A、B类）	1. 学会第十课中的生字、新词语（A、B、C类），正确理解词语的意思，学习使用词语（A、B类）； 2. 通过观察图画，理解句子意思（A、B、C类）； 3. 能在创设的情境中运用"什么干什么快，谁用什么干什么"的句式说、写句子，进行对话交往（A、B类）； 4. 能背诵所学词语和句子（A、B类）	1. 正确工整地抄写音节，给汉字注音，正确掌握声调标法（A、B、C类），正确书写第十课所学汉字（A、B类）； 2. 继续认识汉字的笔画名称，认识竖心旁（A、B、C类）； 3. 正确、清晰、熟练地打出第十课所学词语的手指语，能看懂所学的词的手指语（A、B、C类）； 4. 在家庭、学校的日常生活中借助手势语表达本课学过的语句（A、B、C类）； 5. 能在他人的指导下，运用云平台、各种训练仪器和多媒体等进行言语和语言训练（A、B、C类）
第十周（5月8日—5月14日）	培养集中注意力听（看）别人说话的能力，初步养成想说、爱	学会听（看）懂第十一、十二课中的词语和句子（A、B类）	1. 口部运动治疗：与本课内容相关的常规性口部运动训练（A、B、C类）； 2. 构音语音运动训练：结合本课内	1. 学会第十一、十二课中的生字、新词语（A、B、C类），正确理解词语的意思，学习使用词	1. 正确工整地抄写音节，给汉字注音，正确掌握声调标法（A、B、C类），正确书写第十一、十二课所学汉字

续表

时间	兴趣与意志	听觉	言语	语言	学科相关能力
	说、能说的良好语言表达习惯，勇于与他人沟通，乐于用书面语表达自己看到的事物和想说的话（A、B、C类）		容进行已习得声母的巩固、强化（A、B、C类）； 3. 能正确、熟练地读出词语：弹钢琴、唱歌、打腰鼓、踩高跷、变魔术、耍杂技、蜈蚣风筝、老鹰风筝、蝙蝠风筝、扎风筝、糊风筝、放风筝（A、B、C类）； 4. 学习正确、流畅、有（感情）表情地朗读第十一、十二课的句子（A、B类）	语（A、B类）； 2. 通过观察图画，理解句子意思（A、B、C类）； 3. 能在创设的情境中运用"谁喜欢什么吗？""谁喜欢什么，更喜欢什么""什么（谁）怎么样（做什么），谁（什么）把什么怎么样"的句式说、写句子，进行对话交往（A、B类）； 4. 看图回答问题，并把回答的话写成通顺的句子（A、B类）； 5. 能背诵所学词语和句子（A、B类）	（A、B类）； 2. 继续认识汉字的笔画名称，认识弓字旁（A、B、C类）； 3. 正确、清晰、熟练地打出第十一、十二课所学词语的手指语，能看懂所学的词的手指语（A、B、C类）； 4. 在家庭、学校的日常生活中借助手势语表达本课学过的语句（A、B、C类）； 5. 能在他人的指导下，运用云平台、各种训练仪器和多媒体等进行言语和语言训练（A、B、C类）
第十一周 （5月22日—5月26日）	培养集中注意力听（看）别人说话的能力，初步养成想说、爱说、能说的良好语言表达习惯，勇于与他人沟通，乐于用书面语表达自己看到的事物和想说的话（A、B、C类）	学会听（看）懂第十三、十四课中的词语和句子（A、B类）	1. 口部运动治疗：与本课内容相关的常规性口部运动训练（A、B、C类）； 2. 构音语音运动训练：结合本课内容进行已习得声母的巩固、强化（A、B、C类）； 3. 能正确、熟练地读出词语：正在、批改、轻轻地、啃麦苗、急忙、赶走、高兴地、双手、奖状、扶着、空座位、慢慢地、自己、老大娘、赶过去、乱扔（A、B、C类）； 4. 学习正确、流畅、有（感情）表情地朗读第十三、十四课的句子（A、B类）	1. 学会第十三、十四课中的生字、新词语（A、B、C类），正确理解词语的意思，学习使用词语（A、B类）； 2. 通过观察图画，理解句子意思（A、B、C类）； 3. 能在创设的情境中运用"什么（谁）怎么样（做什么），谁（什么）把什么怎么样""谁和谁做什么，谁劝谁不要做什么"的句式说、写句子，进行对话交往（A、B类）； 4. 能背诵所学词语和句子（A、B类）	1. 正确工整地抄写音节、给汉字注音，正确掌握声调标法（A、B、C类），正确书写第十三、十四课所学汉字（A、B类）； 2. 继续认识汉字的笔画名称，认识走字旁（A、B、C类）； 3. 正确、清晰、熟练地打出第十三、十四课所学词语的手指语，能看懂所学的词的手指语（A、B、C类）； 4. 在家庭、学校的日常生活中借助手势语表达本课学过的语句（A、B、C类）； 5. 能在他人的指导下，运用云平台、各种训练仪器和多媒体等进行言语和语言训练（A、B、C类）

续表

时间	兴趣与意志	听觉	言语	语言	学科相关能力
第十二周（5月31日—6月4日）	培养集中注意力听（看）别人说话的能力，初步养成想说、爱说、能说的良好语言表达习惯，勇于与他人沟通，乐于用书面语表达自己看到的事物和想说的话（A、B、C类）	学会听（看）懂第十五、十六课中的词语和句子（A、B类）	1. 口部运动治疗：与本课内容相关的常规性口部运动训练（A、B、C类）； 2. 构音语音运动训练：结合本课内容进行已习得声母的巩固、强化（A、B、C类）； 3. 能正确、熟练地读出词语：池塘、青蛙、撑着、避雨、乘凉、趴、躲、开满了、捉迷藏、传手帕、关灯、忘了、吹落、一叠、一阵（A、B、C类）； 4. 学习正确、流畅、有（感情）表情地朗读第十五、十六课的句子（A、B类）	1. 学会第十五、十六课中的生字、新词语（A、B、C类），正确理解词语的意思，学习使用词语（A、B类）； 2. 通过观察图画，理解句子意思（A、B、C类）； 3. 能在创设的情境中运用"什么时候，有的人在哪儿做什么，有的人在哪儿做什么""哪些人在哪儿做什么，有的做什么，有的做什么，还有的做什么"的句式说、写句子，进行对话交往（A、B类）； 4. 能背诵所学词语和句子（A、B类）	1. 正确工整地抄写音节，给汉字注音，正确掌握声调标法（A、B、C类），正确书写第十五、十六课所学汉字（A、B类）； 2. 继续认识汉字的笔画名称，认识穴宝盖、王字旁（A、B、C类）； 3. 正确、清晰、熟练地打出第十五、十六课所学词语的手指语，能看懂所学的词的手指语（A、B、C类）； 4. 在家庭、学校的日常生活中借助手势语表达本课学过的语句（A、B、C类）； 5. 能在他人的指导下，运用云平台、各种训练仪器和多媒体等进行言语和语言训练（A、B、C类）
第十三周（6月5日—6月11日）	培养集中注意力听（看）别人说话的能力，初步养成想说、爱说、能说的良好语言表达习惯，勇于与他人沟通，乐于用书面语表达自己看到的事物和想说的话（A、B、C类）	学会听（看）懂第十五、十六课中的词语和句子（A、B类）	1. 口部运动治疗：与本课内容相关的常规性口部运动训练（A、B、C类）； 2. 构音语音运动训练：结合本课内容进行已习得声母的巩固、强化（A、B、C类）； 3. 能正确、熟练地读出词语：池塘、青蛙、撑着、避雨、乘凉、趴、躲、开满了、捉迷藏、传手帕、关灯、忘了、吹落、一叠、一阵（A、B、C类）； 4. 学习正确、流畅、有（感情）表情地朗读第十五、十六课的句子（A、B类）	1. 学会第十五、十六课中的生字、新词语（A、B、C类），正确理解词语的意思，学习使用词语（A、B类）； 2. 通过观察图画，理解句子意思（A、B、C类）； 3. 能在创设的情境中运用"什么时候，有的人在哪儿做什么，有的人在哪儿做什么""哪些人在哪儿做什么，有的做什么，有的做什么，还有的做什么"的句式说、写句子，进	1. 正确工整地抄写音节，给汉字注音，正确掌握声调标法（A、B、C类），正确书写第十五、十六课所学汉字（A、B类）； 2. 继续认识汉字的笔画名称，认识穴宝盖、王字旁（A、B、C类）； 3. 正确、清晰、熟练地打出第十五、十六课所学词语的手指语，能看懂所学的词的手指语（A、B、C类）； 4. 在家庭、学校的日常生活中借助手势语表达本课学过的语句（A、B、C类）；

时间	兴趣与意志	听觉	言语	语言	学科相关能力
				行对话交往（A、B类）； 4. 能背诵所学词语和句子（A、B类）	5. 能在他人的指导下，运用云平台、各种训练仪器和多媒体等进行言语和语言训练（A、B、C类）
第十四周 （6月12日—6月18日）	培养集中注意力听（看）别人说话的能力，初步养成想说、爱说、能说的良好语言表达习惯，勇于与他人沟通，乐于用书面语表达自己看到的事物和想说的话（A、B、C类）	学会听（看）懂第十七、十八课中的词语和句子（A、B类）	1. 口部运动治疗：与本课内容相关的常规性口部运动训练（A、B、C类）； 2. 构音语音运动训练：结合本课内容进行已习得声母、韵母的巩固训练（A、B、C类）； 3. 能正确、熟练地读出词语：精美、打扮、储钱罐、生日、裙子、更漂亮、开绽、针线、摔跤、膝盖、医务室、红药水、借给、擦破了、医生（A、B、C类）； 4. 学习正确、流畅、有（感情）表情地朗读第十七、十八课的句子（A、B类）	1. 学会第十七、十八课中的生字、新词语（A、B、C类），正确理解词语的意思，学习使用词语（A、B类）； 2. 通过观察图画，理解句子意思（A、B、C类）； 3. 能在创设的情境中运用"谁想做什么""谁送给谁多少什么""谁把什么借给谁做什么"的句式说、写句子，进行对话交往（A、B类）； 4. 能背诵所学词语和句子（A、B类）	1. 正确工整地抄写音节，给汉字注音，正确掌握声调标法（A、B、C类），正确书写第十七、十八课所学汉字（A、B类）； 2. 继续认识汉字的笔画名称，认识子字旁（A、B、C类）； 3. 正确、清晰、熟练地打出第十七、十八课所学词语的手指语，能看懂所学的词的手指语（A、B、C类）； 4. 在家庭、学校的日常生活中借助手势语表达本课学过的语句（A、B、C类）； 5. 能在他人的指导下，运用云平台、各种训练仪器和多媒体等进行言语和语言训练（A、B、C类）
第十五周 （6月19日—6月25日）	培养集中注意力听（看）别人说话的能力，初步养成想说、爱说、能说的良好语言表达习惯，勇于与他人沟通，乐于用书面语表达自己看到的事物和想说的话（A、	学会听（看）懂第十九、二十课中的词语和句子（A、B类）	1. 口部运动治疗：与本课内容相关的常规性口部运动训练（A、B、C类）； 2. 构音语音运动训练：结合本课内容进行已习得声母、韵母的巩固训练（A、B、C类）； 3. 能正确、熟练地读出词语：迷路、附近、播放、金箍棒、闪闪、心愿、发光、孙悟空、显得、格外、鲜艳、	1. 学会第十九、二十课中的生字、新词语（A、B、C类），正确理解词语的意思，学习使用词语（A、B类）； 2. 通过观察图画，理解句子意思（A、B、C类）； 3. 能在创设的情境中运用"谁家在哪儿，附近有什么""什么的什	1. 正确工整地抄写音节，给汉字注音，正确掌握声调标法（A、B、C类），正确书写第十九、二十课所学汉字（A、B类）； 2. 继续认识汉字的笔画名称，认识门字框、力字旁（A、B、C类）； 3. 正确、清晰、熟练地打出第十九、二十课所学词语的手指语，能看懂所

续表

时间	兴趣与意志	听觉	言语	语言	学科相关能力
	B、C类）		可爱、懂事、淘气、黑溜溜、扁嘴巴、翅膀、似的、翘着、一摇一摆（A、B、C类）； 4. 学习正确、流畅、有（感情）表情地朗读第十九、二十课的句子（A、B类）	么像什么"的句式说、写句子，进行对话交往（A、B类）； 4. 能背诵所学词语和句子（A、B类）	学的词的手指语（A、B、C类）； 4. 在家庭、学校的日常生活中借助手势语表达本课学过的语句（A、B、C类）； 5. 能在他人的指导下，运用云平台、各种训练仪器和多媒体等进行言语和语言训练（A、B、C类）
第十六周（6月26日—7月2日）	期末评估				

三、日方案实施课例

义务教育学龄段基本的课程设置包括语文、数学、英语、律动、美术、体育与健康等。下文所有日方案均采用了 MSR（M 表示德育，S 表示学科知识，R 表示康复训练）三线模式。在整个实施过程中，以学科知识（S）为主线，以康复训练（R）和德育（M）为辅线，构成融会交织的网状结构，渗透到教育康复活动的每个环节。在每一个案例中，从"新知诱导"到"后测"，在知识线的每个环节均注明了选用的基本康复训练方法，并简要点明了德育渗透点。

需要注意的是，在教育康复活动中除了要充分考虑每名学生的言语功能外，特别要关注听力补偿情况，对于助听效果处于较适和看话、言语最大识别率 ≤ 70 dBHL 的学生，沟通交流采用听（看）话结合及手语的方式进行；对于有能力的学生，要随时创设时机进行语音巩固、重复、切换、轮替训练和重复治疗，不断提高其连续语音的清晰度和韵律，为语言发展打下坚实的基础。

（一）语文

语文学科的教学包含汉语拼音、词语、句子、短文以及写作等。

1. 汉语拼音教学

听障儿童学龄段的拼音教育康复活动按照九年义务教育教材的编排顺序，基本遵循音位诱导、音位习得、音位对比、音位强化四个环节循序渐进地进行。在具体的实施过程中，依据学生的实际水平，有针对性地进行言语功能训练，在让学生熟练掌握目标声、韵母的基础上适当地拓展部分单、双、三音节词语、词组及简单句子，将听觉训练贯穿始终。这样既让学生巩固了目标音位，又提升了言语功能，还能帮助学生逐步建立词语、词组及句子的概念，为今后的教育康复发展奠定言语和语言基础。与学前段不同的是，在教育康复活动中要关注声韵结合拼读能力的培养，随时进行两拼法拼读音节或直呼音节能力的培养，直至学生达到能独立拼读音节；进行书写教学，让学生掌握每个声、韵母及音节在四线格中的位置；进行手指语教学，逐步让学生能正确、清晰地打出音节手指语，能看懂学过的手指语。下文是一节"/k/ 的拼音教学"案例。

教案 4-7

视频：康复课例 1-学龄语文课（拼音）

学科	语文	设计人	孙振波
教育康复对象	一年级	主讲人	孙振波
课型	集体教育康复课	课时	第 1 课时（共 1 课时）

一、教材介绍与分析

本节课选自义务教育阶段全日制聋校语文实验教材第一册第六课。教育康复内容主要包括三部分：第一部分是声母 /k/ 的发音部位、方法及指式；第二部分是三项声韵结合的拼音练习，用以学习拼音方法和音节的四声，并借助图理解音所表示的意思；第三部分是书写内容。本节课根据学生的实际水平补充音节 kù 和双音节 kě le，并依据学生的实际水平进行简单的拓展训练。

二、学情分析

本班听障学生共 6 名，平均年龄 8 岁，男孩 4 名，女孩 2 名。总体上，该班学生的助听效果较好，言语语言基础好，教师可以口语为主、手语为辅进行教学；学生在课堂上配合度较高，学习习惯较好。具体情况如下所示。

层级	姓名	障碍类型及程度	构音语音能力现状	相关能力现状
A 类	董××	听障；人工耳蜗术后 4 年；最适	构音清晰度达到 82%，ICF 构音功能损伤程度为 1 级轻度损伤；声母、韵母全部习得	认知能力和理解能力较好
	林××	听障；人工耳蜗术后 1 年；适合	构音清晰度达到 63%，ICF 构音功能损伤程度为 2 级中度损伤；构音能力不稳定，有时用舌尖中音替代舌根音	共鸣功能不稳定，有时存在后位聚焦，认知能力和理解能力较好
	胡××	听障；助听器佩戴 5 年；较适	构音清晰度达到 71%，ICF 构音功能损伤程度为 2 级中度损伤；能较快、较准确地习得所学音位	发声功能不稳定，有时响度过高，认知能力和理解能力较好，能表达短句

B类	曲××	听障；助听器佩戴4年；适合	构音清晰度达到63%，ICF构音功能损伤程度为2级中度损伤；能在辅助下准确习得所学音位	认知能力较好，易丧失信心
	孙××	听障；人工耳蜗术后2年；适合	构音清晰度达到54%，ICF构音功能损伤程度为2级中度损伤；易用舌尖中音替代舌根音	后位聚焦、硬起音，音调单一，有时有高音调，认知能力较好
	衣××	听障；助听器佩戴4年；较适	构音清晰度达到50%，ICF构音功能损伤程度为3级重度损伤；基本能习得所学音位	认知差，理解能力差，自主表达少

三、教育康复目标

1. 培养良好的学习习惯，不断增强发音说话的兴趣和自信心；
2. 掌握声母 /k/ 的发音部位、方法、指式和书写格式；提高舌后部上抬能力，提高唇、舌尖和舌根之间转换运动的灵活性；
3. 学会拼读 /ke/，会读它的四声；强化听觉训练，能较好地进行与 /k/ 相关的最小音位对的听说联动训练；
4. 提高声母和韵母组合的拼读能力，会拼读音节 kū、kù、kòu、kě le，理解音节配图所表示的意义，会看口形和打手指语，能进行简单的组词、句子仿说，能进行简单的语言沟通。

教育康复目标	儿童能力层级及掌握程度	
	A类	B类
/k/ 的发音部位、方法、指式、书写格式	准确熟练掌握	
/ke/ 的四声	会打手指语，能较准确拼读	
课本上的2个单音节	能准确掌握音、形、义	
补充的2个音节	能准确掌握音、形、义	熟悉音、形、义
/k/ 的最小音位对	能完成听说联动，准确率达到100%	能完成听说联动，准确率达到60%以上
词组和句子仿说、语言沟通	较清晰、连贯地主动表达，准确率达到90%以上	表达（口头提示），准确率达到50%以上

四、教育康复重点、难点

重点：
1. 掌握声母 /k/ 的发音部位、方法、指式和书写格式；
2. 学会拼读 ke，会读它的四声；提高声母和韵母组合的拼读能力，会拼读音节 kū、kù、kòu、kě le，理解音节配图所表示的意义，会看口形和打手指语。
难点：能准确区分与 /k/ 相关的最小音位对，完成听说联动。

五、教育康复准备

1. 环境准备：录课教室，本底噪声 ≤ 45 dB（A）；
2. 教具准备：拼音卡片、实物、音节卡片、发音镜、PPT、教学挂图、口部构音运动训练器、名字卡片等；
3. 云平台资源：Speech-3 治疗篇中与 /k/ 相关的训练，Speech-4 中语音重复、巩固、切换、轮替。

续表

六、教育康复过程	设计意图
（一）新知诱导←提示促进法 1. 点名：进行助听器课检。 2. 基本言语功能训练（长短音、圆展唇、唗音、舌的功能训练、/g/ 的四声）。 3. 复习巩固与前测（听说韵母、听写声母、音节匹配）。	检查助听器的工作状态。 促进呼吸与发声功能的协调，不断提高构音器官的灵活性，为发 /k/ 打基础。 不断巩固学科知识和康复效果。
（二）音位诱导←示范/辅助法、错误纠正法 1. 师出示 /k/，示范发音。 2. 学生观看发音教育视频，师讲解发音部位和方法：舌根高抬，顶住软腭，阻住气流，然后突然放开，送气，声带不颤动。 3. 师逐个进行发音矫治，学生巩固发音。	找准发音部位，掌握发音方法。
（三）手指语和书写训练←视听说写强化训练 1. 用图片和动作示范引导学生掌握手指语。 2. /k/ 的书写指导，每个学生写一行。	不断提高手口眼及肢体协调的精细运动能力。
（四）音位习得←重读训练 进行重读训练，引导学生逐步习得 ke、ku、kou 的四声。	提高语言韵律，改善清晰度，不断提高发音说话的兴趣。
（五）课间休息←创设情境 学生稍事休息，在音乐的引导下进行呼吸与发声放松训练。	让学生的情绪和构音器官始终处于最佳状态，以便更好地完成学习任务。
（六）音位对比←提示促进法 语音轮替训练：最小音位对 /p/、/t/、/k/。（呼读音）	提高唇、舌尖和舌根之间转换运动的灵活性。
（七）音位强化←集中练习法、扩展延伸法 1. 分别看实物及图片学习音节 kū、kù、kòu、kě le，并分别进行相应的词组和句子仿说练习。 2. /k/ 与其他韵母的拼读练习。	借助实物及图片掌握音节，进行声韵结合的拼读能力训练、词组和句子仿说练习，不断进行语音巩固、重复、切换、轮替训练，以更好地区分最小音位对，牢固掌握目标音。
（八）拓展新知←创设情境、听说强化 1. 创设情境进行词组仿说和语言沟通交往训练。 2. 音节强化，进行听说联动强化训练。	创设情境引导学生把本节所学的核心音节放进词组和句子中，引导学生在生活中运用目标音。
（九）后测←提示促进法 1. 复习音节 kū、kù、kòu、kě le。 2. 区分与 /k/ 相关的最小音位对。 听（看）话写 /g/、/k/、/t/、/p/。 3. 游戏巩固：音节匹配。	全方位检验本节课的学习与康复效果。
七、教育康复延伸	设计意图
在小组或个训课中，登录康复云，根据学生的实际情况选学相关内容。	构建立体化的学习和康复训练体系。
八、家庭教育康复指引	设计意图
和爸爸妈妈登录康复云，根据老师的提示选学相关内容。	构建立体化的学习和康复训练体系。
九、教育康复反思	
本节课较好地完成了预定的教学与康复训练任务，学生们能认真地参与学习和训练活动，师生互动积极，教学效果显著。 其中，孙××同学需要个别辅导声韵结合拼读练习和四声练习。	

2. 词语教学

听障儿童低龄段的字词教学从知识层面到康复层面都处于一个承上启下的重要位置。从知识层面来讲，词是最小的能够独立运用的语言单位，听障儿童学习语言主要从学词开始，学词是学句的基础。按照九年义务教育教材的编排，低年级词语教学主要学习部分名词、常用动词、常用数量词以及少量虚词。在教育康复活动中，要注重字词音、形、义的结合，注重建立正确的词语概念，注重词语理解与表达能力培养。教师要依据听障儿童的特点，选用适当的教育康复，促使言语、语言与思维能力同步发展。从康复层面来讲，既要通过字词教学复习巩固前面学过的汉语拼音，不断提高学生的声韵结合拼读能力、直呼音节能力，更要根据教材内容融入各种康复训练方法，进一步改善学生的言语功能，提高单音节、双音节、三音节、多音节词或词组的语言清晰度，为后面的句子教学中连续语音的训练奠定基础。下文是一节"看图学词——大小"案例。

教案 4-8

视频：康复课例 2-学龄语文课（词语）

学科	语文	设计人	冯莎莎
教育康复对象	一年级	主讲人	冯莎莎
课型	集体教育康复课	课时	第 3 课时（共 5 课时）
一、教材介绍与分析			
本课是一年级上册语文教材第十五课中的内容，全册教材共有六个单元，第十五课处于教材第五单元的第一课。前四个单元主要进行了拼音的学习，第五单元开始进行看图学字学词，第十五课的教材内容包括十幅图和二十个生字，本节课对应的图画内容为一只大鸭和一只小鸭，图下配有注音文字"大、小"。本节课以理解"大、小"的词义并练习表达字词为主要内容，学习比较、表达事物的大小。由于学生刚刚开始接触字词的学习，所以对于字词的含义需要指导才能理解。另外，刚刚结束的拼音朗读学习也要在字词的学习中不断进行巩固，并强化其正确的发音方式，养成听的良好习惯。			
二、学情分析			
本班听障儿童共 6 名，平均年龄 9 岁，其中 3 名双耳佩戴助听器，3 名植入人工耳蜗。具体情况如下所示。			

层级	姓名	障碍类型及程度	词语能力现状	相关能力现状
A 类	董××	听障；人工耳蜗；最适	语言沟通能力处于 4 级，词语理解与命名评估均通过	构音语音能力处于第五阶段，言语清晰度较高，能用简单句表达要求，句子结构完整；认知能力和理解能力较好
	曲××	听障；助听器；适合	语言沟通能力处于 3 级，能理解和使用的常用词语约 280 个，出现词语组合	构音语音能力处于第四阶段，言语清晰度较高，能用简单句表达简单要求，句子结构不够完整；认知能力和理解能力较好

续表

A 类	陈××	听障；助听器；适合	语言沟通能力处于3级，能理解和使用的常用词语约240个，出现词语组合	构音语音能力处于第四阶段，言语清晰度较高，能用简单句表达简单要求，句子结构不够完整；认知能力和理解能力较好
	吴××	听障；人工耳蜗；最适	语言沟通能力处于3级，能理解和使用的常用词语约300个，出现词语组合	构音语音能力处于第二阶段，言语清晰度较低，能用简单句表达简单要求，句子结构不够完整，认知能力和理解能力较好
B 类	衣××	听障；助听器；适合	语言沟通能力处于2级，仅能理解少量词语，常用词语大约50个	构音语音能力处于第二阶段，言语清晰度一般，相关词语都了解；认知能力和理解能力较差
C 类	杨××	听障；人工耳蜗；最适	语言沟通能力处于1级，仅能理解少量词语，有沟通意识，但基本不能表达	构音语音能力处于第一阶段，言语清晰度较差；认知能力和理解能力很差

三、教育康复目标

1. 培养乐于观察、乐于表达的兴趣；
2. 学会2个生字新词，掌握发音，会打手指语；
3. 通过仔细观察比较图画和生活中的事物，理解"大、小"的意思，能在生活中运用"大、小"表达事物的特征（A类学生能在理解的基础上说简单的句子，B类学生能在理解词义的基础上用口语表达重点词汇，C类学生能理解词义）；
4. 能在田字格中正确书写"大、小"（A、B类学生会在田字格中独立正确书写，C类学生能在老师指导下正确书写）。

教育康复目标	儿童能力层级及掌握程度		
	A 类	B 类	C 类
掌握"大、小"的发音、手指语	准确熟练掌握		准确掌握
理解"大、小"的意思并能运用"大、小"表达事物的特征	能在理解词义的基础上说简单的句子	能在理解词义的基础上用口语表达重点词汇	能理解词义
在田字格中正确书写"大、小"	会在田字格中独立正确书写		在老师指导下正确书写

四、教育康复重点、难点

重点：通过仔细观察图画和生活中的事物，理解"大、小"的意思，能看能读能说事物的"大、小"。
难点：用"大、小"表达生活中的事物。

五、教育康复准备

1. 环境准备：录课教室，本底噪声≤45 dB（A）；
2. 教具准备：电子白板，水果、动物图片，词卡，镜子，PPT。

续表

六、教育康复过程	设计意图
（一）前测 1. 点名。 2. 前测＋问好：大小声说"老师好"。	点名环节重在进行听能训练，教师不但可以检查学生的助听设备情况和学生听话情况，也能让学生迅速进入课堂学习的氛围中。大小声问好是对学生进行响度的训练，让学生感知和表达声音的大小，同时也是对本课中要学的"大、小"进行直观的前测。
（二）新知诱导←提示促进法 1. 舌体操。 2. 比一比，看谁一口气说得长，谁一口气说得多，谁说得快。 3. 拼读训练：d-a-da, x-iao-xiao。	结合本课的学习内容，做相关的口部运动练习，针对性强。进行长短音的唱音练习和唇形转换训练，为后面表达含有 /iao/、/ou/、/ua/ 的音节做好准备。
（三）习得新词←示范/辅助法、感知体验法、错误纠正法 1. 初步认识"大"和"小"的字音和字形，了解"大、小"的意思。 （播放鸭子叫）让学生听辨。 出示图片，引导学生观察并依次出示卡片：大、小。 师示范读，生挨个读，师指导学生矫正。 2. 学生在自己的卡片中按要求找到大、小并跟读。 3. 师随机出示卡片，学生读卡片。 形式：集体说、个别说、同桌互相说。 4. 师说大、小，学生举相应卡片。 5. 指生领读，其余学生听辨：小鸭和大鸭。	播放鸭子的叫声，进行听觉察知和分辨训练。要求学生认真听，培养认真听的学习习惯。 通过对鸭子的观察比较，理解"大"和"小"的意思，建立词义的概念。 学生挨个读目标音，教师随机矫正。教师掌握每个学生的发音情况，为下一步的精准评估、有效训练获取初评依据。根据学生情况指导"大、小"的发音。
（四）仿用新词←视听说强化训练、集中练习法 1. 鸭子们的朋友来找它们了，听一听，来的是谁？（狗叫） （贴图）比一比这两只狗的大小并填空：（　　）狗，（　　）狗。 2. 多种方式让学生听、说、读词，并指学生到黑板贴词卡。 3. 多媒体出示相似练习。	结合本课目标词进行单双条件的听辨、认读训练。 一是借助图引导学生试运用刚学到的目标词组新词，进行语言训练。二是交流中适时给学生正音。三是大小声读词语，进行响度训练的同时加深对目标词义的印象。
（五）活用新词←视听说强化训练 1. 出示梨和瓜的图片，让学生比较后填空：梨（　　），瓜（　　）。 2. 多种方式让学生听、说、读词，并指学生到黑板贴词卡。 3. 多媒体出示相似练习。	与上一环节相比，由同类事物的比较过渡到不同类事物的比较，在认知上是一个梯度训练。同时借助图引导学生试运用刚学到的目标词组四字新词，在语言上也是一个梯度训练。
（六）拓展新词←主题活动法、扩展延伸法 1. 在环境中找大大小小的物品，说一说。说词：大（　　），小（　　）。A类学生说句子：这是大（　　），这是小（　　）。 2. 师把学生找到的东西随意拿出三个，两两比较，让学生进行比较，说出大小。句式：（　　）大，（　　）小。 课间休息。←创设情境 学生稍事休息，在音乐引导下进行呼吸与发声放松训练。	引导学生把所学的核心词语放到生活情境中，让学生探索和发现这些词语所指对象，帮助学生加深对核心词的理解，有助于学生在生活中运用这些词语，并通过场景模拟解决迁移和再认问题。与此同时，根据学生的能力差异，关注分层指导表达，让每一个孩子的语言能力都得到相应的提高。 将三种事物进行两两比较，让学生进一步体会"大、小"是相对的。

（七）书写训练←示范模仿法、判断纠正法 **学习"大"** 1. 出示田字格。 2. 师在田字格中范写，让学生注意观察笔顺、笔画以及每一笔在田字格中的位置，并让学生说一说。 3. 指导学生书空，指导学生边书空边唱笔画。让学生在桌上书空。 4. 分解笔顺。（3画） 5. 指导学生在拼音小字练习簿上书写，让学生上黑板写，师做个别指导。 6. 师对书写情况进行小结。 **学习"小"** 1. 出示田字格。 2. 师在田字格中范写，让学生注意观察笔顺、笔画以及每一笔在田字格中的位置。 3. 指导学生书空，指导学生边书空边唱笔画。 4. 分解笔顺。（3画） 5. 指导学生在拼音小字练习簿上书写，让学生上黑板写，师做个别指导。 6. 师对书写情况进行小结。 **（八）课堂评价（后测）←提示促进法** 1. 师：同学们，今天我们学习了什么？通过今天的学习，你能用"大"和"小"写出哪些词语呢？ 2. 交流。	本环节的主要目的在于让学生能学会"大、小"的写法。康复训练设计：一是看老师书写时进行记忆能力的训练，二是书写时进行精细运动能力的训练，三是学习和表达笔顺和笔画时进行认知和语言的训练，四是对同学的板书进行评价时进行自主表达能力的训练。 教师范写时让学生注意观察，培养认真观察的习惯。 提高学生的观察能力和自主表达能力。 此环节的目的：一是让学生将知识内化，形成自己的语言能力；二是对学生本节课学习的情况进行检测。
七、教育康复延伸	**设计意图**
1. 在言语个训课中，利用本课学习的词组，对存在发声、共鸣方面问题的学生进行针对性的矫治； 2. 在美术活动中，学生学习画大××、小××，并说一说自己的作品。	各学科配合教学，全面提高听障儿童的听觉、言语、语言能力。
八、家庭教育康复指引	**设计意图**
回家找一找什么大，什么小，向爸爸妈妈说一说，用拼音写一写。	生活中有许多进行语言表达训练的丰富素材，通过结合生活中的事物，请家长做进一步的指导，有效巩固学生所学知识，提高其言语听觉能力。
九、教育康复反思	
在本节课的教学中，我始终秉持教康结合的理念，从课前活动到讲授新课再到拓展练习，把听、说、读的训练渗透到教学的每一个环节，较好地实现了康复目标。 1. 组织教学。点名，这是课堂常规练习，重点是进行听觉理解训练，此环节不但能让教师检查学生的助听设备工作情况和学生听看话情况，也能让学生由此集中到课堂学习的氛围中。随后的向老师问好则是对学生进行大小声的训练，同时也是对"大、小"进行前测。 2. 语技练习。在这一环节中，结合本课的学习内容，做相关的口部运动练习，有的放矢，针对性强。 3. 教授新课。在这一环节中，做到充分发挥听障学生的听觉能力及视觉能力，运用课件先播放声音引起学生的兴趣，让学生在听和看的过程中培养注意力。同时，通过图文结合进行响度练习等，让学生尝试感知和表达声音的大小。让学生通过对各种事物的观察比较，理解"多"和"少"的意思，建立词义概念。书写练习，培养学生的观察能力和动手能力。	

4. 在拓展训练环节中联系生活进行表达练习，促进学生的思维和语言发展。
5. 在作业设计环节中重视家庭引导，通过请家长做进一步指导，让学生巩固所学知识，提高语言听觉能力。

3. 句子教学

听障儿童学龄段的句子教育康复活动按照九年义务教育教材的编排顺序，基本遵循从简单单句到较复杂单句再到简单复句等，由浅入深、由易到难的循序渐进原则。句式结构都是常用句式，易学、易懂、易用，符合听障儿童的年龄特点和认知能力。在句子教育康复活动中，教师要扎扎实实地进行句的听（看）、说、读、写训练，处理好教育康复活动中句子和生活中应用的联系，真正使句子教育康复活动的内容成为听障儿童的需要。看图学句是低年级听障儿童句子教育康复活动的一种重要形式。在教育康复活动中，要先使听障儿童通过观察图画、图文对照、启发思考等方式，了解句子所表达的内容，从而对句子的意思获得正确的理解，使形象思维和语言表达紧密结合起来。仿说、仿写句子要在理解课文句子的基础上进行，让学生通过这项练习学会更多的句子，丰富语言，发展思维。

另外，听障儿童句子教学在实际的教育康复活动中要特别关注两方面的问题：一是在朗读句子或进行语言交流时，学生连续语音的清晰度。对有能力的学生可以通过刘巧云、黄昭鸣博士提出的语音障碍的"CRDS"训练策略和语音障碍的重读治疗法进行个别化康复训练，不断改善连续语音的清晰度和可懂度，提高连续语音的韵律，为其语言发展打好坚实的基础。二是要关注听力补偿情况。对于助听效果处于较适和看话、言语最大识别率≤70dBHL的学生，沟通交流采用听（看）话结合及手语进行，但在进行朗读教学和语言沟通能力训练时，尽量让他们能正确断词断句，有节奏地进行。下文是一节"看图学句——谁去哪儿做什么"案例。

教案 4-9

视频：康复课例 3-学龄语文课（句子）

学科	语文	设计人	吴建宏
教育康复对象	二年级	**主讲人**	吴建宏
课型	集体教育康复课	**课时**	第 3 课时（共 4 课时）
一、教材介绍与分析			
本课学习全日制聋校教材第四册第九课的内容。前两节课已经学完了本课的 8 个名词——手电筒、电话机、日光灯、霓虹灯、电池、计算器、录音机、电熨斗，补充学习词语——饮水机、遥控器、收音机、电风扇。本节课是第 3 课时，主要内容是看图学句："星期日，爷爷去百货商店买手电筒。" 本节课虽然没有新音节，但因句子较长，个别同学对"日""商""筒"等音节读起来有些吃力，因此，课前通过做舌操及进行响度、呼吸等训练，为学生正确朗读句子做好准备。在教学中，教师还将采用压舌板、小镜子等工具适时为个别学生正音。 本节课要求学生掌握的句式是"什么时候，谁去哪儿买什么"。在教学中，先指导学生看图说句子，理解句义，再指导学生正确朗读句子，仿说、仿写句子，最后拓展延伸句式为"什么时候，谁去哪儿做什么"，并引导学生联系生活实际仿说、仿写句子。			

二、学情分析

本班听障学生共 8 名,平均年龄 9 岁,男孩 1 名,女孩 7 名。其中,5 人后天补偿为适合,另外 3 人虽然配有助听设备,但补偿效果不佳,交流时仍需要看口、手势语加以辅助。根据学生的综合能力将本班学生分为两类。A 类有 5 名学生,他们有一定的语言基础,认知水平和理解能力都较好,能很好地接受所学知识,并能灵活地应用;B 类有 3 名学生,他们的认知水平和理解能力相对较差,接受新知识慢,但在老师和同学们的引领下,也能掌握所学知识。

层级	姓名	障碍类型及程度	句子能力现状	相关能力现状
A 类	唐××	听障;助听器;最适	语言沟通能力处于 5 级,能理解和使用带有修饰词的句子,平均句长约 6—10 字	言语清晰度较高,认知能力和理解能力很好
A 类	柳××	听障;助听器;最适	语言沟通能力处于 5 级,能理解和使用带有修饰词的句子,平均句长约 6—10 字	言语清晰度较高,认知能力和理解能力较好
A 类	刘××	听障;助听器;适合	语言沟通能力处于 4 级,能理解和使用常用的简单句,句子结构完整	言语清晰度一般,认知能力和理解能力较好
A 类	吕××	听障;助听器;看话	语言沟通能力处于 4 级,能理解和使用常用的简单句,句子结构完整	言语清晰度较低,认知能力和理解能力较好
B 类	孙××	听障;助听器;适合	语言沟通能力处于 4 级,能理解和使用常用的简单句,句子结构完整	言语清晰度一般,认知能力和理解能力较差
B 类	张××	听障;人工耳蜗;较适	语言沟通能力处于 3 级,能理解和使用常用词语约 50—300 个,出现词语组合	构音清晰度较低,认知能力和理解能力较差
B 类	李××	听障;人工耳蜗;看话	语言沟通能力处于 3 级,能理解和使用常用词语约 50—300 个,出现词语组合	构音清晰度较低,认知能力和理解能力较差

三、教育康复目标

1. 培养良好的学习习惯,不断增强发音说话的兴趣和自信心;
2. 通过看图,理解句子的意思,会用新句式联系生活实际说、写句子;
3. 能正确朗读句子,会背诵句子。

教育康复目标	儿童能力层级及掌握程度	
	A 类	B 类
提升 /j/、/q/、/x/ 的准确度、清晰度	提升	提升
词语:录音机、收音机、饮水机、遥控器、星期日等	掌握	掌握
句子:什么时候,谁去哪儿买什么;什么时候,谁去哪儿做什么	联系生活实际,灵活应用新句式说、写句子	会用新句式仿说、仿写句子

续表

四、教育康复重点、难点	
重点：能正确理解句子意思，能正确朗读句子，会背诵句子；会仿说、仿写句子。 难点：能用新句式联系生活实际说、写句子，在生活中提高语言实践能力。	
五、教育康复准备	
1. 环境准备：录课教室，本底噪声≤45 dB（A）； 2. 教具准备：PPT、教学挂图、用卡纸制的"小房子"、实物图片、样钱、生活情境图片、口部构音运动训练器、发音镜； 3. 课前自制微课（培养学生自主学习的能力）。	
六、教育康复过程	**设计意图**
课前制作了微课，课前让学生反复观看微课自主学习。 **（一）新知诱导←提示促进法** 1. 组织教学：点名。 2. 语技训练。 （1）舌操：左右顶腮（各5次）；洗牙（正反各5次）。 （2）气声结合训练。（结合响度训练） ba ba ba ba ba ba……（一口气看谁说得多） pa pa pa pa pa pa……（响度由大逐渐变小） ma ma ma ma ma ma……（响度大小结合） 3. 复习巩固。 （1）读词语：电池、录音机、日光灯、计算器、电话机、电熨斗、手电筒、霓虹灯、收音机、遥控器、电风扇、饮水机。 （2）师：听一听，如果说到你手中的卡片，你就到前面排好，再把卡片贴到这座房子里。 ① 电池、电熨斗、电风扇； ② 电话机、录音机、收音机； ③ 计算器、遥控器、饮水机。 师：同学们做得很棒。（把实物图片贴到黑板上，创设出一个百货商店的场景）这应该是什么地方？（百货商店、超市都可以） **（二）习得新知←提示促进法、示范模仿法** 师（出示挂图）：课前大家都看了微视频，现在我想请同学们当小老师来进行看图说话，谁喜欢？（找学生当小老师） ① 这是谁？这是爷爷。 ② 爷爷去做什么？爷爷去买手电筒。 ③ 爷爷去哪儿买手电筒？爷爷去百货商店买手电筒。 ④ 什么时候，爷爷去百货商店买手电筒？星期日，爷爷去百货商店买手电筒。 师生对小老师进行点评。 板书：星期日，爷爷/去百货商店/买手电筒。 指导学生朗读句子。 "星期日"是表示时间的词语。表示时间的词语还有今天、明天、昨天、上午、下午、中午、晚上、上课时、放学后…… **（三）仿用新知←情景再现法、句式仿说法** 学生们课前观看了微视频，现根据"买菜"这段录像，仿说句子：什么时候，谁去哪儿买什么。	检测学生助听设备的工作状况。 通过语技训练提高学生说的准确度与清晰度，为正确朗读句子做好准备。 通过读词语、贴实物卡片，图文结合，把词义与生活实物紧密联系起来。 "听一听"可以提高学生的听能；"贴一贴"使学生的精细运动能力得到训练。 请学生当小老师，一是锻炼学生的主题对话能力，二是检验学生课前自主学习的能力。 通过让学生朗读句子，及时发现学生不正确的读音，采用压舌板、小镜子等工具适时为个别学生进行言语矫治，或课下进行个别辅导，目的是帮助听障儿童掌握正确的发音方法，提高其语言清晰度。 本环节通过情景再现，创设情境，让学生亲身体验，可以提高学生的学习兴趣，充分调动学

预设 1：星期日，石头和小朋友们去菜市场买鸡蛋。 预设 2：周末，Kimi 和天天去菜市场买菜。 …… 找学生到黑板上板书。 **（四）活用新知←表演再现法、句式仿说法、提示促进法** 1. 师：下面我也想请同学们到这里（指黑板上布置的"百货商店"场景），体验一下怎样买东西，谁喜欢？ 让学生拿钱演示"去哪儿买×××"，并引导学生说、写句子，并给学生补充词语"售货员"。然后让学生用"什么时候，谁去哪儿买什么"说句子。 2. 师：同学们还去哪儿买过东西？比如你没有铅笔、橡皮了怎么办？想买漂亮衣服怎么办？…… 点名请同学说句子。 **（五）拓展新知←拓展延伸法、句式仿说法** 1. 出示课件，看图说写句子。（找个别学生到黑板上书写句子） 上课了，同学们去教室里写作业。 早晨，同学们去教室里整理杯子。 下课了，同学们去操场上打篮球。 放学后，同学们去图书馆看书。 2. 请学生看板书，齐读句子。 根据板书上的句子，说句式：什么时候，谁去哪儿做什么。 找生仿说句子。 **（六）课堂评价（后测）←集中练习法、拓展延伸法** 学生做练习题，写完后进行交流，看看谁写得最棒。 （大课间），（同学们）去（　　）（做操）。 （中午），（我）去（食堂）（　　）。 （放学后），（　　）去（　　）（　　）。 （　　），（　　）去（　　）（　　）。 （　　），（　　）去（　　）（　　）。 **（七）课后延伸（拓展作业）←联系生活实际、拓展延伸法** 师：本节课我们学习了新句式"什么时候，谁去哪儿做什么"，课下请同学们注意观察自己和自己身边的人，看看"什么时候，谁去哪儿做什么"，然后记录下来，下节课进行交流，看谁说得好，说得多。	生参与课堂中的积极性，加深学生对句子的理解，提高学生的沟通能力、语言能力、读写能力，也使学生在听辨、语言、言语、认知、运动等方面得到训练。 　　通过指导学生看图说句子、联系生活实际说句子等环节，逐步促进听障儿童语用能力的发展，使学生在听辨、语言、言语、认知、运动等方面得到综合提升。 　　通过课堂评价，采用句式仿说法、句子判断法、主体对话等方法，使所学句式得到巩固和内化，实现学以致用，内化创造，并使听辨、认知、言语、语言、精细运动等得到综合训练。
七、教育康复延伸	**设计意图**
在小组或个训课中，根据学生的实际情况进行本课词句的巩固与训练。	各课配合教学，全面提高学生的听觉、言语、语言能力。
八、家庭教育康复指引	**设计意图**
1. 周末，家长带领学生在家中或商店巩固本课所学词语，让学生提升目标音 /j/、/q/、/r/ 的清晰度； 2. 周末，家长引导学生练习使用目标词、目标句子说话：什么时候，谁去哪儿买什么；什么时候，谁去哪儿做什么。	获得家长更好的配合，提高康复质量。
九、教育康复反思	
本节课本着"医教结合，以生为本"的教育康复理念，采用直观教学与情境教学相结合的教育康复方法，运用课前自学—课堂反馈—课后延伸的教育康复模式，利用自制微课、挂图、课件、词语卡片等教具，充分调动学生的学习积极性，使学生在轻松、愉悦的氛围中获得听、说、读、写的训练，达到了良好的教育康复效果。	

1. 注重使用康复手段，使学生的听觉、语言、言语、认知等得到综合训练。课前通过引导学生做语技训练，为学生读准字音、正确朗读句子做好准备。教育康复活动中使用小镜子对照口型、感知气流等方法适时给个别学生正音，尽量使每位学生都能读准音节，提高学生的语言清晰度。通过表演再现法、提示促进法、句式仿说法，加深了学生对句子的理解，提高了学生的沟通能力、语言能力、读写能力，也使学生在听辨、语言、言语、认知、运动等方面得到训练。

2. 注重分层教学，提高学生的语言表达能力。在教育康复活动中，本着"医教结合，以生为本"的教育康复理念，对不同层次的学生进行语言训练。在整个教育康复活动过程中，通过实际体验、观察图片、谈话引导等方法，引导学生理解句子、说写句子，使不同层次的学生在语言表达方面都有所提高。

3. 注重联系生活实际，学以致用。句子教学重要的是让学生理解句义，并与生活实际相联系，达到学以致用的目的。教育康复时先通过微课让学生自学，然后通过课堂上对学生的检验，发现问题、解决问题，帮助学生进一步理解句子、掌握句子，最后引导学生联系生活实际拓展延伸，说写句子，从而提高学生在生活中应用语言的能力。

低龄段的听障儿童在进行语言沟通交往时，由书面语言转换成生活语言是一大难点。《聋校义务教育课程标准（2016年版）》中指出："语言交往能力是聋生参与社会生活的必备能力。应培养聋生看（听）、表达和应对的能力，使聋生具有文明和谐地进行人际交流的素养……注重引导聋生在具体的交往情境中使用语文课程中学到的词句。"因此，教师要重视在语文课堂教学中培养听障儿童的语言交往能力。在下文的"看图学句——看晚会"案例中，在进行看图学词学句的同时，通过创设情境，在句式的引导下进行语言沟通交往能力训练，把生活语言巧妙地植入句子教学中，在师生问答、生生沟通的良好氛围中进行语言实践活动；教育康复内容由"喜欢什么"到"喜欢吃什么"再到"喜欢参加什么比赛"，层层递进，逐步增加句长，让书面语言与生活语言同步发展，培养学生的思维能力和语言表达能力。

视频：康复课例4-学龄语文课（句子）

教案4-10

学科	语文	设计人	冯莎莎
教育康复对象	二年级	主讲人	冯莎莎
课型	集体教育康复课	课时	第3课时（共4课时）

一、教材介绍与分析

本节内容选自全日制聋校实验教材第四册第十一课，在"医教结合，综合康复"的理念指导下，通过"看晚会"的情节设计，教授新句型"谁喜欢什么，更喜欢什么"。用本课学习的和以前学习的词语生成句子，在情境中进行句子的灵活表达，增加主动语言沟通的频率。

二、学情分析

本班听障儿童共6名，平均年龄9岁。其中，3名双耳佩戴助听器，3名植入人工耳蜗。具体情况如下所示。

层级	姓名	障碍类型及程度	句子能力现状	相关能力现状
A类	董××	听障；人工耳蜗；最适	语言沟通能力处于5级，能理解和使用带有修饰词的句子，平均句长约6—10字	构音语音能力处于第五阶段，言语清晰度较高；相关词语全部掌握，认知能力和理解能力较好

续表

A 类	曲××	听障；助听器；适合	语言沟通能力处于 5 级，能理解和使用带有修饰词的句子，平均句长约 6—10 字	构音语音能力处于第四阶段，言语清晰度较高；相关词语全部掌握，认知能力和理解能力较好
	陈××	听障；助听器；适合	语言沟通能力处于 4 级，能理解和使用常用的简单句，句子结构完整	构音语音能力处于第四阶段，言语清晰度一般；相关词语全部掌握，认知能力和理解能力较好
	吴××	听障；人工耳蜗；最适	语言沟通能力处于 4 级，能理解和使用常用的简单句，句子结构完整	构音语音能力处于第二阶段，言语清晰度较低；相关词语全部掌握，认知能力和理解能力较好
B 类	衣××	听障；助听器；适合	语言沟通能力处于 3 级，能理解常用的简单句，但是句式仿说和模仿句长都需要训练	构音语音能力处于第四阶段，言语清晰度较高；相关词语都了解，认知与理解能力较差，自主表达少
C 类	杨××	听障；助听器；最适	语言沟通能力处于 2 级，句子理解评估为 39%，句式仿说评估为 23%	构音语音能力处于第一阶段，言语清晰度较低；相关词语都了解，认知与理解能力很差，自主表达少

三、教育康复目标

1. 理解句子的意思，正确、连贯地朗读句子，会用"谁喜欢什么，更喜欢什么"的句式仿说、仿写句子；
2. 学习"更"字，正确理解"更"的意思，并学习使用；
3. 提高用语言进行沟通交流的兴趣，对于事件有自己的感受和想法，并乐于用本课的句型与人交流，增加主动沟通的频率。

教育康复目标	儿童能力层级及掌握程度		
	A 类	B 类	C 类
句式"谁喜欢什么，更喜欢什么"	表达	表达（口头提示）	了解
理解"更"的意思，并运用	理解并运用	理解并运用	仿说

四、教育康复重点、难点

重点：理解句子的意思，会用"谁喜欢什么，更喜欢什么"的句式说、写句子。
难点：理解"更"的意思。

五、教育康复准备

1. 环境准备：录课教室，本底噪声 ≤ 45 dB（A）；
2. 教具准备：图卡，PPT，拼音磁贴、磁扣，CD。

六、教育康复过程	设计意图
（一）新知诱导←提示促进法 1. 组织教学：点名。 2. 语技训练：呼吸放松训练。	为本节课的语言训练进行言语准备。

舌操：拼读 g—eng—geng。 3. 复习巩固。 说一说，写一写。 师出示图片，学生命名并把相应字条贴到图片下面。 师说词语，生听辨书写词语：弹钢琴、唱歌、打腰鼓、踩高跷、变魔术、耍杂技、跳舞。	从理解、命名、书写三方面对上节课的内容进行复习。
（二）前测 游戏：猜一猜。 师提问：这么多的节目里你喜欢哪个？××，你喜欢××吗？ 生回答。	以提问的方式对学生进行句型的前测。
（三）习得新知←感知体验法、提示促进法 1. 通过"你喜欢跳舞，那你还喜欢什么呢？""唱歌和跳舞这两个节目，你喜欢哪种多一些？" 对这两个问题进行情境谈话并引导出"更喜欢跳舞"。 板书：gèng（拼音）。范读，挨个正音。 领学生朗读句子（个别读，集体读）：我喜欢唱歌，更喜欢跳舞。 2. 理解"更"的意思。 比较大小不同的杯子、长短不同的头发，让学生理解"更"字：更多、更高、更长、更大。 3. 学习"更"的写法。 师在田字格里范写，学生书空。 分解笔顺。 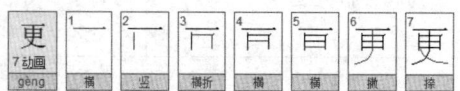 在田字格里练写。 4. 再读句子。	由前测的问题引入新课。 举例子理解"更"的意思。
（四）仿用新知←示范模仿法、提示促进法 学生仿照句式，根据自己喜欢的项目说句子。 总结句型。	用提示促进法让学生仿说句子，把学过的词语替换进例句里，生成新的句子。
（五）活用新知←表演再现法 出示水果图片。 游戏：我来问，你来答。 师示范： 问：××，你喜欢吃什么吗？ 答：我喜欢吃什么，更喜欢吃什么。 用以上句式，两人一组，问一问，说一说。 除了图片上的事物，你还喜欢吃什么，学生随便说。	由"喜欢什么，更喜欢什么"增加难度到"喜欢吃什么，更喜欢吃什么"。用一问一答的形式，锻炼学生的沟通能力。 考查学生的语用能力，教师相机纠正学生的错误。
（六）拓展新知←句式仿说法 师：快要举行运动会了，今年的运动会上有哪些比赛项目呢？（屏幕出示，领学生说一说） 师：这些比赛里，每个人可以报两项，大家看一看，你喜欢参加哪两项，用以下句式说一说。 我喜欢参加（　　）比赛，更喜欢参加（　　）比赛。	再增难度至"喜欢参加什么比赛，更喜欢参加什么比赛"，用增加句长法对学生进行语言的训练。
（七）课堂评价（后测） 师：想一想，你可以用今天学的句型说出哪些句子，看看谁说得最棒。	检验本节课的学习与康复效果。

续表

（八）课后延伸（拓展作业）←扩展延伸法 师：本节课我们学习了新句式"谁喜欢什么，更喜欢什么"，课下请同学们问一问自己身边的人，看看"谁喜欢什么，更喜欢什么"，然后记录下来。下节课进行交流，看谁说得好，说得多。	
七、教育康复延伸	设计意图
1. 在美术课中，学习画出自己喜欢和更喜欢的事物，并说一说； 2. 在语言个训课中，用目标句式说句子。	各学科配合教学，全面提高学生的听觉、言语、语言能力。
八、家庭教育康复指引	设计意图
在家里，了解家人都喜欢什么，更喜欢什么，用目标句式说句子。	获得家长更好的配合，提高康复质量。
九、教育康复反思	
本节课在以前学过的句型"谁喜欢什么"的基础上，学习递进复句"谁喜欢什么，更喜欢什么"，其中理解"更"的意思是本课难点。教学中没有直接讲字义，而是通过举例子的方法，让学生领会词义。在句式教学中，采用了提示促进法、集中训练法、句式仿说法、增加句长法等方法，取得了较好效果。经后测，有5个学生掌握了句型，1个学生了解了句型，达到了本节课所设定的目标。学生们对感兴趣的事有自己的感受和想法，并乐于与人交流。	

4. 短文教学

听障儿童低年级的短文教学，是学词学句的进一步发展，又是从学词学句到讲读课文的过渡。它既是低年级语文教学的延续，又是高年级语文教学的铺垫与基础。其目的是通过强化口语、句段训练、读写并举的教学，发展听障儿童的语言能力、观察能力和思维能力，继续提高听障儿童听话（看话）、说话能力，具有段的阅读能力和表达能力。在具体的实施过程中，要求听障儿童能读懂自然段，懂得一个自然段是由几句话组成的，句子是有先后顺序的，理解句子之间的内在联系，学会概括自然段的主要意思。教学中要重视培养听障儿童的观察能力、语言文字表达能力，让他们能够说、写意思通顺的话来表达所见所闻所做所感。在进行语言表达能力培养的过程中，对能力较好的学生，一定要持续改善其连续语音的清晰度和韵律，提高语言可懂度。下文是一节"胖乎乎的小手"的案例。

教案 4-11

视频：康复课例 5—学龄语文课（短文）

学科	语文	设计人	王淑萍
教育康复对象	三年级	主讲人	王淑萍
课型	集体教育康复课	课时	第 3 课时（共 5 课时）
一、教材介绍与分析			
这篇课文是鲁教版一年级下册第二单元的课文，全文主要讲述了兰兰一家人都很喜欢兰兰画的一幅画，从爸爸、妈妈、奶奶说的三句话中，可以看出，兰兰是一个勤劳、孝敬长辈的好孩子。让学生在理解课文的基础上，结合自己的实际说说"你的小手帮大家做过什么？"这既发展了学生的语言表达能力，又培养了学生勤劳、孝敬长辈、互帮互助的好品德。			

二、学情分析				
本班听障学生共7名，平均年龄11岁，男孩6名，女孩1名。总体上，该班学生的助听效果较好，言语语言基础好，教师可以口语为主、手语为辅进行教学；学生在课上配合度较高，课堂纪律好。具体情况如下所示。				
层级	姓名	障碍类型及程度	语言沟通能力现状	相关能力现状
A类	胡××	听障；助听器；适合	语言沟通能力处于6级，能用含有关联词的句子表达要求或讲述事件	连续语音清晰度可达到80%，连续语音韵律较好，语言可懂度达到86%。认知能力和理解能力较好
	原××	听障；助听器；适合	语言沟通能力处于6级，能用含有关联词的句子表达要求或讲述事件	连续语音清晰度可达到85%，连续语音韵律较好，语言可懂度达到86%。认知能力和理解能力较好
	孙××	听障；人工耳蜗；适合	语言沟通能力处于5级，能理解和使用带有修饰词的句子	连续语音清晰度达到63%，连续语音韵律一般，语言可懂度达到61%。存在硬起音，认知能力和理解能力较好
	梁××	听障；助听器；不适	语言沟通能力处于5级，能理解和使用带有修饰词的句子	连续语音清晰度达到61%，连续语音韵律一般，语言可懂度达到58%。存在硬起音，认知能力和理解能力较好
	刘×	听障；助听器；不适	语言沟通能力处于5级，能理解和使用带有修饰词的句子	字清晰度达到31%，说话断续、不清晰。认知能力和理解能力较好
	马××	听障；助听器；较合	语言沟通能力处于4级，能理解和使用常用的简单句，句子结构完整	字清晰度达到34%，说话断续、不清晰。认知能力和理解能力一般
B类	张××	听障；人工耳蜗；较适	语言沟通能力处于3级，能理解和使用的常用词语约50—300个	字清晰度达到43%，说话断续、不清晰。接受新知识速度慢

三、教育康复目标

1. 正确、流利、有感情地朗读课文；
2. 在读文感悟中，初步养成尊敬长辈的美德；
3. 有主动积累、运用词语的意识。

教育康复目标	儿童能力层级及掌握程度	
	A类	B类
正确、流利、有感情地朗读课文	掌握	掌握
在读文感悟中，初步养成尊敬长辈的美德	掌握	熟悉

续表

| 有主动积累、运用词语的意识 | 会用句式说句子4个 | 会模仿句式说句子1个 |

四、教育康复重点、难点

重点：正确朗读课文，理解课文中的句子。
难点：用词语造句，让自己也拥有让全家人喜爱的小手。

五、教育康复准备

1. 环境准备：录课教室，本底噪声≤45 dB（A）；
2. 教具准备：课件、大字课文。

六、教育康复过程	设计意图
（一）新知诱导←提示促进法 1. 点名。 2. 听辨训练：下面我们复习上节课学过的内容，看听话写词语——拿拖鞋、洗手绢、挠痒痒、胖乎乎、红润润。 （找一生到黑板上来写，其他学生在练习本上写） （二）习得新知（理解课文）←故事讲述法、故事表演法、提示促进法和口头谈话法 1. 检查读课文。指名朗读课文："这节课，我们继续学习第六课《胖乎乎的小手》，请同学朗读课文。" 2. 听一听（听老师说句子）：全家人都喜欢兰兰画的这张画。 3. 让生把句子画下来，并说一说这张画是谁画的，都有谁喜欢这张画。 4. 听：这张画是谁贴在墙上的呢？ 找生读第二自然段。 （1）指名回答第一题：爸爸把画贴在墙上，哪句话告诉我们的？（让生画下来） 把表示爸爸动作的词语找出来。 引导生理解"看了又看的意思"。 （2）再听听：画上的小手是谁的呢？哪句话告诉我们的？ 引导读兰兰的话："我只是画了自己的小手啊！我有那么多画，您为什么只贴这一张呢？" 指导生朗读，要读出疑问的语气。 5. 学习读第三自然段，弄明白爸爸是喜欢这幅画，还是喜欢画中的小手。 生：爸爸喜欢小手。（也就是说，爸爸喜欢兰兰的小手） 师：爸爸为什么喜欢兰兰的小手？ 师引导生说：爸爸喜欢兰兰的小手，因为胖乎乎的小手替爸爸拿过拖鞋。 （三）仿用新知←讲解法、提示促进法、比较法 1. 还有谁喜欢兰兰的小手？他们为什么喜欢呢？ 读第四、五自然段，思考并填空。（找一生到黑板上板书，其他人完成学案；学生朗读完课文后再发学案） （妈妈）喜欢兰兰的小手，因为（　　）。 （姥姥）喜欢兰兰的小手，因为（　　）。 讨论交流。 2. 学习最后一个自然段，学生自己说兰兰长大后会帮家人做什么事情。 3. 小结：你觉得兰兰是个什么样的孩子？你能夸奖一下她吗？	检测学生助听设备是否正常。 通过"听一听"来训练学生的听辨能力；通过"写一写"来检查上节课学的知识，为学习新知打好基础。 通过思、读、说、找、演一系列活动，提高学生的学习兴趣，加深学生对短文的认知理解，从而使学生的听辨、语言、言语、认知、运动等方面得到训练。 开火车式朗读课文，通过朗读，及时发现学生不正确的读音，采用压舌板、小镜子等工具适时为个别学生进行言语矫治，对纠正三次后还不能正确发音的学生课下进行个别辅导，目的是帮助听障儿童掌握正确的发音方法，提高语言清晰度。 "听一听、找一找"是训练学生的听觉理解能力。 引导学生仿照第三自然段的学法，自学第四、五自然段，并完成学案，进行交流。通过提示促进法、讨论法、口头交谈法等，加深学生对课文的认知理解，提高学生的语言能力、沟通能力和书写能力，也使学生在听辨、语言、言语、认知、运动等方面得到训练。

续表

（四）拓展新知 1. 师：我们每个人也有一双小手，把你的小手拿出来吧。老师想知道，你的小手帮助谁做过什么事情呢？ 我替爸爸（　　）；我给妈妈（　　）；我帮老师（　　）；我为大家（　　）。 **（五）课堂评价←提问法、演示法** 把迷路的句子送回家。 词语卡片：爸爸、妈妈、姥姥。 句子卡片：胖乎乎的小手替我拿过拖鞋呀。胖乎乎的小手给我洗过手帕。胖乎乎的小手帮我挠过痒痒。 **（六）课后延伸（作业）** 1. 用以下句型各写两个句子： 我替（　　）（　　）。 我帮（　　）（　　）。 我为（　　）（　　）。 2. 周末回家帮助家人做一件事情，画一画，写一写。	本环节引导学生结合生活实际说说自己帮助别人做过什么，并写下来，达到学以致用的效果。 考查学生对本节课知识的掌握理解情况，学生巩固本节课所学的知识，达到学以致用的目的。
七、教育康复延伸	**设计意图**
在美术活动中，画一画自己帮助别人做过的事情，并根据图意写一段通顺的话。	课后与各科老师沟通，拓展运用本课所学知识，实现学以致用、内化创造的目的，提高学生在生活中应用语言的能力。
八、家庭教育康复指引	**设计意图**
请家长在家庭及生活中创造机会让学生帮助家里人做些力所能及的活，并说说帮助家人做什么了。	在家庭中巩固教学内容，提高康复质量。
九、教育康复反思	
《胖乎乎的小手》这篇课文讲述了兰兰胖乎乎的小手帮家人拿过拖鞋、洗过手绢、挠过痒痒，而使全家人都喜欢这双胖乎乎的小手，从课文中我们也感受到兰兰从小爱劳动、关心长辈的好品质。文章开始是兰兰的疑问："我有那么多画，您为什么只贴这一张呢？"这也是同学们心中的疑问。学生看到这里会产生强烈地读下去的愿望，会主动地去文中寻找答案。而且小学生又善于表现自己，老师要给他们充足的时间和空间，让他们去读、去想、去说，并引导他们敢于发表自己的见解，使整个学习过程成为学生自由学习、相互合作、情绪饱满的共同发展过程。	

5. 写作教学

依据《聋校义务教育课程标准（2016年版）》，听障儿童的写作教学共分三个学段要求：尽量用规范的书面语表达形式写自己想说的话；以片段和简短篇章为主的习作；写简单的纪实作文、想象作文和常见应用文，能具体明确、文从字顺地表达自己的见闻、体验和想法。要实现上述目标，写作教学应贴近学生生活实际，让他们易于动笔，敢于表达。首先要引导听障儿童开阔视野，拓展学习时空，引导他们热爱生活、乐于交往、亲近自然、关注现实。其次要引导听障儿童多感官多途径接受信息，丰富知识储备，引导他们多观察、多阅读、多思考、多交流、多实践，善于搜集、发现、积累日常生活中的写作素材。在此基础上，鼓励他们能综合运用所学知识，运用多种语言交往方式，有创意地表达，勇于表达自己的真情实感。最后要重视对作文修改的评价，要引导学生通过师生同改、自我修改和相互修改等方式，取长补短，共同提高写作水平。需要注意的是，尽管面对的教育康复对象是中高年级的学生，在进行口语交流的过程中，对有能力的学生，同样要持续改善其连续语音的清晰度和韵律，为他们将来顺利融入社会奠定基础。下文是一节"难忘的第一次"的案例。

教案 4-12

学科	语文	设计人	刘爱霞
教育康复对象	七年级	主讲人	刘爱霞
课型	集体教育康复课	课时	第1课时（共2课时）
一、教材介绍与分析			
"难忘的'第一次'"是鲁教版实验教科书五年级下册第三单元的一堂习作课，这次习作不但要求学生把"第一次"的经历写清楚，还要求学生写出经历"第一次"之后获得的启示。目的是让学生从令人难忘的"第一次"的经历中受到启示，感悟人生道理，同时提高学生的语言表达能力，让学生爱说爱写，激发学生习作练习的兴趣。			
二、学情分析			
本班听障学生共6名，平均年龄14岁，男生3名，女生3名。总体上，该班学生的助听效果较好，言语语言基础好，教师可以口语为主、手语为辅进行教学；学生在课堂上配合度较高，课堂习惯好。具体情况如下所示。			

层级	姓名	障碍类型及程度	语言表达能力现状	相关能力现状
A类	李××	听障；助听器；最适	能叙述并书写语句通顺、完整，内容具体，中心明确，感情真实的短文	连续语音清晰度达到87%，连续语音韵律较好，语言可懂度达到85%。认知能力、理解能力和语言表达能力较好
	李××	听障；助听器；最适	能叙述并书写语句通顺、完整，内容具体，中心明确，感情真实的短文	连续语音清晰度达到83%，连续语音韵律较好，语言可懂度达到80%。认知能力、理解能力和语言表达能力较好
	孟××	听障；助听器；较适	能叙述并书写语句通顺、完整，内容具体，感情真实的短文	连续语音清晰度达到71%，连续语音韵律较好，语言可懂度达到68%。认知能力、理解能力和语言表达能力较好
	王××	听障；助听器；最适	能叙述并书写语句通顺、完整，内容具体，感情真实的短文	连续语音清晰度达到81%，连续语音韵律较好，语言可懂度达到83%。认知能力、理解能力和语言表达能力较好
B类	李××	听障；助听器；较适	能在手势语的辅助下叙述并书写完整、语句较通顺、内容较具体的短文	说话断续、不清楚。认知能力、理解能力较好，语言表达能力稍差

续表

| B类 | 胡×× | 听障；人工耳蜗；较适 | 能在手势语的辅助下叙述并书写完整、语句较通顺、内容较具体的短文 | 说话断续、不清楚。认知能力较好，理解能力和语言表达能力稍差，易丧失信心 |

三、教育康复目标

1. 唤起学生的习作兴趣，激发学生的倾吐欲望，使学生在习作训练中体验写作的乐趣；
2. 引导学生从"审题"入手，培养学生收集材料、精心构思、充分拟稿的写作习惯；
3. 尊重学生的独特感受，让学生在习作中写清事情的经过，充分表达自己的真切感悟；
4. 启发学生灵活运用已学的写作技能进行习作训练，能说写叙述完整、语句通顺、内容具体、中心明确、感情真实的短文。

教育康复目标	儿童能力层级及掌握程度	
	A类	B类
唤起学生的习作兴趣，激发学生的倾吐欲望，使学生在习作训练中体验写作的乐趣	能达到	基本能达到
引导学生从"审题"入手，培养学生收集材料、精心构思、充分拟稿的写作习惯	能达到	基本能达到
尊重学生的独特感受，让学生在习作中写清事情的经过，充分表达自己的真切感悟	能达到	基本能达到
启发学生灵活运用已学的写作技能进行习作训练，提高学生的写作水平	能达到	基本能达到

四、教育康复重点、难点

重点：
1. 引导学生从"审题"入手，培养学生收集材料、精心构思、充分拟稿的写作习惯；
2. 启发学生灵活运用已学的写作技能进行习作训练，能说写叙述完整、语句通顺、内容具体、中心明确、感情真实的短文。

难点：唤起学生的习作兴趣，激发学生的倾吐欲望，使学生在习作训练中体验写作的乐趣。

五、教育康复准备

1. 环境准备：录课教室，本底噪声≤45 dB（A）；
2. 教具准备：范文打印材料、多媒体课件。

六、教育康复过程	设计意图
（一）习作诱导←助听设备课检、视听结合训练 1. 点名：进行助听器课检。 2. 听（看）话练习。 "在我们的生活中，有过许许多多的'第一次'：第一次动手做饭、第一次走夜路、第一次养小动物、第一次登台表演、第一次去外地旅游……一个个第一次，就像一个个脚印，印在我们成长的道路上。老师也经历过很多的'第一次'，如第一次离家求学、第一次登上讲台、第一次开车回家、第一次吃榴梿……你们经历过哪些'第一次'呢？"	通过点名检测学生助听设备是否正常工作，使学生集中注意力。 唤起学生的习作兴趣，检测学生听（看）的准确程度，提高学生听（看）话能力。
（二）习得新知←视听结合训练、主题对话训练 1. 明确习作要求。 出示习作要求，让学生边读边想，要求他们做到哪几点。	

根据学生的回答，教师相机板书。（写清经历，写出启示） 师：大家想一想，在写经历时，还要注意什么？ 生：一定要把事情的经过写完整、写具体。（板书：经历完整、具体） 师：写完经历写启示，启示是由这次经历获得的，和这次经历是紧密联系的，所以启示一定要恰当、深刻。（板书：启示恰当、深刻） 2. 主题对话训练。 请学生根据习作要求构思自己的作文。 3. 学生小组交流分享。 请学生们将印象最深刻的"第一次"，在小组内交流，一名学生交流的时候，其他同学认真倾听，听一听他是否把经历说完整、说具体，启示是否恰当、深刻。 4. 指名交流，同学评价。 学生交流之后，组织学生讨论：他说得是否完整，是否具体？启示是否恰当，是否深刻？ **（三）仿用范例←语言综合运用能力训练、视听结合训练、精细运动训练** 请学生认真读两篇例文，找出例文写得好的地方，边读边在文中画出来，并做出批注。 指名交流：你认为范文哪儿写得好？为什么？ **（四）活用范例←语言综合能力训练、精细运动训练** 1. 构思作文，用手中的笔把自己最难忘的"第一次"记录下来。 2. 学生写作文，教师巡视指导。 **（五）拓展延伸←主题对话训练、精细运动训练** 1. 在这篇文章中，你最欣赏哪一部分？ 2. 实物投影展示学生满意的作文。 3. 师生共同修改选文。 **（六）课堂评价←言语综合能力训练、精细运动训练** 同桌交换习作，根据评价标准标记写得好的地方，对不满意的地方提出修改建议。 评价标准： 1. 内容：事件过程叙述完整、具体，启示恰当、深刻。 2. 表达：能够从心理、动作、神态、语言等方面表现当时自己内心的真实感受。 3. 字词句：没有错别字，用词得当，语句通顺，没有病句。 根据同桌的建议，再次修改自己的习作。	通过视听结合训练，提高学生听的能力和语言理解能力，让学生对习作要求有清晰的了解。 通过主题对话训练，提高听障学生的语言综合运用能力。 让学生学会倾听，大胆表达，激发学生说的欲望，让学生在交流的过程中互相学习，取长补短。 培养学生认真倾听、会分析、能获取最大信息量的能力。 边读边画，调动学生手、口、眼、脑多种感官的积极参与，发展学生的理解分析能力和精细运动能力。 提高学生的语言综合运用能力，发展学生的精细运动。 通过同桌互换、互相修改的方式进一步完善习作，达到互相学习、取长补短、提高言语综合能力的目的。
七、教育康复延伸	**设计意图**
对学生进行一对一的面批，针对每个人出现的问题进行指导。选出优秀习作进行展示。	根据学生的个体差异进行个别辅导，展示优秀习作，使教学具有针对性、实效性。
八、家庭教育康复指引	**设计意图**
1. 和父母交流习作内容，请父母对自己的习作进行评价和指导； 2. 听父母讲述自己最难忘的"第一次"。	将学校教育与家庭教育有机结合，给父母和子女提供沟通交流的机会，增进亲子感情。
九、教育康复反思	
本节课较好地完成了习作教学与康复训练任务，学生能认真地进行写作训练和交流，师生互动积极，教学效果显著。	

（二）数学

数学是研究数量关系和空间形式的科学。数学教育在培养学生的数学素养，发展学生的逻辑思维能力、语言表达能力、创新能力等方面有着不可替代的作用。听觉障碍既严重影响听障儿童的语言发展，又严重影响听障儿童理解能力和抽象概括能力的形成。因此，如何发挥听障儿童的视觉认知优势，通过动作思维和形象思维，因势利导地培养听障儿童的数学素养，是聋校义务教育阶段数学教育必须解决的问题。

听障儿童学龄段的数学教育康复活动，可依据听障儿童的生理和年龄特点，采用微课、多媒体课件、平板电脑、游戏等辅助教育康复手段，将听觉、言语、语言、认知训练贯穿于整个教育康复活动，把康复训练与数学教学有机融合，切实调动学生的学习积极性。教育康复过程中以传统数学教学的学科知识为主线，以视听结合、游戏等康复训练内容为支持，设计各类游戏，有针对性地将各类康复训练融入数学实践活动中，如用听指令做跑、站、蹲等动作在实践数学知识的同时训练学生的呼吸功能，解决呼吸和发声不协调的问题，并进行响度训练和粗大运动功能及反应能力训练。下文是一节以"7的乘法口诀"为康复内容的数学集体康复课。

视频：康复课例 6- 学龄数学课

教案 4-13

学科	数学	设计人	黄辉
教育康复对象	三年级	主讲人	黄辉
课型	集体教育康复课	课时	第 1 课时
一、教材介绍与分析			
本课重组了青岛版普校教材二年级上册"表内乘法（二）——7 的乘法口诀"和全日制聋校实验教材第五册第三章"表内乘法和表内除法（二）"中的第一节"7 的乘法口诀"的内容。 本节课是在 2~6 的乘法口诀的基础上进行教学的，使学生理解并进一步巩固乘法的意义，掌握 7 的乘法口诀以及推导过程，并能运用口诀解决生活中的数学问题；同时进行含有 /q/ 音的词、短语、句子的语言练习及巩固。			
二、学情分析			
本班听障学生共 6 名，平均年龄 9 岁，男孩 4 名，女孩 2 名。具体情况如下所示。			

层级	姓名	障碍类型及程度	认知能力现状	相关能力现状
A 类	原××	听障；人工耳蜗；最适	认知能力和理解能力较好，已熟练掌握 2—6 的乘法口诀	构音清晰度高，声母、韵母全部习得
	胡××	听障；助听器；最适	认知能力和理解能力较好，已熟练掌握 2—6 的乘法口诀	构音清晰度较高，存在嗓音问题
	吕××	听障；助听器；适合	认知能力和理解能力较好，较熟练掌握 2—6 的乘法口诀	后位聚焦、喉位聚焦，硬起音，构音清晰度较高，能表达短句，易沮丧
	孙××	听障；人工耳蜗；适合	认知能力和理解能力较好，较熟练掌握 2—6 的乘法口诀	前位聚焦，言语清晰度一般，能表达短句

续表

B 类	梁××	听障；助听器；较适	接受新知识速度快，短时记忆能力较强，基本掌握2—6的乘法口诀	构音清晰度较低，音调单一（高），能表达短句
	刘××	听障；助听器；较适	认知差，理解慢，基本掌握2—6的乘法口诀	舌尖前音和舌尖后音未习得，自主表达少，性格内向

三、教育康复目标

1. 区分 /q/ 的最小音位对，听辨并复述；
2. 掌握声母 /q/ 的发音技巧，能较清晰地发带有声母 /q/ 的音节和词语；
3. 理解 7 的乘法口诀的含义，熟记口诀，准确计算，并能灵活运用口诀解决问题；
4. 培养良好的学习习惯，认真聆听，自信表达。

教育康复目标	儿童能力层级及掌握程度	
	A 类	B 类
/q/ 的发音部位、方法	准确熟练掌握	
/q/ 的最小音位对	能完成听说联动，准确率达到 100%	能完成听说联动，准确率达到 60% 以上
7 的乘法口诀仿说，语言沟通	较清晰、连贯地主动表达，准确率达到 90% 以上	表达（口头提示），准确率达到 50% 以上

四、教育康复重点、难点

重点：
1. 理解 7 的乘法口诀的含义，熟记口诀，准确计算，并能灵活运用口诀解决问题；
2. 掌握声母 /q/ 的发音技巧，能较清晰地发带有声母 /q/ 的音节和词语。
难点：能准确区分与 /q/ 相关的最小音位对，完成听说联动。

五、教育康复准备

1. 环境准备：录课教室，本底噪声 ≤ 45 dB（A）；
2. 教具准备：微视频、学案、PPT、平板电脑。

六、教育康复过程	设计意图
（一）检查助听设备 点名：进行助听器课检。	检查助听设备工作状态，形成良好的课堂规范。
（二）语技训练←提示促进法 1. 口部运动。 （1）咂舌。（4 次 /2 组） （2）舌面运动训练：舌面上抬，抵住硬腭，舌尖抵住下齿背，坚持 3 秒。	找准发音部位、提高舌的灵活性，为发 /q/ 做准备。
2. 听说训练（最小音位对）：气球—鸡蛋，红旗—飞机，七巧板—西红柿，气球—鸡蛋—西瓜，油漆—飞机，汽车—油漆—冰激凌。（学生听到内容与自己的卡片内容一致时，就将卡片展示给同学们看，并复述一遍）	提高精细听辨能力，巩固康复效果。
（三）复习检测←示范/辅助法、视听说写强化训练 1. 观看微课，检查自学情况。 （1）观察 1 只七星瓢虫的图片，学习口诀"一七得七"。1 只七星瓢虫一共有 7 个圆点。	通过微视频自学，训练注意力和观察力，提高自学能力。巩固带有声母 /q/ 的音节和词语。

续表

（2）观察2只七星瓢虫的图片，学习口诀"二七十四"。2只七星瓢虫一共有14个圆点。 （3）观察3只七星瓢虫的图片，学习口诀"三七二十一"。3只七星瓢虫一共有21个圆点。 （4）总结算理：求几个相同加数的和，用乘法计算比较简便。 熟记口诀：一七得七，二七十四，三七二十一。 2. 做学案一，检查自学效果。 （四）共同探究←错误纠正法、视听说强化训练 出示4只七星瓢虫的图片，师生共同探究乘法口诀"四七二十八"。 （五）自主学习←视听说写强化训练、精细化运动训练 1. 学生在平板电脑上完成学案二（一生板演），师巡视指导。（正音/q/） 2. 交流。（订正答案，做出评判） （六）巩固新知←集中练习法、听说强化训练 1. 两人一组检查背诵口诀。 2. 听一听，说一说： 二七（　）　三七（　）　七七（　） 四七（　）　六七（　）　五七（　） 一七（　） （七）活用新知：点将游戏←创设游戏 1. 游戏规则。 （1）同学们围成一个圆形，左右间隔两臂。一个同学在圈内跑，为点将者。 （2）点将者跑到哪个同学跟前站立，这个同学就将问题大声地回答一遍；点将者如果蹲下，这个同学就小声地回答一遍问题。 2. 游戏内容。 （1）一口气背尽可能多的乘法口诀，根据要求使用大声或小声。 （2）使用大声或小声回答屏幕中显示的问题。 1个星期有（　）天。算式：（　） 2个星期有（　）天。算式：（　） 3个星期有（　）天。算式：（　） 4个星期有（　）天。算式：（　） 5个星期有（　）天。算式：（　） 6个星期有（　）天。算式：（　） 7个星期有（　）天。算式：（　） （八）畅谈收获 1. 学生畅谈本节课的收获。 2. 教师总结。	理解算理，训练自学能力和计算能力以及进行精细化运动训练。 　　纠正/q/的发音，提高听识别、听理解等能力。 　　在游戏中，通过跑、站、蹲等动作训练呼吸功能，解决呼吸和发声不协调的问题，同时对粗大运动功能和反应能力进行训练。 　　观察字体的大小，及时做出反应，进行响度训练，激发说的兴趣。 　　全方位检验本节课的学习与康复效果。
七、教育康复延伸	设计意图
1. 在言语个训课中，利用本节课的音节和词语，对存在言语、认知方面问题的学生进行针对性的训练； 2. 在美术活动中，学习画汽车、气球、彩旗、七星瓢虫等，并说一说自己的作品。	各学科配合教学，全面提高听障儿童的听觉、言语、语言、认知能力，构建立体化的学习和康复训练体系。

续表

八、家庭教育康复指引	设计意图
1. 熟练背诵7的乘法口诀,并在数学积累本上默写一遍; 2. 找一找,我们的生活中还有哪些问题需要7的乘法口诀帮忙解决?记下来,下节课一起来交流。	在家庭中巩固教学内容,提高康复质量,构建立体化的学习和康复训练体系。
九、教育康复反思	
学习"7的乘法口诀"时,通过创设的情境,先利用加法计算出2个7、3个7、4个7、5个7、6个7、7个7相加的和,然后利用乘法的意义把乘法和相应的加法对应起来,得出每个乘法的得数,然后根据乘法算式自编口诀,再进行交流和修改,从而得出正确的7的乘法口诀。通过"7的乘法口诀"的学习,学生知道了乘法口诀编制的过程,然后在学习后面的乘法口诀时,回顾"7的乘法口诀"的学习过程,从而把其中的方法迁移到新的口诀的学习中。应用类比思想不仅使数学知识容易理解,而且使公式的记忆顺水推舟,变得自然和简洁。	

在丰富的数学活动中,可引导学生观察情境图,提取相关数学信息,并对数学信息进行整理、概括、归类和总结,提高学生的基本认知能力、推理能力、分类能力、精致和组织策略,让学生学会建立相关信息间的内在联系,使其成为一个有机整体,并学会用数学语言表达及解答问题。下文是一节"两位数减一位数、整十数(不退位)"的数学集体康复案例。以摘苹果进行趣味诱导进入新知,通过观察情境图进行学习巩固强化训练。在培养听障学生数学抽象、逻辑推理、数学建模、数学运算、直观想象、数据分析核心素养能力的同时,综合发展听障儿童的听觉、言语、语言和认知能力。

视频:康复课例
7-学龄数学课

教案4-14

学科	数学	设计人	江婧
教育康复对象	二年级	主讲人	江婧
课型	集体康复课	课时	第1课时(共1课时)
一、教材介绍与分析			
本节课教学内容是聋校义务教育实验教科书(二年级上)第三单元"100以内数的加减法"中的"两位数减一位数、整十数的减法(不退位)",本课重点将直观图与算式相结合,让学生明白两位数减一位数(35-2)、整十数(35-20)的算理,并知道相同数位上的数才能直接相减。			
二、学情分析			
本班听障学生共6名,平均年龄9岁,男孩5名,女孩1名。总体上,该班学生的助听效果较好,言语语言基础好,教师可以口语为主、手语为辅进行教学。具体情况如下所示。			

层级	姓名	障碍类型及程度	认知能力现状	相关能力现状
A类	董××	听障;人工耳蜗术后5年;最适	认知能力高级阶段;能根据已编制的线索准确提取信息,并对信息进行相关整理和概括	构音清晰度达到80%,ICF构音功能损伤程度为1级轻度损伤;声母、韵母全部习得;能理解表达7—9个字的句子

续表

A类	刘××	听障；助听器佩戴5年；适合	认知能力高级阶段；能根据已编制线索准确提取信息，对信息进行相关整理概括	构音清晰度达到70%，ICF构音功能损伤程度为2级中度损伤；构音时存在后位聚焦；能理解表达7—9个字的句子
	高××	听障；助听器佩戴5年；较适	认知能力高级阶段；能根据已编制线索准确提取信息，对信息进行相关整理概括	构音清晰度达到70%，ICF构音功能损伤程度为2级中度损伤；共鸣功能不稳定；能理解表达7—9个字的句子
B类	李××	听障；助听器佩戴4年；适合	根据已编制线索提取信息不够准确，对信息整理概括需要示范或提示	构音清晰度达到60%，ICF构音功能损伤程度为2级中度损伤；能在辅助下习得学习内容；能理解表达5—7个字的句子
	何××	听障；助听器佩戴4年；适合	根据已编制线索提取信息不够准确，对信息整理概括需要示范	构音清晰度达到60%，ICF构音功能损伤程度为2级中度损伤；基本能习得学习内容；能理解表达5—7个字的句子
	左××	听障；助听器佩戴4年；较适	根据已编制线索提取信息不够准确，需要示范信息整理与概括	构音清晰度达到60%，ICF构音功能损伤程度为2级中度损伤；习得学习内容不稳定；能理解表达5—7个字的句子

三、教育康复目标

1. 听觉康复：通过相关 /j/ 音的词语，如减、小鸡、鸡蛋、剪刀，进行听说复述，来检测和巩固舌面音 /j/，在加减法练习中，给予学生更多的听说复述机会，提高他们的听说复述能力；
2. 言语康复：用压舌板练习舌面抵抗运动，进行舌前部上抬运动训练，提高舌面肌力，为舌面音 /j/ 的发音做准备；在加减法的口算练习和授课过程中，练习舌面音 /j/ 的发音；
3. 语言认知康复：进行含有舌面音 /j/ 的小鸡、鸡蛋、剪刀、巧果等词语及句子的仿说练习，不断进行词语、句子理解及命名训练，将最小音位对放在句子中，进行语音切换、轮替的训练；
4. 能准确表达情境图并能提取相关数学信息，会看口型和打手指语，能进行简单词组、句子仿说，能进行简单的语言沟通。

教育康复目标	儿童能力层级及掌握程度	
	A类	B类
/j/ 的发音部位、方式和指式	准确熟练掌握	熟练掌握
词语、句子的听说复述	听到指令并能复述	听到指令仿说
基本问答	能完成问答	能完成简单的问答
精致与组织策略	100%	80%

续表

四、教育康复重点、难点

重点：
1. 掌握声母 /j/ 的发音部位和方法、指式；
2. 会算 35-2 和 35-20，明白相同数位上的数才能相减；完成词语、句子的听说复述，提高基本问答能力及精致和组织策略能力。
难点：会算 35-2 和 35-20，明白相同数位上的数才能相减。

五、教育康复准备

1. 环境准备：录课教室，本底噪声 ≤ 45 dB（A）；
2. 教具准备：口算卡、发音镜、PPT、小棒等。

六、教育康复过程	设计意图
（一）新知诱导 1. 点名。←进行助听器课检 2. 听一听、看一看、说一说。←听说复述 摘苹果。（口算练习） A 类：整十加减一位数或整十数，例如 30-20、20+5 等。B 类：十以内减法，例如 5-4、6-2 等。 3. 师示范 /j/ 的发音。 （二）习得新知 1. 出示情境图 1。（鸡蛋图）←**观察力训练、示范/辅助法、错误纠正法、认知能力、精致训练、组织策略训练** 提问：这是什么？有多少个鸡蛋？拿走了几个？还剩多少个？←**基本问答** 列算式： 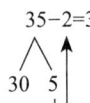 $$35-2=33$$ 先算：5-2=3 再算：30+3=33 ←**推理能力训练** 探索论证：先算个位，相同数位上的数才能相减。 2. 出示情境图 2。（小鸡图） 提问：这是什么？有多少只小鸡？走了多少只？还剩多少只？←**基本问答** 列算式： 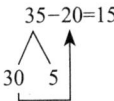 $$35-20=15$$ 先算：30-20=10 再算：10+5=15 ←**推理能力训练** 探索论证：先算十位，相同数位上的数才能相减。 揭示课题：两位数减一位数、整十数的减法。 （三）仿用新知←**视听说写强化训练** 出示情境图 2。（剪刀图）←**观察力训练、示范/辅助法** 提问：这是什么？有多少把剪刀？拿走了几把？还剩多少把？←**基本问答、精致训练、组织策略训练**	检查助听器的工作状态。 促进呼吸与发声功能的协调，不断提高构音器官的灵活性，为发 /j/ 打基础。 通过复习旧知，激发已有的经验，为学习后面内容做准备。 创设情境引导学生把本节课所学的核心音节放进词组和句子中，引导学生在生活中运用目标音。不断提高手口眼及肢体协调的精细运动能力。 通过提问回答的基本问答形式，丰富教学活动，激发学生的兴趣。 创设情境引导学生把本节课所学的核心音节放进词组和句子中，引导学生在生活中运用目标音。

	续表
列算式： 48-4=44 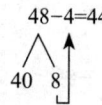 先算：8-4=4 再算：40+4=44 ←**推理能力训练** 方法：先算个位，相同数位上的数才能相减。 **（四）活用新知**←**创设情境、听说读写强化** 课堂情境展示。（一堆巧果）←**音位对比训练** 提问：这是什么？有多少个巧果？吃了几个？还剩多少个？←**基本问答、精致训练、组织策略训练** 列算式： 56-30=26 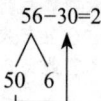 先算：50-30=20 再算：20+6=26 ←**推理能力训练** 方法：先算十位，相同数位上的数才能相减。 **（五）拓展新知**←**听说强化、精细动作训练、组织策略训练** 1. 创设情境进行词组仿说和语言沟通交往训练。 2. 音节强化，进行听说联动强化训练。 **（六）畅谈收获**←**句子仿说** 今天我学习了＿＿＿＿＿＿＿＿＿＿＿。 我明白了＿＿＿＿＿＿＿＿＿＿＿＿＿。	听障儿童的形象思维较强，通过探索和小棒进行数形结合操作，帮助听障儿童从抽象到直观转化建立数学模型。 构建数学模型，让听障儿童在实际情境中从数学的视角发现问题、提出问题，分析问题、构建模型，求解结论、验证结果，最终解决实际问题。 德育渗透。 全方位检验本节课的学习与康复效果。
七、教育康复延伸	**设计意图**
1. 在小组或个训课中，根据学生的实际情况练习相关词语、句型； 2. 美术课可以以"小鸡的一家"为主题画画，可以画上公鸡、母鸡、小鸡、鸡蛋； 3. 律动课可以进行"小鸡快跑"乐曲及节奏练习。	构建立体化的学习和康复训练体系。
八、家庭教育康复指引	**设计意图**
与父母一起根据家里的物品，进行"这是什么？有多少？拿走了多少？还剩多少？"的练习。	构建立体化的学习和康复训练体系，更好地巩固提高教育康复质量。
九、教育康复反思	
本节课先引导学生观察情境图，提取相关数学信息，并对数学信息进行整理、概括、归类和总结，同时在数学活动中巧妙融入听觉、言语、语言、认知等康复训练，较好地完成了预定的教学与康复训练任务，学生能认真地参与学习和训练活动，师生互动积极，教学效果显著。左××同学需要课后个别辅导。	

（三）英语

英语新课标指出，在义务教育阶段开设英语课程能够为提高我国整体国民素养，培养具有创新能力和跨文化交际能力的人才，提高国家的国际竞争力和国民的国际交流能力奠定基础。义务教育阶段的英语课程具有工具性和人文性双重性质。就工具性而言，英语课程承担着培养学生基本英语素养和发展学生思维能力的任务；就人文性而言，学生通过英语课程能够开阔视野，丰富生活经历，形成跨文化意识，增强爱国主义精神，发展创新能力，形成良好的品格和正确的人生观与价值观。

对聋校而言，教育对象的不同决定聋校英语教学必定有自己的内涵和特色：知识与能力培养应充分考虑听障儿童的实际，设置稍低于普通学校的要求；过程与方法这个维度则应特别关注听障儿童特殊需要的康复方法；情感态度与价值观这个维度可与普通学校一样最终指向人的素养和精神成长，但是应补充"提高思想文化修养，培养听障儿童自尊自信自强自立的精神"这一适切听障儿童身心发展特点和规律的要求。鉴于此，聋校英语教师可以在新课标理念的指导下，在课堂教学中准确清晰地把握德育、知识、康复三条线索，三线交织，相互渗透，有机结合，互为支持，使聋校英语课堂特色鲜明，成效显著。下文是一节"特殊疑问句：What does he look like？"的案例。

教案 4-15

视频：康复课例 8- 学龄英语课

学科	英语	设计人	王林
教学康复对象	七年级	主讲人	王林
课型	集体教育康复课	课时	第 1 课时（共 1 课时）

一、教材介绍与分析

本节课出自山东教育出版社义务教育教科书《英语》七年级上册第一单元。本节课教学内容是"描述人的外貌"（Describe People），涉及讨论人的身高、体重、发型、面部特征及着装等的对话。本课以人的外貌特征为主线，兼顾交际功能的学习，以一种循序渐进的生活化的学习程序，学会用英语介绍自己或他人的外表特征。这些内容与学生的实际生活密切相关，学生乐于运用英语进行交流。在学习活动中，交换对不同人物的描述及看法，能促进学生之间和师生之间的情感交流，增进情谊。

二、学情分析

本班听障学生共 9 名，平均年龄 14 岁，男孩 4 名，女孩 5 名。其中，4 人属于双耳极重度聋，2 人单侧极重度聋、单侧重度聋，3 人单侧重度聋、单侧中重度聋。总体上，该班学生的助听效果较好，言语语言基础较好，教师可以口语为主、手语为辅进行教学；学生在课上配合度较高，课堂纪律好。具体情况如下所示。

层级	姓名	障碍类型及程度	构音语音能力现状	相关能力现状
A 类	王 ××	听障；人工耳蜗；最适	构音清晰度高，音标全部习得	认知能力和理解能力非常好
	黄 ××	听障；人工耳蜗；最适	构音清晰度较高，后位聚焦	认知能力和理解能力非常好
	王 ×	听障；助听器；适合	构音清晰度较高	认知能力和理解能力较好，专注力不高

续表

A 类	于 ×	听障；助听器；适合	构音清晰度较高	认知能力和理解能力非常好，性格内向
	吕 × ×	听障；助听器；适合	喉位聚焦，硬起音，构音清晰度较高	认知能力较好，活泼
B 类	由 × ×	双耳极重度聋	手语沟通	接受新知识速度较快，理解能力较好
	赵 × ×	双耳极重度聋	手语沟通	认知差，理解慢
	郝 × ×	双耳极重度聋	手语沟通	理解能力较好，专注力不高
	孙 × ×	双耳极重度聋	手语沟通	理解能力较差

三、教育康复目标

1. 通过描述自己、同学、亲人、偶像的外貌，简单地表达自己的观点或好恶，学会交换不同的看法，在人际交往中学会尊重和理解别人；
2. 要多发现别人的优点，学会赞美别人，友好地描述别人的形象，懂得心灵美比外表美更重要；
3. 学会并能够准确书写及听说本课单词：tall, short, heavy, thin, (of) medium height, (of) medium build, long hair, short hair, curly hair, straight hair；
4. 正确理解句型的意思，学习用 "What + 助动词 + 人称 + look like?" "人称 + be 动词 + 形容词" "人称 + have/has...hair" 等句式说、写句子；
5. 能将学到的句型灵活运用于实际生活，达到语言沟通的目的；
6. 能在小组活动中积极与他人合作，相互帮助，共同完成学习任务，尽情享受学习的乐趣。

四、教育康复重点、难点

通过学习语言材料，获得结合实际生活灵活运用所学的有关词汇、短语及句型，描述人的外貌特征的能力。
重点：
1. 词汇：height, build, tall, short, heavy, thin, (of) medium height, (of) medium build, long hair, short hair, curly hair, straight hair；
2. 句型：— What does he/she look like?
　　　　— He/She is tall.
　　　　— What do you look like?
　　　　— I'm thin. I have short hair.
　　　　— What do they look like?
　　　　— They're medium height. They have long curly hair.
难点：
1. has 与 is 的正确使用；
2. 描述人的外貌。

五、教育康复准备

多媒体课件，微课视频，自主学习任务单，小组探究任务单，句型卡，学生照片。

六、教学康复过程	设计意图
（一）新知诱导←助听设备课检、听觉察知理解训练、认知记忆力训练、构音语音训练、前测 1. 师生问好。 2. 师生齐读标题。 3. 游戏 1：听词起立。 教师说几个描述身高体型的形容词，学生听到符合自己本身特征的词之后立即起立。（掩口 1 遍，看口 1 遍）	检查学生助听器的工作状态。将检查助听器的工作状态与前测结合在一起，节约时间。 将前测与热身游戏结合起来，不仅检查学生单词的掌握情况，同时激发学生的兴趣与好奇心，增强学生学习英语的信心。同时对学生进行听觉理解能力训练。

4. 游戏2：记忆游戏。
学生观看小视频，记住视频中人物图片的顺序和人物特征，结束后凭记忆说出词汇和短语。
（二）习得新知←言语矫治、语言沟通训练、听觉言语语言综合训练
1. 检测课前微课学习情况。
2. 同桌交换批改自主学习任务单。
3. 微课知识点总结。
（1）询问人的外貌，句式是"What + 助动词 + 人称 + look like?"，所以"他长得什么样子？"就是"What does he look like?"。
（2）描述人的身高体型，句式是"人称 + be 动词 + 形容词"，所以"他个子高"就是"He is tall."，"他中等体型"就是"He is of medium build."。
（3）描述人的发型，句式是"人称 + have/has + 形容词 + hair"，所以"他留着短发"就是"He has short hair."。
（师总结，板书重点句式）
（三）仿用新知←精细运动训练、语法训练、语言训练、语用训练
师：大家都掌握了吗？
1. 生自主完成提升作业。
2. 生分小组合作探究提升作业，完成小组任务。
3. 每个小组派一名代表发布自己小组的探究结果。（每组一套相关学生照片）
探究一：
  1. he...
  2. you...
探究二：
  3. she...
  4. you...
探究三：
  5. Lily...
  6. they...
（四）活用新知←视听结合训练、语用训练、听觉言语语言综合训练、听觉记忆训练
1. 说一说：对话练习。
课件出示两位同学的照片。同桌两人一组练习对话，向大家介绍他们。（每图请一到两对进行展示）
2. 听一听：听力练习"Can you find Amy's friend?"。
教师利用课件创设情境：我们的朋友 Amy 要去车站迎接他的朋友，so, can you find Amy's friend？让我们一起来听听 Amy 是怎么说的。
学生根据自己的情况听音、看口、看文字。完成以下任务：
  任务一：将对话补充完整。
  任务二：回答问题"Who is Amy's friend?"。
3. 用一用：找朋友。
句型活用：请学生到讲台前介绍一下自己的好朋友长得什么样子，下面的同学如果觉得他说的是自己，就快速站起来。
	通过这个课堂活动对学生进行认知记忆力训练及构音语音训练。
	
	通过问答的方式检测学生的学科知识掌握情况，在检测的过程中对学生进行言语矫治并运用语言沟通训练中的会话训练提高学生的沟通交流能力。及时对知识进行总结。
	
	学生根据教师出示的照片运用掌握的知识仿写对话，自主完成提升作业。对学生进行精细运动训练，并检测学生对所学知识的运用情况，发展学生的语用能力。
	
	学生根据自主完成的提升作业进行小组合作探究，每组派代表到讲台展示本组的探究结果，这是对学生进行语法训练、语言沟通交流训练及语用训练。
	
	在小组活动中积极与他人合作，相互帮助，共同完成学习任务，尽情享受学习的乐趣。
	
	教师利用照片创设情境，激发学生学习兴趣。通过情景对话交流，对学生进行认知训练、语言训练，提高语用能力。
	
	学生根据自身听力补偿情况采用听录音、看口、看文字材料三种方式进行视听结合训练。通过补充对话练习锻炼听觉记忆能力。通过目标辨认"Amy's friend"进行闭合式听觉描述训练，提高认知能力。
	
	学生进行开放式听觉描述训练，提高认知能力。
	学生要学会友好地描述别人的形象，并学会尊重和理解别人。

	续表
（五）拓展新知←精细运动训练、听觉言语语言综合训练、认知提升 　　学生运用本节课学习的句型与朋友、同学谈论一下彼此的家人，并制作出自己班级的家庭成员特征表。	学生进行听觉言语语言综合训练及精细运动训练，提升认知能力。
（六）课堂评价←认知训练、精细运动训练、后测评估 　　学生完成学案上的后测评估练习题。	针对当堂所学内容对学生进行检测，测试学生学过的知识，进行巩固。
七、教育康复延伸	设计意图
小调查：课后，运用今天学习的句型与朋友、同学谈论一下彼此的家人，并制作出班级的家庭成员特征表。	全面提高听障学生的听觉、言语、语言能力。
八、家庭教育康复指引	设计意图
请家长在生活中创造机会让学生练习本节课所学句式。	在家庭中巩固教学内容，提高康复质量。
九、教育康复反思	
在课标理念指导下，教师在课堂教学中准确清晰地把握德育、知识、康复三条线并贯穿学生学校教育的始终。"听看读说写"五能并举，全面发展学生的英语语言沟通能力，提高学生的英语兴趣。通过本节课的学习，学生懂得要多发现别人的优点，学会赞美别人，在人际交往中学会尊重和理解别人。 　　本节课采用了翻转课堂的模式，课前先通过教学微课视频及自主学习任务单引导学生自主学习，掌握本节课的词汇、语法知识，为学生能够准确、灵活运用语言进行沟通交流，能够听清、听对、听准确英文词句、文章，能够根据听到的内容进行思考并组织运用语言解决实际问题打下了很好的基础。将听能及语言训练贯穿课堂的始终，采用课堂游戏、小组合作、对话练习、听能练习等多种手段鼓励学生通过听看掌握语言知识点，并准确、灵活、流畅地运用语言进行沟通交流。对授课过程中学生说错或发音不准确的词句及时进行正音，提升学生的语言能力。 　　本堂课基本完成了课前预设的教学目标及康复目标。在今后的英语教学中，将继续对学生进行康复训练，提升学生的英语语言能力，并进行德育渗透，使学生的德育在康复训练、知识学习过程中养成。	

　　英语是表音文字，因此，在聋校英语教学中，学生能够掌握英语单词的拼读，从而实现口语记忆与手语记忆相结合，提高英语能力。在聋校义务教育阶段的英语教学中，提高学生的听力和口语能力，可为实现口语记忆与手语记忆相结合提供必要条件，从而打造聋校英语高效课堂。下文是一节"定语从句"（Attributive Clauses）的案例。

视频：康复课例
9-学龄英语课

教案4-16

学科	英语	设计人	王晓荣
教育康复对象	九年级	主讲人	王晓荣
课型	集体教育康复课	课时	第1课时（共1课时）
一、教材介绍与分析			
本节课的教学内容：第一部分是系统呈现定语从句的基本结构，定语从句中关系代词和关系副词的作用、功能；第二部分是准确选择定语从句所需的关系代词或关系副词；第三部分由易渐难，探究中考英语定语从句的考点与难点。			

续表

二、学情分析				
本班听障学生共8名，平均年龄16岁，男生2名，女生6名。总体上，该班学生的助听效果较好，言语语言基础好，教师可以口语为主、手语为辅进行教学；学生在课堂上配合度较高，学习习惯良好。具体情况如下所示。				
层级	姓名	障碍类型及程度	构音语音能力现状	相关能力现状
A类	赵××	听障；人工耳蜗术后3年；最适	构音清晰度达到80%，ICF构音功能损伤程度为1级轻度损伤；音标全部习得	认知水平和理解能力非常好
	林××	听障；人工耳蜗术后4年；最适	构音清晰度达到80%，ICF构音功能损伤程度为1级轻度损伤；音标全部习得	认知水平和理解能力非常好
	孙××	听障；助听器佩戴9年；最适	构音清晰度达到70%，ICF构音功能损伤程度为2级中度损伤；能较快、较准确地习得音标	认知水平和理解能力非常好
	逄××	听障；助听器佩戴9年；适合	构音清晰度达到65%，ICF构音功能损伤程度为2级中度损伤；能在辅助下准确习得所学单词的音标	认知水平和理解能力较好
	徐××	听障；助听器佩戴9年；适合	构音清晰度达到60%，ICF构音功能损伤程度为2级中度损伤；构音能力不稳定，有时用舌尖中音替代舌根音	认知水平和理解能力较好
B类	于××	听障；助听器佩戴5年；较适	构音清晰度达到60%，ICF构音功能损伤程度为2级中度损伤；共鸣功能不稳定，有时存在后位聚焦	认知能力较差，理解能力较差，易放弃
	王××	听障；助听器佩戴4年；较适	构音清晰度达到60%，ICF构音功能损伤程度为2级中度损伤；发声功能不稳定，有时响度过高	认知能力较差，理解能力较差，自主表达少
	肖××	听障；助听器佩戴4年；较适	构音清晰度达到60%，ICF构音功能损伤程度为2级中度损伤；基本能在辅助下习得所学音标	认知能力较差，性格内向

三、教育康复目标
1. 不断增强说英语的兴趣和自信心； 2. 掌握定语从句的基本结构与功能； 3. 掌握定语从句中关系代词和关系副词的作用、功能； 4. 能准确选择定语从句所需的关系代词或关系副词； 5. 掌握中考英语定语从句的考点与难点； 6. 提高学习定语从句的兴趣和积极性，较好地掌握定语从句的用法，运用所学知识分析问题、解决问题。

续表

教育康复目标	儿童能力层级及掌握程度	
	A 类	B 类
掌握定语从句的基本结构与功能	准确熟练掌握	
掌握定语从句中关系代词和关系副词的作用、功能	准确熟练掌握	
能准确选择定语从句所需的关系代词或关系副词	准确熟练掌握并能准确拼读句子	
掌握中考英语定语从句的考点与难点	能完成听说联动,准确率达到 90% 以上,并能够熟练准确掌握定语从句的考点与难点	能完成听说联动,准确率达到 60% 以上,理解掌握定语从句的考点与难点
单词、词组和句子发音训练	较清晰、连贯地主动表达,准确率达到 90% 以上	准确率达到 60% 以上

四、教育康复重点、难点

重点:
1. 掌握定语从句的基本结构与功能;
2. 掌握定语从句中关系代词 that, who, whom, which, whose 以及关系副词 when, where, why 的基本用法;
3. 能够正确拼读单词、词组和句子;
4. 掌握中考英语定语从句的考点与难点,并会拼读历年中考定语从句真题中的重点单词。

难点:掌握中考英语定语从句的考点与难点,并会拼读历年中考定语从句真题中的重点单词。

五、教育康复准备

1. 环境准备:录课教室,本底噪声 ≤ 45 dB(A);
2. 教具准备:多媒体课件、微课、自主学习任务单、小组探究任务单、发音镜等。

六、教育康复过程	设计意图
(一)新知诱导←创设情境、听觉理解训练、认知记忆力训练、构音语音训练 1. 导入定语的概念:师出示学校和学校老师的图片,点名,学生说一个形容词来形容自己的学校或老师们,进行助听器课检和认知记忆力训练。 2. 导入定语从句的概念:出示图片和包含定语从句的复合句"The boy who is wearing glasses is Harry Potter."。 (二)习得新知←听觉言语语言综合训练 1. 师出示自主学习任务单。 2. 学生习得定语从句的基本结构与功能。 3. 师引导学生习得定语从句的关系词,即关系代词(that, who, whom, which, whose)和关系副词(when, where, why)的基本功能和用法,同时进行听觉察知理解训练与认知记忆力训练。 (三)仿用新知←语法训练、语言训练、语用训练、构音语音训练 1. 趁热打铁,学生进行小组合作探究,完成定语从句的任务一:填空题。 2. 师请学生轮流做题,说思路并翻译,让学生掌握定语从句关系词的基本用法。	检查助听器的工作状态。 在导入环节,对学生进行听觉理解能力训练,不断巩固学生的英语学科知识和康复效果。 创设情境,激发学生的好奇心,培养学生的英语思维能力,提高学生学习英语的兴趣和积极性。 系统讲解并用思维导图的方式板书定语从句的基本结构与功能,培养学生的英语思维能力,提高学生学习英语的自信心。 培养学生的自主学习能力和合作意识,提高学生运用知识来解决问题的能力。

（四）活用新知←语法训练、语用训练、听觉记忆训练
1. 学生熟练掌握定语从句中的关系代词与关系副词的用法，能够准确区别 whom 和 who 并理解 whose 的用法与功能。
2. 学生挑战任务二：抢答题。
3. 抢答成功的学生读题，说思路并翻译。
（五）拓展新知←听觉言语语言综合训练、语用训练
1. 聚焦中考，完成任务三：学生观察任务一中第四题的句子"This is the school where my brother works." 与易混淆的句子"This is the school that I love deeply."，找出两道题中的不同之处。
2. 引导学生总结：当一个表示地点的词做先行词时关系代词 that/which 和关系副词 where 的用法区别。
3. 学生自己总结：当一个表示时间的词做先行词时关系代词 that/which 和关系副词 when 的用法区别，完成任务四。
（六）课堂评价←认知训练、精细运动训练、后测评估
1. 出示任务五，学生抢答完成历年中考真题中易失分的考题，扎实掌握定语从句的难点与考点。
2. 学生做老师，梳理总结本节课的基本知识点和重点、难点。
3. 创设情境，出示三个定语从句作为结束语激励学生。
	在检测的过程中对学生进行言语矫治，改善学生的语言清晰度并运用语言沟通训练中的会话训练提高学生的沟通交流能力。抢答题的设计让学生的情绪始终处于最佳状态，以便更好地完成学习任务。
	
	  通过体验、实践、参与、探究和合作等方式，发现语言规律，逐步掌握语言知识和技能，不断调整情感态度，形成有效的学习策略，发展自主学习能力。
	
	  全方位梳理检验本节课的学习与康复效果。
	  创设情境，提高语言实际运用能力，教育学生要热爱学校、感恩学校、感恩老师们和同学们，形成正确的人生观、价值观和良好的人文素养。

七、教育康复延伸	**设计意图**
1. 以思维导图的方式总结定语从句的用法； 2. 完成"经典真题"的作业； 3. 用所学的定语从句的知识来形容自己的学校、老师、同学、家人或者朋友，并写下来。	构建立体化的学习，全面提升听障学生的听觉、言语、语言能力。
八、家庭教育康复指引	**设计意图**
把教育康复延伸中的第 3 项作业写下来并读给爸爸妈妈听。	在家庭中巩固教学内容，构建立体化的学习和康复训练体系。
九、教育康复反思	
本节课准确清晰地把握德育、知识、康复三条线并贯穿英语教学的始终，全面发展学生的英语语言沟通能力，不断创设情境，激发学生的好奇心，培养学生的英语思维能力，增强学生学习英语的自信心，提高学生学习英语的兴趣和积极性。在整节课中，教师不断出示任务，学生通过体验、实践、参与、探究和合作等方式，发现语言规律，逐步掌握语言知识和技能，不断调整情感态度，形成有效的学习策略，发展自主学习能力和合作意识，提高运用知识来解决问题的能力。 本堂课较好地完成了课前预定的教学目标及康复目标。学生们课堂参与度高，课堂气氛活跃。学生在教师创设的情境和设定的任务中进行言语矫治、语法训练、语言沟通交流训练及语用训练等。在今后的英语教学中，将继续把康复训练和德育融入英语课堂教学中，提高学生的言语能力以及基本的英语素养，并引导学生形成良好的品格和正确的人生观与价值观。	

（四）律动

  律动课是针对听障儿童特点特设的一门重要学科，是听障儿童艺术教育的重要组成部分，通过教学使听障儿童掌握律动基础知识和基本技能。人体有感情、有节奏的舞蹈可表现出各种不同高低、速度、力度等的节奏。律动课内容包括音乐感受、舞蹈、体操、简单游戏、唱歌等，主要是利用学生残存的听觉锻炼他们的触觉、振动觉，发展他们的动作机能，培养学生对韵律的初步感受能力、欣赏能力和表现能力，以促进学生的身心健康发展。

在 MSR 模式的支撑下，康复训练始终贯穿律动教学活动中。在律动学科知识中把听觉、言语、语言、运动、节奏、唱游融入律动教学的每一个环节，通过科学系统的康复手段，发展学生的残余听力和语言能力，培养学生的节奏感，增强学生身体的协调能力，让学生在欣赏美、感受美、创造美的过程中挖掘潜能，使他们的听觉、言语、语言、认知、运动等各方面的能力得到综合康复。下文是一节"大雨和小雨"的案例。

视频：康复课例
10- 学龄律动课

教案 4-17

学科	律动	设计人	王松娜
教育康复对象	四年级	主讲人	王松娜
课型	集体教育康复课	课时	第 1 课时（共 1 课时）

一、教材介绍与分析

歌曲《大雨和小雨》是一首音乐形象鲜明的歌曲，旋律流畅，节奏简单，符合儿童心理发展特点。全曲通过力度的变化表现大雨、小雨的不同音响。歌词模仿了大雨哗啦啦和小雨淅沥沥的声音，并用拟人的方法，通过"小草笑嘻嘻"隐喻了雨水对生态平衡的重要作用。本课要求学生用不同强度的声音说唱歌曲，使学生初步感受力度在音乐表现中的作用，既渗透音乐审美感受与创造能力的培养，又练习音乐节奏、声音响度，培养学生自主创编的能力，让律动与听觉、语言相结合，力求在音乐中全面发展学生的听觉、语言与肢体协调性。

二、学情分析

本班听障学生共 6 名，男孩 3 名，女孩 3 名。总体上，该班学生的助听效果较好，言语语言基础好，教师可以口语为主、手语为辅进行教学；学生在课堂上配合度较高，学习习惯较好。具体情况如下所示。

层级	姓名	助听设备	补偿效果	听觉功能	言语功能	语言功能	韵律与动作协调性
A 类	董××	人工耳蜗	最适	能分辨节奏；能理解简单指令和复杂指令；听觉理解达到三条件词语阶段	韵母、声母全部习得；构音清晰度达到 92%，ICF 构音功能损伤程度为 1 级轻度损伤	能表达句长为 9 个字的句子；在倾听他人、完整表达等方面较好	能体现出节拍强弱感；语言和肢体协调性较好，动作、节拍较稳定
	曲××	助听器	适合	能分辨节奏；能理解简单指令和复杂指令；听觉理解达到三条件词语阶段	韵母、声母全部习得；构音清晰度达到 80%，ICF 构音功能损伤程度为 1 级轻度损伤	能表达句长为 10 个字的句子；在倾听他人、理解问题、自主完整表达等方面较好	能体现出明确的节拍强弱感；语言、节奏和肢体能保持速度、节拍感的稳定
	衣××	人工耳蜗	较适	能分辨节奏；能理解简单指令和复杂指令；听觉理解达到三条件词语阶段	韵母、声母全部习得；构音清晰度达到 90%，ICF 构音功能损伤程度为 1 级轻度损伤	能表达句长为 13 个字的句子；能主动提问，自主完整表达意思	节奏强弱感明确；上下身肢体动作协调，韵律和动作协调性较好

续表

B类	陈××	助听器	适合	能分辨节奏；能理解简单指令和复杂指令；听觉理解达到三条件词语阶段	韵母、声母全部习得；构音清晰度达到83%，ICF构音功能损伤程度为1级轻度损伤	能表达句长为11个字的句子；能理解问题，回答问题，自主表达较少	节奏强弱感不稳定；肢体动作协调；语言、节奏和肢体较协调，但不稳定
	吴××	人工耳蜗	最适	能分辨节奏；能理解简单指令；听觉理解达到三条件词语阶段	韵母、声母全部习得；构音清晰度达到79%，ICF构音功能损伤程度为1级轻度损伤	能表达句长为10个字的句子；能理解简单的问题，回答问题，但自主表达很少	节奏明确，肢体动作在反复强化下较好习得；韵律感较差
C类	杨××	人工耳蜗	最适	能分辨简单节奏；能理解简单指令；听觉理解达到双条件词语阶段	韵母、声母全部习得；构音清晰度达到50%，ICF构音功能损伤程度为3级重度损伤	能表达句长为6个字的短语和句子；能理解日常简单问题并回答，但常常答非所问	简单节奏掌握较不稳定；动作协调性相对较弱；语言、节奏和肢体协调性较差，不稳定

三、教育康复目标

1. 情感态度与价值观：感受和体验歌曲轻快、活泼的情绪，能运用四二拍节奏有韵律地说唱歌曲《大雨和小雨》；
2. 知识与技能目标：运用响度梯度训练法，用不同响度的声音表现歌曲；
3. 过程与方法目标：自创舞蹈动作，要求用肢体动作表现出音乐响度的不同。

教育康复目标	儿童能力层级及掌握程度		
	A类	B类	C类
四二拍节奏	节奏准确掌握		较准确
有韵律地说唱歌曲	能有韵律地说唱		基本准确
用声音的响度表现歌曲	能控制声音的响度		
用肢体动作表现音乐的响度	能自编舞蹈动作，用肢体动作表现响度的不同		能在A类同学辅助下完成

四、教育康复重点、难点

重点：能用正确的声音强度演唱歌曲《大雨和小雨》，节奏分明，响度变化准确。
难点：自创舞蹈动作表演，用肢体动作表现音乐响度。

五、教育康复准备

多媒体课件、打击乐器（鼓、沙锤）。

六、教育康复过程	设计意图
课前准备：师生问好，助听设备检查。 点名：听辨双条件句子。 （一）热身活动操 1. 活动操：《蓝精灵》。队形：圆形。 基本功训练：勾绷脚、压小胯、含胸、展胸、横叉、后弯腰。	检查助听器的工作状态。 在背景音乐干扰下，听辨双条件句子。 身体各部分放松训练的同时进行颈部放松训练和声带放松训练，促进呼吸与发声功能的协调。

	续表
颈部放松训练：前、后、左、右、旋转。 声带放松训练：平调向前打嘟、声调快速打嘟、降调快速打嘟。 2. 节奏训练：×× ×× ×｜ 队形：两横排。 　　　　　×××× ×＿ ＿｜ （二）新知诱导 1. 前测：拍节奏读歌词。 2. 听觉分辨。 （1）在音乐中聆听鸟叫声、风声、雷声、雨声。 （2）在视觉干扰的情况下分辨大雨和小雨的声音。 （3）分辨声音的强弱。 3. 模仿大雨和小雨的声音。 （三）习得新知 1. 响度梯度训练一：增加/降低响度。队形：三角形。 （1）无动作增加响度。 （2）用手势辅助增加响度。 （3）队形改变，用身体起伏增加响度。 （4）小老师带领学习降低响度。 2. 慢板（二）训练。队形：两横排。 3. 行板（一）训练。 4. 响度梯度训练二。 （1）双条件响度训练。 （2）双条件辨听。 （四）仿用新知 队形：两横排。 1. 聆听歌曲，感知音乐的强弱变化。 2. 节奏朗读教学，歌曲响度训练。 （1）学生领读歌曲。 （2）伴随音乐集体说唱歌曲。 （五）活用新知 队形：两竖排。 1. 打击乐器演奏，深化节奏与强弱的关系。 （1）分组、集体练习。 （2）强音组和弱音组。 （六）拓展新知 队形：弧形。 1. 编创舞蹈，内化节奏与响度。 （1）两名同学为一组创编动作，创作结束造型。 （2）分组表演。 （3）学生互相评价。 （七）课堂评价 队形：两横排。 后测：录制表演视频，进行后测。	复习四二拍节奏，巩固本节课的重点节奏。 听觉分辨，视觉干扰听辨。 听辨雨声的强弱。 用动作、手势、身体幅度、队形变化感知声音的响度。 提高语言韵律，不断巩固控制声音响度的能力。 不同响度的双条件辨听，提高听辨难度。 在歌曲中感受音乐的强弱变化和四二拍节奏，在说唱中强化节奏、响度。 打击乐器演奏，深化节奏与强弱的关系，对C类学生进行个别化辅导。 内化节奏与响度，鼓励积极大胆富有想象力地创编动作。 检验本节课的学习与康复效果。
七、教育康复延伸	**设计意图**
引导学生观察生活中还有哪些有趣的声音，体会各种声音的强弱。	构建立体化的学习和康复训练体系。
八、家庭教育康复指引	**设计意图**
舞蹈视频共享到群里。亲子共赏，一同观看舞蹈视频。家长以观众的身份，欣赏孩子在课堂中所学到的知识。	通过亲子共赏的形式，增进亲子关系，提高孩子的自信心。

续表

九、教育康复反思
本节课较好地完成了预定的教学与康复训练任务，孩子们能认真地参与律动和音乐训练活动，师生互动积极，教学效果显著。 杨××同学四二拍八分音符节奏掌握得不稳定，还需加强个别辅导，并在父母的指导下继续训练。

听障儿童学龄段的律动教育康复活动是在"医教结合，智慧康复"的理念指导下进行的。在具体实施过程中，依据学生的实际水平，通过唱歌、表演等多种形式引导听障儿童在音乐中进行听觉、言语、语言与肢体协调性训练，让学生在欣赏美、感受美、创造美的过程中挖掘潜能、发展能力。下文是一节"点花歌"的案例。在这次教育康复活动中，通过创设情境、启发引导、合作探究等方式，在新奇有趣的氛围中，激发学生律动学习的兴趣和热情，把听觉、言语、语言、运动、节奏融入律动教育康复活动的每一个环节，通过科学系统的训练方法，培育学生良好的姿态以及高贵的气质，增强身体的协调能力，培养节奏感。

视频：康复课例 11-学龄律动课

教案 4-18

学科	律动	设计人	李欣
教育康复对象	三年级	主讲人	李欣
课型	集体律动康复课	课时	第2课时（共2课时）
一、教材介绍与分析			
本节课使用的是在"医教结合，综合康复"的理念指导下的校本教材，内容主要包括 /h/、/g/ 的发音、相关词语和"点点点××"句式。通过儿歌《点花歌》，引导听障儿童在儿歌中巩固提升声母 /h/、/g/ 的构音语音能力，并能以"点点点××"的节奏结合肢体动作在韵律中有节奏地诵读儿歌，让律动与听觉、语言相结合，力求在音乐中全面发展学生的听觉、语言与肢体协调性。			
二、学情分析			
本班听障学生共6名，平均年龄10岁，男孩4名，女孩2名。总体上，该班学生的助听效果较好，言语语言基础好，教师可以口语为主、手语为辅进行教学；学生在课堂上配合度较高，学习习惯较好。具体情况如下所示。			

层级	姓名	障碍类型及程度	韵律与动作协调性	相关能力现状
A类	原××	听障；人工耳蜗；最适	能体现出明确的节拍强弱感；语言、节奏和肢体能保持速度、节拍感的稳定	认知能力和理解能力较好
	饶××	听障；人工耳蜗；最适	节奏强弱感明确，较好；上下身肢体动作协调，韵律和动作协调性较好	能理解简单指令和复杂指令，认知能力和理解能力较好
	胡××	听障；助听器佩戴五年；较适	能体现出节拍强弱感；语言和肢体协调性较好，动作、节拍较稳定	有时响度过高，认知能力和理解能力较好，能表达短句
B类	陈××	听障；助听器佩戴四年；适合	节奏强弱感不稳定；肢体动作协调，语言、节奏和肢体较协调，但不稳定	认知能力较好，易丧失信心

续表

B类	方××	听障；人工耳蜗术后两年；适合	节奏明确；肢体动作在反复强化下能较好习得，韵律感较差	后位聚焦、硬起音，音调单一，有时有高音调，认知能力较好
	孙××	听障；助听器佩戴四年；较适	简单节奏能较好习得掌握；动作协调性相对较弱，语言、节奏和肢体协调性较差，不稳定	认知差，理解能力差，自主表达少

三、教育康复目标

1. 能运用四二拍节奏有韵律地说唱儿歌；
2. 能通过协调的肢体动作来表现儿歌的韵律美；
3. 巩固提升目标音 /h/、/g/ 和目标词"花""瓜"。

教育康复目标	儿童能力层级及掌握程度	
	A类	B类
运用节奏有韵律地说唱儿歌	掌握	基本掌握
协调的肢体动作来表现儿歌的韵律美	掌握	基本掌握
巩固提升目标音	掌握	基本掌握

四、教育康复重点、难点

重点：
1. 掌握目标音 /h/、/g/ 和目标词"花""瓜"；
2. 运用节奏有韵律地说唱儿歌。
难点：运用四二拍节奏有韵律地说唱儿歌、表演动作。

五、教育康复准备

1. 环境准备：录课教室，本底噪声≤45 dB（A）；
2. 教具准备：白板、PPT；
3. 云平台资源。

六、教育康复过程	设计意图
（一）新知诱导←听觉记忆 1. 点名：进行助听器课检。 2. 以开火车的方式来复习儿歌歌词（前测），提高学生兴趣，有效复习儿歌，进行"花""瓜"的正音。 3. 在复习完儿歌的基础上，对儿歌有一个全面的回顾后，进行词语的巩固并考查双条件、三条件听辨。 （二）新知习得←/h/ 的强化训练、粗大运动、精细运动、慢板（二）、肢体记忆 通过学习单一动作、组合动作，进行以下训练。 1. 进行单一动作的学术词"兰花指""小五花"正音。 2. 学习动作时对学生进行肢体的精细、粗大运动训练，使学生上下肢体协调。 （三）仿用新知←精细运动、粗大运动内化编创 1. 对儿歌进行舞蹈动作编创练习。 2. 潜意识地发展学生的动脑能力及编创想法。	检查助听器的工作状态。 考查学生的听觉记忆。 针对学生的节奏难点进行重读训练，由听辨展开训练慢板（二）的节奏，不仅训练了学生的听辨，还训练了学生的节奏感。 单一动作"兰花指"与重读节奏相结合，既习得了单一动作，又通过重读训练掌握了儿歌的整个节奏。 通过学习儿歌的舞蹈动作，有意进行精细、粗大运动训练，加强语言与肢体动作相协调的能力。 潜意识地发展学生的动脑能力及编创想法，让学生在习得新知的基础上，内化创编，根据儿歌的歌词，编创动作。

（四）活用新知←/g/、/h/ 趣味选择法 　　通过"花""瓜"大比拼的游戏，以听辨进行"花""瓜"分组，在游戏中让学生能够理解"花"与"瓜"的分类，并达到巩固学科知识的目的。 （五）课堂评价←视听结合听辨（后测） 　　1. 跟随音乐表演《点花歌》。 　　2. 学生欣赏录制的舞蹈视频，观察经过重读训练之后语言发展的前后对比，并进行评价，提升自信心。	在言语规范化的基础上与运动有机结合，更好地为听障儿童的康复服务。 观看后测录像，学生能直观感受到通过课堂学习之后自身的进步，获得肯定与鼓励。
七、教育康复延伸	**设计意图**
1. 家庭康复：在爸爸妈妈的引导下着重进行重读训练、节奏与肢体动作的配合训练； 2. 个训课：进行目标音、目标词、重读、节奏的训练； 3. 美术课：在老师的引导下充分发挥想象力，画出自己心中的"花""瓜"； 4. 手工活动课：用五颜六色的彩纸制作"花""瓜"。	各科配合教学，全面提高听障儿童的听觉、言语、语言能力。
八、家庭教育康复指引	**设计意图**
1. 教师将词、舞蹈视频发至班级群； 2. 家长以观众的身份，欣赏孩子在课堂中所学到的知识，并对照视频等纠正错误； 3. 家长与孩子互动，共同完成编创小任务，进行听能训练、大小音训练，边说边表演《点花歌》； 4. 拓展练习带有 /h/、/g/ 的词、词组，例如"红花""瓜果"等。	家校合作，家长有效参与教学，能更好地调动学生的积极性，更好地强化巩固学生所学知识，更好地激发学生的想象力及编创能力。
九、教育康复反思	
本节课很好地体现了教育和康复的融合。一是把呼吸、发声融合在一起，后面还借助动作来体现音律，言语精细动作与身体大动作协调训练；二是很好地运用了重读治疗法；三是座位的安排体现出学生的层次化需求。在教育康复的深度融合中，教育侧重于对能力的培养，康复则关注这些能力培养所涉及的生理支撑。把生理功能训练渗透在韵律教学中是本课的亮点。 　　学生在习得组合动作时稍有不足，应调整三年级听障儿童接受动作的难易度层次，使学生更好地用肢体动作展现儿歌的韵律美。	

（五）美术

听障儿童的美术教育康复活动以其身心发展和康复需求为出发点，遵循其艺术学习发展规律，在 HSL 核心干预法支持下，将"医教结合，智慧康复"的理念和技术融入教育康复活动中，将艺术目标与康复目标有机结合，意图在丰富的创意美术活动中巧妙地融入听觉、言语、语言、认知等方面的康复训练，同时干预其精细运动和情绪与行为的发展，寓教于乐，在轻松、愉悦的艺术氛围中形成独具特色的聋校美术教育康复活动。在实施过程中，教师对听力补偿、言语功能等学情的全面把握是设计教育康复活动的关键，根据学情分层制定教育康复目标，遵循听觉优先原则，有针对性地进行言语功能训练，在掌握目标音的基础上循序渐进地拓展相关的单、双、三音节词语、词组及句子，发展听障儿童的美术语言表达能力，培养他们发现美、欣赏美、表现美、创造美的艺术素养和情操。

下文是一节"蝴蝶找花"的美术集体教育康复案例。学生在"蝴蝶找花"的主题情境中，通过趣味化的美术活动，在"看一看、画一画、贴一贴、玩一玩"中轻松愉悦地完成了"听一听、说一说"的康复目标。其中，趣味化的主题情境、巧妙的教育康复环节设计、丰富的教辅具和信息技术手段的运用使教育康复活动活色生香。

视频：康复课例
12- 学龄美术课

教案 4-19

学科	美术	设计人	孙芳晓
教育康复对象	一年级	主讲人	孙芳晓
课型	集体教育康复课	课时	第 1 课时（共 1 课时）

一、教材介绍与分析

这是一节自编校本课程，灵感来源于幼儿故事《三只蝴蝶》，利用颜色配对原理，以"下雨了，不同颜色的蝴蝶需要找到对应颜色的花才能成功躲雨"的故事脉络串起整堂课的各个教学环节。内容浅显易懂，富有童趣。在"红、黄、黑、灰、褐"的色彩认知、涂色活动和色彩配对的教学主线中渗透 /h/ 的相关音节的听觉、言语、语言训练。

二、学情分析

本班听障学生共 8 名，平均年龄 7 岁，男孩 5 名，女孩 3 名。总体上，该班学生的助听补偿效果较好，言语语言基础好，教师可以口语为主、手语为辅进行教学；学生在课上配合度较高，课堂纪律好。综合各方面学习能力的考量，将学生分成两类：A 类学生的听觉能力、美术和语言学习能力都非常出色；对于 B 类学生，会根据个体情况适度降低学习要求，视情况进行个别化辅导。具体情况如下所示。

层级	姓名	障碍类型及程度	美术学习能力现状	相关能力现状
A 类	董××	听障；人工耳蜗；最适	美术认知能力和理解能力较好，动手能力较强	构音清晰度达 85%，声母、韵母全部习得，能表达短句
	胡××	听障；助听器；适合	美术学习能力一般，认知差，理解能力较差，手部精细动作能力较差	构音清晰度、言语清晰度达 64%，/h/→/k/，后位聚焦、硬起音，能表达短句
	曲××	听障；助听器；适合	美术学习能力强，认知能力和理解能力较好，创意思维和动手能力强	构音清晰度达 80%，声母、韵母全部习得，能表达短句
	陈××	听障；助听器；适合	美术学习能力、动手能力均较强，认知能力和理解能力较好	构音清晰度达 78%，能较快地、较准确地习得所学音位，能表达短句
B 类	吴××	听障；人工耳蜗；较适	美术模仿能力较强，接受新知识速度快，但动手能力一般	构音清晰度、言语清晰度较差，能在辅助下习得所学音位，后位聚焦、硬起音、音调单一（高），能表达短句
	衣××	听障；助听器；较适	美术学习模仿能力较强，动手能力较强，认知差，理解慢	构音清晰度达 75%，舌尖前音和舌尖后音未习得，自主表达少
	谭××	听障；助听器；较适	美术学习能力一般，认知能力差，理解能力较差，手部精细动作能力较差	构音清晰度达 62%，后位聚焦、软起音，能在辅助下习得所学音位，但言语响度过低，能表达短句

续表

| 三、教育康复目标 |

1. 在趣味化的艺术课堂中调动愉悦的情绪，培养热爱大自然的生活热情，在绘画涂色过程中进行手的精细运动训练，培养手眼协调性；
2. 在美术主题活动"蝴蝶找花"中进行/h/的相关音节的听觉、言语、语言训练：① 单音节词："花""红""黄""灰""黑""褐"；② 双音节词："红色""黄色""灰色""黑色""褐色""蝴蝶""彩虹"；③ 三音节词："画一画"；④ 目标短语："红色的花""黄色的花""黑色的花""灰色的花""褐色的花""红色的蝴蝶""黄色的蝴蝶""黑色的蝴蝶""灰色的蝴蝶""褐色的蝴蝶"；
3. 在艺术活动中掌握句式"我喜欢×色""我画的是×色的蝴蝶""×色的蝴蝶找×色的花"。

教育康复目标	儿童能力层级及掌握程度	
	A 类	B 类
涂色技巧	掌握	掌握
/h/ 的发音技巧	掌握	掌握
6 个单音节词	掌握	熟悉
8 个含有 /h/ 的词语	理解并命名 8 个	理解并命名 3—4 个
10 个含有 /h/ 的短语	理解并命名 10 个	理解并命名 3—4 个
3 个目标短句	较清晰、连贯地主动表达，准确率达到 90% 以上	表达（口头提示），准确率达到 50% 以上

| 四、教育康复重点、难点 |

重点：
1. /h/ 的相关音节的听觉、言语、语言训练；
2. 学习巩固红色、黄色、黑色、灰色，认识褐色，练习涂色，学会色彩配对。
难点：
1. /h/ 的相关音节的听觉、言语、语言训练；
2. 认识褐色，掌握色彩配对；
3. 学会用目标句式表达自己的诉求，表述自己的作品，总结学习要点。

| 五、教育康复准备 |

1. 环境准备：录课教室，本底噪声 ≤ 45 dB（A）；
2. 教具准备：多媒体教学设备，PPT，手绘花园背景图，拼音卡片，不同颜色、不同大小的花卡，蝴蝶简笔画，镜子，口部运动训练器，水彩笔；
3. 云平台资源：Speech-3—音位诱导 /h/。

六、教育康复过程	设计意图
课前助听设备检查，师生问好。 一、新知诱导 （一）小手操←示范模仿法 由一名学生当小老师带领大家边做动作边说儿歌《小手操》。 （二）听觉训练 1. 趣味点名。←动作匹配法、属性归类法 点到名字的女孩用"哈哈"来回应老师，点到名字的男孩用"嘿嘿"来回应老师。 2. 听觉识别。←识别图文版训练法 hua/gua，听一听说的是哪一个。	既有手部精细运动训练，又锻炼了所有构音器官，训练语言，为后面的美术作品创作和康复训练做好生理准备，同时组织教学。 助听设备课检，听觉分辨和理解的同时，进行 /h/ 的不同发音部位的练习——ha/hei。 进行 /h/ 的相关音节最小音位对 hua/gua 的语音切换和语音轮替听辨，提高听觉识别能力。

（1）hua； （2）增加难度，双条件 gua—hua； （3）增加难度，三条件 hua—gua—gua。 （三）呼吸放松训练 　1. 生理腹式呼吸训练。←**示范模仿法、判断纠正法、趣味视听法** 　用闻紫藤花花香的方式调整腹式呼吸。矫正有问题的学生。 　播放视频《幸福时光》的背景音乐《大自然的孩儿》，一起调整呼吸。 　2. 言语呼吸训练。←**示范模仿法、提示促进法** 　（1）最大数数能力：ha ha ha ha ha ha ha ha ha……（深吸一口气看谁说得多） 　（2）响度梯度训练：hei hei hei hei hei hei hei……（结合动作提示，练习声音由大慢慢变小） 　（3）大小两个梯度的响度轮替训练，训练学生对目标音响度的控制能力：hua hua hua hua hua hua hua…… 　（学生结合视觉提示物花卡，大声时举起大花，小声时举起小花） 二、习得新知 　1. 结合色卡，回顾复习"红色""黄色""黑色""灰色"。←**提示促进法** 　2. 结合生活中的褐色物品，习得褐色。寻找并指认教室里褐色的物品。←**感知体验法** 　3. 说出自己桌子上的大花是什么颜色的花。（前测）←**集中练习法** 　4. 掩口听辨：听老师说是什么颜色的花，有这种颜色的大花的学生起立喊"到"，并把它贴到后面的椅子背上。←**动作匹配法** 　每个人的桌子上还有5朵不同颜色的小花，听完后迅速找到对应颜色的小花并举起。←**趣味选择法、连续选择法** 三、艺术创想 　手绘花园挂图，创设情境，引出目标词"蝴蝶"。←**趣味视听法** 　引出任务"画一画"：帮没有颜色的蝴蝶变得更漂亮。 　学生到黑板上选一只自己喜欢的蝴蝶，从老师手中选出喜欢的颜色，并完整表述正确"我喜欢什么色"，然后得到相应颜色的水彩笔。 ←**示范模仿法、句子扩展法** 四、大显身手 　学生给小蝴蝶涂色。←**精细运动训练** 　主辅课教师共同巡视指导，间隙个别辅导前面"习得新知"过程中出现问题的学生。（借助录入平板电脑上的音位诱导视频、小镜子、纸条、口部运动训练器等正音）←**视触辅助法、判断纠正法、提示促进法、示范模仿法** 五、艺术点评←**句式仿说法、强化物激励法** 　涂完色的学生要按照句式说出"我画的是什么色的蝴蝶"。老师将相应颜色的蝴蝶头饰奖励给说对的学生，并告诉学生"现在你是什么色的蝴蝶了"。 六、艺术拓展←**创设情境、听说强化** 　1. 花儿邀请小蝴蝶躲雨。←**故事讲述法** 　师生互动表演故事情节，引导学生得出结论——蝴蝶找到对应颜色的花才能得到邀请，成功躲雨。←**提示促进法、故事表演法**	营造主题情境，为下面的知识学习做好生理和心理方面的准备。 用 ha、hei、hua 三个音进行长短音的唱音练习、响度训练和唇形转换训练，提高构音部位的灵活性，为学生接下来更好地掌握本课目标音做好生理准备。 /h/ 的双音节目标词："红色""黄色""灰色""黑色""褐色" 目标短语练习：红色的花、黄色的花、黑色的花、灰色的花、褐色的花。完成前测。 单条件听觉理解，并为后面的蝴蝶找花游戏做好铺垫。 用三音节目标词"画一画"抛出任务，调动学生的学习积极性，进行手部精细动作训练。让学生选择自己喜欢的蝴蝶和颜色，最大限度地发挥学生的自主性，同时发展学生的语言。 对需要个别辅导的学生进行个别化言语矫治。 练习句式："我画的是什么色的蝴蝶。"（正视差异性，A类学生要求能够完整、较清晰地表述，B类学生不做硬性规定） 通过创设故事情境，进行颜色的配对练习，在原有知识点的基础上进行了难度提升，拓展新知。

续表

2. 游戏——"蝴蝶找花"。（抢椅子）←动作匹配法 师：红色的蝴蝶／黄色的蝴蝶／黑色的蝴蝶／灰色的蝴蝶／褐色的蝴蝶在哪里？ 学生喊"到"并依次排好队，跟在辅课教师身后。 学生排成一排，随着背景音乐《蝴蝶找花》，跟着老师，模仿蝴蝶围绕椅子"飞"。音乐停，学生要找到自己相应颜色的花（椅子）"躲雨"。 七、课堂评价←创设情境、听说强化 掩口听辨"蝴蝶找花"，揭示课题。（后测）←听复述 学生根据刚刚的游戏，练习句式："什么色的蝴蝶找什么色的花。"（后测）←句式仿说法 老师将乌云移走，将彩虹挂上。渗透"彩虹"。←提示促进法 "天晴了，小蝴蝶们请你们跟着老师一起到外面找花吧，下课！"	通过游戏进行颜色配对的巩固练习。 音乐的播放和停止作为飞和停的信号，对学生进行听觉察知训练。模仿蝴蝶飞进行粗大运动训练。 本环节的主要目的在于检查学生对于本节课所学知识的掌握情况，也是对学生言语、观察、听觉、认知、语言等方面的综合训练，监控教育康复效果。
七、教育康复延伸	设计意图
1. 对存在发声、共鸣方面问题的学生在言语个训课中进行针对性矫治； 2. 在律动课中，学习《蝴蝶找花》儿歌，配以动作，边做边说。	各学科配合教学，全面提高听障儿童的听觉、言语、语言能力。
八、家庭教育康复指引	设计意图
家长和孩子一起绘制蝴蝶头饰，学习儿歌《蝴蝶找花》或者进行家庭亲子游戏"蝴蝶找花"抢椅子，以及进行 /h/ 的相关音节和词汇、句式的巩固练习。	构建多维度的教育康复环境，巩固教学内容，提高康复质量，增加亲子默契度。
九、教育康复反思	
本节课课堂生动有趣，孩子们兴致勃勃地参与主题情境学习与康复训练活动中，气氛活跃，较好地完成了预定的美术教学与康复训练任务，教育康复效果显著。 其中，谭××同学存在软起音的问题，构音清晰度不稳定，需要个别辅导 /h/ 的相关音节、词语、短语以及句子。	

（六）体育与健康

体育与健康课程是增进听障儿童健康的重要途径，是聋校课程的重要组成部分，对于提高听障儿童的健康素质具有重要意义。体育与健康通过各种形式的身体练习，引导听障儿童学习体育与健康知识、技能和方法，以此来开发潜能、补偿功能、发展体能，培养听障儿童坚强的意志品质、合作精神和交往能力，促进其在身体、心理和社会适应能力等方面健康、和谐地发展，并为终身体育和健康生活奠定良好的基础，为将来更好地融入社会发挥重要作用。新课改中，健美操教学在体育与健康教学中占有很重的分量，这是一项极具身体节奏感和韵律感的体育运动，对发展听障儿童的协调性、耐力性和灵敏性等各项素质有重要作用，其特点是动作多变、舒展协调，在音乐的伴奏中，完成各种走、踢、蹲、弹动、转身等动作。变化多端的队列队形增加了学生的学习兴趣，培养了学生的创造力和想象力。

下文是一节"大众健美操——转体侧交叉步"案例。在复习"侧交叉步"的基础上，通过分组自学、相互讨论、动作展示、合作创编等方式学习"转体侧交叉步"，在整个实施过程中,把听觉、言语、语言、运动、节奏融入教育康复活动的每一个环节。通过科学系统的康复手段,培养学生的节奏感,增强身体的协调能力,使其在听觉、言语、语言、认知、运动等各方面的能力得到综合康复,特别是自编组合环节,更加强化学生对动作的熟练把握,锻炼他们的自学能力和合作能力。

视频:康复课例
13-学龄体育课

教案 4-20

学科	体育与健康	设计人	魏倩
教育康复对象	四年级	主讲人	魏倩
课型	集体教育康复课	课时	第 1 课时(共 1 课时)

一、教材介绍与分析

本课选取的是健美操基本步法。上节课学习的是侧交叉步,这节课选取的转体侧交叉步,是对上节课学习内容的延伸和拓展,对发展学生的协调性、耐力性和灵敏性等各项素质有重要作用。学生分组自学可以更好地提高对动作的认知能力和对节奏的把握。通过层层增加难度的方式,使学生对转体侧交叉步更好地内化。

二、学情分析

本班听障儿童共 6 名。其中,3 名双耳佩戴助听器,3 名植入人工耳蜗。具体情况如下所示。

层级	姓名	障碍类型及程度	运动能力现状	相关能力现状
A 类	董××	听障;人工耳蜗;最适	动作把握能力、动作方位感较好,上下肢协调配合	认知能力和理解能力较好,节奏感较稳定,自学能力强
	曲××	听障;人工耳蜗;适合	动作理解能力、动作方位感较强,上下肢协调配合	认知能力、理解能力较好,自学能力强
	衣××	听障;助听器;适合	身体协调性较好,上下肢协调配合	认知能力、理解能力较好
B 类	陈××	听障;助听器;适合	动作把握能力较弱,身体协调性一般,动作节奏感较弱	认知能力、自学能力较差,复杂动作接受比较吃力
	吴××	听障;助听器;最适	动作把握能力较弱,身体协调性一般,动作节奏感较弱	认知能力、自学能力较差,复杂动作接受能力比较差,方位感较差
C 类	杨××	听障;助听器;最适	动作把握能力、身体协调性、动作节奏感较差	自学能力、认知能力、对动作的理解能力很差

三、教育康复目标

1. 能熟练掌握侧交叉步的动作要领,并能灵活运用;
2. 能够学会数节奏,知道每个动作所代表的节拍;
3. 能够熟练地运用学过的基本步法自编成小的组合,培养团队间的团结、协作、创造能力;
4. 通过学习可以明确转体侧交叉步的方位变化;
5. 能尝试听着音乐自己数节拍做动作,培养节奏感和韵律感。

教育康复目标	儿童能力层级及掌握程度		
	A 类	B 类	C 类
掌握侧交叉步的动作要领	准确熟练掌握		准确掌握
学会边做动作边数节奏，动作到位、准确	能做到每一节拍动作准确、到位	能掌握节奏，与动作要领协调配合	能知道每一节拍需要做哪些动作
发挥想象力自编小组合	可以自编四个八拍的小组合，并熟练掌握		在老师指导下完成自编操

四、教育康复重点、难点

重点：掌握转体侧交叉步的方位变化及上下肢协调配合。
难点：膝盖弹动带动身体节奏的变化。

五、教育康复准备

1. 环境准备：操场；
2. 教具准备：笔记本电脑两台、音响一台、花球。

六、教育康复过程	设计意图
（一）新知诱导←听辨认知训练、听觉记忆训练 1. 听口令做动作。 集体做：并步、弓步跳、一字步。 个人做：开合跳、小马跳、并步跳、踏步、迈步吸腿跳、V 字步。 2. 听音乐做热身操。 请一名学生当小老师带领同学们一起做热身操。 音乐：《向快乐出发》。 （二）习得新知←自学/示范法、动作记忆法、错误纠正法 1. 复习侧交叉步。 做一做：同学们复习侧交叉步。（展示卡片） 试一试：学生思考并尝试自己加上手部动作。（学生思考，锻炼想象力） 练一练：每位学生来展示一下，其他学生当小老师来点评。 2. 学习转体侧交叉步。 试一试：同学们发挥想象自己尝试怎么做转体侧交叉步。 看一看：同学们分成两组，看视频自学转体侧交叉步，老师巡回指导，及时纠正存在的问题。 比一比：同学们分组展示各组的学习情况，比一比看哪一组做得好。 仿一仿：老师做示范，学生跟老师一起做动作。 （三）仿用新知←精细动作、粗大动作、动作记忆 学生创编四个八拍的小组合。 要求：① 两人一组进行改编；② 每组的动作不能重复；③ 要包含新学的转体侧交叉步；④ 动作、节奏准确。	此环节检查学生的助听设备情况，进行听觉理解能力训练，让学生不断巩固健美操基本步伐，迅速进入课堂学习的氛围中。 通过复习检查学生上节课的掌握情况，同时让学生自由发挥加上手部动作，能更好地锻炼学生的自主思考能力，更好地进入学习状态，更加明确动作要领。 同学们分组跟着电脑中的视频自学动作，通过分组自学提高学习兴趣，培养自主学习能力和合作意识。 在小组自学过程中通过相互讨论，更好地将手指语和语言相结合，发展语言沟通能力。 通过分组展示、学生当小老师点评，可以提高动作的熟练度，明确动作要领、节奏的变化。 本环节主要是通过分组自编小组合的形式，有意训练学生的粗大动作和精细动作，让学生在反复的练习中提高肢体动作的记忆，加强上肢和下肢的协调能力。两人一组进行创编，实现1+1＞2的目标。

续表

（四）活用新知、听辨训练、动作记忆、运动 比一比：分组展示。 学生观看并当小老师，提出问题，及时纠正。 做一做：同学们手拿花球听音乐分别做自编操。 **（五）拓展新知←听辨、运动** 增加难度，由四个八拍的小组合变成六个八拍的小组合，要求六个人团体合作。 **（六）课堂评价（后测）←提示促进法** 1. 同学们这节课表现都很棒，自学能力越来越强了，回去后可以把自己创编的小组合跳给爸爸妈妈看。 2. 听音乐做放松操《小白船》。	让学生来当小老师，观察其他同学动作完成情况，并做出点评，加深对动作的理解，培养动作记忆能力。 通过鼓励的评价树立学生的自信心，让学生在以后的学习中更加积极、主动。学生在家跳一跳能继续复习巩固学到的动作。
七、教育康复延伸	**设计意图**
1. 美术课上把学习的健美操动作用简笔画——小人的形式画出来； 2. 多听音乐，练习数节拍。	各学科配合教学，全面提高听障儿童的动作认知、动作理解能力。
八、家庭教育康复指引	**设计意图**
在音乐的伴奏下跳一遍自编操给爸爸妈妈看。	在家庭中巩固教学内容，构建立体化的学习和康复训练体系。
九、教育康复反思	
本节课以侧交叉步为主线，学生通过各种形式的学习更好地掌握动作要领，较好地完成了教育和康复训练的任务。在整节课中，教师通过不断增加难度、层层递进的形式提高学生的学习兴趣和积极性。学生们课堂参与度高，课堂气氛活跃。学生在教师创设的环节和任务中进行精细动作、粗大动作的练习。在今后的体育健美操教学中，应继续把康复训练和德育融入课堂教学中，提高学生的运动能力以及基本的体操素养，并引导学生形成良好的品格和正确的人生观与价值观。	

第五章

个别化教育康复方案的制定与实施

作为"1+X+Y"的重要组成部分，个别化教育康复是集体教育康复的重要补充与提升，是家庭康复的重要指引，是实现听障儿童个体教育康复良好发展的重要保证。

　　本章围绕个别化教育康复的相关问题展开，首先简要介绍了个别化教育方案的起源和相关概念，分析了个别化教育康复方案的意义，探讨了个别化教育康复方案的组织形式，明确了个别化教育康复方案的制定步骤；其次概述了听障儿童个别化教育康复方案的实施要素、原则和流程，为制定与实施个别化教育康复方案指明了方向。

个别化教育康复方案的制定

1975年,美国国会通过了《所有残疾儿童教育法》(Education of All Handicapped Children Act,简称EHA),即PL94-142公法。该法案规定:必须为所有3—21岁的特殊儿童制定具有法律效力,适合其需要的书面个别化教育计划(Individualized Education Program,简称IEP),且须定期评估与修正。这一法案明确规定了IEP的内容、参与设计的人员和设计的程序。[1]IEP既是保证儿童教育恰当性的方案,也是促进家长、教师等不同人员进行沟通的工具。这一规定,对整个世界的特殊教育观念及做法都有极其深远的影响。

1990年,美国国会通过了《障碍者教育法》(Individuals with Disabilities Education Act,简称IDEA),即101-476公法。至此,1975年的《所有残疾儿童教育法》更名为《障碍者教育法》。用"障碍"(disabled)代替"残疾"(handicapped),扩大了特殊教育的服务范围,体现了以人为本的理念。[2]IDEA(1990)对IEP的规定做了以下补充:① 把提供辅助技术作为IEP的相关服务之一;② 要求为每个16岁学生制订就业或接受高中教育的转衔计划(Individualized Transition Planning,简称ITP)。[3]

一、个别化教育康复方案的概述

在听障儿童的教育康复中,同年级、同班级的学生在学习与康复需求方面存在很大差异,教育康复时选择同样的教育康复内容、设定相同的教育康复目标、统一教育康复进度并使用同标准测验会造成低效率课堂,甚至是无效课堂。尤其是班级中学生学习能力与康复水平的高低造成了学生

---

[1] Yell M L, Rogers D, Rogers E L. The Legal History of Special Education: What a Long, Strange Trip It's Been! [J]. Remedial and Special Education, 1998, 19(4): 219-228.

[2] Keogh B K. Celebrating PL94-142: the Education of All Handicapped Children Act of 1975[J]. Issues in Teacher Education, 2007, 16(2): 65-69.

[3] 于素红. 美国个别化教育计划的立法演进与发展[J]. 中国特殊教育,2011(2):3-8.

的两极分化，能力差的学生极易自我效能感过低，对学习与康复产生倦怠感。近些年，经过学前教育康复后融合至普通学校的听障儿童又回流至聋校就反映了这一问题。

每个听力障碍儿童个体都有着与其他个体不同的生理、心理、学习能力等方面的特点。对他们进行教育和训练，集体教育康复的模式难尽人意，这一点已成为特殊教育教师和家长的共识。于是，个别化教育康复在学前和学龄低段得到越来越多的重视。

（一）个别化教育康复方案的概念

个别化教育方案是指一份书写完善的学生个别教育方案，它既是特殊儿童教育和身心全面发展的一个总体构想，又是对他们进行课堂教学工作时的指南。它是由地方教育部门的代表、学校教师、心理学工作者、医生、社会工作者以及家长或监护人组成的小组为特殊儿童制定的一份满足其个别化学习需要的特殊教育及服务书面计划。

个别化教育康复方案是以个别化教育方案精神为指引，以适应并发展听障儿童差异性和个别性为主导的教育策略与设计，是针对听障儿童核心障碍（听觉、言语、语言、认知障碍）制定的一份满足其个别化需要的教育康复服务书面方案，简称听障儿童教育康复 IEP，或近年来更提倡的个别化支持计划（ISP）。

（二）个别化教育康复方案的意义

目前，特殊教育学校和机构都要求康复教师为听障儿童制定个别化教育康复方案。而康复教师需明确个别化教育康复方案的意义才能为听障儿童制定合适的方案并贯彻实施。

1. 教育公平

教育公平并非仅指入学机会的公平，更意味着教育康复过程的公平。个别化教育康复计划通过在教材、教法、教学康复过程以及评价方式等各方面的权衡，努力使听障儿童接受最适合其发展的教育，以实现真正意义上的教育公平。

2. 因材施教

要根据特殊儿童的不同需要设计不同的教育康复方案，还要根据该儿童内在的能力设计最适当的教育康复计划，以保证其得到最适当的发展。与此同时，以具体的教育康复方案，针对儿童的个别需要，可实现个别化教育康复的目标。

3. 教育绩效责任

IEP 能够为教师以及学校的工作成效提供评估的依据。IEP 中包括的长期目标和短期目标，可以视为教师进行教育康复活动的目标，能够促进有效率、有组织的教育康复，使教育康复活动严谨有序，为教育绩效的评估提供了便利。

4. 多领域合作

IEP 非常重视多领域人员的通力合作，在教育、医学、心理、社会等各领域人员（听力师、康复教师、家长、心理咨询师等）的共同参与下，对每个特殊儿童的各个方面进行精准评估，制定相应的教育康复目标，确定科学的评价体系等。大家共同参与计划的制定与执行，构建一套切实可行的立体化个别教育康复训练网络，以便更好地兼顾每个特殊儿童的特殊需求，激发潜能，使每个孩子得到最大的发展。

5. 融合教育

在 IEP 的制定与实施中，特殊儿童应尽可能拥有与全体正常儿童共同学习的机会，且在受限制最小的环境下接受适当的教育康复。

（三）个别化教育康复方案的组织形式

尽管我们强调个别化教育计划的实施在本质上是以个别教育康复为基础的，但班级授课制的集体教学形式仍是目前听障儿童康复机构或聋校的基本组织形式。因此，我们倡导的个别化教育康复实际上是建立在以分类教育康复为指导，在集体教育康复活动基础之上的个别化教育康复。针对聋校、普校特教班、随班就读、送教上门等几种状态下的听障儿童，它的组织形式主要有以下几种：集体教育康复中的个别化教育康复、分组（或区角）学习中的个别化教育康复、一对一（多对一、一对二、多对二、多对多等）的个别化教育康复、活动中的个别化教育康复、家庭中的个别化教育康复。实施者为康复教师、家长、志愿者等。

二、个别化教育康复方案的制定

听障儿童个别化教育康复方案的制定是一项集体性的工作，并非只是个别教育康复教师的个体工作。它所涉及的人员包括听障儿童的班主任、个别化教育康复教师、各科教师、负责此项工作的管理人员、听障儿童家长、听力师、心理咨询师等。在经过大家认真分析和讨论的基础上可由一名个别化教育康复教师执笔整理完成方案。

（一）建立诊疗档案

建立诊疗档案的目的主要是了解听障儿童的基本信息及各项能力水平。

1. 采集基本信息

听障儿童的班主任、个别化教育康复教师、各科教师、负责此项工作的管理人员、听障儿童家长、听力师、心理咨询师等共同参与完成听障儿童的个人信息采集,其中包括儿童、家长的基本资料,儿童的成长史、医疗史、康复史等。

2. 建立听力档案

听能管理是对听障儿童评估的基础与依据。听能管理就是听力检测人员对听障儿童进行阶段综合听力学评估,包括裸耳听阈、助听听阈,并进行听觉行为的详细分析,对康复教师和家长提出合理化的建议,努力实现听力补偿和听力重建效果最优化,与此同时建立和完善听障儿童的听力档案。

3. 评估

评估包括综合筛查、专项筛查和精准评估,它们循序渐进,由粗放到精准。

综合筛查、专项筛查、精准评估是在综合各学科教师及家长意见的基础上,由听障儿童的班主任、个别化教育康复教师、各科教师、负责此项工作的管理人员、听障儿童家长、听力师等亲自参与,对听障儿童进行一对一的筛查评估,以此确定障碍类型、障碍程度,判断障碍问题,为教育康复方案的制定实施提供科学的依据,奠定事实基础。

① 综合筛查:借助云平台,以填写专业问卷的形式,对儿童言语、语言、听觉、认知等多个模块的信息进行搜集,快速判断孩子的障碍类型。

② 专项筛查:借助云平台,以填写专业问卷的形式,对综合筛查中存在的障碍进一步评估,快速判断孩子的障碍特征及程度。

③ 精准评估:依托康复云平台的云设备,对听障儿童的听觉、言语、语言、认知四个板块进行标准化评估,并将评估结果进行分析,从而获得专业的数据分析及康复建议。精准评估的主要内容如图 5-1 所示。

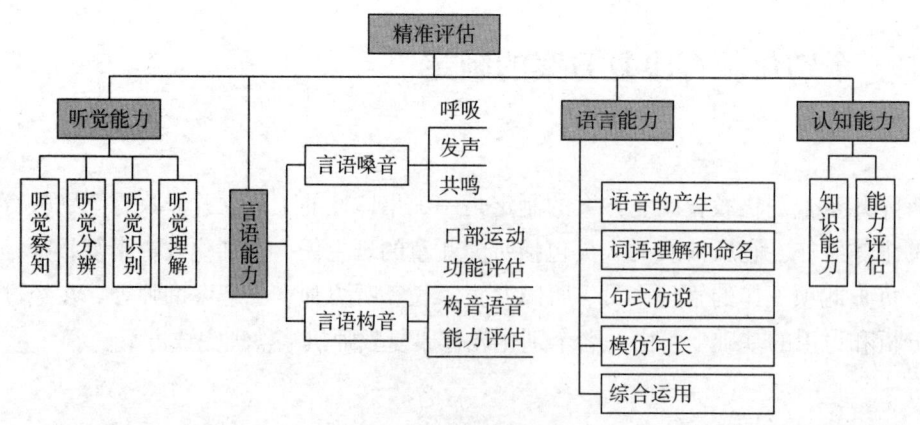

图 5-1 精准评估的内容

④ 建议使用韦氏智力测验、希—内学习能力测验、格里菲斯(Griffiths)精神发育量表进行学习能力评估。

通过学习能力评估和听觉、言语、语言、认知的逐项筛查与评估,形成个人诊疗档案，找准听障儿童存在的主要问题及其最优发展方向，确定训练的起点，找准教育康复的潜能点，据此制定与实施教育康复计划与方案。

（二）制定方案

根据听障儿童综合筛查、专项筛查、精准评估的结果，依据评估常模，进行数据考量与分析，得出康复建议，为听障儿童量身定制符合个别化教育康复需求的训练方案。个别化教育康复方案分为阶段方案和日方案。

1. 阶段方案

阶段方案是教师康复预设通过教育康复训练，使听障儿童在一个特定的时期内（一般为一学期）达到某种水平的计划。阶段方案包括学期方案、月方案和周方案。

（1）学期方案

在学校，一般以学期为单位制定方案，因而为学期方案。学期方案主要包括三大模块：教育康复领域、教育康复主要内容、目标达到程度。

学前段与学龄低段教育康复学期方案涉及的领域包括听觉、言语、语言、认知四大板块，但是在具体制定的过程中各有不同的侧重点：学前段是依据评估中出现的主要问题，以问题为训练的出发点，融合四大板块的内容有针对性地进行教育康复训练；学龄低段是基于评估中出现的主要问题，以国家课程学科知识为主要教育康复的载体，将四大板块的训练融于其中，进行听、看、读、说、写、手指语的强化训练。

（2）月方案

月方案的撰写要点与时间节点的要求与第三章集体教育康复方案的大致相同，只内容有差别，在此不做赘述。

（3）周方案

周方案的撰写要点与时间节点的要求与第三章集体教育康复方案的大致相同，只内容有差别，在此不做赘述。

2. 日方案

日方案的撰写流程与第三章集体教育康复方案的基本相同，具体内容及书写要点如表5-1所示。

表5-1 日方案的内容及书写要点

课题			
一般信息（表头信息），包括学科、教育康复对象、课型、设计人、主讲人、课时，一般信息要完整。			
学科	语言/言语/认知/听觉/康复	设计人	
教育康复对象	学龄/学前听障儿童+姓名	主讲人	

续表

课型	个别化教育康复课	课时	
一、教育康复内容分析			
要清晰、明确，交代清楚选用的教材、主要内容是什么（国家课程、校本课程、康复云教材），要能体现本节课的主题及本节课主要的教育康复内容。			
二、学情分析			
基本情况（年龄、听障儿童障碍类型、障碍程度、助听效果）分析要清晰明确；核心能力现状分析要详略得当，重点突出，要围绕课的主题（言语康复课、听觉康复课、综合康复课等）来分析，能够体现当前儿童在该方面的总体能力。			
三、教育康复目标			
目标设计合理，符合儿童当前的发展水平。 目标内容明确，包括教育康复的三维目标：情感目标（M）、知识与技能目标（C）、康复目标（R）。			
四、教育康复重点、难点			
重点和难点要突出，在整个教育康复过程中把握准重点和难点。			
五、教育康复准备			
教育康复准备：环境及教具、学具准备充分、合理。 环境准备：本底噪声 ≤ 45 dB（A）。 教具准备：仿真玩具、各种场景布板、口部运动训练器、词卡等。 多媒体资源：云讲台相应的内容等。			
六、教育康复过程		设计意图	
前后测内容清晰，与教育康复目标相契合；兴趣导入自然贴切；新授环节设计条理清晰，重、难点突出，难度梯度合理；练习巩固环节设计得当；拓展环节与生活紧密相连。		写清设计此环节、选择某教育康复方法的原因，也可写教育康复设计的独到之处和创新点。	
七、教育康复延伸			
在校儿童：个别化康复教师针对儿童在个别化教育康复课中存在的具体问题，与各学科教师及时沟通，延伸本节课中的具体问题。教育康复延伸要恰当合理，体现多学科合力的思想。 融合至普通幼儿园的儿童：向家长陈述本节课的康复内容，并根据本节课儿童的表现对其在普通幼儿园的学习和生活提供康复指导建议。			
八、家庭教育康复指引		设计意图	
家庭教育康复指引：内容清晰明确，方法简明扼要，易于操作。			
九、教育康复反思			
通过前后测对比分析，找准问题所在，找准下节课训练的切入点，同时总结本课可以继续采用的教育康复理念、方法和手段。			

个别化教育康复方案的实施

在对学生进行入学/学期初的各领域评估后,康复教师针对学生的现状,科学、合理地制定个别化教育康复方案,并依据方案实施教育康复活动。需要注意的是,制定个别化教育康复方案是自上而下的过程,而个别化教育康复方案的实施则是一个自下而上的落实过程,各位康复教师需要执行好日方案,从而达到各阶段方案预设的教育康复目标,使学生得到最好的发展。

一、个别化教育康复方案的实施要素

个别化教育康复方案的实施要素包括实施主体和保障机制两部分。

(一)个别化教育康复方案的实施主体

个别化教育康复方案的实施主体包括听力师、个别化教育康复教师、听障儿童及家长等。

1. 听力师是方案实施的重要参与者

随着国家、社会和家长对早期干预的重视,听障儿童基本能够佩戴助听器或植入人工耳蜗,但由于学生年龄小,电子产品又需要时常维护(更换电池、维护保养零件、调试机器等),要保证使用效果,就需要听力师的参与和专业支持。听力师需要在个别化教育康复方案实施过程中,与听障儿童父母及康复教师建立起合作关系,在教育康复过程中提供跟踪随访服务,使助听设备更好地服务于听障儿童,为听障儿童学会聆听、发展语言打下良好的基础。

2. 个别化教育康复教师是方案实施的执行者

个别化教育康复教师既是个别化教育康复方案的制定者之一,又是方案实施的主要执行者。个别化教育康复教师灵活运用储备的教育康复知识和技能，为每名听障儿童提供个性化的教育康复服务。个别化教育康复教师应按照教育康复要求，保质保量地完成个别化教育康复方案的内容，监控教育康复效果，定期与家长沟通孩子的状况和提出建议。除此以外，还应积极参加学校组织的线上线下教育康复培训，不断提高自身的康复专业水平和教育教学能力。

3. 听障儿童是方案实施的受益者

听障儿童是个别化教育康复方案的核心，其他角色的工作都是为听障儿童的教育康复需求服务的。听障儿童的自身因素，包括听力补偿效果、年龄、初始认知水平等造成了不同个体个别化教育康复方案实施效果的差异。在个别化教育康复方案实施过程中，听障儿童应按课程出勤，严格遵守请假制度，保证训练强度。听障儿童在上课时，身体应处于健康状态，疾病或情绪状态不佳都会影响听障儿童的教育康复状态。

4. 家长是方案实施的有力合作者

家庭教育康复基本有两种情形：对于使用电脑、手机上网有困难的家长，在每天教育康复活动结束后，由个别化教育康复教师口头传达给家长回家巩固训练的内容和方法，家长回家执行并反馈。对于熟悉电脑、手机操作的家长，康复教师可根据训练情况和后测结果，通过康复云平台上的处方作业功能，选择每日的家庭教育康复训练内容并生成处方，以二维码形式呈现给家长，家长扫码后即可获得家庭作业。为了学校和家庭教育康复的有效衔接，家长可使用与学校教育康复相同的训练资源，这样可增加家庭教育康复的可操作性，提高教育康复效率，使听障儿童的教育康复效果达到最优。而且，利用康复云平台家庭可享受到优秀康复教师的在线指导和丰富的训练资源，家长可培养成为康复教师的助手，掌握较为系统的家庭教育康复方法。

（二）实施个别化教育康复方案的保障机制

学校/康复机构需建立五大保障机制，构建以听障儿童为核心的"1+X+Y"教育康复模式。学校/康复机构应做好以下管理工作。

1. 个别化教育康复硬件设施的保障

个别化教育康复教室与学校听障儿童的数量配比为1∶6至1∶7，教室的使用面积不小于8平方米，本底噪声小于45 dB（A）。环境布置富有童趣，需要一张桌子（最好为蚕豆形），2—3把椅子。每个个别化教育康复教室应配备一台摄像机，以便将儿童的课堂表现记录存档，留下动态资料。教具可根据学校需求自行添置购买，最好是在个别化教育康复教师间共享，既提高教具的使用效率，也节约开支。

2. 个别化教育康复师资人员的保障

学校/康复机构应安排好个别化教育康复的师资，要有固定人员从事个别化教育康复工作，重视专业知识和技能的培训，建立专业化的教育康复团队。

3. 课程管理与安排的保障

学校/康复机构可为学前及一至三年级听障儿童提供个别化教育康复课。学校管理团队应协调师资、硬件设施，进行合理的课程管理和安排，尽量为每名儿童制定自己的课程表，固定教室、康复教师，以利用现有资源为更多的听障儿童提供适合的教育康复服务。

4. 培训与研讨制度的保障

在个别化教育康复工作中，培训是不可或缺的一环。培训可以采用线上与线下相结合的方式进行。学校和康复机构应坚持"引进来"和"走出去"的原则，一方面请专家到校为教师、家长提供面对面的培训，另一方面送康复教师去大学、其他学校学习先进的教育康复知识和他人的成功经验。学校和康复机构应定期组织家长进行教育康复培训，平日可针对问题随时进行一对一培训，让家长真正参与到实施过程中，助力孩子康复。另外，教研活动和教育康复评比活动是促进教师交流教育康复经验、提高自身教育康复水平的有效途径，学校和康复机构可每学期组织1—2次个别化教育康复课观摩、比赛、经验分享交流等活动，促进教师教育康复水平的提升。

5. 各项管理制度的保障

学校及康复机构应从场地、教具、环境设计、教育康复方法与家长联系等多方面考虑，制定相关管理制度，如各功能室管理制度、设备使用记录、个训室管理制度、设备使用记录、家庭康复要求、家庭康复记录等，确保个别化教育康复计划顺利实施。

延伸阅读：康复教室管理制度

二、个别化教育康复方案的实施原则

个别化教育康复方案的有效实施有利于提高教育康复效率，改善教育康复效果，促进听障儿童的全面发展。为了实现这个目标，需遵循听障儿童个别化教育康复方案的四条实施原则。

（一）系统性原则

个别化教育康复的听觉康复、言语矫治、语言康复和认知训练，就是以听障儿童个别化教育康复方案的形式组成的一个统一整体。听觉、言语、语言和认知等四个部分既循序渐进，又互相融会贯通。其中，听觉康复是言语矫治的基础，听觉康复、言语矫治和语言康复又以认知发展为基础。四个领域不是简单的拼凑，而是有机的整合，促进听障儿童有效康复。

（二）主体性原则

个别化教育康复方案的实施应以听障儿童为主体。这是因为：第一，听障儿童的听觉、言语发展水平决定了个别化教育康复的目标，教育康复目标的制定不能脱离听障儿童的实际；第二，康复教师与家长的干预，只能通过听障儿童自己的主观能动性才能够发挥作用，才能获得最佳的教育康复效果。

（三）反馈性原则

先进的科学技术是听障儿童教育康复的第一推动力。定量诊断评估技术充分发挥了现代康复技术的优势，使评估排除了影响教育康复效果的人为因素。实施评估治疗监控技术能随时监控教育康复进程，使康复教师和听障儿童及时获得反馈，从而调整教育康复目标、教育康复内容和治疗策略，优化教育康复效果。

（四）合作性原则

听障儿童教育康复是一个系统工程，需要多学科人员的共同努力。医生、听力师、言语治疗师、康复教师、社会工作者和听障儿童家长等组成一个合作小组，根据听障儿童发展的需要，进行科学的检测评估，选择合适的教育康复内容，确定适宜的教育康复短期目标、中期目标和长期目标，选用有效的教育康复策略等。多学科人员的团队合作有利于确保听障儿童教育康复信息的全面性，提高教育康复效果。

三、个别化教育康复方案的实施流程

听障儿童个别化教育康复方案的实施过程与集体教育康复的大同小异，同样是在每学期进行各项评估的基础上，制定学期方案、月方案、周方案、日方案。个别化教育康复教师从实施好日方案入手，逐步达到周方案、月方案、学期方案的目标。一节个别化教育康复课需要适合每名听障儿童的个体需要。在具体的实施过程中，学前的和学龄的又存在较大的差异。

（一）学前个别化教育康复方案的实施流程

学前听障儿童个别化教育康复方案实施的主要途径是个别化教育康复课。主要包含以下几步。

1. 确定教育康复内容

个别化教育康复课不同于集体课，它是为儿童个体量身定制的，所以个别化教育康复教师在选择教育康复内容前，要细心全面地了解儿童的状况，在评估阶段尽可能多地收集信息，以此制定出方案并实施。通常，我们会根据阶段方案去计划日方案，但教育康复内容和目标应经常根据儿童的情况及时调整、更新。比如某一周的内容偏难，儿童进展缓慢，那需要下一节课调整教育康复内容和目标，放慢教育康复进度，反之则提升内容和目标。我们的目的是让所有的听障儿童在自己的"最近发展区"内获得最大限度的进步。

在制定教育康复目标和选择内容时，每节课最好能够涉及两个领域，对于学前听障儿童的教育康复而言，每一个领域的教育康复都离不开听，而听力、言语、语言、认知虽有很大区别但又是相互联系的。康复教师应巧妙地设计教育康复情境，注重儿童整体能力的发展和进步，而不仅仅局限在一节课、一个领域之中。综合康复，促进儿童全面发展是我们的根本目标。

2. 分析学情

除了前面在学前听障儿童集体教育康复方案实施中提到的学生基本情况及基本内容外，对于学生个体来讲，更要关注其听能及言语能力的培养，为其后续的发展与教育打下坚实的基础。

3. 确定教育康复目标

学前孩子的生理及心理特点要求个别化教育康复教师在制定教育康复目标时，除了要兼顾学前集体课的目标要求外，还要依据个体特点为其制定可持续获得的长短期目标。例如相对于集体来讲，可能被训儿童存在呼吸支持不足的缺点，那就要在每节课的训练目标中兼顾到这方面的训练，一段时间达到一个目标，最终达到常模规定的水平。

4. 确定教育康复重难点

康复教师在分析教育康复内容和儿童个体康复水平、学习能力的基础上，要理顺本节课的教育康复重点和难点，重在关注儿童个体教育康复水平和能力的提升上。

5. 进行教育康复准备

除了前面提到的环境准备、教具准备和教育康复仪器的选用等方面外，由于学前孩子年龄较小，有意注意时间短，个体上课比较单调，所以准备和选用的教具与仪器一定要有助于调动孩子的积极性，帮助孩子顺利完成教育康复任务。

6. 实施教育康复过程

个别化教育康复过程同集体教育康复课的基本环节相同，不同的是在个别化教育康复课上，各环节的设置要兼顾个训儿童的性格特点，张弛有度，最大化地激发其参与活动的热情，让其更好地完成教育康复任务。

7. 监控教育康复情况并进行家庭指导

进行完一节个别化教育康复课后，个别化教育康复教师应将本节课的训练内容及学生掌握情况、家庭作业记录在案，条件允许的可以保留动态的过程性资料，同时教授学生家长教育康复方法和技巧，让家庭教育康复成为个别化教育康复的有效延伸，不断提升教育康复效果。有条件的家长可以登录康复云，完成扫码作业，获得更多优质的教育康复资源。

8. 反思并维护个别化教育康复计划

反思环节与集体教育康复课的基本相同，在此不再赘述。康复教师还应反思自身对家长的指导是否到位，布置的家庭作业是否合适，是否只是流于形式。科学地监控反思并不断调整和完善教育康复方案，维护个别化教育康复计划，可为学生的教育康复发展奠定良好的基础。

延伸阅读：个别化教育康复课中教辅具的使用

延伸阅读：绘本教学——《熊猫请客》

（二）学龄个别化教育康复方案的实施流程

学龄听障儿童的个别化教育康复方案从制定到实施均不是一个孤立的过程，既要遵从儿童个体的发展，又要与集体教育康复活动相辅相成，互为补充与促进。它的实施过程与学前段的大同小异，同样是在每学期进行各项评估的基础上，制定阶段方案和日方案。个别化教育康复教师从实施好日方案入手，逐步达到周方案、月方案、学期方案的目标。

1. 确定教育康复内容

教育康复内容的确定要分两步走：首先，要和集体课教师联系，了解集体教育康复课的授课内容及该生表现，初步确定教育康复内容；其次，在了解的基础上进行知识能力和康复技能的评估，进一步确定本节课应进行的教育康复内容。

教育康复内容的确定应注意两点：一是以提高学业成绩为主，以改善听力、言语等康复能力为辅，注意改善其语言的清晰度与连贯性；二是内容的设置要有一定的弹性空间，便于在训练的过程中依据学生的表现随时调整。

2. 分析学情

听障儿童基本情况所含的内容同前面一致，但学龄段儿童受年龄限制，很多言语技能已经定型，学情分析、知识与能力现状分析的比重随年级逐渐递增。

3. 确定教育康复目标

教育康复目标内容明确，包含情感、态度、价值观（M），知识与技能（S），康复训练（R）等。目标要难度适宜，可行性强。

4. 确定教育康复重难点

在分析教育康复内容和该生相关能力的基础上，确定教育康复重点和难点，通常设置两个教育康复重点、一个教育康复难点。在训练的过程中，可视实际情况进行调整。

5. 进行教育康复准备

教育康复准备的要求同学前个别化教育康复的相同，注意教辅具的选用要适合其年龄特点。

6. 实施教育康复过程

教育康复过程包含的环节同学前段的相同，但要注意学龄儿童已经形成聆听的习惯和正确使用助听设备的能力，助听器课检可简单进行；前测要依据集体教育康复课内容和贴近该生的相关能力进行，这对确定教育康复目标及内容有指导意义；由于听障儿童视觉代偿功能在习得新知的过程中起着举足轻重的作用，所以在兴趣导入和教育康复训练环节应尽可能设置相应的情景，即使是教授一些简单的词语，能用实物进行的绝对不要用图片代替，能让学生自己亲身实践的一定让他亲力亲为；后测主要是监控教育康复训练效果，为接下来的教学提供依据。

7. 监控教育康复情况并进行家庭指导

康复教师把训练内容及学生每节课的表现详细记录在教育康复记录表中，每天与家长积极沟通，针对每节课的问题指导家长跟踪训练，并要求家长提供训练过程的视频资料。这样，从各科的集体教育康复到个别化训练课再到家庭指导，全方位监控反馈，便于个别化教育康复教师准确掌握孩子的每一点进步，科学、合理地规划每天的教育康复训练内容。个别化教育康复教师可定期拍摄训练录像，以记录孩子的每一点进步。

8. 反思并维护个别化教育康复计划

反思主要从几个角度进行：一是反思为学生设置的教育康复目标及内容是否恰当，二是反思采用的教育康复手段是否有效，三是反思对家长的指导是否到位，从而进一步完善个别化教育康复计划。

延伸阅读：学龄个别化教育康复训练中的注意事项

四、教育康复监控

学校和机构采用黄昭鸣博士等提出的 A+T+M 操作形式来实施个别化教育康复方案，有利于提高教育康复效率，监控教育康复效果。其中，A 即评估（Assessment），T 即治疗（Therapy），M 即监控（Monitor）。个别化教育康复方案的实施就是通过评估—治疗—监控这一可循环的操作模式来进行的。

（一）听能管理

听能管理是以听力师为主导，听力师、康复教师和家长三方合作形成一个团队，对听障儿童的听觉状况、听力重建或助听补偿效果及其所处的声学环境进行主动评估和客观测量，通过有效的跟踪服务，使听障儿童的听觉始终处于最佳状态。

1. 过程管理

学期初与学期末，由听力师分别对听障儿童逐一进行听力检测，并将两次的检测结果进行对比分析，得出结论，为康复教师、家长的后续训练提供科学的依据。

2. 即时管理

在个别化教育康复课中，康复教师会时刻关注听障儿童听的能力，在前测与后测中均会进行听觉能力的测评，并通过结果的对比分析来测评本节课的听觉功能康复效果。

3. 家庭管理

家长需每日检查助听设备的电池电量，并及时更换电池；需掌握助听设备的管理方法，避免受潮和产生静电；需掌握林氏六音测听方法，在家时能够简单方便地随时监控助听设备的使用状态。

（二）动态管理

可通过动静结合的记录方式来实现教育康复过程的监控，主要包括动态资料与静态资料。

1. 动态资料

动态资料包括学期初、学期末每个月、每个周、每节课的评估视频。

2. 静态资料

静态资料包括与动态评估视频相对应的评估报告、各种教育康复计划、教育康复方案、教育康复实施过程记录、反思与调控记录、各学科间联系记录、家校联系记录、家庭康复记录等。

基本要求每周至少录制1次、每月录制4次、每学期录制16次视频资料。通过视频与数据的前后对比分析，实现教育康复效果的实时监控（家庭同步要求）。

延伸阅读：动态资料的拍摄

采用A+T+M的操作形式来实施听障儿童的个别化教育康复，在实时监控的过程中，针对听障儿童的实际情况，要随时调整教育康复目标、内容和策略，以满足学生不同时段的教育康复需求。例如在完成教育康复计划较困难、难以达到预设的教育康复目标时，常常需要考虑以下一些问题：助听设备调试是否为最佳状态、家长是否配合教学、教育康复目标是否适合、教育康复手段是否适合听障儿童的身心发展特点和需要、实施时间是否合理等。尽可能满足每名孩子的特殊需求，以期达到最大化的发展目标。

第六章

个别化教育康复案例设计与解析

本章为大家提供了学前和学龄低段听障儿童个别化教育康复案例，包括诊疗档案的建立，在评估结果的基础上制定了阶段方案和不同领域的日方案。旨在抛砖引玉，引领大家能更科学地进行听障儿童的个别化教育康复工作，更好地为听障儿童成长助力。

学前个别化教育康复案例设计与解析

PART 1

第一节

0—6岁听障儿童的教育康复是一项抢救性工作。个别化教育康复课为每位听障儿童提供有针对性的、高效的、专业的康复服务。学前听障儿童个别化教育康复,一方面是启蒙听觉,让儿童养成良好听觉、言语、语言、认知等习惯的重要一环,另一方面是"手把手"培养家长开展家庭康复的最佳途径。

一、诊疗档案实施案例

听障儿童入学后,康复教师应及时为儿童建立诊疗档案。因诊疗档案包含的内容非常多,一般需用一周时间收集数据并撰写。下文提供了一份完整的诊疗档案,评估对象是一名5岁的听障儿童。

(一)儿童基本信息表

儿童基本信息表一般包括六个部分:基本信息,家庭信息,孕产史、既往病史、过敏史,康复史,关于该儿童需要特别注意的事项,家长对该儿童的教育期望。在实际操作中,此表可根据康复教师希望了解的信息进行调整。家长填写完毕后,康复教师应对听力情况和助听设备信息进行核实,见表6-1。

表6-1 儿童基本信息表

填表人:孟×× 填写日期:2018年3月5日

一、基本信息				
姓名	王××	昵称		性别	女
出生日期	2013 年 7 月 16 日			
民族	汉族	户口所在地	山东省××××	
临床诊断	大前庭导水管综合征	诊断时间	2015年11月	

续表

儿童障碍类型（在以下选项中打√）：				
□智力障碍				
智力情况：□轻度　□中度　□重度				
√听力障碍				
听力情况：□一级（＞90分贝）　□二级（81—90分贝）				
√三级（61—80分贝）　□四级（41—60分贝）				
助听装置：□人工耳蜗　开机时间：				
√助听器　佩戴时间：<u>2015年12月</u>				
□脑性瘫痪				
脑瘫类型：□痉挛型　□不随意运动型　□肌张力低下型　□共济失调型				
□混合型　□自闭症　□发育迟缓　√言语障碍　□其他障碍类型				

二、家庭信息

父亲姓名	王××	联系方式		文化程度	初中	职业	不详
母亲姓名	孟××				中专		无
主要照顾者	□父亲　√母亲　□（外）祖父　□（外）祖母　□其他						
语言环境	□普通话　　　　　　　　√普通话和一种方言 □普通话和多种方言　　　□普通话和外语						
现居住地							

三、孕产史、既往病史、过敏史

孕产史	孕期情况	1. 孕期母亲是否患病	√否　□是
		2. 孕期母亲是否服用过药物	√否　□是
		3. 孕期是否有其他异常情况	√否　□是
		4. 孕期：38周	
	生产情况	1. 分娩情况	√正常分娩　□难产　□臀位　□剖腹产 □使用产钳　□胎吸　□其他：
		2. 新生儿期状况	√正常　□黄疸　□癫痫　□感染 □外伤　□其他：
早期发育情况	（1）儿童运动发育情况（出现时间） 　　抬头：<u>3</u>月（龄）翻身：<u>3</u>月（龄）坐：<u>6</u>月（龄）爬：<u>9</u>月（龄）走：<u>18</u>月（龄）其他： （2）儿童食物偏好 　　√硬质　□软质　□流质　□其他：		
既往病史及治疗	√没有过以下疾病　□有过以下疾病 1. 疾病： 　□麻疹　□水痘　□结核　□脑外伤　□百日咳　□脑膜炎　□腮腺炎 　□气管喘息　□铅中毒　□巨细胞病毒感染　□癫痫　□肾炎 　□其他： 2. 重大疾病及治疗史：		
家族史	遗传病：√无　□有　遗传病备注：		
过敏史（食物、药物）	过敏史：√无　□有　过敏史备注：		

续表

用药史	√无　□链霉素　□庆大霉素　□卡那霉素　□奎宁　□水杨酸　□其他：		
四、康复史			
历史康复机构	康复时间段	康复频次	康复形式及康复内容
××学校	2017年4月至今	每周3次	一对一个别化康复训练 综合康复
五、关于该儿童需要特别注意的事项			
医生嘱咐：不能磕到头，不能有大幅度的倒立和运动。			
六、家长对该儿童的教育期望			
母亲希望儿童到普通学校上学。			

（二）儿童现状描述表

儿童现状描述表主要为了初步了解儿童的兴趣和能力现状，为评估服务，见表6-2。

表6-2　儿童现状描述表

一、兴趣资料
强化物选择（按偏好程度由高到低依次填写，至少写3项）： 1. 最喜欢的食物：<u>海苔，糖，面包，饼干</u> 2. 最喜欢的饮料：<u>牛奶，奶茶，水果饮料</u> 3. 最喜欢的玩具：<u>积木，水彩泥，穿绳</u> 4. 最喜欢的游戏：<u>滑滑梯，骑车，追跑</u> 5. 最喜欢的活动：<u>画画，折纸，看动画</u> 6. 其他：_____
厌恶物选择（按厌恶程度由高到低依次填写）： 1. 最不喜欢的食物：<u>辣椒，姜</u> 2. 最不喜欢的饮料：<u>酸的饮品</u> 3. 最不喜欢的玩具：_____ 4. 最不喜欢的游戏：_____ 5. 最不喜欢的活动：_____ 6. 其他：_____
二、现状描述（专业人员填写）
智力评估工具：_____　　评估得分：_____ 社会适应评估工具：_____　　评估得分：_____　　（其他可见附表）
□正常 √补偿或重建后听阈（HL）： 左耳 500 Hz _45_ dB　　1 000 Hz _55_ dB　　2 000 Hz _65_ dB　　3 000 Hz _75_ dB　　4 000 Hz _75_ dB 右耳 500 Hz _30_ dB　　1 000 Hz _30_ dB　　2 000 Hz _35_ dB　　3 000 Hz _45_ dB　　4 000 Hz _50_ dB
√正常　□矫正后：左眼　　右眼

续表

1. 视知觉能力	√正常	□超敏	□弱敏	备注：
2. 听知觉能力	□正常	√超敏	□弱敏	
3. 触知觉能力	√正常	□超敏	□弱敏	
4. 味知觉能力	√正常	□超敏	□弱敏	
5. 嗅知觉能力	√正常	□超敏	□弱敏	
6. 温度觉	√正常	□超敏	□弱敏	
7. 痛觉	√正常	□超敏	□弱敏	
8. 前庭觉	□正常	√超敏	□弱敏	
9. 本体觉	√正常	□超敏	□弱敏	

（三）综合筛查

综合筛查问卷是一套儿童综合能力评估工具，为进一步进行专项评估服务，见表6-3。

表6-3 综合筛查问卷

检查者：孟×× 日期：3月5日

项目名称		评估结果
听觉能力		5级，能不看口型，听清词语，但部分相似音容易混淆
言语功能	言语构音	6级，听者能听清大部分词汇短语，但无法听清句子中的部分词汇
	言语嗓音	说话声音太小
语言能力		3级，能使用眼神或手势表达自己的要求，能说出的词语约5—10个
认知能力		3级，能在对比中指出高矮、长短、多少、轻重和胖瘦
运动功能	粗大运动	8级，能独自单脚跳5次以上
	精细运动	9级，能正确握笔写一些简单的数字和汉字
情绪问题		有明显的情绪困扰，如紧张、沮丧、害怕等
行为问题		在活动中，注意力难以集中，且存在冲动或多动的现象
社会适应		与同龄人相比，社交能力较差，不能掌握社交礼仪，如难以进行互动对话，不能担任一定的游戏角色

（四）专项筛查

专项筛查应由家长和康复教师共同完成，康复教师向家长解释问卷题目，家长判断后作答。听障儿童应进行以下五个项目的专项筛查。

1. 听觉能力专项筛查

通过对听觉能力发展的察知、分辨、识别、理解四个阶段相关问题的评估，治疗师可以快速判断儿童听觉能力所处阶段、存在的问题，见表6-4。

表6-4 听觉能力专项筛查表

检查者：孟×× 日期：3月5日

项目名称	得分	判断结果
听觉察知能力	16	略差
听觉分辨能力	16	略差
听觉识别能力	21	略差
听觉理解能力	8	略差
听觉超敏	0	否

2. 言语构音功能专项筛查

言语的发展分为呼吸、发声、共鸣、构音及语音五大板块。通过对汉语21个辅音音位构音能力的筛查评估，康复教师可快速判断儿童言语构音存在的问题。言语构音功能专项筛查评估结果与判断结果分别见表6-5、表6-6。

表6-5 言语构音功能专项筛查评估结果

阶段	声母音位习得第一阶段				声母音位习得第二阶段				
声母	b	m	d	h	p	t	g	k	n
结果	√	√	√	√	√	d	⊙	√	√
阶段	声母音位习得第三阶段				声母音位习得第四阶段				
声母	f	j	q	x	l	z	s	r	
结果	√	√	√	q	√	zh	sh	√	
阶段	声母音位习得第五阶段								
声母	c	zh	ch	sh					
结果	√	√	√	√					

注：记录说明——正确"√"，歪曲"⊗"，遗漏"⊙"，替代为实发音的拼音。

表6-6 言语构音功能专项筛查判断结果

检查者：孟×× 日期：3月5日

项目名称		判断结果
声母音位习得第一阶段	已习得声母	/b/、/m/、/d/、/h/
	未习得声母	

续表

项目名称		判断结果
声母音位习得第二阶段	已习得声母	/p/、/k/、/n/、/g/
	未习得声母	/t/
声母音位习得第三阶段	已习得声母	/f/、/j/、/q/
	未习得声母	/x/
声母音位习得第四阶段	已习得声母	/l/、/r/
	未习得声母	/z/、/s/
声母音位习得第五阶段	已习得声母	/c/、/ch/、/zh/、/sh/
	未习得声母	
构音语音能力所处阶段		处于第三阶段

3. 言语嗓音功能专项筛查

在言语发展的五大板块中，呼吸、发声及共鸣称为言语嗓音。通过对言语呼吸、言语发声、言语共鸣三大系统相关问题的筛查评估，康复教师可以快速判断儿童言语嗓音存在的问题，见表 6-7。

表 6-7　言语嗓音功能专项筛查表

检查者：孟×× 　　日期：3 月 5 日

项目名称			判断结果
呼吸功能	呼吸方式	生理状态	腹式呼吸方式正确
		言语状态	腹式呼吸方式正确
	呼吸支持	最长声时	8 秒
	呼吸与发声协调性	测试材料"娃娃"	正常起音
发声功能	音调功能		音调正常
	响度功能		响度正常
共鸣功能	口腔共鸣功能		口腔共鸣功能正常

4. 语言能力专项筛查

根据儿童语言能力发展顺序，通过对前语言、词语、句子、综合运用四个阶段相关问题的评估，康复教师可以快速判断儿童语言能力所处阶段、存在的问题，见表 6-8。

表6-8 语言能力专项筛查表

检查者：孟×× 日期：3月5日

项目名称	得分	判断结果
基本沟通技能	16	大部分没有掌握
词语理解和命名	47	存在很大问题
句子理解和表达	47	存在极大问题
综合运用能力	5	存在极大问题

5. 认知能力专项筛查

根据儿童认知能力发展特点，通过对颜色、图形、物体的量、数、时间、空间方位、注意力、观察力、记忆力等认知领域相关问题的评估，康复教师可以快速判断儿童认知能力的发展情况及存在的问题，见表6-9。

表6-9 认知能力专项筛查表

检查者：孟×× 日期：3月5日

项目名称	得分	判断结果
颜色认知	6	能正确掌握颜色概念
图形认知	6	能正确掌握图形概念
物体的量的认知	16	能正确掌握物体的量的概念
数的认知	9	只能掌握部分数概念
时间的认知	2	大部分时间概念不能掌握
空间方位的认知	7	只能掌握部分空间方位概念
注意力	9	注意力的集中、转移与分配方面有点问题
观察力	5	观察时能运用一定的观察方法
记忆力	8	记忆能力有些问题

康复教师通过各领域筛查结果，初步判断该儿童各领域所处阶段，并根据阶段选择评估起点。如果儿童是初次入学，建议各领域评估内容按从低到高的阶段顺序依次进行。但如果该儿童已入学一段时间，如学期中或学期末评估，则可从现阶段评估。例如，一名儿童的听觉察知、分辨、识别能力都很好，日常训练已经进行到听觉理解训练，那么评估可从听觉理解能力开始。

（五）儿童听觉理解能力评估结果及分析

词语理解是听觉理解能力的基础和重要组成部分，在进行词语能力评估时主要使用"儿童听觉理解能力评估词表"。该词表主要包括单条件词语、双条件词语和三条件词语。内容包括如下方面：单条件词语包括了从易到难 5 类词语，共 40 题，每类 8 题；双条件词语包含 5 类不同结构的内容，分别为并列词语、动宾词语、主谓词语、偏正词语和介宾词语，每个结构各 8 题，共 40 题；三条件词语的内容结构与双条件词语一样，共 40 题。表 6-10 为儿童进行双条件词语与三条件词语听觉理解能力评估的结果及分析。

表 6-10　儿童听觉理解能力评估结果及分析

姓名　王××　　出生日期　2013 年 7 月 16 日　　性别：□男　√女
检查者　陈梦秋　　评估日期　2018 年 3 月 6 日　　编号＿＿＿＿
障碍类型：□智障　√听障　□脑瘫　□自闭症　□发育迟缓　□其他
听力状况：□正常　□异常　　听力设备：□人工耳蜗　√助听器　补偿效果　最适

双条件词语										三条件词语									
并列		动宾		主谓		偏正		介宾		并列		动宾		主谓		偏正		介宾	
序号	得分	序号	得分	序号	得分	序号	得分	序号	得分	序号	得分	序号	得分	序号	得分	序号	得分	序号	得分
41	1	49	1	57	1	65	1	73	1	81	1	89	0	97	1	105	1	113	1
42	1	50	1	58	1	66	1	74	1	82	1	90	1	98	1	106	1	114	0
43	1	51	1	59	0	67	1	75	1	83	1	91	0	99	1	107	1	115	1
44	1	52	1	60	1	68	1	76	1	84	1	92	1	100	0	108	1	116	1
45	1	53	1	61	1	69	1	77	0	85	0	93	1	101	0	109	1	117	1
46	1	54	1	62	1	70	1	78	1	86	1	94	1	102	1	110	1	118	1
47	1	55	1	63	1	71	1	79	1	87	1	95	1	103	1	111	1	119	0
48	1	56	1	64	1	72	1	80	0	88	0	96	1	104	0	112	1	120	1
小计	8	小计	8	小计	7	小计	8	小计	6	小计	6	小计	6	小计	5	小计	8	小计	6
双条件词语得分				92.5%						三条件词语得分						77.5%			
结果分析与建议				双条件词语得分为 92.5%，对应的听觉理解百分等级处于绿色区域，已达到同龄正常儿童标准，持续监控即可。 三条件词语得分为 77.5%，对应的听觉理解百分等级处于绿色区域，已达到同龄正常儿童标准，偏正短语理解全部正确，其他短语均有错误，可利用听觉康复训练仪进行巩固并监控。																		

（六）言语障碍诊断评估结果及分析

言语障碍诊断评估表包括呼吸功能诊断评估、发声功能诊断评估和共鸣功能诊断评估三部分。言语障碍诊断评估基本信息，见表 6-11。

表 6-11　言语障碍诊断评估基本信息表

```
姓名  王××      出生日期  2013 年 7 月 16 日    性别：□男  √女
检查者  陈梦秋    评估日期  2018 年 3 月 6 日    编号_____
障碍类型：□智障  √听障  □脑瘫  □自闭症  □发育迟缓  □其他
听力状况：□正常  □异常  听力设备：□人工耳蜗  √助听器  补偿效果  最适
进食状况：咀嚼、吞咽功能正常。
言语状况：呼吸方式为腹式呼吸，声带振动的控制能力较好，口、鼻共鸣正常，后位聚焦，构音语音
能力处于第三阶段。
口部触觉感知状况：口内及唇周触觉感知正常。
```

1. 言语呼吸功能诊断评估记录表及分析

深吸气后，尽可能长地发 /ɑ/ 音，共测两次，其中的较大值即为最长声时（MPT），见表 6-12。

表 6-12　言语呼吸功能诊断评估记录表（1）

日期	第1次测MPT	第2次测MPT	MPT（取较大值）	MPT状况（偏小、正常）	MPT最小要求	相对年龄	实际年龄	是否腹式呼吸	损伤程度	
3月6日	8.38 s	7.65 s	8.38 s	偏小	4.5 s		5岁	是	初始值	0
									目标值	

深吸气后，持续最长时间说"1"或"5"，共测两次，其中的较大值即为最大数数能力（MCA），见表 6-13。

表 6-13　言语呼吸功能诊断评估记录表（2）

日期	第1次测MCA	第2次测MCA	MCA（取较大值）	MCA状况（偏小、正常）	MCA最小要求	相对年龄	实际年龄	吸气和呼气协调否	损伤程度	
3月6日	8.32 s	7.65 s	8.32 s	偏小	4 s		5岁	是	初始值	0
									目标值	

评价：MPT 损伤程度为 0 级，已达到同龄正常儿童的训练目标，该儿童呼吸支持能力好；MCA 损伤程度为 0 级，已达到同龄正常儿童的训练目标，该儿童呼吸与发声功能协调。

2. 言语发声功能诊断评估记录表及分析

标准测试：交谈时询问"姓名及年龄"等。
备选测试：阅读（或跟读）"妈妈爱宝宝，宝宝爱妈妈"。
言语发声功能诊断评估记录，见表 6-14。

表 6-14 言语发声功能诊断评估记录表

日期	言语基频 F_0	F_0 状况 (↓、正常、↑)	F_0 标准差 F_0SD	F_0SD 状况 (偏小、正常、偏大)	相对年龄	实际年龄	是否音调正常	损伤程度	
3月6日	365.52 Hz	正常	55.2 Hz	偏大		5岁	是	初始值	0
								目标值	

注:言语基频标准差 F_0SD 代表基频变化状况,其中 $F_0SD<20$ Hz 为偏小,20 Hz $\leq F_0SD \leq 35$ Hz 为正常,$F_0SD>35$ Hz 为偏大。

评价:损伤程度为 0 级,平均言语基频为 365.52 Hz,符合同龄正常儿童的参考标准;言语基频标准差为 55.2 Hz,偏大,提示该儿童的音调变化较大,对音调的控制能力较差,需进行减少音调变化的训练;未进行嗓音声学测量和电声门图测量,但听感上正常。

3. 言语共鸣功能诊断评估记录表

在捏鼻和非捏鼻状态下分别发 /ɑ/ 音和 /m/ 音,判断有无明显差异以确定鼻腔共鸣是否正常,见表 6-15。

表 6-15 言语共鸣功能诊断评估记录表(1)

日期	发 /ɑ/ 音时的鼻腔共鸣	发 /m/ 音时的鼻腔共鸣	鼻腔共鸣结果解释
3月6日	正常	正常	鼻音功能正常

正常情况下发 /ɑ/ 音时,是口腔共鸣;当捏鼻与不捏鼻时的发音"有"明显差异时,即为鼻音功能亢进。正常情况下发 /m/ 音时,是鼻腔共鸣;当捏鼻与不捏鼻时的发音"无"明显差异时,即为鼻音功能低下。

让患者说 /i/(或模仿发音),通过测量 /i/ 的 F_2 是否减小来判定是否存在后位聚焦,见表 6-16。

表 6-16 言语共鸣功能诊断评估记录表(2)

日期	询问发 /i/ 时是否存在后位聚焦,如是进入测试	共振峰频率 $F_2/i/$	共振峰幅度 $A_2/i/$	后位聚焦吗,严重吗	损伤程度	
3月6日	是	3 041 Hz		后位聚焦,不严重	初始值	2
					目标值	1

评价:主观听感评估捏鼻与不捏鼻状态下发 /ɑ/ 和 /m/,发现该儿童口、鼻腔共鸣正常;客观测量发现该儿童 /i/ 的 F_2 为 3 041 Hz,接近 $F_2(m-2\sigma)$ 的 3 013 Hz,提示该儿童存在后位聚焦问题,损伤程度为 2 级,训练目标为 1 级。这与该儿童舌体后缩有关,需进行前位音法、伸舌法等改善后位聚焦能力的训练。

（七）构音语音能力评估结果及分析

构音语音能力主观评估是汉语构音能力评估的常用方式，主要考查患者音位的构音情况。黄昭鸣等在以往研究的基础上研发了一套构音语音能力评估词表，该词表由50个单音节词组成，据此可获得声母、韵母音位的习得情况，声母、韵母音位的对比情况和构音清晰度得分，为制定构音障碍的矫治方案提供了科学依据，见表6-17、表6-18、表6-19。

表6-17　汉语构音语音能力评估记录表

序号	词	目标音	序号	词	目标音	序号	词	目标音	序号	词	目标音
S1	桌 zhuō	zh √	12	鸡 jī	j √	25	菇 gū	g √	38	拔 bá	a √
S2	象 xiàng	iang	13	七 qī	q x	26	哭 kū	k √	39	鹅 é	e √
1	包 bāo	b √	14	吸 xī	x q	27	壳 ké	k √	40	一 yī	i √
2	抛 pāo	p √	15	猪 zhū	zh √	28	纸 zhǐ	zh √	41	家 jiā	ia √
3	猫 māo	m √	16	出 chū	ch √	29	室 shì	sh √	42	浇 jiāo	iao √
4	飞 fēi	f √	17	书 shū	sh √	30	字 zì	z s	43	乌 wū	u √
5	刀 dāo	d √	18	肉 ròu	r √	31	刺 cì	c ch	44	雨 yǔ	ü √
6	套 tào	t √	19	紫 zǐ	z zh	32	蓝 lán	an √	45	椅 yǐ	i √
7	闹 nào	n √	20	粗 cū	c ch	33	狼 láng	ang √	46	鼻 bí	i √
8	鹿 lù	l √	21	四 sì	s sh	34	心 xīn	in ing	47	蛙 wā	1声 √
9	高 gāo	g √	22	杯 bēi	b √	35	星 xīng	ing √	48	娃 wá	2声 √
10	靠 kào	k √	23	泡 pào	p √	36	船 chuán	uan √	49	瓦 wǎ	3声 √

续表

序号	词	目标音	序号	词	目标音	序号	词	目标音	序号	词	目标音
11	河 hé	h √	24	稻 dào	d √	37	床 chuáng	uang √	50	袜 wà	4声 √

注：记录说明——正确"√"，歪曲"⊗"，遗漏"⊖"，替代为实发音的拼音。

表6-18 最小音位对比习得表

语音对序号	习得与否	最小音位对	错误走向	年龄（岁；月）				
				2；7—2；12	3；1—3；6	3；7—3；12	4；1—5；12	6；1—6；6
C6	√	擦音与无擦音						
V4	√	前元音与后元音						
V5	√	高元音与低元音						
V6	√	圆唇音与非圆唇音						
T1	√	一声与二声						
T3	√	一声与四声						
V3	√	三、双、单元音						
C7	√	不同构音部位的送气塞音						
C1	√	送气塞音与不送气塞音*						
C3	√	塞音与擦音						
C5	√	塞音与鼻音						
C8	√	不同构音部位的不送气塞音						
C2		送气塞擦音与不送气塞擦音*	替代塞擦音 q→x 替代塞擦音 z→s					
V1		前鼻韵母与后鼻韵母*	前鼻韵母退后化					
V2		鼻韵母与无鼻韵母	前鼻韵母退后化					
C4		塞擦音与擦音	塞擦音化 x→q 替代塞擦音 z→s					
T2	√	一声与三声						
C9		舌尖前音与舌尖后音*	卷舌化					

注：1. 阴影部分从50%的正常儿童能正确发出的最小音位对比开始，到90%的正常儿童能正确发出结束；
2. 年龄（岁；月）：如"2；7"代表2岁7个月，以此类推；
3. "*"为核心音位对比。

表6-19 构音清晰度表

	声母音位对比			韵母音位对比			声调音位对比	
语音对序号		最小音位对比得分	语音对序号		最小音位对比得分	语音对序号		最小音位对比得分
1	送气塞音与不送气塞音	3/（3对）	10	前鼻韵母与后鼻韵母	2/（3对）	16	一声与二声	1/（1对）
2	送气塞擦音与不送气塞擦音	1/（3对）	11	鼻韵母与无鼻韵母	1/（2对）	17	一声与三声	1/（1对）
3	塞音与擦音	2/（2对）	12	三、双、单元音	2/（2对）	18	一声与四声	1/（1对）
4	塞擦音与擦音	1/（3对）	13	前元音与后元音	1/（1对）			
5	塞音与鼻音	2/（2对）	14	高元音与低元音	1/（1对）			
6	擦音与无擦音	1/（1对）	15	圆唇音与非圆唇音	1/（1对）			
7	不同构音部位的送气塞音	3/（3对）						
8	不同构音部位的不送气塞音	3/（3对）						
9	舌尖前音与舌尖后音	0/（3对）						
合计		16/（23对）	合计		8/（10对）	合计		3/（3对）
构音清晰度（%）：27/（36对）=75（%）						相对年龄：4岁		

日期	声母音位习得	损伤程度		声母音位对比	损伤程度		构音清晰度	损伤程度	
3月8日	16	初始值	1	16（23对）	初始值	1	75%	初始值	1
		目标值	0		目标值	0		目标值	0

评价：① 音位习得：损伤程度为1级，目标值为0级；构音处于声母第三阶段，与年龄相符；已习得的声母有 /b、m、d、h/, /p、t、g、k、n/, /f、j/, /l、r/, /zh、ch、sh/, 未习得的声母有 /q、x/, /z、s/, /c/; 韵母除 /in/ 外已全部习得，/in/ 发成 /ing/; 声调已基本习得。② 音位对比：损伤程度为1级，目标值为0级；构音清晰度为75%，在同龄正常儿童参考标准内，但处于临界范围；声母最小音位对比得分为16（23对），声母错误走向主要为替代塞擦音、塞擦音化、卷舌化；韵母最小音位对比得分为8（10对），韵母错误走向为前鼻韵母退后化；声调最小音位对比得分为3（3对），声调已全部习得。③ 提示：损伤程度为1级，目标值为0级；首先，进行前鼻韵母 /in/ 的习得，

/q、x/ 的音位诱导、音位习得和音位对比，纠正替代的错误走向；之后，进行 /z、s/ 的音位诱导、音位习得训练，纠正卷舌化的错误走向。

（八）口部运动功能评估结果及分析

下颌、唇、舌是主要的构音器官，其运动异常会直接影响言语的清晰度和可懂度，因此对下颌、唇和舌的口部运动功能进行评估十分必要。口部运动功能主观评估用来评价下颌、唇、舌在自然放松状态下模仿口部运动状态下的生理运动是否正确，判断运动异常的类型，分析导致运动异常的原因，为治疗提供依据，见表6-20。

表6-20 口部运动功能评估表

下颌运动功能		唇运动功能		舌运动功能			
项目	得分	项目	得分	项目	得分	项目	得分
自然状态	4/4	自然状态	4/4	自然状态	2/4	舌尖左右交替	4/4
咬肌肌力	4/4	流涎	4/4	舌肌力检查	4/4	舌尖前后交替	4/4
向下运动	4/4	唇面部肌群肌力	4/4	舌尖前伸	4/4	舌尖上下交替	4/4
向上运动	4/4	展唇运动	4/4	舌尖下舔颌	4/4	马蹄形上抬模式	4/4
向左运动	4/4	圆唇运动	4/4	舌尖上舔唇	4/4	舌两侧缘上抬模式	4/4
向右运动	4/4	唇闭合运动	4/4	舌尖上舔齿龈	4/4	舌前部上抬模式	4/4
前伸运动	4/4	圆展交替运动	4/4	舌尖左舔嘴角	4/4	舌后部上抬模式	4/4
上下连续运动	4/4	唇齿接触运动	4/4	舌尖右舔嘴角	4/4		
左右连续运动	4/4			舌尖上舔硬腭	4/4		
下颌总分	36/36	唇总分	32/32	舌总分		62/64	
口部运动功能总分				98.48%（130/132）			

日期	下颌运动功能		损伤程度	唇运动功能	损伤程度	舌运动功能	损伤程度
3月8日	100%	初始值	0	100%	初始值 0	96.88%	初始值 1
		目标值			目标值		目标值

注：有五个不同等级（0、1、2、3、4）。

评价：① 下颌损伤程度为 0 级。自然状态下下颌处于姿势位，模仿状态下下颌运动功能正常。② 唇损伤程度为 0 级。自然状态下唇处于水平正中位，模仿状态下唇运动功能正常。③ 舌损伤程度为 1 级。自然状态下舌伴有不随意运动，舌叶隆起，但舌中后部还未挛缩；模仿状态下舌运动功能正常。④ 提示：该儿童首先要进行增加舌感知觉的训练，可使用刷舌尖法、后前刷舌侧缘法和"一二三拍打我"法，然后通过抵抗训练提高舌肌力，增加舌运动的稳定性。

（九）认知障碍评估结果及分析

认知障碍评估分为启蒙知识评估和认知能力评估两部分。认知障碍评估基本信息，见表 6-21。

表 6-21　认知障碍评估基本信息表

```
姓名  王××    出生日期 2013 年 7 月 16 日   年龄 4 岁 8 个月   性别：□男 √女
检查者 陈××   评估日期 2018 年 3 月 8 日   编号＿＿＿＿＿＿＿＿＿＿＿
障碍类型：□智障 √听障 □脑瘫 □自闭症 □发育迟缓 □其他
听力状况：□正常 √异常 听力设备：□人工耳蜗 √助听器 补偿效果 最适
主要交流方式：√口语 □图片 □肢体动作 □基本无交流
认知能力现状：能认识生活中一些常见的颜色、形状，对时间和空间概念理解不好，认识 10 以内的数字，但不能进行加减运算；注意力较为集中，能够按目标进行有效的观察，能运用记忆策略进行记忆；思维较灵活，能进行简单的推理和类比。
```

1. 启蒙知识评估

启蒙知识评估表适用的年龄为 3—6 岁（包含智力水平为 3—6 岁的特殊儿童），见表 6-22。

评估工具：认知能力测试与训练仪 B1（评估后可直接生成结果记录表）。

得分记录：正确记 1，错误记 0。

表 6-22　启蒙知识评估表

颜色、图形、时间、空间、物体的量的认知											
颜色	得分	图形	得分	图形	得分	时间	得分	空间	得分	物体的量	得分
红	1	三角形	1	正六边形	0	奶奶	1	里	0	大	1
黄	1	正方形	1	平行四边形	0	哥哥	1	外	0	长	1
蓝	1	圆	1	正方体	1	宝宝	1	上	1	矮	1
绿	1	五角星	1	圆柱体	1	冬天	0	下	1	少	0
黑	1	长方形	1	球体	1	夜晚	0	前	0	胖	0
紫	1	心形	1	长方体	1	3 点	0	后	0	粗	0

续表

橙	1	半圆形	0			6点	0	旁	0	硬	1
粉	1	扇形	0			12点	0	中	0	深	0
棕	1	梯形	0			3点半	0	左手	0	厚	0
灰	0	椭圆形	1					右手	0	重	0

数字认知												
基数	得分	序数	得分	数的表象运算	得分	数的加减运算	得分	数的加减运算	得分	数的加减运算	得分
1	1	第1个	0	1+2	1	1+1=	0	4+5=	0	4−3=	0
3	1	第4个	0	2+3	0	1+2=	0	3+9=	0	5−2=	0
5	1	第8个	0	6−3	0	2+3=	0	6+8=	0	8−2=	0
9	1			10−3	0	4+1=	0	9+7=	0	9−4=	0
13	0					3+3=	0	5+9=	0	10−7=	0
16	0					2+4=	0	2−1=	0	10−3=	0
22	0					7+3=	0	3−1=	0		

总计												
颜色认知	9	图形认知	11	数字认知	5	时间认知	3	空间认知	2	物体的量	4
发育水平	正常	发育水平	正常	发育水平	迟缓	发育水平	迟缓	发育水平	迟缓	发育水平	迟缓

日期	颜色	图形	损伤程度	
3月8日	9/10	11/16	初始值	0
			目标值	0

	数字（指认和命名）						
日期	基数（命名）	序数（指认）	表象计算（指认）	加减运算（命名）	总分	损伤程度	
3月8日	4/7	0/3	1/4	0/20	5/34	初始值	3
						目标值	2

续表

日期	时间（命名）			损伤程度	
	年龄	时序、钟表	总分		
2018年10月9日	3/3	0/6	3/9	初始值	2
				目标值	1

日期	空间（命名）	物体的量（指认和命名）	损伤程度		
2018年10月9日	2/10	4/10	初始值	3	2
			初始值	2	1

结果分析与建议	颜色认知发育基本正常，损伤程度为 0 级。在此基础上可以通过绘画、游戏、语言、阅读等形式来加深对颜色的感知和记忆。需注意物体的外部特征与名称的关系。推荐的玩教具：颜色认知卡、挂图、涂色画册、与颜色相关的故事书等。 　　图形认知发育基本正常，损伤程度为 0 级。在此基础上可以运用视觉、触觉感知图形，掌握图形的基本特征。通过对图形的分割与拼合，比较平面图形和立体图形以及立体图形之间的不同，进一步提高对平面图形以及立体图形的认知。推荐的玩教具：积木、形状涂色卡、七巧板、拼插图板、形状配对教具等。 　　数字认知方面损伤程度为 3 级，目标值为 2 级。建议遵循数概念的发展形成规律，循序渐进地通过空口数数、点物报数、说出总数和按数取物的方法进行训练。通过唱数练习依次熟练顺序数 1—10、10—20……；整十数如 10、20、30……；从任意数开始数如 13、14、15……。在此基础上，进行倒数、跳数、数数接龙等游戏。按物数数注意按物品大小及摆放的间隔点数，在点数结束后，要有意识地观察物品的数量，并说出总数。按数取物训练的过程中，要注意对同一数量要联系使用多种不同的材料，例如，4 既可以是 4 只鸡，也可以是 4 块积木等。建议使用"康复云—康复课件—认知康复—启蒙知识训练—建立数概念"进行学习。 　　时间认知损伤程度为 2 级，目标值为 1 级。建议借助生活中的具体事情或现象作为参考，从周边环境或大自然的变化着手，促进时间概念的积极形成。建议使用"康复云—康复课件—认知康复—启蒙知识训练—认识时间"进行学习。 　　空间认知损伤程度为 3 级，目标值为 2 级。建议遵循空间发展的规律，首先以学生本身作为方位的参照物进行空间学习，再以其他物品或人物作为参照物进行空间学习，循序渐进地认识空间。例如，按要求多次将积木块等放在抽屉、书包等的里面；正确放物后，更换其他物品进行同样的训练。注意要边说边放，如"我把积木放在了书包里面"。建议使用"康复云—康复课件—认知康复—启蒙知识训练—认识方位"进行学习。 　　物体的量认知损伤程度为 2 级，目标值为 1 级。建议通过感知和比较不同物体，借助叠叠乐、积木等玩教具，促进物体的量认知形成。建议使用"康复云—康复课件—认知康复—启蒙知识训练—认识物体的量"进行学习。

2. 认知能力评估

认知能力评估表适用的年龄为 3—6 岁（包含智力水平为 3—6 岁的特殊儿童），见表 6-23。

评估工具：认知能力测试与训练仪 B1（评估后可直接生成结果记录表）。

记录方式：正确记 1，错误记 0。

表6-23 认知能力评估表

测试项目	答题情况									总分	发育情况
空间次序	用于评估在继时性加工中对图片出现位置的短时记忆能力，同时也考查注意力、观察力。									5	正常
题目	1	2	3	4	5	6	7	8			
得分	0	0	1	1	1	1	1	0			
动作序列	用于评价在继时性加工中对动作排列次序的短时记忆能力，同时也考查注意力、观察力。									2	迟缓
题目	1	2	3	4	5	6	7	8			
得分	1	0	1	0	0	0	0	0			
目标辨认	用于评价在同时性加工中对事物、人物、空间关系的观察力、辨认能力及语言理解能力。									3	迟缓
题目	1	2	3	4	5	6	7	8			
得分	1	1	1	0	0	0	0	0			
图形推理	用于评价在同时性加工中依据图形所蕴含的关系进行分析、比较、逻辑推理的能力。									3	正常
题目	1	2	3	4	5	6	7	8			
得分	1	1	0	1	0	0	0	0			
逻辑类比	用于评价在同时性加工中依据数字、符号及与事物之间的逻辑关系进行类比推理的能力。									5	正常
题目	1	2	3	4	5	6	7	8			
得分	1	1	1	1	0	1	0	0			

日期	图形推理	空间次序	动作序列	逻辑类比	目标辨认	损伤程度				
3月8日	3/8	5/8	2/8	5/8	3/8	初始值	0	0	2	0	1
						目标值			1		0

结果分析与建议	结果：该儿童在图形推理、空间次序和逻辑类比三项上发育正常，损伤程度为0级；动作序列损伤程度为2级，目标值为1级；目标辨认损伤程度为1级，目标值为0级。 建议：根据课程时间安排，可利用认知能力测试与训练仪B1和康复云课件进行认知提高训练。

二、阶段方案实施案例

根据上述评估报告的结果及分析,为该儿童制定阶段方案。阶段方案前一般应有学生基本信息,因前文已说明,这里不再赘述。

(一)学期方案

本次学期方案的实施时间是 2018 年 3 月至 6 月,为期 4 个月,具体内容见表 6-24。

表 6-24 学期方案

领域	阶段内容	目标达到程度
听觉	听觉理解三条件主谓短语:(小狗/小猫)在河(里/边)(钓/吃)鱼(20组)	每组正确率:100%
	听觉理解三条件并列短语:牙齿/鼻子/嘴/眼睛/耳朵/手(5组)	每组正确率:100%
	听觉理解三条件动宾短语:(开/关)(白/黑)色的(灯/门)(8组)	每组正确率:100%
	听觉理解三条件偏正短语:(一/两)头(白/黑)色的(猪/牛)(20组)	每组正确率:100%
	听觉理解三条件介宾短语:(白/灰)色的(天鹅/鸭子)在湖(面上/旁边)(20组)	每组正确率:100%
言语	减少音调变化的训练	平均言语基频标准差在20—35 Hz
	减少后位聚焦的训练	听感主观评估上无后位聚焦,共鸣功能客观测量数据 /i/ 的 F_2 在参考标准值范围内
	口部运动治疗:增加舌感知觉,进行舌面前部上抬 /q、x/、舌叶上抬 /z、s、c/ 等精细运动训练,通过抵抗运动提高舌的整体力量	每个目标音重复3遍,正确率达100%
	韵母构音语音训练:/in/ 声母构音语音训练:习得声母 /q、x/、/z、s/、/c/	每个音重复3遍,正确率达100%
语言	简单句式:××在做……,这是……,(什么颜色)的……,××有……,××用……做……,(哪里)有……,××喜欢……,……在(哪里)	能正确回答所提问的问题, 能在情境/图片中正确表达句子
认知	学前听障儿童的听觉、言语和语言能力是其认知学习的基础,因此学前听障儿童的康复重点应放在听觉、言语、语言领域。故本学期不专门设置认知目标,而在听觉、言语、语言训练中渗透认知能力训练。在本学期康复结束后,根据学期末评估结果,下学期将进行专门的认知康复。	

（二）月方案

听觉理解、声母构音和句子的理解与表达是学期方案的主要目标所在，依据学期方案制定月方案，见表6-25。

表6-25 月方案

时间	听觉	言语	语言
3月	1. 听觉理解三条件并列短语：牙齿/鼻子/嘴/眼睛/耳朵/手（5组），准确率达80%； 2. 听觉理解三条件动宾短语：（开/关）（白/黑）色的（灯/门）（8组），准确率达80%	1. 通过发声放松训练和吟唱法学习控制音调； 2. 采用刷舌法、后前刷舌侧缘法和"一二三拍打我"等方法进行增加舌感知觉的训练，采用推舌法、下压舌尖法、下压舌体等方法进行提高舌肌力的训练，采用舌前位运动法和舌前部拱起法进行舌前部上抬训练； 3. 习得韵母 /in/，准确率达100%；习得声母 /q/ 的单、双、三音节词语，/x/ 的单音节、双音节前、三音节前词语，准确率达100%	简单句式：与并列短语结合练习"××有……""××喜欢……"
4月	听觉理解三条件主谓短语：（小狗/小猫）在 河（里/边）（钓/吃）鱼（20组），准确率达80%	1. 通过吟唱法进行音调控制能力训练； 2. 通过前位音法、伸舌法改善后位聚焦； 3. 通过推舌法、下压舌尖法、下压舌体等方法进行提高舌肌力的训练，通过舌前位运动法和舌前部拱起法进行舌前部上抬训练，采用舌尖舔物法和舌尖运动训练器进行舌尖上抬训练； 4. 习得声母 /x/ 的双音节后、三音节后、三音节中词语，/z/ 的单音节、双音节、三音节前词语，准确率达100%	简单句式：与主谓短语结合练习"××在做……""××用……做……"
5月	听觉理解三条件偏正短语：（一/两）头（白/黑）色的（猪/牛）（20组），准确率达80%	1. 通过前位音法、伸舌法等改善后位聚焦； 2. 通过音调梯度法进行音调控制能力训练； 3. 通过推舌法、下压舌尖法、下压舌体等方法进行提高舌肌力的训练，采用舌尖舔物法和舌尖运动训练器进行舌尖上抬训练； 4. 习得声母 /z/ 的双音节后、三音节后、三音节中词语，/s/ 的单音节、双音节前、三音节前词语，准确率达100%	简单句式：与偏正短语结合练习"（什么颜色）的……""这是……"
6月	听觉理解三条件介宾短语：（白/灰）色的（天鹅/鸭子）在湖（面上/旁边）（20组），准确率达80%	1. 通过前位音法、伸舌法等改善后位聚焦； 2. 通过音调梯度法进行音调控制能力训练； 3. 通过推舌法、下压舌尖法、下压舌体等方法进行提高舌肌力的训练，采用舌尖舔物法和舌尖运动训练器进行舌尖上抬训练； 4. 习得声母 /s/ 的双音节后、三音节后、三音节中词语，/c/ 的单、双、三音节词语，准确率达100%	简单句式：与介宾短语结合练习"……在（哪里）""（哪里）有……"

（三）周方案

因周方案篇幅过大，在此不做具体呈现，以第8教学周为例进行解析。该生每周共3节个别化康复课，根据4月方案，第8周主要康复内容为结合听觉理解的三条件短语和"××在做……"的句式进行 /z/ 的构音语音训练，见表6-26。

表 6-26 综合康复周方案（第 8 周）

学科	综合康复	设计人	陈梦秋
康复地点	学前个训室 1	实施日期	2018 年 4 月 23 日—27 日
教学对象	王××	主讲人	陈梦秋
课型	个别化康复课	课时	3 课时

一、康复对象

王××，5 岁听障儿童，双耳佩戴助听器，助听效果为最适。

听觉：现处于听觉理解三条件阶段。

言语：韵母全部习得，声母构音处于第四阶段，/z/ 不稳定，有时被 /zh/ 替代；在发声方面，呼吸支持能力较好，但存在音调变化过大的问题；在共鸣方面，存在后位聚焦的问题。

语言：词汇量较少，能表达 5—7 个字左右的短句。

二、康复周目标

1. 听觉康复：听觉理解三条件主谓短语，准确率达 100%。
2. 言语矫治：
（1）通过吟唱法进行音调控制能力训练；
（2）通过前位音法、伸舌法等进行改善后位聚焦能力的训练；
（3）口部运动治疗：舌尖向上舔棒棒糖 5 次；运用舌尖运动训练器，做舌尖上抬、放下动作 5 次；
（4）构音语音训练：习得 /z/ 的双音节词语，每词说三遍，准确率达 100%。
3. 语言训练：理解并表达句子"××在做……"。

时间	康复目标	康复内容	康复手段与方法	前测	后测
周一 （4月 23日）	说清含有声母音位 /z/ 的双音节词语：鸭子、嘴巴、早餐、走路。每词说三遍，准确率达 100%	1. 能说清：鸭子、嘴巴、早餐、走路； 2. 能完成"小鸭子/小鸡在椅子/桌子上吃大枣/吃桃子/走路"听觉理解训练，准确率达 100%； 3. 理解并表达句子：小鸭子……	1. 通过吟唱法进行音调控制能力训练，通过前位音法、伸舌法等进行改善后位聚焦能力的训练； 2. Speech-3 /z/ 的音位诱导； 3. Speech-2 音调训练游戏； 4. 实物、手偶、口部运动训练器		
周二 （4月 24日）	说清含有声母音位 /z/ 的双音节词语：祖母、再见、座位、暂停。每词说三遍，准确率达 100%	1. 能说清：祖母、再见、座位、暂停； 2. 能完成"小鱼/鸭在鱼缸/脸盆里游玩/吃虫""狮子/老虎在河边/山上吃兔子/老鼠"听觉理解训练，准确率达 100%； 3. 理解并表达句子：××在做……	1. 通过前位音法、伸舌法等进行改善后位聚焦能力的训练； 2. Speech-3 /z/ 的音位习得； 3. Hearing-2 听觉理解三条件主谓短语； 4. 口部运动训练器		
周三 （4月 25日）	说清含有声母音位 /z/ 的双音节词语：钻石、赠品、棕熊、脏手。每词说三遍，准确率达 100%	1. 能说清：钻石、赠品、棕熊、脏手； 2. 能完成"水牛/大象在河里/边喝水/洗澡""小羊/小牛在草地/山坡上吃草/菜"听觉理解训练，准确率达 100%； 3. 理解并表达句子：××在做……	1. 通过前位音法、伸舌法等进行改善后位聚焦能力的训练； 2. Speech-3 /z/ 的音位习得； 3. Hearing-2 听觉理解三条件主谓短语； 4. 口部运动训练器		

三、日方案实施课例

为展现学前听障儿童个别化教育康复方案的设计与应用,本书为四个领域各提供了一篇日方案案例,同时还提供了一篇低龄听障儿童的综合康复案例。

(一)听觉能力康复训练——听觉理解训练

听觉理解能力是听觉能力发展的最高阶段,它不仅要求听障儿童能够将音和义相结合,还要求听障儿童能真正懂得声音的意义。听觉理解能力训练主要包括两个部分:词语理解和短文理解。词语理解训练根据关键条件个数又分为单条件词语理解、双条件词语理解和三条件词语理解三部分。单条件词语理解的训练内容为日常生活中常见的名词、动词和形容词,主要帮助听障儿童积累词汇量、理解声音并为语言训练打下基础;双条件和三条件词语理解要求听障儿童同时把握两到三个关键条件,主要包括并列、偏正、动宾、主谓、介宾等结构。下文提供了一节听觉理解三条件动宾短语的个别化康复课案例。

教案 6-1

学科	听觉	设计人	陈梦秋
教育康复对象	陈××	主讲人	陈梦秋
课型	个别化教育康复课	课时	第 1 课时
一、教育康复内容分析			
本节课根据学生的发展现状,使用云讲台中的设备 Dr.Hearing-2 进行三条件动宾短语(动词+颜色+名词)理解训练。涉及的动词有"洗/晒""敲/摇""举/插""拿/夹"等,颜色有"红色""黄色""绿色""蓝色""白色"等,名词有"衣服""袜子""鼓""圆形""三角形"等。通过"和小黄鸭一起听一听"的情节设计,引导听障儿童在游戏中进行词语理解练习,完成"动词+颜色+名词"的训练。			
二、学情分析			
陈××,男,6 岁。			

姓名	障碍类型及程度	听觉能力现状	相关能力现状
陈××	听障;助听器;最适	进行儿童听觉理解能力评估测试,学生听觉水平现处于三条件词语理解阶段,能理解简单的短句;三条件词语中的动宾短语得分最低,在聆听时,学生会遗漏 1 个关键词;学生对常见动词比较熟悉,但对出现频率略低的动词理解较慢	在言语方面,响度偏低,构音清晰度得分为 83.33%,ICF 构音功能损伤程度为 0 级无损伤,韵母全部习得,声母习得到第三阶段 /z/;学生具备仿说短句(9 个字)的能力,能进行简单的日常交流;学生认识本节课涉及的所有颜色和形状,认知能力和理解能力较好;情绪稳定,但多动

三、教育康复目标
能够理解"动词+颜色+名词"结构的三条件动宾短语,正确率达 80%。

	续表
四、教育康复重点、难点	
能够正确理解"动词+颜色+名词"结构的三条件动宾短语，正确率达80%。	
五、教育康复准备	
1. 环境准备：录课教室，本底噪声≤45 dB（A）； 2. 教具准备：记录纸、彩虹套圈、形状火车、夹球玩具、小黄鸭手偶； 3. 云平台资源：云讲台—Dr.Hearing-2—词语理解—三条件。（图文版）	
六、教育康复过程	**设计意图**
检查助听器。 林氏六音，距离2米，请学生重复听到的音，复述正确，套圈。 （一）兴趣导入 师出示小黄鸭手偶，生与小黄鸭问好。 （二）前测 使用图文版对目标内容（动词+颜色+名词）进行训练前评估，并增加相似难度的内容与目标内容交叉评估。 背景噪声——无；备选项——6项；机器声；音量——正常。 在记录纸上做好记录。 内容：开白色的门，敲白色的鼓，晒蓝色的衣服。 （三）新授←理解图文版训练法 1. 听一听，指一指。（图文版） 师提前设定好训练内容，进入"词语理解"图文版。 背景噪声——无；备选项——6项；机器声；音量——正常。 系统随机播放目标音，康复教师指导学生选择。 内容： 摇白色的鼓，敲白色的鼓，敲白色的铃，摇白色的铃。 摇黄色的鼓，敲黄色的鼓，敲黄色的铃，摇黄色的铃。 （1）若学生能连续无错完成三次，则通过参数设置进行背景噪声的调整以增加难度。 如：背景噪声——自然声；备选项——6项；机器声；音量——正常。 （2）若学生听错，则重听一次；连续两次都听错，则用言语声对学生犯错的关键词进行强调，让学生再听一次；若还是犯错，则直接指出学生的问题。 2. 学生完成一组内容后，选择相似难度的同类内容进行强化。 内容： 洗黄色的手绢，洗黄色的衣服，晒黄色的手绢，晒黄色的衣服。 洗蓝色的手绢，洗蓝色的衣服，晒蓝色的手绢，晒蓝色的衣服。 3. 听一听，做一做。←指令动作法 师出示小火车，小火车上有一些图形，请生把它们放回原位。 背景噪声——无；备选项——8项；言语声；音量——正常。 内容： 举黄色的圆形，插黄色的圆形，举黄色的三角形，插黄色的三角形。 举蓝色的圆形，插蓝色的圆形，举蓝色的三角形，插蓝色的三角形。 步骤： （1）跟学生确认动词、颜色和形状； （2）请学生听指令做一做。 （四）内容拓展（动词+颜色+形容词）←指令动作法 游戏活动：听一听，夹小球。 背景噪声——无；备选项——8项；言语声；音量——正常。 内容： 拿红色的大球，夹红色的小球，拿红色的小球，夹红色的大球。	用林氏六音检查助听器的工作状态。 用小黄鸭手偶调动学生兴趣。 了解学生三条件动宾短语理解的初始水平。 图文版训练法比较方便，教师不用准备过多的教具，让学生根据目标音选择对应图片即可。 根据学生表现灵活调整训练难度。 6个备选项，机器声，同级强化。 指令动作法适用于动词的学习，帮助学生理解动词的含义。 通过游戏进行"动词+颜色+形容词"的结构拓展。

续表

拿绿色的大球，夹绿色的小球，拿绿色的小球，夹绿色的大球。 步骤： （1）跟学生确认动词、颜色和大小； （2）请学生听指令做一做，在学生熟悉游戏形式后，可以让学生说指令，老师做一做。 **（五）后测** 　　使用图文版进行训练后评估，内容和参数设置与前测一致，如关白色的门，摇黄色的铃，洗蓝色的手绢。	监控康复效果。
七、教育康复延伸	**设计意图**
1. 在律动课中，听三步指令做动作； 2. 在美术手工课中，听一听，画一画，如画红色的苹果； 3. 在语言区角活动中，学习儿歌《举重》（动宾词语）。	各学科配合教学，全面提高听障儿童的听觉、言语、语言能力。
八、家庭教育康复指引	**设计意图**
请家长在游戏中或生活情境中多表达三条件动宾结构的短语或短句，请学生听一听、做一做、拿一拿或指一指，如"××把红色的书放到书架里""××，先脱鞋，洗手，再喝一点水""请给我紫色的葡萄"。	获得家长更好的配合，提高康复质量。
九、教育康复反思	
1. 完成情况：机器声，6项，需强化；言语声，8项，通过；使用机器声时，学生的注意力不集中，且机器过高，学生不方便指认，这对准确率造成了影响；用言语声训练时，使用玩具，并且采用游戏的形式，学生表现较好； 2. 难点聚焦：学生听机器声时注意力不集中，准确率低； 3. 改进建议： （1）机器最好放在桌子上，方便学生指认； （2）老师最好坐在学生的侧后方，平行座位会对老师看清学生所指选项造成干扰； （3）准确率受学生注意力影响很大，教师应多准备几种方法帮助学生集中注意力。	

前后测结果对比：

姓名	内容	图文版—听觉理解三条件动宾短语
陈××	前测	001
	后测	111

（二）言语能力康复训练——/d/ 的构音语音训练

　　针对存在声母音位 /d/ 构音异常的儿童，本书设置了一节以 /d/ 的构音语音训练为侧重点的个别化康复案例。在进行构音语音训练时，按照声母音位习得规律进行训练，以音位诱导—音位习得—音位对比—音位强化的顺序，逐步加大治疗的难度和深度，使康复的效果得到快速提升。因此，学生在进行训练时，首先要找到声母 /d/ 的发音部位，建立正确的发音方式；其次通过大量的练习材料巩固发音，如单音节、双音节（前）、双音节（后）、三音节（前）、三音节（中）、三音节（后）；最后将词语放在句子中进行强化，达到最终目的——在生活中能够运用该音位进行交流。

教案 6-2

视频：康复课例 1—学前言语康复课

学科	言语	设计人	陈群
教育康复对象	王××	主讲人	陈群
课型	个别化教育康复课	课时	第 3 课时（共 6 课时）

一、教育康复内容分析

本节课使用"医教结合，综合康复"理念指导下的《学前听障儿童学说话教材》，内容主要包括含有双条件听觉理解的主谓短语、/d/ 的双音节词发音、"×× 做……"的句式。通过"电灯大闯关"的情节设计，引导听障儿童在情境中完成声母 /d/ 的构音语音训练、听觉理解训练，并能结合"×× 做……"的句式进行表达，增强主动语言沟通频率。

二、学情分析

王××，女，3 岁 11 个月。

姓名	障碍类型及程度	言语能力现状	相关能力现状
王××	听障；助听器；最适	呼吸方式为腹式呼吸，呼吸支持达到 7.480 秒；韵母都已习得，声母已习得 /b、m、h/，/d/ 已习得单音节，双音节除与 /i、u/ 相拼的词语不能完成，其他都可完成	听觉方面：现处于听觉理解双条件阶段；语言方面：能表达 3—5 个字的短句，能表达词语 100—300 个；认知方面：颜色只认识红色，空口数数 1—10，按物数数 1—5，认识圆形，物体的量知道大 / 小和一样 / 不一样；性格活泼，但自尊心较强

三、教育康复目标

1. 掌握声母 /d/ 的发音部位与发音方式，能够正确命名含有音位 /d/ 的双音节词语——弟弟、读书、蝴蝶、钓鱼、电灯，正确率达 66.67%；在此基础上，在句子中能正确发音，正确率达 50%；
2. 通过情景设置理解词语，并能正确命名句式"我 / 老师做……"，正确率达 80%；
3. 能结合本节课所学内容，完成主谓短语的听辨、理解、表达，正确率达 80%。

四、教育康复重点、难点

重点：能习得声母 /d/，"弟弟""读书""蝴蝶""钓鱼""电灯"，并能在句子中正确发音。
难点：能习得声母 /d/，"弟弟""读书""蝴蝶""钓鱼""电灯"在句子中的正确发音。

五、教育康复准备

1. 环境准备：录课教室，本底噪声 ≤ 45 dB（A）；
2. 教具准备：白板，自制立体书，声控灯，灯，海苔，饼干，爸爸、妈妈等的卡片；
3. 云平台资源：康复云讲台 S3、听觉云课件。

六、教育康复过程

教育康复过程	设计意图
检查助听器。←辨别方向的能力训练 点名答"到"：师站在幼儿的左边或右边，幼儿听名字答"到"。 （一）前测 师叫"弟弟"，看幼儿的反应，并引出"弟弟"，句子"弟弟读书"。 （二）兴趣导入 根据读书的情境，播放弟弟读书的录音，通过弟弟大声读书，完成闯关游戏第一关：比一比谁的声音大。第一关闯关成功。←**提高响度训练**	检查助听器的工作状态。 主观测量 /d/ 音的清晰度和句子的理解与表达能力。 调动幼儿兴趣，做好上课准备。

续表

（三）新授 1. /d/ 的口部运动和音位诱导。←舌尖上抬及力量训练 第二关：比一比谁的舌头力量大。 第一步：舌尖抵海苔，保持 10 秒。 第二步：舌尖抵薄片饼干，保持 10 秒。 第三步：舌尖抵厚厚的饼干，保持 10 秒。 第四步：播放云讲台中 /d/ 的发音诱导，引导习得本音、呼读音 /d/，第二关闯关成功。 2. 音位习得。←/d/ 的双音节词构音语音训练 第三关：比一比谁说得棒。（师和幼儿一起看书的情景） 第 1 页，弟弟；播放 S3 自选篇——弟弟；拓展句子：××读书。←句子拓展训练 第 2 页，蝴蝶；播放 S3 自选篇——蝴蝶；用逐字增加句长法练习：蝴蝶、蝴蝶飞、蝴蝶会飞。←逐字增加句长法 第 3 页，钓鱼；播放 S3 自选篇——钓鱼；拓展句子：阿姨 / 弟弟钓鱼。←句子拓展训练 第 4 页，电灯；认知电灯；第三关闯关成功。←一口气说词 3. 听觉理解、语言训练。←听话选择 第四关：比一比谁听、说得棒。 通过地脏了的情境，引出"阿姨扫地 / 阿姨拖地、叔叔扫地 / 叔叔拖地"进行理解、命名。 在低背景噪声的情况下，请幼儿听一听、指一指、说一说。 在高背景噪声的情况下，请幼儿听一听、指一指、说一说，第四关闯关成功。 （四）巩固练习←听话选择、音位强化 第五关：比一比谁听、拿得最棒。师在桌子上出示： （1）阿姨、弟弟、爸爸、妈妈； （2）拖把、扫帚、电灯、书。 请儿童听一听，根据师的指令拿一拿、说一说。第五关闯关成功。 （五）效果监控 后测：把桌子上的东西收起来，通过提问和回答的形式，引出"弟弟"（说 3 遍）、"弟弟读书"（说 1 遍）。 导入情境：弟弟肚子饿了，要回家吃饭了，跟弟弟拜拜吧！	用食物诱导法，按照食物由轻到重的顺序，逐步提高幼儿的舌尖力量，完成 /d/ 的音位诱导。 对 /d/ 的双音节前词语进行音位习得，结合一口气说词、响度控制、逐字增加句长及拓展句子进行练习。 在情境中，完成句子练习：×× 做…… 进行双条件短语的听辨、指认。 增加难度，用高背景噪声进行听辨、指认。 巩固、拓展本节课所学内容。 监控本节课的教学效果。
七、教育康复延伸	**设计意图**
1. 在语言区角活动中，进行情境学习，巩固声母 /d/ 的构音及句式，增强语言运用能力； 2. 在美术区角活动中，学习画电灯，并说一说自己的作品； 3. 在音乐区角活动中，结合音乐声的大小，让大小不同的蝴蝶飞一飞。	各个区角配合教学，全面提高幼儿的听觉、言语、语言能力。
八、家庭教育康复指引	**设计意图**
请家长在一定的情境中，如和孩子读书时，多练习句子"妈妈 /×× 读书"，或者是家长进行相应的拓展，在家打豆浆时，说"妈妈打豆浆"，目的是巩固音位 /d/ 及句子。	获得家长更好的配合，提高康复质量。
九、教育康复反思	
1. 点名时，儿童辨别方向的能力需加强，以后每节课应渗透辨别方向的训练，提高儿童辨别方向的能力； 2. 声控灯是一个提高响度训练或者是训练快速用力呼气的工具，但声控灯感应有时不太灵敏，同时也看出儿童响度控制能力还有待提高； 3. 儿童在构音时，与 /ian/ 相拼的词语，掌握不稳定，下节课或在家中应多练习；	

续表

4. 巩固练习时，句子太局限，老师应灵活变换句子，以培养儿童灵活运用句子的能力；
5. 后测的时候，只说了词语和一个句子，应该把这节课的句子都说一遍，为儿童争取更多说的机会。

前后测结果对比：

姓名	内容	弟弟（构音）	弟弟读书
王××	前测	000	0
	后测	111	1

（三）语言能力康复训练——词语理解与命名训练

在对听障儿童语言能力进行精准评估后，康复教师可通过评估结果判断听障儿童语言发展所处的具体阶段，再进行针对性的语言康复训练。下文提供了一节听障儿童词语理解与命名的个别化康复案例。词语理解与命名能力训练的目标为理解与命名常见名词、动词和形容词。研究表明，学龄前儿童在词汇发展过程中，先掌握实词，再掌握虚词；3—6岁儿童使用名词最多，其次是动词和形容词，然后为数词、量词等。因此，康复教师在选择康复内容时，应先进行指人名词和指物名词的训练，再逐步渗透动词和形容词。

视频：康复课例2-学前语言康复课

教案6-3

学科	语言	设计人	陈梦秋
教育康复对象	陈××	主讲人	陈梦秋
课型	个别化教育康复课	课时	第1课时（共3课时）
一、教育康复内容分析			
本课使用"医教结合，综合康复"理念指导下的《学前听障儿童学说话教材》，内容主要包括词语"电饭煲""铁锅""电冰箱""微波炉"。通过"参观厨房"的情节设计，引导听障儿童在情境中完成4个词语的学习（匹配），理解、命名厨房用品。			
二、学情分析			
陈××，男，5岁。			

姓名	障碍类型及程度	语言能力现状	相关能力现状
陈××	听障；助听器；最适	利用语言专项筛查问卷进行评估，结果显示该生语言达到四级，能表达词语100—300个，与同龄正常儿童比在词汇量和语言表达上存在差距；学生具备仿说短句（9个字）的能力，但主动表达较少；学生已掌握"厨房1""厨房2"中涉及的词语，具备学习"厨房3"进阶词语的能力	在听觉方面达到双条件词语理解阶段；在言语方面，响度偏低，构音清晰度得分为75%，ICF构音功能损伤程度为1级轻度损伤，韵母全部习得，声母习得到第三阶段/f/；认知能力和理解能力较好；情绪稳定，但多动

续表

三、教育康复目标
1. 能理解词语"电饭煲""铁锅""电冰箱""微波炉",准确率达到66.67%;
2. 能命名物品"电饭煲""铁锅""电冰箱""微波炉",准确率达到66.67%。
四、教育康复重点、难点
重点:能理解和命名词语"电饭煲""铁锅""电冰箱""微波炉"。
难点:能命名物品"电饭煲""铁锅""电冰箱""微波炉"。
五、教育康复准备
1. 环境准备:录课教室,本底噪声≤45 dB(A);
2. 教具准备:家用电器仿真玩具、家用电器图卡、厨房场景布板;
3. 云平台资源:云课件—语言康复—厨房3。

六、教育康复过程	设计意图
检查助听器。	检查助听器的工作状态。
林氏六音 a i sh m s u 结果	
(一)兴趣导入 请学生观察场景布板,引出"厨房"。 **(二)前测** 请学生说一说,厨房里有什么。 出示实物教具(4个厨房用品)。 理解:请学生听一听,指出"电饭煲""铁锅""电冰箱""微波炉"。 命名:提问"这是什么?"。 **(三)认识厨房用品←感知体验法** 1. 依次介绍4个厨房用品。 冰箱是一种家用电器。 电饭煲是一种家用电器。 微波炉是一种家用电器。 铁锅是一种厨具。 2. 收实物教具。←听觉理解双条件并列短语训练 送电饭煲和冰箱回厨房。 送微波炉回厨房。 送铁锅回厨房。 3. 学一学。←示范模仿法、听说复述 使用云课件—语言康复—厨房3的"学一学"环节,展示不同的冰箱、电饭煲、微波炉、铁锅,学生进行命名。 学生站在距离电脑2米处进行命名。←提高响度训练 4. 配一配。←提示促进法 使用云课件—语言康复—厨房3的"配一配"环节,请学生在4张图片中找出与示例图片相匹配的图片。 5. 练一练。←听话选择、听说复述 使用云课件—语言康复—厨房3的"练一练"环节,请学生听一听,指出对应的物品。	调动幼儿兴趣,做好上课准备。 了解学生对目标词的掌握(理解/命名)情况。 用实物(仿真玩具)帮助学生学习词语,让学生观察每一厨房用品的特点,帮助学生记忆名称。 听觉理解双条件短语训练,既锻炼了听觉记忆的能力,又通过说一说再次巩固了目标词语。 从实物过渡到图片,从三维到二维,用卡通图画等不同形式呈现事物的基本表征,巩固学生的表象认知。 该生日常交流响度偏低,因此渗透响度训练,同时增加课堂趣味。 在游戏过程中进行词语命名的强化训练,学生积极性比较高。

（四）后测 出示目标词图片。 理解：请学生听一听，指出"电饭煲""铁锅""电冰箱""微波炉"。 命名：提问"这是什么？"	监控本节课教学效果。
（五）拓展活动←认知观察力训练 在厨房场景布板里找出今天学的厨房用品。	训练学生在复杂背景中观察具体事物的能力。
七、教育康复延伸	**设计意图**
1. 律动课：听一听厨房里的声音，用厨具做打击乐器创造音乐； 2. 美术课：学习画家用电器，并说一说自己的作品； 3. 语言区角活动：完成小厨师体验。	各课配合教学，全面提高幼儿的听觉、言语、语言能力。
八、家庭教育康复指引	**设计意图**
在家长的看护下，孩子向家长介绍厨房用品，包括名称和功能，如冰箱是用来储存食物的、冰激凌可以放在冰箱里等。家长应及时鼓励孩子，并在孩子遗忘或遗漏时进行提示和补充。	获得家长更好的配合，提高康复质量。
九、教育康复反思	
1. 在奖励学生小贴纸的时候，可以问一问学生想贴在哪里，这样不会因为教师随意贴而使学生的注意力被占用； 2. 学生对仿真玩具更感兴趣，可以让他多接触一段时间，充分满足他的好奇心，避免过渡到图片时学生总在找玩具； 3. 教师经常反问学生，应该用陈述句比较好。	

前后测结果对比：

姓名	前测		
	内容	词语理解	词语命名
陈××	电饭煲	无反应	1
	电冰箱	1	1
	微波炉	冰箱	烤的
	铁锅	1	硬硬的盘子
姓名	后测		
	内容	词语理解	词语命名
陈××	电饭煲	1	1
	电冰箱	1	1
	微波炉	1	1
	铁锅	1	1

（四）认知能力康复训练——记忆力训练

记忆策略的训练是听障儿童认知能力训练的重要组成部分。记忆策略分为复述、排序及联想三种策略。记忆策略训练能有效增加儿童记忆的容量和信息保持的时间。在记忆策略的训练中，要依据儿童记忆发展的年龄特点及现有的认知水平，选择适当的内容循序渐进地进行。排序是指能根据刺激呈现的规律进行信息编码，从而能按此编码提取信息。下文提供了一节按规律排序的个别化康复课案例。在该课中，我们将使用记忆策略中的排序策略，即发现序列的规律，引导儿童努力发现事物排列的规律，并有意识地按照这种规律进行记忆，增强记忆能力。

教案 6-4

学科	认知	设计人	黄辉
教育康复对象	王 ×	主讲人	黄辉
课型	个别化教育康复课	课时	第 1 课时

一、教育康复内容分析

本课使用"医教结合，综合康复"理念指导下的《学前听障儿童认知教材》，内容主要包括发现物体间有规律的排序现象，指认草莓、西瓜、葡萄并仿说，一分钟内完成按规律穿珠。

二、学情分析

王 ×，女，5 岁。

姓名	障碍类型及程度	认知能力现状	相关能力现状
王 ×	听障；助听器；最适	目前认识基本颜色和部分混合色，认识圆形、长方形、三角形，会唱数、点数 1—10，认识生活中的常见物品及属性（大小、长短、高矮、胖瘦）；在学习活动中注意力较集中，但记忆力稍差；相对来说，生活经验比同龄儿童匮乏	听觉理解双条件词语；在言语方面，韵母全部习得，声母处于第二阶段，正在进行 /p/ 的构音训练；情绪稳定，易丧失信心

三、教育康复目标

1. 发现物体间有规律的排序现象，按照 ABCABC 的规律进行记忆排序（正序、倒序均可），准确率达 100%；
2. 认识草莓、西瓜、葡萄三种水果，能够指认和命名，准确率达 80%；
3. 能熟练地完成穿珠任务。

四、教育康复重点、难点

重点：发现物体间有规律的排序现象，按照 ABCABC 的规律进行记忆排序（正序、倒序均可）。
难点：按照 ABCABC 的规律进行记忆排序。

五、教育康复准备	
1. 环境准备：录课教室，本底噪声≤45 dB（A）； 2. 教具准备： （1）红、黄、绿三种颜色的积木各六块； （2）草莓、葡萄、西瓜三种串珠各六个，穿绳两根； （3）圆形、方形、椭圆形绿色串珠各六个，穿绳两根； （4）盖板一个，任务板一张。	

六、教育康复过程	设计意图
检查助听器。 点名答"到"，用林氏六音（30厘米），听声复述。 | 林氏六音 | a | i | sh | m | s | u | |---|---|---|---|---|---|---| | 结果 | | | | | | |	用林氏六音检查助听器的工作状态。
（一）前测←记忆穿珠 师将穿好的珠子给学生看10秒，然后盖住，让学生穿一串相同的。	了解学生的观察和记忆能力。
（二）新授 1. 模式排序。←示范模仿法 （1）师拿出积木，说明游戏规则，要给积木排排队，请幼儿注意看师是怎么排的； （2）师按照"红—黄—绿"的次序摆放积木，摆出两个序列后，空出第三序列中任意一个积木的位置，请幼儿从红、黄、绿三色积木中做选择来摆放；←图形序列推理法 （3）师不断变换积木的排列次序和形式，若幼儿能熟练地给空出的位置补空，师可尝试空出两个位置让幼儿补充； （4）学生做小老师，按次序摆好后，师模仿摆一排相同的。←角色互换法 2. 记忆排序。←示范模仿法 （1）师收起积木，拿出水果串珠。 请学生指认并命名三种水果：西瓜、草莓、葡萄。 师穿好两个序列后，留出第三个序列，师生共同完成第三个序列，学生边摆边命名。 先完成排序，再穿起来。←听说复述、图形序列推理法、手指灵活度训练 （2）学生独立完成三个序列的穿珠。 学生完成第一个序列后，师盖住后两个序列，让学生试着去完成，并把珠子穿起来。 （3）师不断变换串珠的次序，学生命名，若学生能熟练地补出空出的序列，就进行下一个环节。 （4）师拿出绿色串珠，穿好一个序列，学生补出后两个序列。	进行发现物体间的规律的记忆策略的训练，由熟悉的物品和颜色开始。 由模仿到填空，由补充一个到两个，逐渐增加难度。 角色互换，了解学生对游戏规则的理解程度。 进行水果的认知、指认并命名，既锻炼了听觉记忆的能力，又通过说一说再次巩固目标词语。 在游戏过程中，对词语的发音进行巩固和强化训练。
（三）后测 师将穿好的珠子给学生看10秒，然后盖住，让学生穿一串相同的。	监控康复效果，根据后测情况提出家庭康复建议。

七、教育康复延伸	设计意图
1. 律动课：按ABCABC的规律听指令做动作； 2. 美术课：按ABCABC的规律画一画图形/小花； 3. 语言区角活动：说一说、玩一玩西瓜、草莓和葡萄的仿真模型。	各课配合教学，全面提高幼儿的听觉、言语、语言能力。

续表

八、家庭教育康复指引	设计意图
家长可在家里用买来的蔬菜、水果、干果、餐具等和孩子玩排序游戏。	获得家长更好的配合，巩固训练内容，提高康复质量。

九、教育康复反思

1. 学生对基本色很熟悉，模式排序第一环节设计得有点简单了；
2. 西瓜能正确指认并命名，准确率达100%；葡萄可以顺利指认，命名准确率达80%，需巩固；草莓的认知有困难，可以指认，但不能命名，未完成教学目标，课后需加强训练。

前后测结果对比：

姓名	内容	ABCABC
王×	前测	BACCAB
	后测	ABCABC

（五）综合康复

听障儿童个别化综合康复课是对听觉、言语、语言、认知四大康复领域的整合。对于学前低龄听障儿童来说，训练内容的选择上以听觉康复为主、言语和语言训练为辅。下文提供了一节2岁听障幼儿的综合康复课案例，包括听觉察知、/ɑ/的构音及词语理解等内容。本节课的内容属于康复内容中最初级的阶段。听觉察知阶段是听力和听觉的连接点。听觉察知训练主要应用于刚开机的听障儿童。/ɑ/是发音最简单，也是儿童最先习得的韵母，而"爸爸""妈妈"是儿童最先掌握的指人名词。

教案6-5

学科	综合康复	设计人	陈群
教育康复对象	李××	主讲人	陈群
课型	个别化教育康复课	课时	第1课时（共2课时）

一、教育康复内容分析

本课使用"医教结合，综合康复"理念指导下的《学前听障儿童学说话教材》，内容主要包括察知声音的有无、单韵母/ɑ/、词语"爸爸"和"妈妈"。通过"宝宝找妈妈"的情节设计，引导听障儿童在情境中完成以上内容的学习。

二、学情分析

李××，女，2岁。

姓名	障碍类型及程度	听觉、言语能力现状	相关能力现状
李××	听障；助听器；最适	听觉方面，现处于听觉察知的有意察知阶段；语言方面，能模仿2个字的叠词；言语方面，呼吸支持不足，韵母只能在辅助下完成/ɑ/的发音，声母习得/b、m/，但只能清晰表达"爸爸""妈妈"	认知方面，能完成基本色的配对；注意力稳定性差，小动作多，需用强化物鼓励

续表

三、教育康复目标
1. 通过游戏的形式，察知声音的有和没有，正确率达到 80%； 2. 能自主发单韵母 /ɑ/，正确率达到 66.67%； 3. 能理解、指认、命名词语"爸爸""妈妈"，正确率达到 80%。
四、教育康复重点、难点
重点：能自主完成察知声音的有无。 难点：能自主完成单韵母 /ɑ/ 的发音，理解、命名"爸爸""妈妈"。
五、教育康复准备
1. 环境准备：录课教室，本底噪声 ≤ 45 dB（A）； 2. 教具准备：咀嚼器，镜子，爸爸、妈妈的照片，套圈，泡泡，椅子； 3. 云平台资源：听觉康复训练仪。

六、教育康复过程	设计意图
检查助听器。 听到声音（林氏六音）回头。 | 林氏六音	ɑ	i	sh	m	s	u | | --- | --- | --- | --- | --- | --- | --- | | 结果 | | | | | | |	检查助听器的工作状态。
（一）前测 　　师播放宝宝哭的音频，请幼儿模仿宝宝哭，引导出单韵母 /ɑ/；请幼儿帮宝宝找妈妈，并记录词语"妈妈"的命名情况。	主观测量单韵母 /ɑ/、词语"妈妈"的命名。
（二）兴趣导入←听声走路法 　　在和妈妈做游戏的情境中，听到音乐走一走，没有音乐就跳到圈圈里。	调动幼儿兴趣，做好上课准备。
（三）音位诱导 　　师：今天有位医生阿姨，来给我们检查牙齿，请张开嘴巴。 　　师：医生阿姨有好吃的小鱼，嘴巴张开，牙齿咬住小鱼用力嚼，坚持数下。←咀嚼法 　　师把小鱼竖起来让幼儿咬住，坚持 10 秒。 　　竖着咬小鱼发单韵母 /ɑ/，坚持 5 秒。←辅助发音 　　去掉小鱼，自主发单韵母 /ɑ/，坚持 5 秒。←自主发音	在提高咬肌力量的基础上，练习下颌全开位稳定性，最终实现自主发单韵母 /ɑ/。
（四）小火车游戏←最长声时训练 　　在言语矫治仪中，设置发音时间为 1 秒，请幼儿一口气发单韵母 /ɑ/。	提高呼吸支持能力。
（五）音位习得←视觉辅助法 　　师出示爸爸、妈妈、阿姨的照片，让幼儿照镜子完成发音，幼儿在构音的基础上理解词语。	将单韵母 /ɑ/ 放在词语中练习，并简单理解词语。
（六）察知声音有无 1←听声穿珠 　　师播放妈妈、爸爸的笑声，请幼儿听一听，听到声音穿珠。	察知男声 / 女声。
（七）察知声音有无 2←配声动作类 　　播放妈妈笑的声音，请幼儿张大嘴巴笑一笑。 　　播放爸爸笑的声音，请幼儿张大嘴巴笑一笑。	进一步巩固察知声音的有无，并进一步稳定下颌的全开位。
（八）听觉识别←听话选择 　　随机播放爸爸、妈妈的笑声，请幼儿听一听是谁的声音，并指出爸爸、妈妈的照片。	

（九）听觉理解←听话选择 师出示爸爸、妈妈的照片，请幼儿听一听、指一指、说一说。 （九）后测 出示单韵母 /ɑ/、妈妈的图片，请幼儿分别说3遍。 师：宝宝找到妈妈了，要和妈妈回家了，下课。	由察知过渡到识别，由识别过渡到理解。 监控本节课的教学效果。
七、教育康复延伸	设计意图
1. 在语言区角活动中，进行情境学习，巩固单韵母 /ɑ/ 及词语，增强语言运用能力； 2. 在美术区角活动中，简单涂鸦，给爸爸、妈妈的衣服涂上漂亮的颜色； 3. 在音乐区角活动中，和小朋友一起跳舞，有音乐时跳舞，没有音乐时坐坐好。	各课配合教学，全面提高幼儿的听觉、言语、语言能力。
八、家庭教育康复指引	设计意图
由于幼儿年龄较小，注意力集中时间短，请家长一定要使用游戏教学，将单韵母 /ɑ/、察知声音的有无、词语"爸爸""妈妈"的理解贯穿在游戏中。	获得家长更好的配合，提高康复质量。
九、教育康复反思	
1. 由于幼儿年龄较小，注意力不集中，教师应将涉及的内容多放在游戏中，抓住幼儿现阶段的年龄特点，使课堂有序进行； 2. 听觉识别的内容，正确率只达到了50%，还需进一步练习； 3. 幼儿对小火车游戏的游戏规则不太理解，教师引导应更明确。	

前后测结果对比：

姓名	内容	/ɑ/（构音）	妈妈（词语命名）
李××	前测	000	0
	后测	111	1

学龄个别化教育康复案例设计与解析

PART 2

第二节

　　学龄听障儿童的教育康复是一项补偿性工作，实施者主要是聋校的教育康复教师。在聋校低年级段的听障儿童主要是以下四种情况：① 听力重建或补偿效果达到适合以上，智力情况和前期康复效果较好，集体教育康复课满足不了个体需求。② 听障儿童因听力重建或助听效果处于较适或看话，虽经过了学前的康复，但不能依靠口语交流；③ 来自农村的听障儿童由于信息闭塞和经济原因，未进行及时的早期康复，错过了发展关键期；④ 一些听障儿童伴有智力障碍、运动障碍和发育迟缓等问题。面对聋校低年级段学生的复杂情况，仅集体课教育康复难以满足学生的需求，聋校必须为有需要的学龄听障儿童开设个别化教育康复课。个别化教育康复课应在发展听觉、言语、语言、认知能力的基础上兼顾各个学科。下文以聋校二年级某些学生为实例，以二年级语文学科为载体，提供部分应用案例。

一、诊疗档案实施案例

　　学龄听障儿童的诊疗档案格式、内容与学前儿童的基本相同，在此不再赘述。为更简洁、清晰地呈现评估结果，反映听障儿童在某一领域的水平，康复教师在整理评估结果时可将同一领域不同阶段的数据放在一个表格中。某听障儿童的基本资料及能力水平等信息，见表6-27至表6-31。

表6-27　学生基本资料

学生姓名	吴××	性别	男	出生日期	2006年8月3日	学校	××特殊教育学校	障碍类型	听力障碍
听力情况	左耳：91 dB 右耳：28.75 dB	助听设备及开机时间	助听器 2010年8月 人工耳蜗 2007年11月	鉴定机构	北京医院		鉴定日期	2007年3月	
父	吴×	教育程度	中专	职业	工人	出生日期	1981年	联系电话	
母	乔××		中专		教师		1982年		

续表

家庭状况
父亲吴×，工人；母亲乔××，幼儿老师。一家三口，家庭关系和谐。住在招远市××，住房条件良好。社区周围有公园、超市等。父母工作较忙，对其陪伴时间较少，学生双休日及放假回家基本是和祖母在一起，与父母交流较少。

生长史	医疗史与康复训练史
吴××，2006年出生，4个月会抬头，6个月会翻身，7个月会坐，8个月会爬，12个月会走。	2009年9月—2010年9月在××康复学校康复，每天40分钟个训，内容为听觉和言语。 　　2010年10月—2013年8月到××康复园，每天40分钟个训，内容为听觉和言语。 　　2013年9月—2014年9月就读于××小学，正常小学上课，无康复内容。 　　2015年9月至今在××特殊教育学校小学部就读，每天六节集体课，内容为听觉、言语、语言。

表6-28　听觉功能评估结果及分析

评估项目	评估内容	数据	结果及分析
分辨能力	时长	66.67%	需要训练
	语速	100%	通过
	强度	94.44%	通过
	频率	72.22%	需要训练
识别能力	语音均衡式声母	79.42%	需要训练
	语音均衡式韵母	14.39%	需要训练
	音位对比式声母	82.97%	擦音与无擦音、相同方式不同部位需要训练
	音位对比式韵母	78.62%	全面训练
理解能力	单条件词语	/	未测
	双条件词语	60%	介宾、动宾、主谓词语需要训练
	三条件词语	47.5%	全面训练

表6-29　言语功能评估结果及分析

评估项目	评估内容	数据及正确率		损伤程度		结果及分析
呼吸功能	MPT/s	第一次测	第二次测	初始值	0	损伤程度为0级，达到该年龄儿童MPT的训练目标，不需训练
		12.984	14.460	目标值		
	MCA/s	第一次测	第二次测	初始值		在测试中发现/i/、/u/均无法准确发音，同时也不能发出连续的嘶音，该项评估目前无法进行，需待进一步训练后再进行评估
				目标值		

续表

评估项目	评估内容		数据及正确率	损伤程度		结果及分析
发声功能	言语基频/Hz		315.90	初始值	3	损伤程度为3级，目标值为2级
				目标值	2	
共鸣功能	/ɑ/的共振峰	F_1	1125.07	初始值	0	正常
				目标值		
		F_2	1781.64			
	/i/的共振峰	F_1	616.98	初始值	0	损伤程度为0级
		F_2	2418.42	目标值		
	/u/的共振峰	F_1	640.07			/u/的F_2值高于标准值2个标准差以上，表现为前位聚焦；损伤程度为3级，目标值为2级（注：该生/i/、/u/的发音都不准确，对评估结果有一定影响，所以应在他进行构音训练之后，能准确发出/i/、/u/时再进行共鸣评估）
				初始值	3	
		F_2	1329.63	目标值	2	
口部运动功能	下颌运动		100%	初始值	0	正常
				目标值		
	唇运动		100%	初始值	0	正常
				目标值		
	舌运动		82.8%	初始值	1	损伤程度为1级，目标值为0级；应进行舌两侧缘上抬模式和舌后部上抬模式的训练
				目标值	0	
构音能力评估	声母音位对		34.78	初始值	3	损伤程度为3级，目标值为2级；构音语音处于声母第二阶段
				目标值	2	
	韵母音位对		20%			
	声调音位对		0			

表6-30 语言功能评估结果及分析

评估项目	评估内容	正确率及得分	损伤程度	结果及分析
语音产生	声母	47%		需要训练
	韵母	41%		
	声调	25%		

续表

评估项目	评估内容	正确率及得分	损伤程度		结果及分析
词语	词语理解	57.5%	初始值	2	词语理解评估损伤程度为2级，目标值为1级，需要训练
			目标值	1	
	词语命名	41.18%	初始值	3	词语命名评估损伤程度为3级，目标值为2级，需要训练
			目标值	2	
句子	句子理解	39.13%	初始值	3	损伤程度为3级，目标值为2级，需要训练
			目标值	2	
	模仿句长	7			需要训练
	句式仿说	语法：23% 语义：25%	初始值	3	损伤程度为3级，目标值为2级，需要训练
			目标值	2	

表6-31 认知功能评估结果及分析

评估项目	评估内容	数据	损伤程度		结果及分析
知识评估	颜色	10	初始值	0	正常
			目标值		
	形状	16	初始值	0	正常
			目标值		
	时间	7	初始值	1	损伤程度为1级，目标值为0级，需要训练
			目标值	0	
	空间	6	初始值	2	损伤程度为2级，目标值为1级，需要训练
			目标值	1	
	物体的量	7	初始值	2	损伤程度为2级，目标值为1级，需要训练
			目标值	1	
	数字	16	初始值	3	损伤程度为3级，目标值为2级，需要训练
			目标值	2	
能力评估	空间次序	8	初始值	0	空间次序能力正常
			目标值		
	动作序列	5	初始值	2	动作序列能力损伤程度为2级，目标值为1级，需要训练
			目标值	1	
	目标辨认	4	初始值	3	目标辨认能力损伤程度为3级，目标值为2级，需要训练
			目标值	2	

续表

评估项目	评估内容	数据	损伤程度		结果及分析
能力评估	图形推理	6	初始值	1	图形推理能力损伤程度为1级，目标值为0级，需要训练
			目标值	0	
	逻辑类比	8	初始值	0	逻辑类比能力正常
			目标值		

二、阶段方案实施案例

听障儿童进入学龄阶段，教育康复内容转而以学科知识为侧重点，这是学龄个别化教育康复方案与学前个别化教育康复方案的最主要区别。

（一）学期方案

康复教师以前文所述的诊疗档案为依据，以第四册聋校语文教材为主要内容设计了2017年3月至6月的语文学期方案，见表6-32。

表6-32 学期方案

领域	主要内容	目标达到程度
兴趣与意志	培养集中注意力听（看）别人说话的能力，初步养成想说、爱说、能说的良好语言表达习惯，勇于与他人沟通，乐于用书面语表达自己看到的事物和想说的话	能达到兴趣与意志目标
听觉（看话）	1. 能正确指认和理解不同时长与频率； 2. 能听（看）懂大部分已学过的常用词语和句子； 3. 能正确地听（看）懂语文教学中的常用术语	能正确指认和理解
言语	口部运动治疗： 习得舌两侧缘上抬模式、舌后部上抬模式	每个模式能独立完成3秒以上
	声母构音语音训练： 巩固声母 /b/、/m/、/d/、/h/、/p/、/t/、/n/、/f/、/q/、/l/、/s/、/r/、/sh/ 的发音清晰度； 提高声母 /g/、/k/、/j/、/x/ 的发音清晰度	每个音重复3遍，正确率达100%
	韵母构音语音训练： 提高韵母 /i/、/u/ 的发音清晰度	
	能正确、熟练地读出新音节； 能正确读出所学的词语； 学习正确、流畅、有（感情）表情地朗读句子	能正确朗读、背诵

续表

领域	主要内容	目标达到程度
语言	1. 正确理解并命名聋校语文教材第四册中出现的250多个新词； 2. 继续学习较复杂的单句、把字句、有关联词语的并列复句、简单的递进复句、无关联词语的因果复句及简单的比喻句，共计20个句型； 3. 培养能正确理解图意和相应的句意的能力； 4. 培养正确观察图画和事物，并能根据图或演示说（写）一两句完整、意思连贯的话的能力； 5. 培养能用学过的词语和句子回答简单问题的能力	能正确理解、命名目标词，正确率达100%； 能正确理解图意和相应的句意； 能正确观察图画和事物，并能根据图或演示说（写）一两句完整、意思连贯的话； 能用学过的词语和句子回答简单问题
学科相关知识	1. 培养正确工整地抄写音节、给汉字注音、正确掌握声调标法、正确书写本册所学汉字的能力，继续认识汉字的笔画名称，认识常见的偏旁，学习区别形近字； 2. 培养正确、清晰、熟练地打出手指语，能看懂学过的手指语的能力； 3. 培养在家庭、学校的日常生活中借助手势语表达常用语句，能有礼貌地用手语与他人进行沟通的能力； 4. 培养用较适宜的体态语表情达意，与他人进行良好的沟通交流的能力； 5. 培养较熟练地使用沟通辅具进行训练的能力，能在他人的指导下，运用云平台、各种训练仪器和多媒体等技术进行言语和语言训练，尝试借助QQ、微信等沟通软件与他人进行良好的沟通	能掌握规定的相关知识并灵活运用

（二）月方案

个别化教育康复教师根据语文教学进度，结合听觉、言语、语言各领域的教育康复知识制定了详细的月方案，见表6-33。

表6-33 月方案

时间	兴趣与意志	听觉（看话）	言语	语言	学科相关能力
三月	培养集中注意力听（看）别人说话的能力，初步养成想说、爱说、能说的良好语言表达习惯，勇于与他人沟通，乐于用书面语表达自	1. 能正确指认和理解不同时长与频率； 2. 学会听（看）懂第一至五课中的词语和句子	1. 口部运动治疗内容是与本课内容相关的常规性口部运动训练，针对性训练内容是舌后部上抬模式； 2. 构音语音训练：结合本课内容进行已习得声母的巩固、强化，进行声母/g/的构音训练； 3. 能正确、熟	1. 学会第四册第一至五课中的生字、新词语，正确理解词语的意思，学习使用词语； 2. 通过观察图画，理解句子意思； 3. 能在创设的情境中运用"谁给谁看什么""什么和什么的什么一样，什么不一样""什么和什么是什么，什么和什么也是什么""什么地方的哪儿着各种什么，有什	1. 正确工整地抄写音节、给汉字注音，正确掌握声调标法，正确书写第一至五课所学汉字； 2. 继续认识汉字的笔画名称，认识部首：反文旁、鱼字旁、舟字旁、牛字旁、双耳旁； 3. 正确、清晰、熟练地打出第一至五课所学词语的手指语，能看懂所学的词的手指语； 4. 在家庭、学校的日常生活中借助手势语表达已学过的语句，有礼貌地用手语与他人进行沟通； 5. 用较适宜的体态语表情达

续表

时间	兴趣与意志	听觉（看话）	言语	语言	学科相关能力
	己看到的事物和想说的话		练地读出新音节，正确读出所学的词语； 4. 学习正确、流畅、有（感情）表情地朗读句子	么，还有什么""谁和谁一起到哪儿做什么"等五种句式仿说、写句子，进行对话交往	意，与他人进行良好的沟通交流； 6. 能在他人的指导下，运用云平台、各种训练仪器和多媒体等进行言语和语言训练，尝试借助QQ、微信等沟通软件与他人进行良好的沟通
四月	培养集中注意力听（看）别人说话的能力，初步养成想说、爱说、能说的良好语言表达习惯，勇于与他人沟通，乐于用书面语表达自己看到的事物和想说的话	1. 能正确指认和理解不同时长与频率； 2. 学会听（看）懂第六至十课中的词语和句子	1. 口部运动训练内容是与本课内容相关的常规性口部运动训练，针对性训练内容是舌后部上抬模式、舌两侧缘上抬模式，用唇运动训练器进行/u/的针对性训练； 2. 构音语音运动训练：结合本课内容进行已习得声母的巩固、强化，进行声母/k/的构音训练，进行韵母/u/的构音训练； 3. 能正确、熟练地读出新音节（包括手指语），正确读出所学的词语（包括手指语）； 4. 学习正确、流畅、有（感情）表情地朗读句子	1. 学会第四册第六至十课中的生字、新词语，正确理解词语的意思，学习使用词语； 2. 通过观察图画，理解句子意思； 3. 能在创设的情境中运用"谁把什么怎么样""什么季节，哪里的什么怎么样""什么时候，谁去哪儿买什么""什么干什么快，谁用什么干什么"等四种句式仿说、写句子，进行对话交往； 4. 能在生活中运用礼貌用语说话	1. 正确工整地抄写音节、给汉字注音，正确掌握声调标法，正确书写第六至十课所学汉字； 2. 继续认识汉字的笔画名称，认识部首：巾字底、山字底、雨字头、竖心旁； 3. 正确、清晰、熟练地打出第六至十课所学词语的手指语，能看懂所学的词的手指语； 4. 在家庭、学校的日常生活中借助手势语表达学过的语句，有礼貌地用手语与他人进行沟通； 5. 用较适宜的体态语表情达意，与他人进行良好的沟通交流； 6. 能在他人的指导下，运用云平台、各种训练仪器和多媒体等进行言语和语言训练，尝试借助QQ、微信等沟通软件与他人进行良好的沟通
五月	培养集中注意力听（看）别人说话的能力，初步养成想说、爱说、能说的良好语言表达习惯，勇于与他人	学会听（看）懂第十一至十五课中的词语和句子	1. 口部运动训练内容是与本课内容相关的常规性口部运动训练，针对性训练内容是舌后部上抬模式、舌两侧缘上抬模式、舌尖前伸训练、舌面上抬训练、舌尖抵下齿	1. 学会第四册第十一至十五课中的生字、新词语，正确理解词语的意思，学习使用词语； 2. 通过观察图画，理解句子意思； 3. 能在创设的情境中运用"谁喜欢什么，更喜欢什么""谁喜欢什么吗？""什么（谁）	1. 正确工整地抄写音节、给汉字注音，正确掌握声调标法，正确书写第十一至十五课所学汉字； 2. 继续认识汉字的笔画名称，认识部首：弓字旁、走字旁、穴宝盖； 3. 正确、清晰、熟练地打出第十一至十五课所学词语的手指语，能看懂所学的词的手指语；

续表

时间	兴趣与意志	听觉（看话）	言语	语言	学科相关能力
	沟通，乐于用书面语表达自己看到的事物和想说的话		龈训练； 2. 构音语音运动训练：结合本课内容进行已习得声母的巩固、强化，进行声母/j/的构音训练，用舌前位训练器进行韵母/i/的构音训练； 3. 能正确、熟练地读出新音节（包括手指语），正确读出所学的词语（包括手指语）； 4. 学习正确、流畅、有（感情）表情地朗读句子	怎么样（做什么），谁（什么）把什么怎么样""谁和谁做什么""谁劝谁不要做什么""什么时候，有的人在哪儿做什么，有的人在哪儿做什么"等五种句式仿说、写句子，进行对话交往； 4. 看图回答问题，并把回答的话写成通顺的句子	4. 在家庭、学校的日常生活中借助手势语表达学过的语句，有礼貌地用手语与他人进行沟通； 5. 用较适宜的体态语表情达意，与他人进行良好的沟通交流； 6. 能在他人的指导下，运用云平台、各种训练仪器和多媒体等进行言语和语言训练，尝试借助QQ、微信等沟通软件与他人进行良好的沟通
六月	培养集中注意力听（看）别人说话的能力，初步养成想说、爱说、能说的良好语言表达习惯，勇于与他人沟通，乐于用书面语表达自己看到的事物和想说的话	学会听（看）懂第十六至二十课中的词语和句子	1. 口部运动训练内容是与本课内容相关的常规性口部运动训练，针对性训练内容是舌后部上抬模式、舌两侧缘上抬模式、舌尖前伸训练、舌面上抬训练、刺激舌面训练； 2. 构音语音运动训练：结合本课内容进行已习得声母的巩固、强化，进行声母/x/的构音训练，用舌前位训练器进行韵母/i/的构音训练； 3. 能正确、熟练地读出新音节（包括手指语），正确读出所学的词语（包括手指语）； 4. 学习正确、流畅、有（感情）表情地朗读句子	1. 学会第四册第十六至二十课中的生字、新词语，正确理解词语的意思，学习使用词语； 2. 通过观察图画，理解句子意思； 3. 能在创设的情境中运用"哪些人在哪儿做什么，有的做什么，有的做什么，还有的做什么""谁想做什么""谁送给谁多少什么""谁把什么借给谁做什么""谁家在哪儿，附近有什么""什么的什么像什么"等六种句式仿说、写句子，进行对话交往	1. 正确工整地抄写音节、给汉字注音，正确掌握声调标法，正确书写第十六至二十课所学汉字； 2. 继续认识汉字的笔画名称，认识部首：王字旁、子字旁、门字旁、力字旁； 3. 正确、清晰、熟练地打出第十六至二十课所学词语的手指语，能看懂所学的词的手指语； 4. 在家庭、学校的日常生活中借助手势语表达学过的语句，有礼貌地用手语与他人进行沟通； 5. 用较适宜的体态语表情达意，与他人进行良好的沟通交流； 6. 能在他人的指导下，运用云平台、各种训练仪器和多媒体等进行言语和语言训练，尝试借助QQ、微信等沟通软件与他人进行良好的沟通

（三）周方案

周方案将教育康复内容和目标细致到每一周，个别化教育康复教师可针对某一问题制订螺旋式的提示计划。例如，该生无法完成最大数数能力（MCA）的评估，说明呼吸、发声存在协调性问题，因此在周方案中加入唱音练习，见表6-34。

表6-34　周方案

时间	兴趣与意志	听觉	言语	语言	学科相关能力
第一周	培养集中注意力听（看）别人说话的能力，初步养成想说、爱说、能说的良好语言表达习惯，勇于与他人沟通，乐于用书面语表达自己看到的事物和想说的话	1. 培养指认和理解不同时长的能力； 2. 学会听（看）懂第一课中的词语和句子	1. 言语腹式呼吸训练：与呼吸训练结合的唱音练习； 2. 口部运动治疗内容是与本课内容相关的常规性口部运动训练，针对性训练内容是舌后部上抬模式； 3. 构音语音运动治疗：利用口部运动训练器，进行/g/的音位诱导； 4. 能正确、熟练地读出词语：长城、故宫、北京图书馆、人民大会堂、人民英雄纪念碑、毛主席纪念堂； 5. 学习正确、流畅、有（感情）表情地朗读句子：老师给我们看长城的图片	1. 学会第一课中的生字、新词语，正确理解词语的意思，学习使用词语； 2. 通过观察图画，理解句子意思； 3. 能在创设的情境中运用"谁给谁看什么"的句式说、写句子，进行对话交往； 4. 能背诵所学词语和句子	1. 正确工整地抄写音节、给汉字注音，正确掌握声调标法，正确书写第一课所学汉字； 2. 继续认识汉字的笔画名称，认识反文旁； 3. 正确、清晰、熟练地打出第一课所学词语的手指语，能看懂所学的词的手指语； 4. 在家庭、学校的日常生活中借助手势语表达本课学过的语句； 5. 能在他人的指导下，运用云平台、各种训练仪器和多媒体等进行言语和语言训练
第二周	培养集中注意力听（看）别人说话的能力，初步养成想说、爱说、能说的良好语言表达习惯，勇于与他人沟通，乐于用书面语表达自己看到的事物和想说的话	1. 培养指认和理解不同时长的能力； 2. 学会听（看）懂第二、三课中的词语和句子	1. 言语腹式呼吸训练：与呼吸训练结合的唱音练习； 2. 口部运动治疗内容是与本课内容相关的常规性口部运动训练，针对性训练内容是舌后部上抬模式； 3. 构音语音运动治疗：利用口部运动训练器，进行/g/的音位诱导与习得训练； 4. 能正确、熟练地读出词语：蚂蚁、蜘蛛、竹竿、鲤鱼、枫叶、钉子、刨子、抬煤、大刀、弓箭、长矛、戈、枪、子弹、坦克、炮、火箭、潜水艇、军舰； 5. 学习正确、流畅、有（感情）表情地朗读句子：风和枫的读音一样，意思不一样；大刀和弓箭是武器，枪和炮也是武器	1. 学会第二、三课中的生字、新词语，正确理解词语的意思，学习使用词语； 2. 通过观察图画，理解句子意思； 3. 能在创设的情境中运用"什么和什么的什么一样，什么不一样""什么和什么是什么，什么和什么也是什么"的句式仿说、写句子，进行对话交往； 4. 能背诵所学词语和句子	1. 正确工整地抄写音节、给汉字注音，正确掌握声调标法，正确书写第二、三课所学汉字； 2. 继续认识汉字的笔画名称，认识鱼字旁、舟字旁； 3. 正确、清晰、熟练地打出第二、三课所学词语的手指语，能看懂所学的词的手指语； 4. 在家庭、学校的日常生活中借助手势语表达这两课学过的语句； 5. 能在他人的指导下，运用云平台、各种训练仪器和多媒体等进行言语和语言训练

续表

时间	兴趣与意志	听觉	言语	语言	学科相关能力
第三周	培养集中注意力听（看）别人说话的能力，初步养成想说、爱说、能说的良好语言表达习惯，勇于与他人沟通，乐于用书面语表达自己看到的事物和想说的话	1. 培养指认和理解不同时长和频率的能力； 2. 学会听（看）懂第四课中的词语和句子	1. 言语腹式呼吸训练：与呼吸训练结合的唱音练习； 2. 口部运动治疗内容是与本课内容相关的常规性口部运动训练，针对性训练内容是舌后部上抬模式； 3. 构音语音运动治疗：利用口部运动训练器，进行/g/的音位诱导与习得训练； 4. 能正确、熟练地读出词语：牡丹花、月季花、梅花、菊花、桂花、荷花、柏树、松树、槐树、榕树、梧桐树、桦树； 5. 学习正确、流畅、有（感情）表情地朗读句子：公园的花坛里种着各种花，有月季花，还有牡丹花	1. 学会第四课中的生字、新词语，正确理解词语的意思，学习使用词语； 2. 通过观察图画，理解句子意思； 3. 能在创设的情境中运用"什么地方的哪儿种着各种什么，有什么，还有什么"的句式说、写句子，进行对话交往； 4. 能背诵所学词语和句子	1. 正确工整地抄写音节、给汉字注音，正确掌握声调标法，正确书写第四课所学汉字； 2. 继续认识汉字的笔画名称，认识牛字旁； 3. 正确、清晰、熟练地打出第四课所学词语的手指语，能看懂所学的词的手指语； 4. 在家庭、学校的日常生活中借助手势语表达本课学过的语句； 5. 能在他人的指导下，运用云平台、各种训练仪器和多媒体等进行言语和语言训练
第四周	培养集中注意力听（看）别人说话的能力，初步养成想说、爱说、能说的良好语言表达习惯，勇于与他人沟通，乐于用书面语表达自己看到的事物和想说的话	1. 培养指认和理解不同时长和频率的能力； 2. 学会听（看）懂第四课中的词语和句子	1. 言语腹式呼吸训练：与呼吸训练结合的唱音练习； 2. 口部运动治疗内容是与本课内容相关的常规性口部运动训练，针对性训练内容是舌后部上抬模式； 3. 构音语音运动治疗：利用口部运动训练器，进行/g/的音位诱导与习得训练； 4. 能正确、熟练地读出词语：牡丹花、月季花、梅花、菊花、桂花、荷花、柏树、松树、槐树、榕树、梧桐树、桦树； 5. 学习正确、流畅、有（感情）表情地朗读句子：公园的花坛里种着各种花，有月季花，还有牡丹花	1. 学会第四课中的生字、新词语，正确理解词语的意思，学习使用词语； 2. 通过观察图画，理解句子意思； 3. 能在创设的情境中运用"什么地方的哪儿种着各种什么，有什么，还有什么"的句式说、写句子，进行对话交往； 4. 能背诵所学词语和句子	1. 正确工整地抄写音节、给汉字注音，正确掌握声调标法，正确书写第四课所学汉字； 2. 继续认识汉字的笔画名称，认识牛字旁； 3. 正确、清晰、熟练地打出第四课所学词语的手指语，能看懂所学的词的手指语； 4. 在家庭、学校的日常生活中借助手势语表达本课学过的语句； 5. 能在他人的指导下，运用云平台、各种训练仪器和多媒体等进行言语和语言训练
第五周	培养集中注意力听（看）别人说话的能力，初步养成想说、爱说、能说的良好语言表达习惯，勇	1. 培养指认和理解不同时长和频率的能力； 2. 学会听（看）懂第五、六课中	1. 口部运动治疗内容是与本课内容相关的常规性口部运动训练，针对性训练内容是舌后部上抬模式； 2. 构音语音运动治疗：利用口部运动训练器，进行/g/的音位诱导与习得训练； 3. 能正确、熟练地读出词语：电影院、售票处、电影票、花圈、亲手、队伍、	1. 学会第五、六课中的生字、新词语，正确理解词语的意思，学习使用词语； 2. 通过观察图画，理解句子意思； 3. 能在创设的情境中运用"谁	1. 正确工整地抄写音节、给汉字注音，正确掌握声调标法，正确书写第五、六课所学汉字； 2. 继续认识汉字的笔画名称，认识双耳旁、巾字底； 3. 正确、清晰、熟练地打出第五、六课所学词语的手指语，能看懂所学的词

续表

时间	兴趣与意志	听觉	言语	语言	学科相关能力
	于与他人沟通，乐于用书面语表达自己看到的事物和想说的话	的词语和句子	献上、一起、清明节、电影院、早晨、老师、帮助、拖地板、再见、谢谢、您好、回来啦； 4. 学习正确、流畅、有（感情）表情地朗读第五、六课的句子	和谁一起到哪儿做什么"的句式说、写句子，进行对话交往； 4. 能在生活中运用第六课所学礼貌用语说话； 5. 能背诵所学词语和句子	的手指语； 4. 在家庭、学校的日常生活中借助手势语表达本课学过的语句； 5. 能在他人的指导下，运用云平台、各种训练仪器和多媒体等进行言语和语言训练
第六周	培养集中注意力听（看）别人说话的能力，初步养成想说、爱说、能说的良好语言表达习惯，勇于与他人沟通，乐于用书面语表达自己看到的事物和想说的话	1. 培养指认和理解不同时长和频率的能力； 2. 学会听（看）懂第七课中的词语和句子	1. 口部运动治疗内容是与本课内容相关的常规性口部运动训练，针对性训练内容是舌后部上抬模式； 2. 构音语音运动治疗：利用口部运动训练器，进行/g/的音位习得训练、/k/的音位诱导训练； 3. 能正确、熟练地读出词语：灌进、开水、外婆、连忙、晒衣服、放进、收进、水开了、灌开水； 4. 学习正确、流畅、有（感情）表情地朗读第七课的句子	1. 学会第七课中的生字、新词语，正确理解词语的意思，学习使用词语； 2. 通过观察图画，理解句子意思； 3. 能在创设的情境中运用"谁把什么怎么样"的句式说、写句子，进行对话交往； 4. 能背诵所学词语和句子	1. 正确工整地抄写音节、给汉字注音，正确掌握声调标法，正确书写第七课所学汉字； 2. 继续认识汉字的笔画名称，认识山字底； 3. 正确、清晰、熟练地打出第七课所学词语的手指语，能看懂所学的词的手指语； 4. 在家庭、学校的日常生活中借助手势语表达本课学过的语句； 5. 能在他人的指导下，运用云平台、各种训练仪器和多媒体等进行言语和语言训练
第七周	培养集中注意力听（看）别人说话的能力，初步养成想说、爱说、能说的良好语言表达习惯，勇于与他人沟通，乐于用书面语表达自己看到的事物和想说的话	1. 培养指认和理解不同时长和频率的能力； 2. 学会听（看）懂第八课中的词语和句子	1. 口部运动治疗内容是与本课内容相关的常规性口部运动训练，针对性训练内容是舌后部上抬模式； 2. 构音语音运动治疗：利用口部运动训练器，进行/g/的音位习得训练、/k/的音位诱导训练； 3. 能正确、熟练地读出词语：春天、天气、小河、长出、暖和了、夏天、柳树、不停、凉了、变黄了、嫩绿、蝉儿、纷纷、叫着、结冰了； 4. 学习正确、流畅、有（感情）表情地朗读第八课的句子	1. 学会第八课中的生字、新词语，正确理解词语的意思，学习使用词语； 2. 通过观察图画，理解句子意思； 3. 能在创设的情境中运用"什么季节，哪里的什么怎么样"的句式说、写句子，进行对话交往； 4. 能在生活中运用第八课所学礼貌用语说话； 5. 能背诵所学词语和句子	1. 正确工整地抄写音节、给汉字注音，正确掌握声调标法，正确书写第八课所学汉字； 2. 正确、清晰、熟练地打出第八课所学词语的手指语，能看懂所学的词的手指语； 3. 在家庭、学校的日常生活中借助手势语表达本课学过的语句； 4. 能在他人的指导下，运用云平台、各种训练仪器和多媒体等进行言语和语言训练

续表

时间	兴趣与意志	听觉	言语	语言	学科相关能力
第八周	培养集中注意力听（看）别人说话的能力，初步养成想说、爱说、能说的良好语言表达习惯，勇于与他人沟通，乐于用书面语表达自己看到的事物和想说的话	1. 指认和理解不同时长和频率； 2. 学会听（看）懂第九课中的词语和句子	1. 口部运动治疗内容是与本课内容相关的常规性口部运动训练，针对性训练内容是舌后部上抬模式、舌两侧缘上抬模式、用唇运动训练器进行 /u/ 的针对性训练； 2. 构音语音运动治疗：利用口部运动训练器，进行 /g/、/k/ 的构音训练，进行韵母 /u/ 的构音训练； 3. 能正确、熟练地读出词语：手电筒、电池、电话机、日光灯、霓虹灯、电熨斗、录音机、电子计算机； 4. 学习正确、流畅、有（感情）表情地朗读第九课的句子：星期日，爷爷去百货商店买手电筒	1. 学会第九课中的生字、新词语，正确理解词语的意思，学习使用词语； 2. 通过观察图画，理解句子意思； 3. 能在创设的情境中运用"什么时候，谁去哪儿买什么"的句式说、写句子，进行对话交往； 4. 能背诵所学词语和句子	1. 正确工整地抄写音节，给汉字注音，正确掌握声调标法，正确书写第九课所学汉字； 2. 继续认识汉字的笔画名称，认识雨字头； 3. 正确、清晰、熟练地打出第九课所学词语的手指语，能看懂所学的词的手指语； 4. 在家庭、学校的日常生活中借助手势语表达本课学过的语句； 5. 能在他人的指导下，运用云平台、各种训练仪器和多媒体等进行言语和语言训练
第九周	培养集中注意力听（看）别人说话的能力，初步养成想说、爱说、能说的良好语言表达习惯，勇于与他人沟通，乐于用书面语表达自己看到的事物和想说的话	1. 指认和理解不同时长和频率； 2. 学会听（看）懂第十课中的词语和句子	1. 口部运动治疗内容是与本课内容相关的常规性口部运动训练，针对性训练内容是舌后部上抬模式、舌两侧缘上抬模式、用唇运动训练器进行 /u/ 的针对性训练； 2. 构音语音运动治疗：利用口部运动训练器，进行 /g/、/k/ 的构音训练，进行韵母 /u/ 的构音训练； 3. 能正确、熟练地读出词语：播种、插秧、播种机、插秧机、车水、脱粒、抽水机、脱粒机、扬场、碾米、扬场机、碾米机； 4. 学习正确、流畅、有（感情）表情地朗读第十课的句子：插秧机插秧快，农民用插秧机插秧	1. 学会第十课中的生字、新词语，正确理解词语的意思，学习使用词语； 2. 通过观察图画，理解句子意思； 3. 能在创设的情境中运用"什么干什么快，谁用什么干什么"的句式说、写句子，进行对话交往； 4. 能背诵所学词语和句子	1. 正确工整地抄写音节，给汉字注音，正确掌握声调标法，正确书写第十课所学汉字； 2. 继续认识汉字的笔画名称，认识竖心旁； 3. 正确、清晰、熟练地打出第十课所学词语的手指语，能看懂所学的词的手指语； 4. 在家庭、学校的日常生活中借助手势语表达本课学过的语句； 5. 能在他人的指导下，运用云平台、各种训练仪器和多媒体等进行言语和语言训练

续表

时间	兴趣与意志	听觉	言语	语言	学科相关能力
第十周	培养集中注意力听（看）别人说话的能力，初步养成想说、爱说、能说的良好语言表达习惯，勇于与他人沟通，乐于用书面语表达自己看到的事物和想说的话	学会听（看）懂第十一、十二课中的词语和句子	1. 口部运动治疗内容是与本课内容相关的常规性口部运动训练，针对性训练内容是舌后部上抬模式、舌两侧缘上抬模式、舌尖前伸训练、舌面上抬训练、舌尖抵下齿龈训练； 2. 构音语音运动训练：进行 /g/、/k/ 及韵母 /u/ 的巩固训练，进行声母 /j/ 的构音训练； 3. 能正确、熟练地读出词语：弹钢琴、唱歌、打腰鼓、踩高跷、变魔术、耍杂技、蜈蚣风筝、老鹰风筝、蝙蝠风筝、扎风筝、糊风筝、放风筝； 4. 学习正确、流畅、有（感情）表情地朗读第十一、十二课的句子	1. 学会第十一、十二课中的生字、新词语，正确理解词语的意思，学习使用词语； 2. 通过观察图画，理解句子意思； 3. 能在创设的情境中运用"谁喜欢什么吗？""谁喜欢什么，更喜欢什么""什么（谁）怎么样（做什么），谁（什么）把什么怎么样"的句式说、写句子，进行对话交往； 4. 看图回答问题，并把回答的话写成通顺的句子； 5. 能背诵所学词语和句子	1. 正确工整地抄写音节、给汉字注音，正确掌握声调标法，正确书写第十一、十二课所学汉字； 2. 继续认识汉字的笔画名称，认识弓字旁； 3. 正确、清晰、熟练地打出第十一、十二课所学词语的手指语，能看懂所学的词的手指语； 4. 在家庭、学校的日常生活中借助手势语表达本课学过的语句； 5. 能在他人的指导下，运用云平台、各种训练仪器和多媒体等进行言语和语言训练
第十一周	培养集中注意力听（看）别人说话的能力，初步养成想说、爱说、能说的良好语言表达习惯，勇于与他人沟通，乐于用书面语表达自己看到的事物和想说的话	学会听（看）懂第十三、十四课中的词语和句子	1. 口部运动治疗内容是与本课内容相关的常规性口部运动训练，针对性训练内容是舌后部上抬模式、舌两侧缘上抬模式、舌尖前伸训练、舌面上抬训练、舌尖抵下齿龈训练； 2. 构音语音运动训练：进行 /g/、/k/ 及韵母 /u/ 的巩固训练，进行声母 /j/ 的构音训练，用舌前位训练器进行韵母 /i/ 的构音训练； 3. 能正确、熟练地读出词语：正在、批改、轻轻地、啃麦苗、急忙、赶走、高兴地、双手、奖状、扶着、空座位、慢慢地、自己、老大娘、赶过去、乱扔； 4. 学习正确、流畅、有（感情）表情地朗读第十三、十四课的句子	1. 学会第十三、十四课中的生字、新词语，正确理解词语的意思，学习使用词语； 2. 通过观察图画，理解句子意思； 3. 能在创设的情境中运用"什么（谁）怎么样（做什么），谁（什么）把什么怎么样""谁和谁做什么，谁劝谁不要做什么"的句式说、写句子，进行对话交往； 4. 能背诵所学词语和句子	1. 正确工整地抄写音节、给汉字注音，正确掌握声调标法，正确书写第十三、十四课所学汉字； 2. 继续认识汉字的笔画名称，认识走字旁； 3. 正确、清晰、熟练地打出第十三、十四课所学词语的手指语，能看懂所学的词的手指语； 4. 在家庭、学校的日常生活中借助手势语表达本课学过的语句； 5. 能在他人的指导下，运用云平台、各种训练仪器和多媒体等进行言语和语言训练

续表

时间	兴趣与意志	听觉	言语	语言	学科相关能力
第十二周	培养集中注意力听（看）别人说话的能力，初步养成想说、爱说、能说的良好语言表达习惯，勇于与他人沟通，乐于用书面语表达自己看到的事物和想说的话	学会听（看）懂第十五、十六课中的词语和句子	1. 口部运动治疗内容是与本课内容相关的常规性口部运动训练，针对性训练内容是舌后部上抬模式、舌两侧缘上抬模式、舌尖前伸训练、舌面上抬训练、舌尖抵下齿龈训练； 2. 构音语音运动训练：进行 /g/、/k/ 及韵母 /u/ 的巩固训练，进行声母 /j/ 的构音训练，用舌前位训练器进行韵母 /i/ 的构音训练； 3. 能正确、熟练地读出词语：池塘、青蛙、撑着、避雨、乘凉、趴、躲、开满了、捉迷藏、传手帕、关灯、忘了、吹落、一叠、一阵； 4. 学习正确、流畅、有（感情）表情地朗读第十五、十六课的句子	1. 学会第十五、十六课中的生字、新词语，正确理解词语的意思，学习使用词语； 2. 通过观察图画，理解句子意思； 3. 能在创设的情境中运用"什么时候，有的人在哪儿做什么，有的人在哪儿做什么""哪些人在哪儿做什么，有的做什么，有的做什么，还有的做什么"的句式说、写句子，进行对话交往； 4. 能背诵所学词语和句子	1. 正确工整地抄写音节，给汉字注音，正确掌握声调标法，正确书写第十五、十六课所学汉字； 2. 继续认识汉字的笔画名称，认识穴宝盖、王字旁； 3. 正确、清晰、熟练地打出第十五、十六课所学词语的手指语，能看懂所学的词的手指语； 4. 在家庭、学校的日常生活中借助手势语表达本课学过的语句； 5. 能在他人的指导下，运用云平台、各种训练仪器和多媒体等进行言语和语言训练
第十三周	培养集中注意力听（看）别人说话的能力，初步养成想说、爱说、能说的良好语言表达习惯，勇于与他人沟通，乐于用书面语表达自己看到的事物和想说的话	学会听（看）懂第十五、十六课中的词语和句子	1. 口部运动治疗内容是与本课内容相关的常规性口部运动训练，针对性训练内容是舌后部上抬模式、舌两侧缘上抬模式、舌尖前伸训练、舌面上抬训练、舌尖抵下齿龈训练； 2. 构音语音运动训练：进行 /g/、/k/ 及韵母 /u/ 的巩固训练，进行声母 /j/ 的构音训练，用舌前位训练器进行韵母 /i/ 的构音训练； 3. 能正确、熟练地读出词语：池塘、青蛙、撑着、避雨、乘凉、趴、躲、开满了、捉迷藏、传手帕、关灯、忘了、吹落、一叠、一阵； 4. 学习正确、流畅、有（感情）表情地朗读第十五、十六课的句子	1. 学会第十五、十六课中的生字、新词语，正确理解词语的意思，学习使用词语； 2. 通过观察图画，理解句子意思； 3. 能在创设的情境中运用"什么时候，有的人在哪儿做什么，有的人在哪儿做什么""哪些人在哪儿做什么，有的做什么，有的做什么，还有的做什么"的句式说、写句子，进行对话交往； 4. 能背诵所学词语和句子	1. 正确工整地抄写音节，给汉字注音，正确掌握声调标法，正确书写第十五、十六课所学汉字； 2. 继续认识汉字的笔画名称，认识穴宝盖、王字旁； 3. 正确、清晰、熟练地打出第十五、十六课所学词语的手指语，能看懂所学的词的手指语； 4. 在家庭、学校的日常生活中借助手势语表达本课学过的语句； 5. 能在他人的指导下，运用云平台、各种训练仪器和多媒体等进行言语和语言训练

续表

时间	兴趣与意志	听觉	言语	语言	学科相关能力
第十四周	培养集中注意力听（看）别人说话的能力，初步养成想说、爱说、能说的良好语言表达习惯，勇于与他人沟通，乐于用书面语表达自己看到的事物和想说的话	学会听（看）懂第十七、十八课中的词语和句子	1. 口部运动治疗内容是与本课内容相关的常规性口部运动训练，针对性训练内容是舌尖前伸训练、舌面上抬训练、刺激舌面训练； 2. 构音语音运动训练：结合本课内容进行已习得声母、韵母的巩固训练，进行声母/x/的构音训练，进行韵母/i/的构音训练； 3. 能正确、熟练地读出词语：精美、打扮、储钱罐、生日、裙子、更漂亮、开绽、针线、摔跤、膝盖、医务室、红药水、借给、擦破了、医生； 4. 学习正确、流畅、有（感情）表情地朗读第十七、十八课的句子	1. 学会第十七、十八课中的生字、新词语，正确理解词语的意思，学习使用词语； 2. 通过观察图画，理解课文中句子的意思； 3. 能在创设的情境中运用"谁想做什么""谁送给谁多少什么""谁把什么借给谁做什么"的句式说、写句子，进行对话交往； 4. 能背诵所学词语和句子	1. 正确工整地抄写音节、给汉字注音，正确掌握声调标法，正确书写第十七、十八课所学汉字； 2. 继续认识汉字的笔画名称，认识子字旁； 3. 正确、清晰、熟练地打出第十七、十八课所学词语的手指语，能看懂所学的词的手指语； 4. 在家庭、学校的日常生活中借助手势语表达本课学过的语句； 5. 能在他人的指导下，运用云平台、各种训练仪器和多媒体等进行言语和语言训练
第十五周	培养集中注意力听（看）别人说话的能力，初步养成想说、爱说、能说的良好语言表达习惯，勇于与他人沟通，乐于用书面语表达自己看到的事物和想说的话	学会听（看）懂第十九、二十课中的词语和句子	1. 口部运动治疗内容是与本课内容相关的常规性口部运动训练，针对性训练内容是舌后部上抬模式、舌两侧缘上抬模式、舌尖前伸训练、舌面上抬训练、刺激舌面训练； 2. 构音语音运动训练：结合本课内容进行已习得声母、韵母的巩固训练，进行声母/x/的构音训练，进行韵母/i/的构音训练； 3. 能正确、熟练地读出词语：迷路、附近、播放、金箍棒、闪闪、心愿、发光、孙悟空、显得、格外、鲜艳、可爱、懂事、淘气、黑溜溜、扁嘴巴、翅膀、似的、翘着、一摇一摆； 4. 学习正确、流畅、有（感情）表情地朗读第十九、二十课的句子	1. 学会第十九、二十课中的生字、新词语，正确理解词语的意思，学习使用词语； 2. 通过观察图画，理解课文中句子的意思； 3. 能在创设的情境中运用"谁家在哪儿，附近有什么""什么的什么像什么"的句式说、写句子，进行对话交往； 4. 能背诵所学词语和句子	1. 正确工整地抄写音节、给汉字注音，正确掌握声调标法，正确书写第十九、二十课所学汉字； 2. 继续认识汉字的笔画名称，认识门字旁、力字旁； 3. 正确、清晰、熟练地打出第十九、二十课所学词语的手指语，能看懂所学的词的手指语； 4. 在家庭、学校的日常生活中借助手势语表达本课学过的语句； 5. 能在他人的指导下，运用云平台、各种训练仪器和多媒体等进行言语和语言训练
第十六周	期末评估				

三、日方案实施课例

为具体呈现学龄段听障儿童个别化教育康复日方案的制定与实施过程,本书为听觉、言语、语言、认知四个领域各提供了一篇日方案案例,同时还提供了一篇一年级听障儿童的综合康复案例。

(一)听觉能力康复训练——听觉理解训练

听觉理解双条件介宾短语的训练首先借助实物创设情境,引导学生准确理解本课所涉及的方位词"上下、里外、前后",然后借助实物及云课件在"听一听、做一做"中从无、低、中、高四个层次设置背景噪声进行强化训练,使学生熟练听觉理解"在××上面、在××下面、在××里面、在××外面、在××前面、在××后面"等双条件介宾短语。

教案6-6

学科	听觉	设计人	孙振波
教育康复对象	陈××	主讲人	孙振波
课型	个别化教育康复课	课时	第1课时(共1课时)
一、教育康复内容分析			
根据前期的评估情况,学生的听觉理解双条件—介宾得分为37.5%,需要立即进行干预。从测评来看,介宾短语所涉及的名词,学生已经基本熟练掌握,只是方位词"上下、里外、前后"容易混淆。本节课使用"医教结合,综合康复"理念指导下的云课件—听觉理解—介宾双条件,通过实物和课件训练,使学生熟练听觉理解"在××上面、在××下面、在××里面、在××外面、在××前面、在××后面"			
二、学情分析			
陈××,男,8岁10个月。			

姓名	障碍类型及程度	听觉能力现状	相关能力现状
陈××	听障;助听器;适合	经TK-2000评估,该生助听后左耳平均听阈为78.75 dBHL,右耳为55 dBHL;听觉分辨能力评估得分达到92.86%,无须干预;音位对比识别评估中有个别项需要干预训练;语音均衡式声韵母评估结果显示,不用进行强化训练;听觉理解双条件中只有"介宾"需要干预训练,其他的和三条件的短语都无须进行干预	语言沟通能力处于5级,认知能力处于7级,构音清晰度达到70%以上,低于同龄组正常儿童水平,呼吸和发声协调性不太稳定;本节课所涉及的名词,该生已经基本熟练掌握,只是方位词"上下、里外、前后"容易混淆

续表

三、教育康复目标
1. 能够正确理解双条件介宾短语，正确率达到85%以上； 2. 通过游戏，能够在无、低、中、高四个等级的背景噪声中听到双条件介宾短语后做出正确的动作及选择，正确率达到70%以上。
四、教育康复重点、难点
通过游戏，能够在无、低、中、高四个等级的背景噪声中听到双条件介宾短语后做出正确的动作及选择。
五、教育康复准备
1. 环境准备：录课教室，本底噪声≤45 dB（A）； 2. 教具准备：实物、图卡； 3. 云平台资源：云课件—听觉理解—介宾双条件。

六、教育康复过程	设计意图
助听器课检。 点名。 **（一）前测←提示促进法** 　　教师出示图片，让学生"听一听，指一指"：在脸盆外面，在小狗下面，在盒子里面，在沙发上面，在小孩前面，在浴缸里面，在篮子外面，在茶几下面，在大人后面。 **（二）新授** 　　1. 听觉理解"在××上面，在××下面"。**←物体移动法、提示促进法** 　　借助实物，教师指导区分方位词"上面、下面"。（火车、沙发、小狗、西瓜） 　　听一听、做一做：借助云课件—听觉理解—介宾双条件（家具），从无、低、中、高四个层次设置背景噪声进行强化训练。 　　2. 听觉理解"在××里面，在××外面"。**←物体移动法、提示促进法** 　　借助实物，教师指导区分方位词"里面、外面"。（脸盆、浴缸、盒子、草莓） 　　听一听、做一做：借助云课件—听觉理解—介宾双条件（建筑），从无、低、中、高四个层次设置背景噪声进行强化训练。 　　3. 听觉理解"在××前面，在××后面"。**←物体移动法、提示促进法** 　　借助实物，教师指导区分方位词"前面、后面"。（小熊、衣橱、房子、小狗） 　　听一听、做一做：借助云课件—听觉理解—介宾双条件（交通工具），从无、低、中、高四个层次设置背景噪声进行强化训练。 **（三）效果监控（后测）←提示促进法** 　　教师出示图片，让学生"听一听，指一指"：在脸盆外面，在小狗下面，在盒子里面，在沙发上面，在小孩前面，在浴缸里面，在篮子外面，在茶几下面，在大人后面。	检测学生未习得的知识点。 先借助实物准确区分方位词，然后通过云课件进一步巩固听觉理解双条件介宾短语。 检测本节课的训练效果。

七、教育康复延伸	设计意图
在其他各门课中，进一步关注并巩固 /r/ 的发音部位和发音方式。	全面提高该生的听觉、言语、语言能力。

续表

八、家庭教育康复指引	设计意图
和爸爸妈妈一起联系实际，进一步巩固相关结构的短语。	获得家长更好的配合，提高康复质量。

九、教育康复反思

通过后测看，该生听觉理解双条件介宾短语基本掌握。在训练过程中发现，该生对"在××上面，在××下面"听觉理解有些欠缺，要进一步强化。

前后测结果对比：

姓名	内容	前测	后测
陈××	在脸盆外面	0	1
	在小狗下面	0	0
	在盒子里面	0	1
	在沙发上面	0	1
	在小孩前面	0	1
	在浴缸里面	0	1
	在篮子外面	0	1
	在茶几下面	0	1
	在大人后面	0	1

（二）言语能力康复训练——/r/ 的构音语音训练

要想解决听障儿童的构音障碍，康复教师首先应对听障儿童的构音功能进行评估，评估内容包括口部运动功能评估、构音运动功能评估和构音语音能力评估三部分，每部分的评估内容都包括主观评估和客观测量。可对评估结果进行综合分析，判断出听障儿童所处的言语发展具体阶段，再进行针对性的言语能力康复训练。在对听障儿童进行言语矫治的过程中，必须以构音语音训练为主线，根据听障儿童的实际需要加入必要的口部运动治疗和构音运动治疗，最终使听障儿童掌握目标音位。在具体的实施过程中，依据听障儿童的实际水平，有针对性地进行言语功能训练，在使听障儿童熟练掌握目标音的基础上适当地拓展部分单、双、三音节词语，词组及简单句子，使听觉训练贯穿始终。这样使听障儿童既巩固了目标音位，又提升了言语功能，还能帮助听障儿童逐步建立词语、词组及句子的概念，为今后的教育康复发展奠定言语和语言基础。下文提供了一节听障儿童言语构音的个别化康复案例，仅供参考。

教案 6-7

学科	言语	设计人	吴建宏
教育康复对象	曲××	主讲人	吴建宏
课型	个别化教育康复课	课时	第1课时（共1课时）

一、教育康复内容分析

本节课使用"医教结合，综合康复"理念指导下的云讲台—S3 治疗篇—/r/ 的构音语音训练。内容主要包括 /r/ 的音位诱导、音位习得、音位对比、音位强化。通过设置情节——元旦礼物，要求学生能跟读或拼读"热狗、软糖、火腿肉、日用品、润发素、润肤乳、电热毯"等词语，并在提示下表达"谁喜欢吃什么""谁有（没有）什么"等句子。

二、学情分析

曲××，男，11 岁。该生双耳佩戴助听器。

姓名	障碍类型及程度	构音语音能力现状	相关能力现状
曲××	听障；助听器；适合	该生的构音清晰度为 88.89%，ICF 构音功能损伤程度为 1 级轻度损伤，低于同年龄组正常儿童水平；构音语音能力处于第四阶段；平均言语基频偏高，言语基频变化偏大，言语响度正常；该生舌两侧上抬模式得分为 3 级，存在 /r/ 被替代或不稳定的情况	该生的听觉理解能力较好；语言沟通能力处于 5 级，能用完整句表达简单要求；认知能力处于 7 级

三、教育康复目标

1. 掌握声母 /r/ 的发音部位和发音方式；
2. 能够正确跟读或拼读"热狗、软糖、火腿肉、日用品、润发素、润肤乳、电热毯"等词语，准确率达到 100%；
3. 能在提示下表达"谁喜欢吃什么""谁有（没有）什么"等句子。

四、教育康复重点、难点

重点：
1. 掌握声母 /r/ 的发音部位和发音方式；
2. 能够正确跟读或拼读"热狗、软糖、火腿肉、日用品、润发素、润肤乳、电热毯"等词语。
难点：掌握声母 /r/ 的发音部位和发音方式。

五、教育康复准备

1. 环境准备：录课教室，本底噪声 ≤ 45 dB（A）；
2. 教具准备：云讲台—S3 构音测量与训练仪、前后测表格、图片、发音镜、压舌板等。

六、教育康复过程	设计意图
检查助听器。 听话回答问题："曲××（到），你知道今天是什么日子吗？"（元旦） **（一）前测** 出示：圣诞老人。 "老师给你带来了很多礼物，我们看一看都有什么。" 食品：热狗、软糖、火腿肉。 "看还有什么？" 日用品：润发素、润肤乳、电热毯。	检查助听器的工作状态。 借助含有 /r/ 音的句子、词语进行前测和听觉理解训练。

续表

（每个词语说三遍，记录 /r/ 的发音情况） "你要闯关成功，才能得到这些礼物，闯关之前我们先活动活动小舌头。" （二）言语基础训练 1. 舌面刺激，舌面、舌尖抵抗训练。 2. 舌尖上抬，从前向后刷硬腭。 3. 舌体与硬腭的吸吮：打喳喳。 （三）新授：/r/ 的构音训练 第一关：音位诱导←提示促进法、示范模仿法、集中训练法 1. 观察舌位动态图。发音要点：舌尖与硬腭靠近，气流从小缝中挤出，声带振动。 2. 说"肉"。（实物、卡通图片） 第一关闯关成功。（奖励小红花） 第二关：音位习得（自选篇）←提示促进法、示范模仿法、集中训练法 双音节词：热狗、乳酪、软糖、雪人、湿润、笑容。 三音节词：乳制品、染头发、润发素、电热毯、烤肉架、润肤乳、火腿肉、稻草人、日本人。 第二关闯关成功。（奖励小红花） 第三关：音位对比（说一说）←对比选择法、集中训练法 对比：盐—燃、右—肉。 第三关闯关成功。（奖励小红花） 第四关：音位强化（出示图片）←示范模仿法、提示促进法、连词成句法、句式仿说法 引导该生用"谁喜欢吃什么""谁有（没有）什么"说句子，对 /r/ 进行音位强化。 第四关闯关成功。（奖励小红花） （四）效果监控（老师送礼物） 后测：热狗、软糖、火腿肉、日用品、润发素、润肤乳、电热毯。（每个词语说三遍，记录 /r/ 的发音情况）	通过针对性的口部运动训练促进舌两侧缘上抬，增加舌尖的力量，巩固 /r/ 的发音部位，为 /r/ 的构音训练奠定基础。 通过创设闯关的情境，激发孩子参与言语康复训练的积极性。 借助构音语音训练仪中 /r/ 的发音动态图习得 /r/ 的发音方法与发音技巧。 借助双音节、三音节词语的听觉分辨、理解以及音位对比，提高 /r/ 在词语中的清晰度。 通过完成句子的表达提高 /r/ 的双音节、三音节词语的清晰度，并完成目标词的实际应用，不断提高语言沟通能力，增加主动沟通的频率。
七、教育康复延伸	设计意图
在其他各门课中，进一步关注并巩固 /r/ 的发音部位和发音方式。	全面提高该生的听觉、言语、语言能力。
八、家庭教育康复指引	设计意图
学生虽已习得 /r/ 的发音，但不稳定，主要是舌肌力不足、发音部位不准确造成的，建议回家进行以下训练： 1. 提高舌面、舌尖肌力的训练，即舌面、舌尖抵抗运动； 2. 听辨、读本节课中和 /r/ 相关的词语和句子。	巩固 /r/ 的发音部位和发音方式； 巩固本节课所学的词语和句子。
九、教育康复反思	
本节课通过前测发现，该生存在 /r/ 的发音替代或不稳定的情况。针对这一点对其进行 /r/ 的言语构音训练。 在整个康复训练过程中，始终坚持"医教结合，智慧康复"的教学理念，运用先进的康复方法和手段，如运用舌面运动训练器刺激舌面，增强舌面的感知能力；运用抵抗法，增强舌尖肌力，促进舌两侧缘上抬；运用大小声的训练，提高控制响度的能力；等等。同时，还使用云讲台中的 S3 构音测量与训练仪进行 /r/ 的构音语音训练。通过音位诱导、音位习得、音位对比、音位强化，帮助学生正确习得 /r/ 的发音部位与发音方式。 经过训练康复，目标基本达成。学生 /r/ 的发音情况有很大的改善，基本掌握了发音要领。但由于舌肌力有些弱，因此发音还有些不稳定，今后还需要进一步强化。另外，本次训练时注意力多集中在孩子的发音上了，忽视了孩子的坐姿，有可能坐姿正确了，发音会更好一些，今后应注意。	

续表

前后测结果对比：

姓名	内容	前测	后测
曲××	热狗	1	1
	软糖	0	1
	火腿肉	0	1
	日用品	0	1
	润发素	1	1
	润肤乳	0	1
	电热毯	0	1

（三）语言能力康复训练——句子的理解与表达训练

句子学习是聋校低年级语文教学的重点。学龄段的听障儿童个别化康复首先必须以听觉言语康复为基础，然后融入语文学习的内容，以达到医教结合、强化口语、学词学句、说写并举的目标。下文提供的是一节学龄听障儿童语言训练的个别化康复案例。

教案 6-8

学科	语言	设计人	冯莎莎
教育康复对象	吴××	主讲人	冯莎莎
课型	个别化教育康复课	课时	第1课时（共1课时）

一、教育康复内容分析

本节课内容选自聋校义务教育实验教材第四册第四课。从集体康复课的后测情况看，对于本课词语该生能够理解、命名并运用，但是听辨不够准确，读音不够清晰。对于句型"什么地方的哪儿种着各种什么，有什么，还有什么"，该生只能做到朗读并看图理解例句，根据情境仿说新句有一定困难。

本节课为语言训练课，因此确定本节课训练内容为通过"春游"的情节设计，重点引导听障儿童在各种情境中完成目标句型"什么地方的哪儿种着各种什么，有什么，还有什么"的仿说、看图说话，最终实现熟练运用、自由表达，同时在训练过程中融合对其听觉和构音的训练。

二、学情分析

吴××，男，10岁。

姓名	障碍类型及程度	语言能力现状	相关能力现状
吴××	听障；助听器；最适	利用语言专项筛查问卷进行评估，结果显示该生的语言能力达到4级，与同龄正常儿童比在词汇量和语言表达上存在差距；经精准评估，该生在句子理解评估中得分为39.13%，ICF句理解能力损伤程度为3级重度损伤，在句式仿说能力评估中语法得分为23%，语义得分为25%，ICF句式仿说能力损伤程度为3级重度损伤，模仿句长评估中最长说到7个字；该生需培养理解和表达含修饰成分的简单陈述句的能力	听觉水平为3级，急需加强听觉能力训练；言语构音水平为3级，构音语音能力处于第二阶段

续表

三、教育康复目标
1. 掌握并理解句式"什么地方的哪儿种着各种什么，有什么，还有什么"； 2. 能在各种情境中将以前学过的词语替换进句式中，生成新句子，正确理解并表达句子； 3. 提高用语言进行沟通交流的兴趣，增加主动沟通的频率。

四、教育康复重点、难点
重点： 1. 掌握并理解句式"什么地方的哪儿种着各种什么，有什么，还有什么"； 2. 在各种情境中将以前学过的词语替换进句式中，生成新句子，正确理解并表达句子。 难点：在各种情境中将以前学过的词语替换进句式中，生成新句子，正确理解并表达句子。

五、教育康复准备
1. 环境准备：录课教室，本底噪声 ≤ 45 dB（A）； 2. 教具准备：PPT、口部运动训练器、词卡。

六、教育康复过程	设计意图
检查助听器。	检查助听器的工作状态。
林氏六音　a　i　sh　m　s　u 结果	
（一）导入 师生问好。 师：春天来了，今天天气好晴朗，我们一起去春游吧。 领学生模拟骑摩托车，进行打嘟训练。 （二）前测 出示公园里的花坛图，教师说句子：公园的花坛里种着各种花，有月季花，还有牡丹花。 出示校园里的花坛图。 学生仿说句子：（　　）种着各种（　　），有（　　），还有（　　）。 （三）句式学习←感知体验法、提示促进法 请学生看PPT并回答问题： 1. 这是哪里？ 2. 公园的花坛里种着什么？ 3. 公园的花坛里种着各种花，有什么花，还有什么花？ 完成句子并朗读：公园的花坛里种着各种花，有牡丹花，还有月季花。 师生一起总结句型：（什么地方的哪儿）种着各种（什么），有（什么），还有（什么）。 过渡：公园真美啊，我们再去果园里看看吧。 （四）句式梯度训练←句式仿说法、提示促进法 出示奶奶家的果园图片，按总结的句型进行梯度训练： 1. 学生按照图意，完成带有提示的填空组句。 2. 学生按照图意，完成没有提示的填空组句。（教师可以口头提示） 3. 学生按照图意，完成没有提示的填空组句。（无口头提示） 4. 学生按照图意，独立复述完整句子。	在开摩托车游戏中运用打嘟训练进行声带放松，为接下来的语言训练做好准备。 以句式仿说的形式完成前测。 针对句型进行难度不同的训练，根据学生情况进行实际选择。 在句式的训练中相机进行构音训练。

（五）句式运用←句式仿说法、提示促进法 　　出示各种图片，引导学生根据所学句式对图意进行自主表达：学校的花坛里种着各种树，有松树，还有柏树；我家的院子里种着各种花，有月季花，还有牡丹花；叔叔家的菜园里种着各种菜，有萝卜，还有油菜…… 　　（六）后测←句式仿说法 　　出示公园的花坛图，教师说句子：公园的花坛里种着各种花，有牡丹花，还有月季花。 　　出示校园里的花坛图，学生仿说句子：学校的花坛里种着各种树，有松树，还有柏树。	监控本节课的教学效果。
七、教育康复延伸	**设计意图**
1. 美术课：让学生画一画相关的画，并根据句型说一说； 2. 在语文课中，引导学生进行多说句子的训练。	各课配合教学，全面提高该生的听觉、言语、语言能力。
八、家庭教育康复指引	**设计意图**
请家长在游戏中或生活情境中引导学生用句型说句子。	获得家长更好的配合，提高康复质量。
九、教育康复反思	
本课所学句型较复杂，经训练，学生能够根据句型仿说句子。在课堂中发现学生对于一类事物的总称，归纳起来有难度，影响句子的完成度，需要教师提示。同时，对于"什么地方的哪儿"这个短语表达起来不流畅。这两项需在词语训练中有计划地进行训练。	

前后测结果对比：

		内容
吴××		学校的花坛里种着各种树，有松树，还有柏树。
	前测	0
	后测	1

（四）认知能力康复训练——数字认知能力训练

　　认识数字是儿童早期教育的一项重要内容，进行素质训练能引导儿童感受和体验日常生活和游戏中的数量及其关系，建立初步的数概念，并能用简单的计算方法来解答日常生活中的某些问题。由于数字本身具有抽象性的特点，因此，进行数字训练能有效促进儿童逻辑思维能力的发展。5岁儿童能学习10以内数的拆分与组合，理解总数和部分数之间的等量、互补与互换关系。

教案6-9

学科	认知	设计人	王淑萍
教育康复对象	梁××	主讲人	王淑萍
课型	个别化教育康复课	课时	第1课时

续表

一、教育康复内容分析		
参考聋校数学教材第一册第四课，本节课的主要内容为3、4、5的分解。3可以分成1和2或2和1，4可以分成1和3或3和1，2和2。5可以分成1和4或4和1，2和3或3和2。该生未在数学课上掌握该内容，因此在个别化康复课上进行辅导。		
二、学情分析		
梁××，女，10岁。		
姓名	障碍类型及程度	认知能力现状	相关能力现状
梁××	听障；助听器；最适	目前听觉功能基本正常，言语清晰度较高，有声嘶现象，可进行正常的沟通交流；注意力、观察力、记忆力等基本认知能力发展正常，但由于发育迟缓，数的分解与合成掌握得不好	言语清晰度较高，能表达短句，接受新知识速度慢
三、教育康复目标		
1. 在游戏活动中归纳、总结、学习3、4、5的组成，知道把3分成两份有2种分法，把4分成两份有3种分法，把5分成两份有4种分法； 2. 在操作活动中不断探索数的多种分法并学会记录，懂得交换两个数的位置后合起来总数不变； 3. 在游戏中学习3、4、5的组成，发展动手能力及观察思维能力； 4. 能写出3、4、5的分解。		
四、教育康复重点、难点		
学会数的分解方法，懂得交换两个数的位置后合起来总数不变。		
五、教育康复准备		
1. 环境准备：录课教室，本底噪声≤45 dB（A）； 2. 教具准备：两张兔子卡片、两张荷叶卡片、两张老虎笼子卡片以及胡萝卜、老虎、青蛙等卡片。		

六、教育康复过程	设计意图
点名答"到"，用林氏六音（30厘米）听声复述。 （一）前测 说出3的分解。 （二）新授 1. 学习3的分解。 （1）教师演示把3个胡萝卜分给两只兔子，教授3的分解：3可以分成1和2，也可分成2和1。 （2）让学生写出3的分解。 （3）练习：将3只老虎分别关进两个笼子里，怎么分？将3只青蛙分别送到两片荷叶上，怎么分？ 2. 学习4的分解。 （1）让学生说说把4个胡萝卜分给两只小兔子，可以怎么分：4可以分成1和3，也可分成3和1，还可以分成2和2。 （2）让学生写出4的分解。 （3）练习：将4只老虎分别关进两个笼子里，怎么分？将4只青蛙分别送到两片荷叶上，怎么分？	用林氏六音检查助听器的工作状态。 通过直观教具演示指导学生学会3的分解。 学生自己动手操作，巩固3、4、5的分解。

3. 学习 5 的分解。 （1）让学生分一分，把 5 个胡萝卜分给两只小兔子，可以怎么分：5 可以分成 1 和 4，也可分成 4 和 1，又可以分成 2 和 3，还可分成 3 和 2。 （2）让学生写出 5 的分解。 （3）练习：将 5 只老虎分别关进两个笼子里，怎么分？将 5 只青蛙分别送到两片荷叶上，怎么分？ 4. 读一读：3、4、5 的分解。 （三）后测 说出 3、4、5 的分解。	
七、教育康复延伸	设计意图
在美术课上画花朵、苹果，练习数的分解。	各课配合教学，全面提高该生的听觉、言语、语言能力。
八、家庭教育康复指引	设计意图
家长可在家里用水果玩具等帮助学生练习数的分解。	获得家长更好的配合，巩固训练内容，提高康复质量。
九、教育康复反思	
学生在老师的反复演示、讲解下学会了数的分解，最后能自己边操作演示，边说出 3、4、5 的分解，完成本节课的教学任务。本节课的时间安排上学生写的时间较多，说的时间较少，以后要注意更好地分配教学时间。	

前后测结果对比：

姓名	内容	前测	后测
梁××	3 的分解	0	1
	4 的分解	—	1
	5 的分解	—	1

（五）综合康复

拼音是听障儿童学习听话、说话的重要工具，也是聋校一年级语文教学的重要内容。对于学龄阶段的听障儿童，康复教师应以教材内容为参考，结合口部运动治疗、声母发音原理等康复理论和方法，针对学生的具体问题进行听觉、言语、语言、认知的综合康复训练。下文提供了一节为一年级听障儿童设计的综合康复案例。本节课以声母 /l/ 为主要康复内容，在听觉方面进行听觉识别训练，言语方面渗透重读训练，语言方面设计了含声母 /l/ 的 10 个词语及 1 个句式，在认知方面介绍一种新的动物——考拉。为了让听障儿童熟练掌握拼音，本节课提供了足够数量的音节拼读练习，强调拼音的实用价值，提倡学以致用。在学生掌握拼音后，安排了与声母 /l/ 紧密相关的词语和句子，加强了学生对拼音的运用，不断提高学生的认知水平，发展学生的语言表达能力。

教案 6-10

学科	综合康复	设计人	陈梦秋
教育康复对象	董××	主讲人	陈梦秋
课型	个别化教育康复课	课时	第 1 课时（共 1 课时）

一、教育康复内容分析

参考人民教育出版社全日制聋校语文实验教材第一册第 20 页，本节课内容主要包括 /l/ 的发音、含有 /l/ 的词语和"谁在干什么"的句式。通过"逛动物园"的情节设计，引导听障儿童在情境中完成声母 /l/ 的构音语音训练，理解、命名动物乐园中的动物，并能表达拓展短语。

二、学情分析

董××，女，7 岁。

姓名	障碍类型及程度	听觉、言语、语言能力现状	相关能力现状
董××	听障；右耳助听器；左耳人工耳蜗；最适	听觉理解三条件短语；韵母全部习得，声母处于第三阶段，目前进行 /l/ 的构音训练；能表达 7—9 个字的句子，能够进行日常对话交流	认知已达到同龄正常儿童水平；性格活泼、开朗，愿意参与课堂

三、教育康复目标

1. 掌握声母 /l/ 的发音技巧，能说清带有声母 /l/ 的音节（la、li、le、lu、lü）和词语（狐狸、考拉、毛驴、梅花鹿、乐乐），准确率达 100%；
2. 能认、拼读、书写声母 /l/ 和带有声母 /l/ 的音节；
3. 能表达并回答问句"谁在干什么"。

四、教育康复重点、难点

重点：
1. 掌握声母 /l/ 的发音技巧，能说清带有声母 /l/ 的音节和词语，准确率达 100%；
2. 能认、拼读、书写声母 /l/ 和带有声母 /l/ 的音节。
难点：掌握声母 /l/ 的发音技巧，能说清带有声母 /l/ 的音节和词语，准确率达 100%。

五、教育康复准备

1. 环境准备：录课教室，本底噪声 ≤ 45 dB（A）；
2. 教具准备：电子白板、拼音卡片、摩天轮图画、动物图片、镜子、PPT、小屏风；
3. 云平台资源：Speech-3—音位诱导—l，Speech-3—音位习得—单音节 / 双音节后。

六、教育康复过程	设计意图
（一）前测（检查助听器的工作状态） 教师出示动物朋友乐乐，请学生问好。 （二）新授 1. 遇到路标。←舌尖上舔齿龈训练 出示动物园的地图：有路标挡住了我们，应该怎么办呢？ 乐乐说：请对着镜子，将舌尖上舔齿龈坚持 5 秒。 2. /l/、/n/ 音位对比式听觉识别训练。←选择对比法 闯过了这一关，乐乐继续带我们前进。内容：声母 /l/ 和 /n/ 的音位对，里 / 你，男 / 蓝。 你的桌面上有卡牌，请你听一听：教师用小屏风分隔二人的材料后给出目标音；教师和学生对字做出选择，并举起对应的卡片；撤掉小屏风，对比二人的结果。每组请学生识别 3 次。	词语"乐乐"包含声母 /l/，将检查助听器的工作状态与前测结合在一起，节约时间。 发 /l/ 音需要舌尖上舔齿龈。 要发清声母，必须能识别声母，先请学生依次听一听。 碰一碰的环节可以帮助学生确认答案，又可以增加学习的乐趣。

3. /l/ 的音位诱导及书写。 乐乐领着我们继续往前走。PPT 出示关于声母 /l/ 的视频。 第一遍：请学生认真观看视频。第二遍：请学生与视频一样舌尖抵住上齿龈发音。 音位诱导：播放 /l/ 的发音教育视频，请学生发 /l/。 若学生发音不准，先让他用舌尖抵住上齿龈后，再发音。 /l/ 是 1 笔，从上到下书写，/l/ 占上中格，教师在黑板上示范书写 /l/ 3 遍。学生在拼音格上写一行 /l/。 4. 课间休息。←**哈欠—叹息法** 教师示范，学生一起做，手臂上下提示，用高低声调发 la、la、la。 小鸟唱：行板 la-la-la-la。←**重读训练** 5. /l/ 的单音节词。 拼一拼：/l/+/a/、/e/、/u/、/ü/、/i/（单音节词）。 辣——la，梨——li，乐——le，鹿——lu，驴——lü。 读 lü 的四个声调，注意提醒学生：/l/ 与 /ü/ 相拼时两点不去掉。 分发拼音卡片，请学生自己将 /l/ 与复韵母相拼。 6. /l/ 的双音节词及短语。←**集中练习法** 我们来到了动物照相馆，去看动物的照片吧！ 听一听：说小动物的特点，请学生猜一猜。 （1）它是一只小动物，它很懒，它是谁？考拉——睡 20 小时——懒（lan）。 （2）下一个小动物：狐狸——吃肉——跳篱（li）笆。 （3）有一种鹿，它身上有白色的斑点，它是谁？梅花鹿——吃草——不怕冷（leng）。 （4）我有一头小毛驴，我从来也不骑（歌曲）：毛驴——干活——爱劳（lao）动。 7. 谁在干什么。←**逐字增加句长法** 出示 PPT，请生回答"乐乐在干什么"：乐乐在玩篮球。 增加难度，扩展句长：老虎乐乐在玩篮球；老虎乐乐在动物乐园玩篮球。 **（三）后测** 我们和乐乐一起闯过了所有关，小动物们要坐着摩天轮（lun）回家了。 教师送老虎乐乐回家，请学生把其他动物送回家，听一听（示范：老虎乐乐）： （1）考拉、毛驴。 （2）狐狸、梅花鹿。 贴一贴，若学生贴错，则让学生再听一听；贴对了，请学生说"把××和××送回家"。 **（四）作业** 这是我们今天认识的小动物，请小朋友们回家向爸爸妈妈介绍它们，看图问一问"谁在干什么"。 翻开书第 82 页，读一读、写一写音节表中 /l/ 的全部音节。	教授学生如何发 /l/，找到发音部位，掌握发音方法。 书写拼音是学龄段听障儿童的学习要求，在课上学生应初步掌握。 声带放松练习。 拼读是学龄段听障儿童需要掌握的技能，所以教师在示范拼读后，可让学生尝试。 /l/ 与单韵母相拼。 为学生提供自主学习的机会。 /l/ 与复韵母相拼，请学生发音并纠正学生的错误。 由单音节词过渡到双音节词，并进行音位巩固，在短语中出现 2—3 次 /l/，促使学生发音更熟练、更稳定。 "谁在干什么"这一问句是日常生活中的简单问句，在本课中进行简单的练习，帮助学生理解这一问句，并学会回答。 考查学生是否认识四种动物及 /l/ 的发音清晰度。 听说结合。 总结本节课出现的动物，简单介绍 4 种动物，留为家庭作业，请家长帮孩子延伸扩展。
七、教育康复延伸	**设计意图**
1. 在言语个训课中，利用本节课的音节和词语，对在发声、共鸣方面存在问题的学生进行针对性矫治； 2. 在律动课中，将学习的动物改编成儿歌，配以动作，边做边说； 3. 在美术活动中，学习画动物园，考拉、狐狸、毛驴、梅花鹿等动物，并说一说自己的作品。	各课配合教学，全面提高听障儿童的听觉、言语、语言能力。

续表

八、家庭教育康复指引	设计意图
请家长在家庭生活中创造机会让学生练习"谁在干什么"的句式,并向孩子介绍狼、骆驼、羚羊及猎豹等四种动物的习性特点。	在家庭中巩固教学内容,提高康复质量。
九、教育康复反思	
因该生学前康复基础好,构音上基本能正确地说出 /l/ 的双音节词。在课上,学生对小动物非常感兴趣,之后的课上可多利用动物激发学生的学习兴趣。该生的"驴"发音不准,在家庭康复中要加强练习。	

前后测结果对比:

姓名	内容	前测	后测
董××	考拉	−	1
	毛驴	−	1
	狐狸	−	1
	梅花鹿	−	1
	老虎	−	1

第七章

听障儿童家庭康复

听障儿童家庭康复是指在康复机构的指导下,家长对听障儿童实施康复训练的一种形式。听障儿童康复离不开家长的参与,离不开家庭康复训练。相关研究表明,提供以家庭为基础的听障儿童早期干预取得了肯定的结论,即亲子间的交往对听障儿童的语言获得非常重要。国内外对家庭康复提出了各种模式,例如自足式家庭康复模式、家园同步化教育模式、父母和听障儿童共同训练模式等。

北美和欧洲等的发达国家实行"以家庭为中心"的家庭康复模式。这一模式以家庭作为听障儿童教育康复的主要基地,以康复门诊作为支持资源中心,以家长培训为主要任务,取得了良好的康复效果。

据此,我们结合国内情况及国外先进的经验,构建"三位一体"式听障儿童家长培训模式,即通过团体培训、一对一培训和网络服务等多种形式,对家长进行培训和指导,使家长树立正确、积极的康复态度,具备科学、系统的康复知识以及有效、娴熟的康复技能,以此推动家庭康复和学校/机构康复的有机整合,从而提高听障儿童的康复效率,缩短康复进程。

本章主要介绍家庭康复的理念、特点、可行性、原则、目标和内容,提出在家庭康复中家长应该具备的基本素质;介绍"三位一体"式听障儿童家长培训模式的框架及主要内容、培训方式;介绍家庭康复指导的主要内容。

家庭康复概述

近年来,学校和机构越来越重视听障儿童家庭康复,并针对自身情况不断尝试和变革。通过查阅文献和总结实践经验,我们梳理了关于听障儿童家庭康复的一些共识,厘清了家庭康复的基本观点。本节主要论述的是家庭康复的理念、特点及可行性,家庭康复的原则,家庭康复的目标和内容以及听障儿童家长应具备的一些基本素质。

一、家庭康复的理念、特点及可行性

家庭康复指的是在学校或康复机构的指导下,家长在学校及机构以外实施的一种康复形式。其中,学校或康复机构的指导主要是指听觉康复教师、言语治疗师、康复教师等人员对家长的指导。主要指导形式有团体培训、一对一培训及网络服务等。[1]

在这里,家庭康复一定是由家长或其看护者实施的,如听障儿童的父亲、母亲、祖辈或其他看护者。一般来说,以母亲实施家庭康复最为常见。家长只有具备了正确、积极的康复态度,掌握了科学、系统的康复知识和有效、娴熟的康复技能才能有效地进行家庭康复。

家庭康复并不一定只在家庭环境中进行,也可以在学校或机构以外的社会环境中进行。例如,家长可以带听障儿童到公园、超市、医院、社区等环境中进行康复训练。无论在何种环境下,家庭康复一定要以家长为主导,以学校或康复机构的指导为保障,以听觉言语训练为主要内容,并遵循一定的训练原则。这样才能取得事半功倍的效果,从而促进听障儿童更快、更好、更有效地康复。

---

[1] 周红省,徐少妹,黄昭鸣,等.同步式聋儿家长培训模式的构建与实践[J].中国听力语言康复科学杂志,2006(1):47-49.

（一）家庭康复的理念

根据家庭康复的定义，我们提出了家庭康复的理念，即在学校或机构的指导下，以家庭为中心的"三位一体式"家庭康复模式。这里的"机构"，包括康复门诊和语训部（聋健合一幼儿园）等；"一体"是指家庭与学校、机构密切合作，紧密联系，实现康复内容、康复方法和康复进程的一体化，共同促进听障儿童的全面康复。其中，学校或机构不能代替家庭，家长和家庭在康复训练中具有重要的意义；家庭也不能离开学校或机构，它们对家庭有指导意义；在现阶段，密切"家庭与学校、机构的关系"的关键在于发挥学校及机构的作用。

1. 学校或机构不能代替家庭

家庭是听障儿童成长的地方，听障儿童康复首先离不开的是家庭。家庭康复是所有康复中成本最低、效果最好的渠道之一。家长和家庭在听障儿童康复中的地位和作用是不可替代的。

① 听障儿童习得语言的第一环境是家庭。听觉言语治疗是以正常语言的发展为构架，因此在大环境都支持的情境下，听障儿童若能与其养护者持续地进行有意义的互动，他们所学到的将是最有效的语言。因此，听障儿童要获得听觉和言语的康复离不开家庭语言，离不开家长对听障儿童的训练。家长的语言是听障儿童模仿的对象。家长在发音、用词、用句等方面对听障儿童有示范的作用，听障儿童愿意模仿其父母的语言，愿意与家长交流。这些会大大地促进听障儿童康复的进程。

② 听障儿童习得语言最少受限制的环境是家庭。家长是听障儿童最亲近的人，家庭是听障儿童最熟悉的地方。家庭和社会的生活真实而丰富，充分利用这些资源，让听障儿童多接触社会，接触自然的环境，能促使他们产生交往、表达的需要，并促进他们听觉和言语的发展。通过康复机构的指导，家长可以将所学的知识与技能应用到实际生活中，尽量在自然的、有意义的情境中教听障儿童听和说。

③ 家庭康复的时间更宽裕、内容更灵活。听障儿童要将在康复机构中所学的知识和技能转化为真正的本领，还需要机构以外的训练和巩固。对于家庭康复，家长往往采用一对一、二对一甚至六对一的比例来实施，因而康复时间能得到最充分的保障。另外，家长可以在日常生活的各种情境中适时地实施有效的康复训练，训练内容灵活多样。在康复机构的指导下，家长逐步掌握就地取材、随时随地对听障儿童实施有效康复的知识和技能，这样必定会弥补机构康复的不足，进一步巩固、拓展儿童的所学，从而提高听障儿童康复的效果。

④ 家庭康复可以满足多方面的需求，弥补听障儿童康复中的一些不足之处。听障儿童康复任务繁重，需要投入大量的时间、技术、金钱和人员等，而目前听障儿童康复事业刚刚起步，学科建设有待发展，专业人员队伍相当薄弱。家长的大力参与和积极配合，可以在一定程度上缓解这些问题。因此，家庭康复与机构康复有机结合，将促进听障儿童康复事业的快速发展。

2. 家庭康复不能离开学校或机构的指导

听障儿童康复是一门专业性很强的学科，具有紧迫性、抢救性的特点。治疗师和康复教师的系统指导，在听障儿童康复的初期起着尤为重要的作用。如果没有康复机构的科学指导，家庭康复将不可避免地会出现康复方法不当、最佳康复时机延误、康复效果欠佳等问题，很可能错过语言康复的关键期。有了康复机构科学、系统的指导和培训，家庭康复将向着更科学、更系统、更高效的方向发展。

在听障儿童康复的过程中，家长会遇到许多困惑和问题。例如，康复时间的局限性——家长要工作，没有时间教听障儿童；康复知识和方法的局限性——家长也想教听障儿童，但是没有方法，不知道教些什么。真正的家庭康复是一门多学科交叉的系统工程，应该与机构康复紧密结合。家长掌握正确的、科学的、系统的康复方法，对听障儿童康复起着关键作用。

家长参与家庭康复需要康复机构的正确引导和培训，特别是在现阶段，我国听障儿童康复事业正处于起步阶段，听障儿童康复的理论和方法还有待深入研究和进一步推广，康复过程中所需的经济和技术实力还不够充分。因此，康复机构必须提供科学、系统、有效的指导和培训。首先，家长参与家庭康复需要学校或机构的正确引导，学校或机构要尽力引导家长参与家庭康复；其次，家庭康复的专业性、科学性离不开学校或机构的指导和培训，学校或机构必须对家长进行专业、科学的指导和培训；再次，家庭康复的计划性、系统性离不开学校或机构的指导和培训，学校或机构必须对家长进行有计划的、系统的指导和培训。如，通过开办"新概念学说话"实验班和专家特色康复门诊，使听障儿童康复有了科学、有效的方法。

（二）家庭康复的特点

1. 针对性

家长愿意花时间参与听障儿童的康复，愿意钻研康复技术，想办法使听障儿童尽早康复。家长可以根据听障儿童的情况确定教学内容、教学方法和教学重点，因而康复训练更具针对性。

2. 灵活性

在家庭康复中，生活场景丰富多样，家长可以见什么教什么，教学随机进行，这便于听障儿童对语言内容的理解。家长结合生活实际教授听障儿童语言，这样的语言是最容易理解的、最实用的。家长在生活中可以运用各种形式、各种方法和手段对听障儿童进行康复训练，如生活中的常见物品、"新概念学说话"的系列玩教具等等，训练的形式灵活多样。

3. 拓展性

家庭康复是集体教育康复和个别化康复的延伸和拓展。学校或机构对家庭康复进行科学指导,例如通过家长培训班、专题讲座、亲子课堂、教学观摩、每日交流等培训和指导,治疗师、康复教师和家长共同制定系统的听障儿童康复计划,可使集体教育康复和个别化康复的目标在家庭得以延伸,其内容也可得到必要的补充和拓展。这样,集体教育康复、个别化康复和家庭康复就能够有机地统一起来,使听障儿童康复的效果事半功倍。

(三)家庭康复的可行性

1. 听障儿童听觉言语康复的管理体制为家庭康复提供了保障

听障儿童康复的行业管理体制是实施家庭康复的保障。2019年3月发布的《2018年残疾人事业发展统计公报》显示,截至2018年底,全国已有残疾人康复机构9 036个,其中1 549个提供听力言语残疾康复服务。在国家政策与资金的大力扶持下,从国家到地方已形成了一个完整的康复机构网络。《残疾人康复服务"十三五"实施方案》中明确指出:"广泛开展残疾儿童家长、残疾人及亲友培训、心理疏导,对家庭康复和残疾人互助康复给予支持……建立专业康复机构对社区、家庭康复服务指导支持的机制。"由此可见,听障儿童康复机构对家庭康复的指导将越来越规范,在人员、技术和设备上都将为家庭康复的开展提供保障,这些必将对听障儿童家庭康复乃至整个听障儿童康复事业起到重要的影响。

2. 听障儿童听觉言语康复的技术设备为家庭康复提供了支持

现在,各省级听障儿童康复中心都已经基本拥有相应的康复设备、用品用具,并逐步向县市级听障儿童康复机构扩展。这些机构是听障儿童家庭康复的重要资源和设备保障中心,在物质、人力和财力上都有了相当的基础,使得听障儿童家庭康复不难成功。

延伸阅读:
"新概念学说话"丛书

3. 家长参与康复的热情及其素质的提高为家庭康复提供了基础

获得康复是众多听障儿童家长的迫切愿望。每个听障儿童家长都希望自己的孩子能够健康成长、尽快康复,希望自己的孩子能够在认知、思维等各方面的发展不低于健听儿童,早日实现"听得明白、讲得清楚、交流自如"的康复目标。因此,家长投入康复和教育的时间和精力越来越多,热情也越来越高。

此外,家长对于耳聋、助听器、人工耳蜗、医学康复与教育康复的关系等问题的认识正在逐步提升,逐步形成较为科学的康复理念和态度,这为听障儿童听觉言语的家庭康复提供了基础。在康复机构等的指导下,家长将学到更科学的康复知识与技能,家庭康复也将越来越系统、越来越科学。

二、家庭康复的原则

家庭康复要遵循计划性与随机性相结合、一致性与个体性相结合、整体性与循序渐进相结合、实践性与趣味性相结合的原则。家庭康复要针对听障儿童的特点，在学校或机构的指导下制订合适的计划。同时，在康复内容的选择和康复计划的拟订方面，家庭成员之间及家庭与学校、机构之间要保持一致性，家庭康复要持之以恒，有持续性；家庭康复的最终目标是促进听障儿童的全面发展，因此在康复内容和形式的选择方面要遵循整体性原则；家庭康复还应坚持从听障儿童的特点和兴趣出发，充分利用游戏、活动等多种形式。

（一）计划性与随机性相结合

家庭康复同学校和机构康复一样，家长要依据学校及机构的康复计划，并结合听障儿童的水平制定科学、系统、有针对性的家庭教育康复计划，有步骤地实施康复。家长在执行计划的过程中，对教育康复过程中出现的新的康复点或知识点以及生活中有教育康复意义的突发事件，要灵活处理，随机进行适宜的教育康复训练，也就是计划性与随机性教育康复原则要有机融合。

家长还要注意长期计划与短期计划相结合，根据学校或机构教育康复和自身个别化教育康复的情况，精心设计好每个阶段、每月、每周和每日的教育康复计划。当然，教育康复计划并不是一成不变的，家长可以根据实际情况进行修改和调整。只要把握住整体的计划性，就能更有效地促进听障儿童的早日康复。

（二）一致性与个体性相结合

一致性与个体性相结合是指在选择听障儿童教育康复的内容、目标、原则和方法上，家庭和学校、机构之间要保持基本一致，各家庭成员之间也要保持一致。但是在执行一致性原则的同时一定要兼顾听障儿童的个体差异，这样才能更快地达到预设的教育康复目标。

听障儿童的家庭康复需要以某个家庭成员为主，其他家庭成员积极参与，甚至邻居、社区的其他人员也可以参与其中。家长在家庭康复的内容、短期目标与总体目标等方面务必与治疗师、康复教师达成共识，在保持一致的前提下针对听障儿童的自身水平实施康复，这样才能使家庭康复系统、科学地推进，最大限度地提高康复的效果。

（三）整体性与循序渐进相结合

整体性与循序渐进相结合是指家长在关注听觉、言语、语言、思维、情绪、情感和社会性等各方面能力发展的基础上,要正确认识听障儿童康复的规律,循序渐进、坚持不懈地对听障儿童进行康复,努力克服一切困难,保证听障儿童康复过程的持续性。

听障儿童各个方面之间的发展是相互影响、相互联系的。听觉障碍导致言语障碍,还可能造成语言、行为、情绪等各种障碍,研究表明,5岁起,听障儿童和健听儿童的智力会有明显差异。通常,听障儿童抽象思维能力较差,很多听障儿童到小学中年级,会在作文、数学应用题、英语、逻辑思维知识等方面与健听儿童的差距越来越大,完成学业比较困难。因此,家庭康复关注听障儿童整体素质的提高,能为其一生的可持续发展奠定扎实的基础。听障儿童的早期教育康复应在逐步提高听觉、言语和语言能力的基础上,重视其思维、情感、价值观等因素的协调发展。

每位家长应清晰地认识到,听障儿童康复是一个漫长的螺旋式上升的过程。作为家长,要有足够的信心、耐心和恒心,要善于发现听障儿童的细小进步,培养其自信心;要认真学习康复知识和技能,要正确对待听障儿童康复的积累期、高原期,不急躁、不放弃,循序渐进引领听障儿童巩固康复成果,向更高目标努力。

(四)实践性与趣味性相结合

家庭康复在实施过程中,要坚持寓教于乐,寓教于生活实践。家庭是孩子最早的课堂,家庭生活丰富多彩,为儿童提供了很好的康复实践环境。我们提倡"动起来更精彩"。因此,家长应该努力创设儿童感兴趣的情境,让听障儿童在家庭生活实践中、在亲子游戏中、在大自然中及社会生活中边学习边实践,让家庭康复快乐、高效地进行。

由于听障儿童年龄、障碍程度、个性发育等不同,会形成不同的个性差异和障碍补偿需求。因此,听障儿童家庭康复在实施过程中,要根据听障儿童的个性特征和康复水平,准备丰富、实用、有趣的教育康复用具,在康复形式上尽可能采用游戏、活动实践的形式,及时表扬鼓励听障儿童的点滴进步,使听障儿童随时体会到成功的喜悦,体验到学习语言、运用语言的乐趣,以此激发其进行康复训练、学习语言、运用语言的乐趣,使家庭康复事半功倍,达到最佳的效果。

三、家庭康复的目标和内容

家庭康复的目标是实现听觉、言语和语言的康复,即 HSL 理论中三大板块的有机统一。家庭康复的主要内容是听觉康复、言语矫治、语言教育和认知训练等。通过这四个领域的康复训练和教育,实现听障儿童的听觉与言语康复,最终达到全面康复、全面发展的目的。

1. 听觉康复（H）

在家庭康复中，听觉康复的目标是使听障儿童听得到、听得清、听得懂。家长可以在治疗师的指导下，参考康复机构的个别化康复计划，根据听觉康复的四个阶段（听觉察知、听觉分辨、听觉识别和听觉理解），有计划地制订阶段性的家庭康复计划。每天，家长除了完成康复教师布置的家庭作业外，还要根据家庭康复计划，利用听觉康复评估与训练VCD及卡片，对听障儿童进行有家庭特色的听觉康复训练，使听障儿童能够养成良好的听觉习惯，尽快实现听得到、听得清、听得懂的康复目标。

2. 言语矫治（S）

听障儿童言语矫治的家庭康复目标同学校或机构的言语矫治目标相类似。家长可以在治疗师和康复教师的指导下，利用呼吸、发声、共鸣、构音和语音训练卡片、VCD及教材等，遵循评估、决策、治疗的循环过程，设定各个阶段的目标和内容。在家庭康复中，言语矫治的具体内容包括基本训练（呼吸训练、发声训练、口腔训练、鼻腔训练、口部运动）和言语功能异常的矫治（呼吸障碍、发声障碍、共鸣障碍、构音障碍、语音障碍）。家长可以利用重读治疗法进行基本训练、发音诱导等，利用促进治疗法进行发音异常的矫治及发音功能亢进或低下的矫治。每日的言语矫治目标要遵循个别化康复的进程，结合家庭的优势和特点，有计划、有步骤地完成。言语矫治的内容也要针对每日目标灵活地选取，将游戏、活动的形式巧妙地融合于家庭生活的各个环节。

3. 语言教育（L）

语言康复是指在听障儿童佩戴助听器或植入人工耳蜗后0—6（18）个月的时间里，对由听觉障碍导致语言障碍的听障儿童进行抢救性的、有针对性的康复措施，重点在于提高听障儿童的听觉功能和言语功能，进而形成听障儿童的语言能力。而语言教育是指在语言康复期之后，利用系统的学前教育课程对听障儿童实施全面发展的教育，重点在于让其习得各种知识与技能，达到全面发展。

在家庭康复中，语言发展的目标主要是配合集体教育康复，将集体教育康复的内容延伸到家庭康复中，并结合家庭环境和具体的生活情景在具体训练过程中进行复习、巩固和适当的拓展。家长要遵循语言康复的规则，利用五个"W"（"Who, When, Where, What, How"，即"谁、何时、何地、做什么、怎么做"）及词汇、句型、会话训练卡，对听障儿童进行适当的家庭语言教育与拓展。例如，进行词语学习、句子训练、句群训练和应用练习等，着重语言理解和语言表达两个领域。家长在制定每日语言教育康复目标、选择每日语言教育内容的时候，可以针对家庭环境和听障儿童当日的情绪、心理状态以及学习掌握情况，创造性地进行设计和选择，如配合康复机构适时地进行编讲生活小故事的康复活动。同时，家长要注意做好家庭康复记录，填好家园联系册，及时与康复教师进行沟通交流。

4. 认知训练（C）

心理学研究表明，3至5岁的学龄前听障儿童正处于认知能力发展的关键时期。5岁的听障儿童已能初步理解相邻数之间的关系，初步掌握平面图形的基本特征，能运用表象进行加减，能初步理解集合与元素之间的关系等。在对听障儿童进行语言康复的同时，应有目标、有计划、系统地对听障儿童的认知能力进行训练与培养。认知训练应以图形、数字、符号及文字为训练材料，以听障儿童的认知发展规律为依据选择具体的训练内容，如注意训练、图形认知、颜色认知、数字认知、同类匹配、观察能力、记忆能力等，并配合语言教育康复，以培养与提高听障儿童的知觉、记忆、表象、思维等多项认知能力。家长可以选择有关的训练软件、书籍，在有关专家的指导下，根据家庭的实际生活环境训练听障儿童，并举一反三。

四、听障儿童家长应具备的基本素质

"听障儿童的康复首先是家长的康复。"家长具备的素质对听障儿童康复的效果有着巨大的影响。随着早期干预第一环节"早发现、早诊断"、第二环节"早验配、早放大"目标的实现，第三环节"早训练、早康复"任务已经开始，"教什么，怎么教"这一问题始终贯穿在家庭康复实践工作的始终。很多家长把听障儿童康复的责任和希望转嫁给了康复机构或学校，更有甚者丧失了对听障儿童康复的信心和勇气，放弃了听障儿童重返主流社会的机会和权利。家长应树立正确、积极的康复态度，掌握科学、系统的康复知识以及有效、娴熟的康复技能。

（一）正确、积极的康复态度

家长的康复态度直接关系到听障儿童康复的效果，而正确、积极的态度源于家长对听障儿童康复工作的认识。家长应对以下几个问题有正确的认识。

1. 正确看待听力障碍问题

有的家长在知道孩子的听力有问题以后会产生负罪感、内疚感，觉得对不起孩子，就对孩子一味溺爱，事事包办代替；有的家长不敢承认或者不愿暴露孩子听力有问题的事实，且一直处于自卑、痛苦和矛盾的心理状态中。家长的这些想法是可以理解的，但也是错误的。随着科技的进步和听障儿童康复事业的发展，我国听障儿童康复的比例正在逐年上升。在康复教师和家长的共同努力下，一批又一批的听障儿童康复明星不断地涌现出来。因此，作为家长，应知道听障儿童康复的切实可行性，不必否认和回避耳聋的事实，更不可放弃对听障儿童康复的努力，要有一个积极的心态，不娇惯、不放纵听障儿童，让他们在轻松自然的环境中得到更快、更有效的康复。

2. 正确看待学校或机构康复和家庭康复

当发现孩子听力有问题时，家长会立即考虑改善孩子的听力状况，或者佩戴助听器，或者植入人工耳蜗。然而，由于长时间的听觉剥夺，听障儿童没有养成聆听的习惯；由于缺乏听觉反馈的调节，听障儿童产生了诸多听觉性言语障碍，因而植入人工耳蜗或者佩戴助听器并不能使听障儿童自然而然地会听、会说。能否尽早发挥这些听力设备的最大功效，关键在于听觉、言语和语言康复。而这些都依赖于学校或康复机构的指导和培训，更依赖于家庭的参与。作为家长，既不可把听障儿童康复的责任完全推给学校或康复机构，也不可脱离学校或康复机构的指导和培训，盲目地进行摸索，从而延误了听障儿童康复的最佳时机。

3. 正确理解医学康复和教育康复的关系

听力障碍是一种残疾，所以医学介入是首要的、必需的。康复门诊对听障儿童康复的意义是极其重要的。作为家长，要在治疗师和有关专家的指导下，合理安排医学康复和教育康复的时间，选择恰当的内容和方法，科学地、有计划地实施对听障儿童的康复，切不可把康复目标局限在听障儿童能写多少个字、能认多少个拼音、能背多少首儿歌、数数能数到几上。

4. 养成科学、积极的训练态度

科学、积极的训练态度表现在坚持"四不"：一是不放弃，即家长要对听障儿童康复充满信心，不管遇到多大的困难都能坚定不移地参与听障儿童的康复；二是不攀比，即家长要了解听障儿童的个别化差异和特点，不盲目地进行横向比较，既不急于求成也不丧失信心；三是不急躁，即在听障儿童康复遇到挫折时，特别是在听障儿童康复的积累期，即高原期，要对听障儿童康复有信心、有恒心，不动摇、不急躁；四是不浮躁，即在听障儿童取得一定的康复成果时，不沾沾自喜，不盲目满足，而是向听障儿童康复的更高目标努力。

（二）科学、系统的康复知识

为了尽早实现听障儿童得到有效康复的目标，家长要尽可能多地学习科学、系统的康复知识，以应对复杂的听力障碍问题、艰难的康复过程，如听力学知识、助听器及耳蜗的使用和保养知识、言语矫治知识、语言教育知识、听障儿童心理学知识、游戏教学知识等等。家长要扮演的是积极参与的教学者，而非观察者或保育者的角色。具体来说，家长所要掌握的知识就是学校或康复机构对家长进行理论培训的要求。

（三）有效、娴熟的康复技能

在听障儿童康复的过程中，家长仅仅掌握足够的康复知识是不够的。只有将这些知识转变为有效、娴熟的康复技能，才能让康复知识在听障儿童的康复过程中真正发挥作用。家长可以运用游戏法、故事法、对话法、演示法、观察法和参观法等各种手段进行家庭康复训练。同时，在训练过程中及时总结经验教训，使自己的康复技能更加有效和娴熟。

因此，家长应当做到：一是认真学习各种康复知识和技能，深入钻研听障儿童康复技术。家长要花费更多心思去研究听障儿童的心理特点和学习规律，不仅要学会发现问题，更要努力尝试解决问题，逐步使自己的教学更有计划、更科学。二是虚心向专家和康复教师请教，进行更多更深入的交流，共同探讨更科学、更高效的康复技能和方法。三是加强家长之间的互相学习，取长补短，共同探讨更加科学、高效、实用的康复方法。

延伸阅读：
听障儿童家长信摘录

家长培训

PART 2
第 二 节

家庭康复离不开学校和康复机构的指导。家长自身康复素养的提升是科学、高效实施家庭康复的保证。经过实践与研究，我们构建了"三位一体"式听障儿童家长培训模式，以快速培养家长成为康复教师的好助手、家庭康复的中坚力量，提高听障儿童家庭康复的科学性和有效性，真正实现家庭康复与机构康复的有机整合。

"三位一体"式听障儿童家长培训模式是一种在理念上将学校或机构康复与家庭康复紧密结合，在目标上重视听障儿童家长康复态度、知识、技能的同步提高，在操作上将团体培训、一对一培训及网络服务三者有机整合的家长培训模式。它实现了学校或机构康复与家庭康复的一体化，知识、态度、技能的一体化，团体培训、一对一培训及网络服务的同步化。实践证明，该模式是行之有效的，它极大地提高了听障儿童康复的效率，缩短了听障儿童康复的进程。其框架及主要内容如图7-1所示。

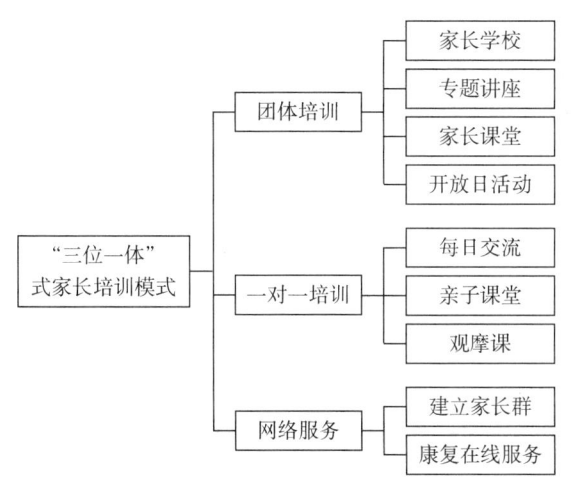

图7-1 "三位一体"式听障儿童家长培训模式的框架及主要形式

一、团体培训

团体培训是一种针对听障儿童家长的集中培训模式，主要包括四种实现形式：家长学校、专题讲座、家长课堂、开放日活动。

（一）家长学校

家长学校是指以婴幼儿、中小学生家长为主要对象，以家庭教育的科学知识和方法为主要传授内容的一种业余教育形式。而听障儿童家长学校主要是对家长进行全面的、系统的康复知识的培训和指导。其主要目的在于让家长对听障儿童康复形成一个整体的、概括性的、正确的认识，对自身在听障儿童康复中的重要地位和作用形成正确的认识，包括知道听障儿童康复所涉及的康复领域、要经历的康复阶段以及每个阶段所要掌握的基本知识和方法等。

家长学校最重要的是帮助家长调整心态，树立康复的信心，形成正确的认识，意识到听障儿童康复是有希望、有办法的，但又是一个长期的、艰难的过程，如果错过康复的最佳时期，可能需要付出更大的代价；意识到家长在听障儿童康复中具有无可取代的重要地位和作用，家长不仅要树立正确积极的康复态度，亲自参与听障儿童的康复，而且要投入大量的时间和精力认真学习科学、系统的康复知识和方法，最终形成有效、娴熟的康复技能。

家长学校分为初级班、中级班和高级班，三个班级的授课领域相同，授课内容深浅和掌握的要求不同。家长学校开班与新生入学时间同步，每学期（或三个月）一次，每期3—5天。

家长入校接受培训之前，首先要进行摸底考试。学校通过考试测试家长的起点水平，确定家长参加培训班的级别。根据测试反馈出的问题和薄弱环节，为家长制定符合其自身水平的教学进度和要求。考核的内容包括听觉康复、言语矫治、语言教育、认知训练和综合康复技巧。考试前会安排一定数量的复习题（每个领域10—20道题）供家长复习，同时留出一定的时间进行答疑和个别辅导，然后再进行正式的考试。考核合格的家长可从初级班升到中级班或高级班。初级班、中级班和高级班对培训内容的掌握要求分别对应初步了解、了解、掌握。

家长学校培训的内容主要包括六个方面：① 听障儿童康复中家长正确态度的确立；② 听力障碍、助听器、人工耳蜗的基本知识；③ 听障儿童康复中"医教结合"的理念；④ 听障儿童听觉、言语和语言发展的特点与规律；⑤ 听觉康复、言语矫治、语言教育的理论；⑥ 听障儿童康复中家庭与机构配合的技巧与艺术。

（二）专题讲座

专题讲座是指邀请专业人员、有经验的专家和从事一线教学的骨干康复教师，针对家长在家庭康复不同阶段产生的不同问题和不同需求进行每周至少一次的讲座。专题讲座针对家庭康复中的某一类问题进行具体、直观、形象的讲解和指导。通过专题讲座，家长将对听障儿童康复过程中所遇到的具体问题有清醒的认识。家长可以进一步坚定康复信心，逐步习得科学、系统的康复知识，掌握有效、娴熟的康复技能，并在康复教师的指导下制订听障儿童家庭康复计划，完成家庭康复的任务。专题讲座的形式包括讲授、交流和答疑。总体内容包括：① 家庭康复的理论与实践；② 听力障碍、助听器、人工耳蜗的基本知识；③ "医教结合"语言教育康复模式及教材建设；④ 听障儿童家庭康复计划的制订。

例如，在听障儿童家庭康复计划制订的专题讲座上，康复教师和治疗师会指导家长制订适合听障儿童发展的家庭康复计划，该计划主要包括阶段计划（一般为三个月）、月计划和周计划三种。家庭康复计划的内容主要包括听障儿童目前的发展水平与存在的问题，接受教育康复的措施与时间，康复内容、方法和形式等。在实施计划的过程中，家长可以根据听障儿童对所教内容的接受情况以及当时的兴趣和康复环境适当增加、减少或更换某些教学内容，适当调整教学难度和方法等，只要能达到或基本达到本次训练的主要目标即可。在实践过程中还可能发现训练目标设定得太高或太低等问题，这也需要对计划进行补充和修订。

（三）家长课堂

家长课堂是指在学校或康复机构中由有经验的家长授课，康复教师、治疗师和其他家长对其进行观摩、评价和指导的一种形式。家长课堂不但是家长交流的重要途径，而且是家庭康复评估的重要途径。

有经验的家长在家庭康复中使用的可行的方法对其他家长也有参考和借鉴价值。通过每学期（三个月）举办的家长课堂比赛，家长之间互相学习实用和有效的家庭康复方法，既可达到共同提高的目的，亦能在精神上互相激励。学校或康复机构可将成功的家庭康复视频发至家长群中供广大家长观摩学习。

家长课堂是团体培训的一种重要形式，也是对家长的康复知识和技能进行监控和考核的一种形式。在家长进行示范课教学的过程中，康复教师、治疗师会根据家长课堂考核表，对家长的康复态度、知识和技能进行综合考察，从而集中解决家长遇到的一些问题，不断提高其态度、知识和技能。

（四）开放日活动

开放日活动面向学前及低年级的听障儿童家长。开放日活动主要采取两种形式：一是主题教学观摩，二是康复成果展示活动。

教师将定期（每学期两次）开放主题教育活动供本班听障儿童家长观摩。在观摩过程中，家长可以了解听障儿童的学习特点和在学校或康复机构的学习状况，学习教师确定合适的教学难度，选择听障儿童感兴趣的教学内容和教学方法，制作新颖有趣的教具，以及调动听障儿童积极性等方面的技能和方法。通过开放日活动，家长不但对学校或康复机构的集体康复教学活动有了进一步了解，而且会坚定参与康复的信心，丰富康复知识,学会一些康复的技能和方法,可以在家庭对听障儿童进行更有针对性的复习、巩固和拓展,真正实现家庭康复与学校康复、机构康复的同步进行和使听障儿童更快、更好、更有效的康复。主题教学观摩特别适合刚进入学校或康复机构进行康复的听障儿童的家长。观摩活动可以解决家长很多的疑问,如:孩子适应吗?老师是如何教的?孩子掌握了吗?我该如何配合老师的康复教学呢?

康复成果展示活动是对家长进行集中培训的另一种形式。康复成果展示活动一般三个月举办一次,主要目的是向家长汇报近阶段听障儿童康复的成效,使家长进一步坚定康复信心;同时锻炼听障儿童的注意力、沟通能力和团队合作能力,增强他们的自信心。在康复成果展示活动中,教师将听障儿童上一阶段所学的知识编成一个个小节目,由听障儿童独立表演;同一水平的听障儿童可以合作演出。康复成果展示活动的表现形式是丰富多样的,不仅限于朗诵儿歌、讲故事、表演情景剧,还可以是乐器演奏(节奏训练)、绘画展示(说说自己的构思)、合唱等。虽然听觉、言语、语言领域是听障儿童康复的重点,但听障儿童的沟通交往能力、社会适应能力、行为习惯等方面同样也通过每日的康复教学在不断地提升。因此,康复成果展示活动展示的是听障儿童全方位的素养。

二、一对一培训

一对一培训主要是针对听障儿童的个体差异和家长在家庭康复中存在的问题进行的有针对性的培训,主要包括四种形式:每日交流、亲子课堂、观摩课。其适用对象、主要内容和时间安排,如表7-1所示。

表7-1 一对一培训一览表

主要形式	适用对象	主要内容	时间安排
每日交流	所有听障儿童家长	听障儿童在园/校情绪、课堂参与、配合情况; 学校/机构康复内容、要求、掌握情况及方法; 家庭康复内容、要求及方法	每天早晚各10分钟
亲子课堂	有需要的听障儿童家长	听障儿童游戏教学现场指导; 听障儿童生活教学现场指导; 听障儿童的进步和问题分析	与听障儿童存在的问题同步,根据需求每周1—2次,每次0.5小时
观摩课	有需要的听障儿童家长	康复内容、要求和方法示范; 康复方案的制定和调整; 听障儿童的心理及行为改变技术	与听障儿童的康复同步,根据需求每周1—2次,每次0.5小时

(一)每日交流

每日交流是指康复教师和治疗师利用家长每天早晚接送听障儿童的时间,对家长进行手把手的具体指导。通过每日早晚的交流，家长不仅知道每日在家该做什么、怎么做，而且知道自己在家做得怎么样、有无错误，如此长期、细致的培训和指导，会使家长的康复能力在无形之中得到提高。

1. 学校/机构康复教学记录表与家庭康复记录表

听障儿童每日教学记录表（在园/校情况）记录了听障儿童一日在园/校康复、学习和生活的情况，包括每个活动类型的目标与内容、活动过程情况、目标达到情况分析以及康复教师、治疗师给家长的一些具体意见和建议，如表7-2所示。家长针对这些情况，制定并实施每日康复训练方案，填写听障儿童每日教学记录表（在家情况），包括康复领域的训练内容、目标，听障儿童的配合程度和目标达到情况，如表7-3所示。

康复教师或治疗师向家长反馈听障儿童当天在学校或康复机构的康复教学情况，包括听障儿童听觉、言语、语言的训练内容、掌握情况和康复建议。通过康复教师或治疗师的讲授和示范，家长可以比较清楚地知道听障儿童在学校或康复机构学了什么、学得怎么样，家长回家该教些什么、怎么教。

康复教师或治疗师要求家长记录听障儿童在家的训练情况，包括训练时间、训练程序、听障儿童掌握情况，以及家长在进行家庭康复时遇到的问题和困惑。康复教师或治疗师会根据家长所做的家庭康复记录表，详细询问家庭康复的情况，包括家长在家训练的程序、方法、要求、态度等，帮助家长解决遇到的问题。这样，家长会更明白自己所做的家庭康复是否正确，包括训练时间安排是否充分、程序是否正确、难度是否得当、方法是否合适、态度是否端正等等。

表7-2 听障儿童每日教学记录表（在园/校情况）

在园情况	
内容	词语：面包、蛋糕。 句子：×××，吃蛋糕。×××，吃面包。 对话：×××吃什么？
表现	幼儿认识了面包和蛋糕两种食物；能正确听辨词语、句子，能完成听话演示；"面"需打声母指式辅助，表达句子"×××，吃蛋糕"时不能连贯；对"×××吃什么？"的问题只能回答今天学习的内容。
家庭康复建议	复习今天所学内容；注意结合以前所学的内容进行扩展学习和沟通交流，巩固所学知识。如：小白兔，吃萝卜；小花猫，吃小鱼；大熊猫，吃竹子。
训练内容	听觉：双音节词识别；声母识别（含有/m/、/d/的词汇）；短句识别。 言语： 1. 最长声时； 2. 呼吸训练（仰卧位，采用腹式呼吸，一口气发"ha, ha, ha"）； 3. 鼻音哼唱练习"mi, mu, ma"； 4. 逐字增加句长练习（面包→吃面包→我吃面包→妈妈吃面包……）； 5. 响度训练（面包→面包→面包→面包→面包）； 6. /m/、/d/的构音训练。 认知：注意力、观察力训练；分类能力训练。

续表

	在园情况
训练结果	听觉：双音节词识别59%；声母识别56%；短句识别64%。 言语： 1. 最长声时5秒； 2. 平静状态下的生理呼吸正确，发"ha, ha, ha"时比较紧张，呼气不彻底； 3. 刚开始用鼻音哼唱时，唇部比较紧张，/m/易发成/b/，后经训练，可断续发"mi, mu, ma"，唱音还需要进一步加强； 4. 逐字增加句长：四字以内的较为轻松，五字句较为困难； 5. 响度训练："面包→面包→面包"的响度变化掌握较好，"面包→面包→面包→面包→面包"需进一步巩固； 6. 构音训练：经练习/d/音较好，/m/发音不稳定，需进一步练习。 认知：注意力训练时兴趣不高；对熟悉事物的分类能力有所提高，但对抽象和陌生事物的分类能力较差。
康复建议	1. 根据今日矫治情况进行巩固练习，继续进行咀嚼训练和增加响度变化的练习； 2. 连续发两个三音节词对听障儿童来说有一定的难度，根据情况，建议加强呼吸训练； 3. 请在集体教育康复中帮助促进该听障儿童/d/、/m/的构音。

表7-3　听障儿童每日教学记录表（在家情况）

	在家情况	康复教师和治疗师的建议
内容	1. 18:00—18:25，口腔训练、咀嚼训练； 2. 18:30—18:50，主要练习/m/、/d/的构音及以往所学音节的组词； 3. 19:10—19:40，复习词语、句子、对话； 4. 19:45—19:55，响度训练； 5. 20:00—20:15，呼吸训练。	呼吸训练有助于语言的练习，把此项训练提前会更为合理。
表现	1. 练习"舌的强化"时，做得很累，很痛苦；不喜欢做压舌板部分的练习，其他部分还可以； 2. 练习发以声母/m/、/d/开头的词语时，/d/比较好发，但是/m/一定要打声母指式或用手摸鼻子提醒，才会注意鼻音； 3. 把以往学习过的内容进行罗列，丰富句子"×××，吃××"时，知道"小白兔，吃萝卜；小猴子，吃桃子；小花猫，吃小鱼……"，但还不是很熟练； 4. 呼吸训练时，能在妈妈演示时区分对和错，但自己一口气发"ha, ha, ha"时气息控制不好；站在桌子边站不稳，总要动个不停； 5. 喜欢进行响度训练，"面包→面包→面包"的响度变化掌握较好；但"面包→面包→面包→面包→面包"经很多次练习，还是掌握不好； 6. 鼻音哼唱练习不能进行唱音，只能断续进行。	先练习"ha, ha"，再进行"ha, ha"与"ha, ha, ha"的交替练习，逐步过渡到"ha, ha, ha"。 呼吸训练应采用仰卧位，躺在床上进行。 在进行响度训练时，可用3/4的时间进行"面包→面包→面包"的巩固练习，再用1/4的时间进行"面包→面包→面包→面包→面包"的尝试练习。
备注	孩子做咀嚼训练时，实在太痛苦了。可不可以一星期做一次呢？	不可以。这是一种强化训练，只有不间断地进行练习，才能有效地改善孩子的口腔开合度，锻炼构音器官。训练是艰苦的，为了孩子早日康复，我们需要您的坚持与配合。

延伸阅读：家庭康复——故事教学

（二）亲子课堂

亲子课堂是根据家长的要求和听障儿童的情况，由一名康复教师或治疗师对一名听障儿童及其家长进行的个别化康复训练、示范和指导。亲子课堂是"老师指导家长教孩子"的模式，也是对家长进行个别培训的一种重要形式。亲子课堂的主要服务对象为3岁以下的听障儿童，康复方法以游戏康复法为主。因为小龄听障儿童易哭闹，配合度较低，注意力保持较差，为提高康复效率，建议小龄听障儿童家长选择亲子课堂的方式，将康复重心转移至家庭，具体教学环节和内容如表7-4所示。亲子课堂的训练时间为每次1个小时。授课形式以面授为主，同时利用即时通信软件或电话教学进行随机的跟踪指导。训练内容根据听障儿童个别化康复的进程决定。训练主要通过游戏来进行。家长可以在幼儿园、家里或其他的环境中进行亲子游戏的训练，让听障儿童在游戏的过程中学到知识，有效地得到康复。

表7-4 亲子课堂的教学环节及内容

环节	时间安排	内容	目的
讲解	10分钟	教师告知家长活动目标、目标的意义以及如何配合	让家长了解如何通过评估结果设定康复目标，了解游戏形式
示范	20分钟	以康复教师和听障儿童之间的师生互动为主的教学活动，教师示范给家长看如何通过活动完成目标	通过观摩康复教师的教学活动，家长学习康复教学技巧和方法
参与	20分钟	以家长和听障儿童之间的亲子互动为主的教学活动，家长参与并进行实践，教师在一旁观察家长的教学情况	康复教师通过家长的表现了解家长的康复技能水平，检验家长是否掌握了本节课的康复技巧和方法
反馈	10分钟	康复教师或治疗师的点评和指导	通过反馈，家长可以清楚地知道自己是否掌握了正确的康复知识和技能，同时了解如何进行家庭康复延伸

（三）观摩课

延伸阅读：学小动物走路

观摩课是指家长通过单向玻璃橱窗或监控器观摩个别化康复课来学习康复技能的一种个别家长培训方式。与亲子课堂不同的是，家长只是观摩治疗师的训练，而不直接参与到康复活动中。要注意的是，因家长的出现会转移听障儿童的注意力，故家长观摩时不可在儿童视线中。学校或康复机构最好在个别化康复教室配备单向玻璃橱窗或监控器。

3—7岁听障儿童的家长通过观摩治疗师对听障儿童实施的个别化康复过程来学习康复知识和技能。听障儿童刚进学校或康复机构时，家长对个别化康复的观摩是全程观摩，每周1—2次。在这个过程中，康复教师或治疗师向家长详细地介绍康复知识和方法以及如何应用康复设备，让家长了解听障儿童听觉和言语康复的具体过程、发展阶段和训练方法。经过一段时间的个别化康复观摩，家长对个别化康复有所了解之后，全程观摩可转向部分观摩。家长观看部分康复示范，了解当日听障儿童的康复内容和方法，为回家后有针对性地开展家庭康复做好准备。

三、网络服务

受益于互联网及通信工具的普及，康复服务也可具有实时互动性，它既可用于远程培训，为无法现场参加培训的听障儿童家长提供资源，也可用于针对某个家长在家庭康复中遇到的问题进行及时解答。学校或康复机构主要可通过两种方式提供网络服务：一是建立家长群，二是康复在线服务。

学校或康复机构创建微信/QQ家长群，将家长培训班、专题讲座的讲义、复习题、考试题上传到互联网上，供听障儿童家长学习和使用。家长在家长群中提问，康复教师、治疗师或其他家长看到问题后回复，这种形式为不方便全程参与面授式家长培训的听障儿童家长享受一体化的培训提供了极为便利的条件。

学校或康复机构还可开设康复在线，组织专家对听障儿童进行在线评估和康复指导，解决家长提出的特殊问题。

另外，学校或康复机构还可成立家长资源中心。家长资源中心由专业的康复教师或治疗师值班，每个工作日固定开放时间。针对家长存在的一些困惑和问题，在学校或康复机构中安排专门的场地和人员，为家长答疑解惑，提供具体的理论和方法指导。同时，家长资源中心收集家长的康复需求和建议，安排开设一些专题指导班并改进康复服务。

总之，"三位一体"式听障儿童家长培训模式是一种相对完善的听障儿童家长培训模式，也是经过多年实践证明的一种行之有效的家长培训模式。通过该模式的实施，家长对听障儿童现存的问题和应该掌握的知识与技能有了更清楚的认识，在参与家庭康复的过程中，他们更深切地了解到康复教师、治疗师的艰辛，真切地看到听障儿童通过自己的努力取得的点滴进步，从而增加了参与听障儿童康复的积极性和自信心，愿以更加旺盛的精力和饱满的热情投入到康复知识的学习和康复技能的提高中。家长的参与，不仅极大地缩短了康复所需的时间，而且能够保持并提高听障儿童的康复效果。家长培训模式使家庭与学校或康复机构一起共筑听障儿童的美好明天。

家庭康复指导

家庭康复指导是在学校或康复机构专业人员的指导下，听障儿童家长帮助该儿童配合学校或康复机构完成相应的康复训练工作，它是学校或康复机构进行集体或个别化康复训练的后续延伸，是有效针对个体差异、巩固完善拓展康复训练内容和效果的保证。

家庭康复指导依托的主要人员是听障儿童家长（家庭中对孩子进行康复训练的主要参与者）、学校或康复机构中的个别化康复训练教师、听力师等，有时也可能涉及集体课的各科教师。其中，个别化康复训练教师等专业人员是家庭康复指导的引领者；听障儿童家长则是完成家庭康复训练的主要执行者，也是训练效果的保障者。

家庭康复指导的主要内容包括：对家长进行康复知识与技能的指导，协助家长依据学校或机构的教育康复计划制订契合自身孩子特点的教育康复计划，指导家长选择适宜的教育康复训练内容与方法，指导家长及时进行教育康复效果评价，针对反馈效果调整训练计划与方法，还要适时对家长进行情绪的疏导及心理的支持。

一、建立个别化档案

为了有针对性地实施家庭康复指导，首先要对听障儿童及家长进行各方面的评估，建立个别化档案。教育康复是有目的、有意义的系统工程，评估贯穿在整个康复进程中。对家长的评估同对听障儿童的评估一样，在康复过程中随时进行。对家长的评估主要包括以下两方面内容。

（一）考查康复态度

个别化康复教师采用访谈、调查问卷、心理测验等评估方法，考查家长的文化水平、看护方式、心理健康状况等，了解家长是否能正确看待听力障碍，如何理解学校或机构康复和家庭康复，对康复水平的期望如何，是否真正关心听障儿童……以此判断家长是否需要心理支持、看护方式是否存在问题等,及时地发现家长在康复过程中存在的错误态度,以制定合理的解决方案。

(二)考核康复知识与技能

家长的康复知识与技能的掌握程度直接关乎家庭康复的效果,因此定时定量、实时监控家长的康复知识与技能尤为重要。考核方法可以视情况灵活采用,如访谈问卷、书面测试、实操展示、录音录像等;考核内容包括听觉康复、言语矫治、语言和认知及相关的教育学、心理学内容。

二、制订家庭康复计划

个别化康复教师及听力师等要针对评估中家长及听障儿童的具体情况,结合学校或康复机构的集体教育康复计划、个别化教育康复计划,指导家长制订适宜于该儿童的家庭康复计划。家庭康复计划同样包括阶段计划、月计划、周计划等。

在指导家长制订家庭康复计划时要注意以下几点。

(一)关注听障儿童整体素质的提高

制订计划时,要引导家长不能只追求障碍补偿的训练,要兼顾儿童的听力、言语、语言、认知、情绪、动作等方面,因为儿童各方面的发展是相辅相成、互为促进的,计划的制订要有利于儿童得到全面发展,不能"头疼医头,脚疼医脚"。

(二)关注个体差异

家庭康复计划依据学校或机构的计划而制订,如果依据的是集体教育康复计划,则一定要根据自身差异,在康复目标和康复内容方面适当进行拓展或缩减,家庭康复的重点应以自身的实际需要为主。

三、实施家庭康复计划

家庭康复计划要有步骤地实施,在实施的过程中,学校或康复机构中的个别化康复教师及其他专业人员要实时监控康复过程,对康复中出现的问题要及时提供专业指导,包括康复进程是否合理、康复内容是否恰当、康复技能的选用是否正确、康复情境及康复教辅具是否有效等等，确保家庭康复的实施真实有效。学校或康复机构可以采用视频录像、录音等方式获得家庭康复的第一手资料，利用访谈、演示、远程指导等方式对家长提供帮助，让每一名听障儿童在学校及机构康复的基础上，得到更好的、更切合自身的巩固与发展。

在实施家庭康复计划的过程中，要注意引导家长做到以下几点。

（一）不断提高趣味性

俗话说："兴趣是最好的老师。"只有让康复训练充满乐趣，听障儿童乐学愿学，才能使康复计划顺利实施。因此，家长要根据听障儿童的年龄、性格特点选择教辅具、康复情境、康复方法。

（二）多表扬鼓励

针对听障儿童年龄小、求胜心切的特点，家长在训练过程中多进行表扬，可以采取口头表扬、亲一亲、抱一抱、给食物、送小贴纸等方式，随时鼓励听障儿童的每一点进步，鼓励他们向更高的目标迈进。

（三）不急于求成

因为听障儿童的障碍程度千差万别，个体能力差异很大，即使是同年龄的听障儿童，因听力重建的时间不同、听力补偿的水平不同、言语能力的层级不同，康复训练的进程也会千差万别，所以家长不要关注孩子的横向差别，要关注孩子自身的纵向发展，不能急于求成。

（四）有足够的自信心

康复训练是一个漫长而枯燥的过程，除了在训练过程中要注意方式方法外，家长有足够的信心能坚持实施计划也是非常重要的。个别化康复教师要善于捕捉家长的情绪变化，及时予以疏导，确保家长能积极地、持续地、坚定地实施计划。

（五）丰富康复情境

俗话说："实践是最好的老师。"同一主题的康复训练在不同的实际场景中进行，会收到很多意想不到的效果。所以，康复教师要积极引导有条件的家长创设不同的康复情境，带领听障儿童走出家门，与不同的人进行康复实践，进一步提升听障儿童的康复效果。

四、监控家庭康复效果

监控家庭康复效果主要是进行家庭康复评估,包括对家长和儿童的评估两部分。评估的资料也分为两部分:数据资料(测量和测验所得)和非数据资料(观察法、谈话法、记录法、录音法所得)。对各种评估方法所获得的数据资料和非数据资料进行分析,检查听障儿童家庭教育康复的效果,及时调整家庭康复的进程。

(一)家庭康复效果的评估方法

家庭康复效果的评估和学校或康复机构中的个别化康复效果的评估一样,需分阶段进行,可以是日评、周评、月评及期中、期末评估等,评估的方法灵活多样,如书面测试、康复仪器实时测量、图卡测评等,遵循评估、治疗、监控的循环过程,根据评估结果要不断地调整康复计划,推动家庭教育康复的进程。

(二)家庭康复效果的评估内容

家庭康复效果的评估内容包括家长与听障儿童两部分,其中对听障儿童的评估主要是通过听觉、言语、语言和认知等方面的系统评估,考查家长实施家庭康复的成效,为制订下一阶段的康复计划提供信息和参考性意见。

1. 听觉评估

借助听觉康复评估卡片和软件,针对听障儿童所处的相应阶段进行评估,依据评估结果有计划地调整家庭康复目标。听障儿童听觉康复的四个阶段分为听觉察知、听觉分辨、听觉识别和听觉理解。

2. 言语功能评估

针对言语产生的五大功能模块——呼吸、发声、共鸣、构音、语音,通过各种不同维度的主观评估与客观测量,来判定每个儿童是否存在相应的功能障碍、障碍程度如何等,据此采用合适的矫治方法来改善其言语功能,为其后续的语言发展打下坚实的基础。

3. 语言功能评估

借助语言评估卡片和软件,对听障儿童的语言发展水平从词、句、段方面进行评估。通过考查听障儿童的语言理解和语言表达水平,调整语言康复的具体目标。

4. 认知能力评估

通过认知能力评估软件（分为学前版和学龄版），评估听障儿童的同时性加工能力和继时性加工能力，即逻辑类比能力、图形推理能力、空间次序能力、动作序列能力和目标辨认能力，从而根据评估的结果调整相应的训练目标。

（三）监控家庭康复效果的意义

通过各种方式方法的评估分析，及时评价听障儿童的康复程度，调整康复计划与康复活动安排，可促进家庭康复的实效性，不断提高家长的康复技能与水平，保证家庭康复与集体教育康复和个别化康复的一致性，提高听障儿童教育康复的质量。

1. 反馈作用

家庭康复效果的实时监控可以及时反馈某个阶段家长的情绪变化、家长所运用的康复技能与手段、家庭康复阶段性目标的达到程度等，康复教师、治疗师根据反馈情况，可及时指导家长纠正不恰当的康复手段与方法，调整康复内容及康复目标，合理分配康复时间，保障家庭康复计划顺利进行。

2. 促进作用

家庭康复效果的实时监控能随时促进听障儿童和家长更加努力的参与康复活动。对于听障儿童，特别是学前听障儿童来说，他们的康复更多的是依靠外部动机，如家长、教师对他们的物质与精神奖励。家庭康复效果的实时监控就是一种外部动机。听障儿童看到自己的能力得到肯定，会增加继续康复的信心，不断激发康复兴趣，康复更积极主动。当然，家长要注意尽量避免听障儿童不良的心理和情绪反应，强化成功经验，激励他们完成今后的家庭康复乃至整个康复计划。

主要参考文献
REFERENCES

[1] 第二次全国残疾人抽样调查办公室. 第二次全国残疾人抽样调查资料 [M]. 北京：中国统计出版社，2007.

[2] 方俊明，雷江华. 特殊儿童心理学 [M]. 2版. 北京：北京大学出版社，2015.

[3] 方俊明. 特殊教育学 [M]. 北京：人民教育出版社，2005.

[4] 贺荟中. 听觉障碍儿童的发展与教育 [M]. 北京：北京大学出版社，2011.

[5] 黄昭鸣，周红省. 聋儿康复教育的原理与方法——HSL理论与1+X+Y模式的构建与实践 [M]. 上海：华东师范大学出版社，2006.

[6] 黄昭鸣，朱群怡，卢红云. 言语治疗学 [M]. 上海：华东师范大学出版社，2017.

[7] 季佩玉，黄昭鸣. 聋校新概念语文教学法 [M]. 上海：华东师范大学出版社，2006.

[8] 蒋蓉，李金国. 小学课程与教学论 [M]. 北京：北京师范大学出版社，2013.

[9] 朴永馨. 特殊教育辞典 [M]. 北京：华夏出版社，1996.

[10] 斯卡特金. 中学教学论——当代教学论的几个问题 [M]. 赵维贤，丁酉成，等译. 北京：人民教育出版社，1985.

[11] 孙桂华，刘秋芳. 烟台启喑 [M]. 济南：山东电子音像出版社，2007.

[12] 张福娟，杨福义. 特殊儿童早期干预 [M]. 上海：华东师范大学出版社，2011.

[13] 张华. 助听器 [M]. 北京：人民卫生出版社，2004.

[14] 陈凤芸. 试论聋童汉语述宾结构的习得特征 [J]. 中国特殊教育，2008（1）：50-55.

[15] 陈桂才，何桂娟. 儿童听力障碍诊断和治疗进展 [J]. 中国冶金工业医学杂志，2014，31（4）：403-405.

[16] 陈蔚. 美国残障者教育法律体系探析 [J]. 教育学术月刊，2011（2）：93-96.

[17] 陈岩. 情境教学法在听障儿童集体教学中的运用 [J]. 中国听力语言康复科学杂志，2014（z1）：32-34.

[18] 第二次全国残疾人抽样调查残疾标准 [J]. 中国残疾人，2006（5）：7-9.

[19] 范佳露. 听障儿童构音能力和连续语音重复能力的关系研究 [J]. 中国特殊教育, 2010（9）: 58-62.

[20] 冯定香, 范燕妮, 郑灵芝. 中国听力康复行业政策法规现状与思考 [J]. 中国听力语言康复科学杂志, 2010（2）: 70-73.

[21] 高成华. 聋儿康复事业的历史、现状与展望 [J]. 中国听力语言康复科学杂志, 2003（1）: 6-7.

[22] 高青琳, 连勇. 康复后聋儿随班就读语言发展情况的调查分析 [J]. 现代特殊教育, 2004（4）: 42-43.

[23] 葛静. 听障儿童个别化教学中绘本阅读的整合方法 [J]. 中国听力语言康复科学杂志, 2014（z1）: 38-40.

[24] 黄昭鸣, 张磊, 刘巧云, 等. 基于信息技术的聋儿康复教育研究 [J]. 中国听力语言康复科学杂志, 2010（6）: 67-69.

[25] 李娜, 张福娟. 听力障碍幼儿早期干预的个案研究 [J]. 中国特殊教育, 2007（8）: 24-27.

[26] 李晓捷. 英国残疾儿童康复服务的机构特点及现状 [J]. 中国临床康复, 2004, 8（24）: 5096-5097.

[27] 李玉香, 许时晖. 聋儿康复早期干预的实践与体会 [J]. 中国听力语言康复科学杂志, 2005（2）: 36-39.

[28] 梁丹丹, 王玉珍. 聋生习得汉语形容词程度范畴的偏误分析——兼论汉语作为聋生第二语言的教学 [J]. 中国特殊教育, 2007（2）: 23-27.

[29] 刘德华. 聋生书面语中动词及相关成分的异常运用 [J]. 中国特殊教育, 2002（2）: 43-46.

[30] 刘礼兰, 雷江华. 听障儿童语言康复研究综述——基于1996～2015年《中国特殊教育》载文 [J]. 绥化学院学报, 2017, 37（1）: 24-27.

[31] 刘永萍. 学前聋教育的教育模式研究 [J]. 科教文汇, 2012（19）: 65-67.

[32] 马静静. 美国聋校课程概览 [J]. 现代特殊教育, 2009（2）: 39-40.

[33] 孟宪乐. "1+X+Y" 教学模式与聋童康复教育的实验研究 [J]. 教育研究与实验, 2009（2）: 88-93.

[34] 莫玲燕. 儿童听力疾病的诊断 [J]. 听力学及言语疾病杂志, 2012, 20（5）: 405-409.

[35] 宋永宁, 杜晓新, 黄昭鸣. 聋生段落、篇章阅读中标记效应的实验研究 [J]. 中国特殊教育, 2006（10）: 15-21.

[36] 孙喜斌, 于丽玫, 张晓东, 等. 中国0～17岁听力残疾儿童抽样调查分析 [J]. 中

国听力语言康复科学杂志，2008（5）：14-17.

[37] 田中美乡，牛凤兰，陈振声. 日本听障儿童的语言习得指导方法——特别是考虑如何对待手语问题[J]. 中国听力语言康复科学杂志，2006（3）：50.

[38] 涂波. 如何在集体课教学活动中培养听障儿童的语言表达能力[J]. 中国听力语言康复科学杂志，2014（z1）：41-42.

[39] 王姣艳. 从聋校学生的书面语谈其语言能力与教育对策[J]. 中国特殊教育，2004（7）：17-20.

[40] 吴铃. 听障人写作的思维训练[J]. 中国特殊教育，2003（2）：62-66.

[41] 肖菊英，郑俭. 美国康复法及其对我国的启示[J]. 中国康复理论与实践，2011，17（5）：478-480.

[42] 许海燕. 学前听障儿童语言发展影响因素的研究[J]. 现代特殊教育，2016（7）：44-47.

[43] 杨福义，金育萍. 听觉障碍儿童听力语言康复训练的个案研究[J]. 中国特殊教育，2005（7）：65-69.

[44] 杨慧丽. 强化听力语言教育 促进聋生言语交际能力发展[J]. 中国特殊教育，2004（11）：32-36.

[45] 杨丽娜，吕明臣. 语境在聋儿语言获得中的作用探析[J]. 中国特殊教育，2008（4）：11-14.

[46] 于素红. 美国个别化教育计划的立法演进与发展[J]. 中国特殊教育，2011（2）：3-8.

[47] 张宇丽，刘军. 大前庭水管综合征的临床表现、诊断及防治策略[J]. 听力学及言语疾病杂志，2014，22（4）：436-439.

[48] 章华英. 关于学龄听障儿童听觉言语康复训练的思考[J]. 中国听力语言康复科学杂志，2008（4）：45-46.

[49] 周红省，徐少妹，黄昭鸣，等. 同步式聋儿家长培训模式的构建与实践[J]. 中国听力语言康复科学杂志，2006（1）：47-49.

[50] 朱辉，张博恺. 虚拟现实技术及其在心理认知与听障儿童康复教学中的应用研究[J]. 中国听力语言康复科学杂志，2016，14（6）：450-453.

[51] 贺利中. 4—6岁汉语重度听觉障碍儿童语用发展研究[D]. 上海：华东师范大学，2007：9.

[52] 李苏翰. 利用现代信息技术促进聋生的有效学习[D]. 济南：山东师范大学，2006：7.

[53] 瞿秋霞. 关于加强聋生书面语教学的思考 [D]. 武汉：华中师范大学，2005.

[54] 张磊. 听障儿童声母构音异常的分析及治疗策略 [D]. 上海：华东师范大学，2009：13.

[55] 王贞. 李胜利. 儿童语言障碍主要相关因素及语言特点分析 [C]// 第7届北京国际康复论坛论文集. 北京：北京年鉴社，2013：785-792.

[56] 中华人民共和国国家质量监督检验检疫总局，中国国家标准化管理委员会. 残疾人残疾分类和分级：GB/T26341-2010 [S]. 2011.

[57] 教育部等七部门. 第二期特殊教育提升计划（2017—2020 年）[EB/OL]. （2017-07-18）[2019-01-16]. http://www.moe.gov.cn/srcsite/A06/s3331/201707/t20170720_309687.html.

[58] 教育部等七部门. 特殊教育提升计划（2014—2016 年）[EB/OL]. （2014-01-08）[2019-1-16]. http://www.gov.cn/zwgk/2014-01/20/content_2570527.htm.

[59] Fullan M. The New Meaning of Educational Change[M]. New York: Teachers College Press, 2001: 151.

[60] Marschark M. Psychological Development of Deaf Children[M]. New York: Oxford University Press, 1997.

[61] Hanson V L, Fowler C A. Phonological Coding in Word Reading: Evidence from Hearing and Deaf Readers[J]. Memory & Cognition, 1987, 15(3): 199-207.

[62] Keogh B K. Celebrating PL94-142: the Education of All Handicapped Children Act of 1975[J]. Issues in Teacher Education, 2007, 16(2): 65-69.

[63] Nicholas J G, Geers A E. Hearing Status, Language Modality, and Young Children's Communicative and Linguistic Behavior[J]. Joural of Deaf Studies and Deaf Education, 2003, 8(4): 422-437.

[64] Passig D, Eden S. Enhancing Time-Connectives with 3D Immersive Virtual Reality(IVR) [J]. Journal of Educational Computing Research, 2010, 42(3): 307-325.

[65] Passig D, Eden S. Improving the Flexible Thinking in Deaf and Hard of Hearing Children with Virtual Reality Technology[J]. American Annals of the Deaf, 2000, 145(3): 286-291.

[66] Yell M L, Rogers D, Rogers E L. The Legal History of Special Education: What a Long, Strange Trip It's Been! [J]. Remedial and Special Education, 1998, 19(4): 219-228.